burda

K 617

Das große Bastelbuch

IMPRESSUM

Projektleitung: Helga Burg
Redaktion: Margret Seewald, Gertrud Kokott
Grafik: Wolfgang Dichtel
Druck: Burda GmbH, Offenburg
Printed in West Germany
ISBN 3-88978-033-4

burda

K 617

Das große
Bastelbuch

Das aktuelle Buch für Ihr schönstes Hobby

Basteln in den beliebtesten Techniken

Über 300 Ideen und Anregungen für die ganze Familie

Alle Vorschläge mit ausführlichen

Anleitungen, Musterzeichnungen und Schnitten

Die Modelle sind zum Teil aus burda MODEN, Anna,

Verena, Carina und burda-Spezialheften

AUS DEM INHALT

Genaue Anleitungen, Musterzeichnungen, Schnitte und Zählmuster zu allen Modellen finden Sie ab Seite 117 und auf den beiliegenden Musterbogen.
Herstellernachweis auf Seite 180

01 – 05 *Applizierte Blüten machen glänzende Satinkissen zu richtigen Schmuckstücken. Für jedes Motiv gibt es eine Musterzeichnung. Übertragen Sie diese auf den mit Haftvlies verstärkten Stoff, und bügeln Sie die Blüten auf das Kissenteil. So wird das Applizieren zum Kinderspiel, denn es gibt beim Nähen der Konturen kein Verrutschen und keine Fältchen.*

Duftige Fächer fürs Fenster

Außergewöhnliche Alter

Es müssen nicht immer Gardinen sein, die ein Fenster verschönern. Wie gefallen Ihnen unsere Fächerrollos? 06. Diese Stoffrollos sind aus weißem Batist genäht und haben viele Vorteile: Sie sind besonders dekorativ und praktisch, die Höhe läßt sich beliebig verstellen, Ringe und Schrauben machen's möglich. Vielleicht wollen Sie ein kleineres Fenster damit verzieren, dann fertigen Sie nur eine oder zwei Bahnen an, das sieht auch sehr gut aus. So raffiniert diese Rollos auch aussehen, sie sind nicht schwer selberzumachen. Wie's geht, beschreiben wir ganz genau in unserer Anleitung. Das notwendige Zubehör ist im Gardinenfachgeschäft und Heimwerkermarkt erhältlich.

native zur Gardine

Vielleicht haben Sie eine Kommode, die im Keller ein Schattendasein fristet? Machen Sie mit einfachen Mitteln ein solch edles Schmuckstück daraus!

07 *Die Kommode wirkt wie ein exklusives Möbelstück, frisch importiert aus Japan. Die Flechtmatten gibt's fertig zu kaufen. Zur Umrandung der Einzelteile werden Bambuszierleisten aufgesetzt.*

08 *Ein Blumenübertopf (rechts im Bild) ist die perfekte Ergänzung dazu.*

Möbel mit Rattan

09 *Gar nicht schwer ist dieser Spiegel nachzubauen: Auf einer Holzplatte ruht das Spiegelglas, die Umrandung aus Rattangeflecht und Zierleisten wird auf den Rand geklebt. Das dekorative Stück für den Flur oder die Anrichte gefällt sicher auch Ihnen!*

10 *Wenn Sie sich erst einmal mit dem Material vertraut machen wollen, beginnen Sie am besten mit diesem Tablett. Es ist einfach und schnell herzustellen und dekorativ.*

Mit Rattan von der Rolle können Sie Ihre Möbel völlig neu einkleiden. Ganz im aktuellen Fernost-Look!

Das Foto oben zeigt das notwendige Material. Foto unten: Die Matten werden aufgeleimt, die Reste nach dem Trocknen abgeschnitten. Flechtmatten von Korb Welzel.

SPIEGEL – DEKORATIV UND EDEL

Tiffany-Spiegel sind kostbare Schmuckstücke, am schönsten selbstgemacht. Hier stellen wir Ihnen drei Modelle zum Nacharbeiten vor

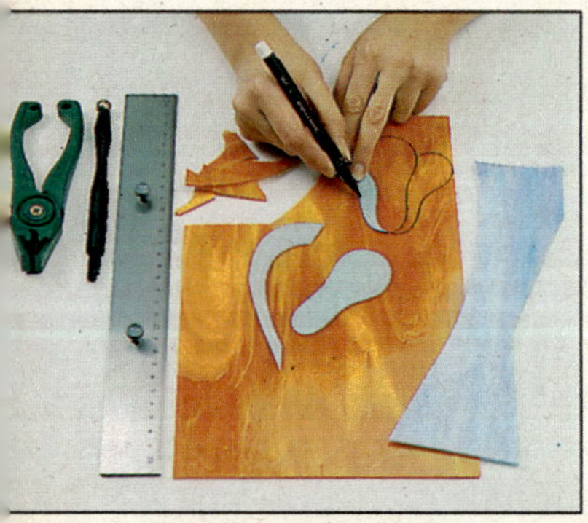

Zuerst zeichnen Sie die Umrisse auf

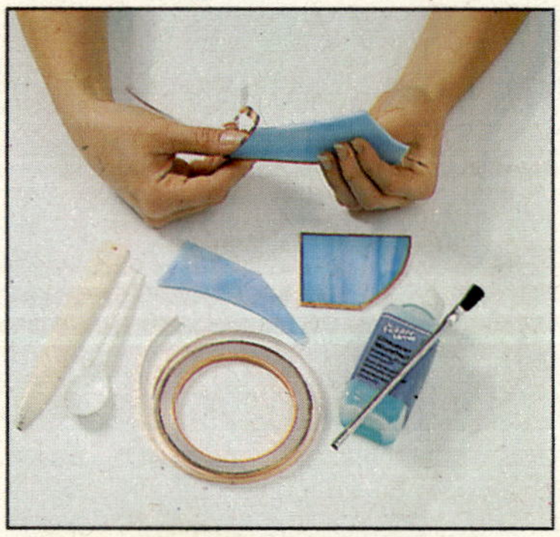

Umkleben Sie die Glasteile mit Kupferfolie

Dann löten Sie Stück für Stück exakt zusammen

Für Freunde des Jugendstils: Spiegel à la Tiffany

11 Der Spiegel links – ein ganz ausgefallenes Stück. Die Grundform ist oval, durch die Ausschmückung wird er asymmetrisch. Seerose und Libelle werden aus kleinen Teilen zusammengelötet, die Farben des Glases stimmen Sie harmonisch aufeinander ab.

12 Der Spiegel oben besticht durch seine klare und einfache Form. Die Kombination von unterschiedlichen Materialien wie Eisblumen-, Opaleszent- und Spiegelglas kommt dadurch besonders gut zur Geltung. Die Zinnstege werden nicht patiniert, sondern nur mit Verdünner gereinigt.

13 Eine stilisierte Glokkenblume und ein kleiner Schmetterling sind dekorative Elemente dieses Jugendstilspiegels.

Der Rahmen mit abgerundeten Ecken und die geschwungenen Formen des Motivs sind typische Merkmale des Jugendstils, ebenfalls die gewollte Asymmetrie. Besitzen Sie handwerkliches Geschick und die Gabe, präzise zu arbeiten, dann werden Sie beim Nacharbeiten Ihres Spiegels erfolgreich sein. Anleitungen und Musterzeichnungen finden Sie im Anleitungsteil und auf dem Bogen. Material, Werkzeug: Hobby-Time.

Hier sehen Sie das Material

Zeichnen Sie das Motiv durch

Nun Konturen mit Gutta ziehen

Setzen Sie Lieblingsfarben ein

Teilen Sie den Hintergrund auf

Effekte entstehen durch Salz

Malen Sie den Hintergrund aus

Zuletzt fixieren Sie durch Bügeln

14 Ganz einfach für den Anfang, auch wenn Sie noch gar keine Erfahrung mit Seidenmalen haben: ein Bild (17 x 27 cm groß) mit Blütenmotiv. Die Konturen werden mit Gutta in Silber gezeichnet, die Flächen in nur drei Farben ausgemalt. In die noch feuchte Hintergrundfarbe werden Salzkristalle gestreut. Das schafft lebendige Effekte.

15–17 Das einfache Blütenmotiv vom Bild wiederholt sich auf allen drei Tüchern, allerdings vergrößert und diagonal angeordnet. Wenn Sie „in Serie gehen", können Sie den Hintergrund jeweils verändern. Wählen Sie die Farben aus, die am besten zu Ihnen passen. Ein Seidentuch, von Ihnen handbemalt, ist eine Rarität.
Links sehen Sie Schritt für Schritt genau abgebildet und beschrieben, wie Sie beim Seidenmalen eines Tuches vorgehen müssen.

Schönes Hobby
SEIDENMALEREI

Auf schimmernde Seide zu malen, ist ein Vergnügen! Auf dieser und den folgenden vier Seiten zeigen wir Ihnen die zauberhaftesten Modelle

Seidenmalerei ist gar nicht so schwer, wie es auf den ersten Blick den Anschein hat. Probieren Sie es doch einmal mit den auf dieser Seite abgebildeten kleinen Motiven, dann wagen Sie sich bestimmt bald auch an ein größeres Bild

18 Ein mit sehr viel Liebe gemaltes Türschild.

19 Das Einstecktüchlein zum Bemalen kann man zusammen mit der Karte bestellen (Hobbidee).

20 + 21 Schlicht, aber sehr ausdrucksstark, sind die handgemalten Motive der pastellfarbenen Kissen aus reiner Seide. Seidenmalfarben: Deka.

22 Ein ganz besonderes Geschenk: Seidenmalbild (ca. 44 x 63 cm groß) in Rosa- und Grüntönen (Sie können selbstverständlich auch andere Farben wählen). Das Motiv nach der Rasterzeichnung auf Seide übertragen, die Konturen mit Gutta nachzeichnen und dann die Flächen ausmalen. Seidenmalfarben: Marabu.

23 Auf die Verpackung kommt es an: Geschenktüten aus Karton, mit Sternchenpapier bezogen und mit einer Tüllmanschette versehen.

Edel und begehrt: handbemalte Geschenke aus Seide

Landschaften auf Seide malen – das ist etwas für diejenigen,
gesammelt haben. Lassen Sie sich anregen

24 *Beim Betrachten dieses Bildes fühlt man sich zurückversetzt in eine Zeit, „als die Welt noch in Ordnung war". Aber auch heute gibt es solch schöne Fleckchen Erde, man muß nur Augen dafür haben. Dieses Seidenmalbild ist originalgroß abgebildet, so daß Sie die Vorzeichnung direkt hier entnehmen können. Zum Teil werden die Konturen mit Gutta gezeichnet und damit die Flächen begrenzt, zum Teil wird in Aquarelltechnik gemalt.*

die bereits Erfahrung
zu Ihrer Bildergalerie!

JEDES BILD IST EIN GEDICHT

Entwurf und Ausführung: Sieglinde Mierlut

25 – 28 *Frühling, Sommer, Herbst und Winter – das sind die beliebtesten Motive für Bilderserien. Beginnen Sie mit dem Motiv, das Ihnen am besten gefällt, und vervollständigen Sie nach und nach die noch fehlenden Jahreszeiten. Übrigens, jedes Bild kann auch für sich allein stehen. Wichtig für gutes Gelingen: die Wahl der Farben. Durch Mischen von zwei Farben erreichen Sie viele Nuancen, die harmonisch zueinander passen.*

Ganz exklusiv

29 Hätten Sie gedacht, daß diese hübsche Halskette aus einem ganz einfachen Plastikschlauch besteht? Da sieht man mal wieder, auf die Idee kommt's an und nicht auf den Geldbeutel. Der Schlauch wird mit Gold- und Silberfolie, Lackfarbe und Straßsteinen geschmückt. Das geht ganz leicht und macht Spaß, denn so schnell haben Sie sicher noch kein Schmuckstück selbergemacht.
30 Passend dazu gibt's Ohrclips. Dabei bilden Lederreste den Untergrund, der wie der Schlauch für die Kette mit glitzerndem Tand beklebt und bemalt wird.

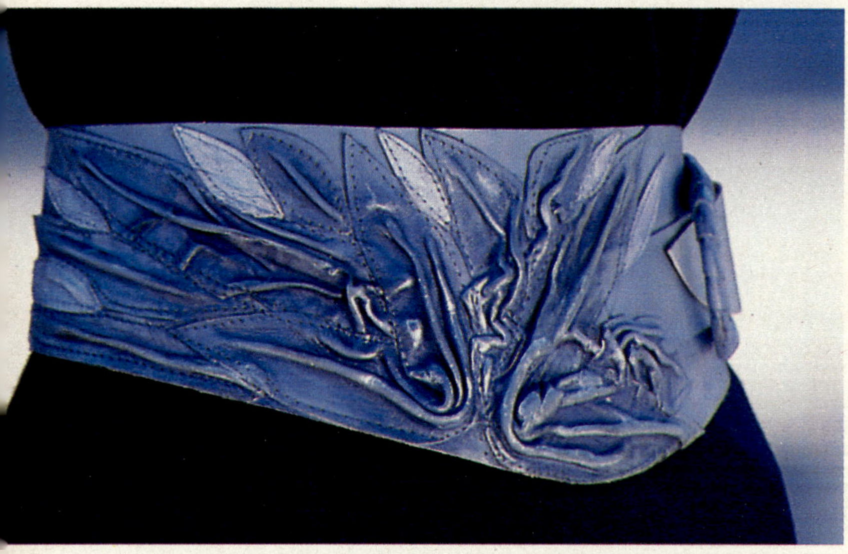

31 Ein Gürtel mit Pfiff! Mit Hilfe von Klebstoff werden Lederreste effektvoll aufmodelliert.

Das sind Stücke, die nicht jeder hat. Ob Sie das Prachtexemplar Kasack, den extravaganten Ledergürtel oder den witzigen Schmuck haben wollen, Sie müssen alles selbermachen. Aber gerade das ist es ja, was so zufrieden und glücklich macht

32 Ein ganz ausgefallenes Stück ist dieser Kasack (Gr. 40) aus reiner Seide. Vorder-, Rückenteil und Ärmel werden zuerst bemalt und mit Stoffen verziert, erst dann geht's ans Nähen. Ein bißchen Erfahrung mit Seidenmalerei sollten Sie jedoch für das edle Modell schon haben.

Formen mit Fimo

BILDER WIE AUS KINDER

33

„Wer hat die schönsten Schäfchen..."

34

„Alle meine Entchen..."

35

„Trarira, der Sommer, der ist da..."

36

„Meine Blümchen haben Durst..."

TAGEN – SONNIG UND HEITER

Nostalgische Lieder- und Bilderbuchmotive aus einer heilen Welt zeigen, was Katrinchen so alles zu tun hat: Im Bild **33** füttert Katrinchen, unter einer Birke sitzend, ihr Lieblingsschäfchen. Im Bild **34** begleitet es die Entenküken zum Weiher. Bild **35**: Das Korn steht schon in voller Pracht. Katrinchen macht einen Spaziergang durch die Felder. Bild **36**: Am Abend gießt es die Blumen, damit sie nicht aufhören zu grünen und zu blühen. Bild **37** zeigt – annähernd in Originalgröße – Katrinchen kurz vorm Schlafengehen. Es hat den Teddy und natürlich sein Püppchen im Arm. Alle Szenen werden auf Glas modelliert und im Backofen gehärtet. Jede ist 11,5 x 11,5 cm groß.

37

„Müde bin ich, geh' zur Ruh, schließe beide Äuglein zu..."

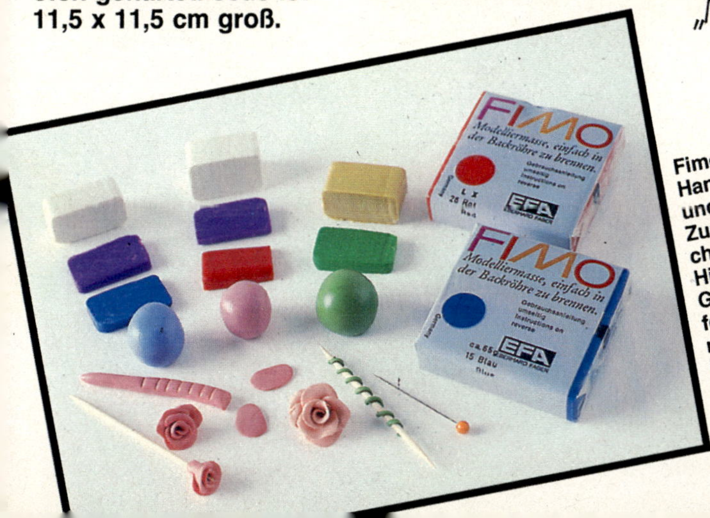

Fimo wird durch Handwärme geschmeidig und modellierfähig. Zunächst wellen Sie weiches Fimo für den Hintergrund direkt auf die Glasplatte auf. Es folgt die mittlere Ebene mit Wiesen, Teich, Blumen, Gräsern und Bäumen. Zuletzt modellieren Sie das Mädchen für den Vordergrund.

38–44 *Kaum zu glauben – diesen Schmuck können Sie selbermachen! Die Fassungen gibt es fertig zu kaufen (Efco). Modellieren und verzieren dürfen Sie nach Herzenslust.*

Schmucke Accessoires für „sie“

45 – 52 *Gehören Sie zu den Leuten, die sich nach hübschen Muscheln, Steinen und Federn bücken? Machen Sie die leichtesten dieser Dinge zu Schmuckstücken fürs Ohr. Außer den Fundstücken brauchen Sie nur ein paar Perlen und Silberdraht. Für unsere Ohrhänger gibt's genaue Anleitungen – wenn Sie mit der Technik vertraut sind, können Sie eigene Kreationen wagen.*

Glitzerdekor aus

***53** Ein ganzer Sternenhimmel findet auf der Tischdecke Platz – gemalt mit Glitzerfarben direkt aus der Tube (Gütermann). Das macht Spaß und ist ganz einfach.*

***54–56** Originelle Geschenkverpackung und zugleich nettes Geschenk ist jede der farbenfroh glänzenden Schachteln. Aus ovalen und runden Spanschachteln können Sie solch kleine Wunderwerke zaubern. Dazu müssen Sie kein Künstler sein. Für diese drei Exemplare gibt es Musterzeichnungen. Ihrer eigenen Fantasie, neue Motive und neue Farbkombinationen zu erfinden, sind jedoch keine Grenzen gesetzt. Wann probieren Sie die Glitzerfarben aus?*

53

54–56

der Tube

57

Welch ein Empfang für Frischvermählte!

Am besten kommen die Geschenke an, die dem Brautpaar zeigen, daß sich der Schenkende Gedanken – und Mühe – gemacht hat.

58+59 Das Überhandtuch – als Erinnerung an die Hochzeit – wird filetgestopft.

60 Ein Hochzeitsfoto als Dank fürs Geschenk – darüber freut sich jeder! Die Passepartoutkarten mit Umschlag gibt es zu kaufen (Hobbidee).

58+59

60

61

61 Oder Sie schenken ein Fotoalbum mit besticktem Einband, um den „schönsten Tag im Leben" festhalten zu können.

62 Eine witzige Idee, Geld fantasievoll verpackt mit guten Wünschen zu verschenken.

57 Hübsche Dekoration, ganz einfach zu basteln.

62

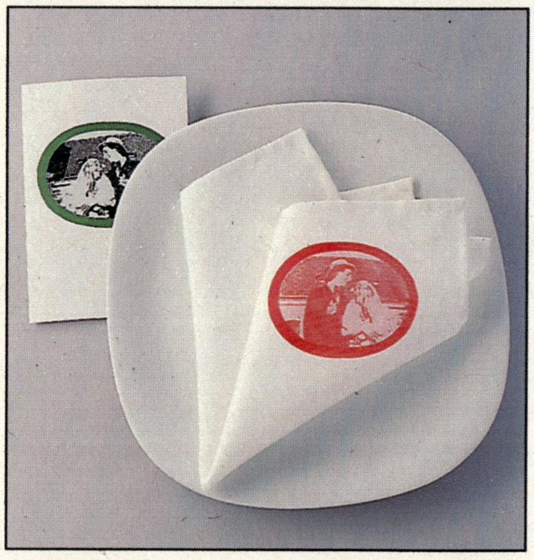

63 Hübsche Dekoration oder auch kleines Geschenk: Häkeldeckchen, mit Zuckerwasser gestärkt. **64+65** Auf Servietten und Einladungskarten wird mit Spezialpapier ein Hochzeitsfoto aufgebügelt. **66+69** Tischkärtchen für die Festtafel. Schneiden Sie Herzen oder Täubchen aus Karton und stellen Sie sie auf.

67 Alle Geladenen erhalten eine Serviette mit ihrem Initial aus Straßsteinen. **68** Initialen, eingraviert in Gläser, die der Gast mitnehmen darf. Das ist eine tolle Idee, und jeder freut sich darüber. **69** Turtelnde Täubchen – hier aus Papier – symbolisieren die Zweisamkeit auf Tischkärtchen.

So wird Hochzeit gefeiert

Entwurf und Ausführung: Anna

70 Warum sollte der Tischschmuck nicht einmal über der Hochzeitstafel schweben? Das sieht wunderschön aus und spart Platz auf dem Tisch. Was Sie an Duftig-Weißem im Hobbyfachhandel finden, hat auf dieser Etagere Platz. Täubchen dürfen nicht fehlen.

Geschirr: Heinrich Porzellan, Dekor Calla. Gläser: Leonardo. Gesehen bei Pabst-Casa, Ludwigshafen

Blumen, die immer blühen

72+73 Laden Sie doch mal zum Tanz in den Mai oder zum Sommerfest ein! Ihre Freunde und Bekannten werden sich freuen. Ideal dafür ist natürlich eine solche Terrasse. Man könnte aber auch einen Balkon oder die Wohnung mit all dem ausschmücken, was hier zu sehen ist. Schon beim Dekorieren beginnt der Spaß. Selbstgebastelte Kreppapierblüten werden an Lampionketten befestigt, an Ziersträuchern blühen Rosetten. Auch den Maikranz können Sie selberbinden. Nach unseren genauen Anleitungen kein Problem. Übrigens, das Foto ist wirklich bei einem Maifest der Redaktion entstanden. Lampionketten und Kreppapier: Rietmüller, im Dekofachhandel erhältlich.

Drollige Freunde für zu Hause

Patchworktiere – aus kunterbunten Stoffen genäht

Über diese Spielgefährten freut sich nicht nur die kleine Anne-Christine: Die große bunte Schildkröte **76** schaut vorwitzig durchs Kinderzimmer. Ihr Freund, der Frosch **77**, ist natürlich mit von der Partie. Frau Schnecke **74** (links) trägt ihr Haus sehr anmutig auf dem Rücken, und unten wartet das Krokodil **75** schon ganz ungeduldig darauf, mitzuspielen. Schauen Sie doch mal in Ihrer Restekiste nach, da finden Sie sicher ein paar geeignete Stoffe, woraus Sie eines der lustigen Tiere nacharbeiten können. Ihre Kinder, Enkel, Nichten und Neffen werden Sie mit strahlenden Augen für die Mühe belohnen. Alle Schnitteile finden Sie auf Bogen D.

74

Die knuddelige Schnecke hat's gern gemütlich

75

Das zahme Krokodil hat Kinder zum Fressen gern

76+77

78 *Das erste Spielzeug für die Jüngsten zum Greifen und Anschauen: ein Nilpferd.*

79+80 *Das ist praktisch: die Tasche, gefüllt mit Babys Reiseutensilien, dazu passend die Decke zum Wickeln. Ein super Geschenk auch zur Geburt.*

Liebevoll genäht: alles fürs Baby

81 *Die Decke für die ersten kleinen Krabbelausflüge. Pastellfarbene Dreiecke eines Drachens mit seinem langen Schwanz gibt's zu entdecken. Schön plastisch wird die Decke, wenn sie von Hand gequiltet wird.*

82 *Ein rosaroter Elefant gefällt allen Babys.*

83 *Nicht nur hübsche Dekoration: Im Bauch des Bären ist genügend Platz für Schlafanzug und Windeln.*

84 *Ein Stubenwagen wie zu Großmutters Zeiten: Hier wird sich Ihr Baby sicher wohl fühlen. Korbwagen: Hobby Küstermann.*

Kuschelbär und Puppenwagen – Motive, die Kinder mögen

85 *Schnell genäht ist der Bettbezug mit der niedlichen Applikation. Baumwollstoff von Laura Ashley; Baumwollschrägband: Güth & Wolf.*

86 *Genau das Richtige für kleine Babyhände ist dieses kuschelige Bärchen. Es kann in der Maschine gewaschen werden.*

Mit Clowns kommt Spaß ins Kinderzimmer

87

88

87 Witzig und ganz schön frech sieht unser Clown mit seiner roten Mähne aus. Im Kinderzimmer bleibt er nicht lang allein! Diese Puppe wird von Grund auf selbstgemacht. Der Kopf erhält seine hübsche Form auf einfache Weise. Wie, wird in der Anleitung genau beschrieben.

88 All die täglichen, uns selbstverständlichen Handgriffe müssen einmal geübt werden, bis sie sitzen. Der kunterbunte Wandbehang ist dazu eine Herausforderung. Kinder können daran vieles lernen: nämlich Schleife binden, knöpfen, Gürtel schließen, Hosenträger befestigen, Reißverschluß auf- und zumachen und sogar flechten.

Auf ins Grüne!
Dafür haben wir die bunte Tasche gepackt. Die super Krabbeldecke (146 x 88 cm) paßt gefaltet hinein und – in die Seitentaschen – all das, was Muttis und Babys so brauchen. Tasche und Decke sind weich gepolstert und pflegeleicht. Die genauen Anleitungen **89+90** finden Sie ab Seite 117.

Kunterbunt und lustig: applizierter Clown

89

90

Jumbos

91 Einfach im Schnitt ist das lustige Elefantenpärchen. Aus Nicki oder Baumwollstoff genäht, dienen beide als treue Freunde für Kinder, die gern kuscheln, oder als witzige Kissen, um ein Sofa zu dekorieren.

92–95 Familie Jumbo präsentiert die heile Welt beim gemütlichen Vorlesestündchen. Diese vergnügten zahmen Dickhäuter machen sich auch als Dauergäste in einer Sitzecke sehr gut.

suchen Gefährten zum Spielen

96 Wer hat keine Angst vor großen Tieren? Dieser Elefant bietet sich als Sitzplatz im Kinderzimmer an und mag es, wenn Kinder auf ihm reiten. Er hat eine echte Lederhaut. Sein Innenleben besteht aus einem Holzfußschemel, Holzwolle, Polyesterwatte und Schaumstoff. Dadurch bleibt er immer in Form und nimmt so schnell nichts übel. Wer je ein solches Exemplar besaß, erinnert sich immer gern daran. Leder: Hillmann.

Der gute alte Teddybär ist nach wie vor das beliebteste Kuscheltier. Deshalb sollte er in keiner Kinderstube fehlen! Sie können sowohl die Körper als auch die Kleidung selbernähen

97+98 Diesen lustigen Gesellen können Sie aus weichem Fellimitat und bunten Stoffresten selbernähen. Gar nicht so schwer!

Alle Kinder

99–104 Vater, Mutter und der Bärennachwuchs werden aus braunem Mohairplüsch genäht. Im Foto oben sehen Sie sie nackt. Kopf, Beine und Arme lassen sich bewegen. Und: Die beiden Großen können sogar brummen. Die Bärenfamilie hat sich für eine Schlittenpartie feingemacht: Vater Bär mit modischer Jeans und passender Schirmmütze, Mutter und Tochter mit hübschen spitzenverzierten Schürzen. Frohe Fahrt!
Material:
Hobby Knorr.

lieben Bären

Illustration: Norbert Schäfer

Puppen – mehr als ein Spielzeug

Was heute in jedem Kinderzimmer zu finden ist – große und winzigkleine, drollige oder wunderschöne, wertvolle Puppen – war in früherer Zeit alles andere als ein Spielzeug für die Jüngsten. Miniaturabbildungen von Menschen hatten (und haben auch heute oft noch) kultisch-mystische Bedeutung. Man denke nur an die Idoldarstellungen der Chinesen oder afrikanischer und indianischer Volksstämme. Kunstvoll bemalte Figürchen, Diener und Helfer darstellend, gab man im alten Ägypten den Mumien mit auf die weite Reise ins Jenseits. Aber schon damals wurden ähnliche Gegenstände auch den Kindern zum Spielen überlassen. Nachweislich opferten die Mädchen der Antike am Hochzeitstag ihre Puppen der Venus oder der Artemis.

Schriftlichen Überlieferungen aus dem Mittelalter ist zu entnehmen, daß die Spielpuppen für Mädchen damals Docken oder Tocken genannt wurden. Als berühmte Dockenmacher sind die Nürnberger Ott und Meß bereits im 15. Jahrhundert urkundlich erwähnt. Das Wort „Puppe" dürfte erst im 16. Jahrhundert aus dem Französischen übernommen worden und über das Elsaß zu uns gelangt sein.
Puppen waren damals das idealisierte Abbild kleiner Mädchen. Da diese aber in gehobenen Gesellschaftsschichten bis ins 19. Jahrhundert hinein nicht ihrem kindlichen Naturell entsprechend, sondern wie die großen Damen von morgen behandelt und erzogen wurden, waren auch die Puppen sehr vornehm und nach der neuesten Mode gekleidet. Das Gesicht, aus Papiermaché mit Wachsüberzug oder aus unglasiertem Biskuitporzellan, war meist starr und streng. Als Schönheitsideal galt, daß der Mund kleiner sein mußte als ein Auge. Der Körper bestand aus Leinen oder Leder, ausgestopft mit Sägemehl, Werg oder Pflanzenfasern. Später entstanden auch Portraitpüppchen mit individuellen Zügen berühmter Persönlichkeiten der Gesellschaft wie Kaiserinnen oder Künstlerinnen, stilecht vom Scheitel bis zur Sohle.

Von den Kindern wirklich geliebt und fürsorglich umhegt wurden aber die einfachen, volkstümlichen Puppen, die aus Holz oder Pfeifenton geschnitzt waren. Bäuerlich bemalte Wickelkinder, die sogenannten Fatschendocken, lustige Hampelmänner und ganz schlichte Holzfiguren entstanden in Berchtesgaden, Oberammergau und Südtirol. Aber auch weiche Gebilde, aus Lumpen und Stoffresten gefertigt, wurden in der kindlichen Fantasie zu wunderschönen und heißgeliebten Puppenkindern.

In der zweiten Hälfte des 19. Jahrhunderts hatte man schließlich erkannt, daß Kinder ihr liebstes Spielzeug nicht nur ehrfurchtsvoll bestaunen, sondern auch anfassen und nach Herzenslust damit schmusen wollen. Auf der Suche nach weicheren, unzerbrechlichen Materialien wurde zuerst Hartgummi, später Zelluloid und Vinyl verarbeitet. Auch die Puppengesichter veränderten sich, trugen kindliche Züge, hatten Stupsnäschen und Kulleraugen, Pausbacken und Sommersprossen. Babypüppchen mit beweglichen Armen und Beinen konnte man nun auch „füttern" und baden, wickeln und ankleiden. Doch ganz ungefährlich war das Spielen damit nicht: Das leicht brennbare Material enthielt giftige Farbstoffe.

Heute sind bei Kindern aller Altersstufen Stoffpuppen mit weichem Innenleben die absoluten Favoriten. Sie werden aus natürlichem Woll- oder Baumwollgewebe hergestellt, lassen sich in der Waschmaschine waschen und sind so gut wie unverwüstlich. Und das Wichtigste ist: Mit einigem Geschick und etwas Fantasie kann man sie in vielen Variationen selber herstellen. Eine Menge origineller Ideen und Anregungen dazu geben wir in diesem Buch. Mit welch geringen Mitteln dabei oft die größte Wirkung erzielt werden kann, lehren uns die Kinder selbst: Im hingebungsvollen Spiel werden für sie tote Gegenstände zu „lebendigen Wesen", wird aus einem einfach geformten Stoffkörper mit aufgemaltem oder gesticktem Gesicht die wunderbarste und liebste Puppe der Welt. ■

Geliebte Puppen

Material: Glorex

105–107 *Mal ganz fein als kleine Dame im Rüschenkleid mit Schürze, mal sportlich flott im bunten Jogginganzug, so stellt sich Ihnen Gloria vor. Diese Puppe samt Kleidung können Sie von Grund auf selbermachen.*

Einen Lehrgang finden Sie auf den folgenden Seiten

Hier zeigen wir

Puppenbasteln ist ein schönes und sinnvolles Hobby. Denn eine selbstgefertigte Puppe wird etwas ganz Besonderes sein! Aus „leblosem" Material ist es möglich, eine Puppe „zum Leben zu erwecken". Egal, ob sie für Ihr Kind oder für Ihre eigene Puppensammlung bestimmt ist. Mit etwas Geschick wird Ihnen Ihre Puppe auch ganz bestimmt gelingen! Die Puppe ist ein Spielzeug, das menschliche Gefühle weckt. Zu ihr hat das Kind ein freundschaftliches Verhältnis, da sie ein lebendiges Spielzeug ist. Sowohl in fröhlichen als auch in traurigen Stunden ist sie dem Kind ein guter Begleiter. Sie läßt sich geduldig an- und ausziehen, die Haare kämmen und ist immer zum Liebkosen zu haben. Bei unserer Puppe Gloria können Sie sowohl den Körper als auch die Kleidung selbermachen. Ein Bastelset (von Glorex) enthält alles vom Schnitt über Füllmaterial bis zur Perükke. Die Schnitte für alle Kleidungsstücke finden Sie auf den Bogen. Rechts zeigen wir Ihnen anhand von zwölf Bildern die wichtigsten Schritte zur Herstellung des Puppenkörpers. Wenn Sie die Anleitung genau befolgen, kann nichts schiefgehen. Zum Bemalen des Gesichts sollten Sie sich besonders viel Zeit nehmen und sehr sorgfältig arbeiten, denn mit dem Gesichtsausdruck erhält die Puppe ihre persönlichen Züge. Erscheint Ihnen die Gestaltung des Kopfes jedoch zu schwierig, so können Sie diesen auch schon fertig bezogen und bemalt erhalten. Durch eingefügte Hand- und Beineinlagen lassen sich die Hände und Beine anwinkeln. Eine fertige Puppe kann stehen, sitzen, z. B. ein Sträußchen in Händen halten und vieles mehr.

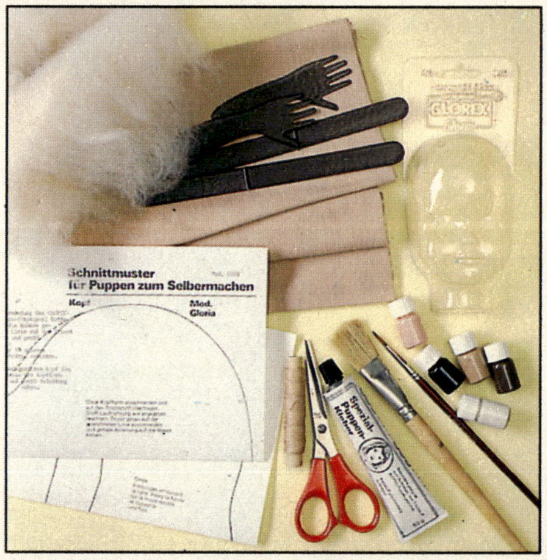

Vor Beginn der Arbeit besorgen Sie sich alle notwendigen Materialien und Werkzeuge, damit Sie alles griffbereit haben.

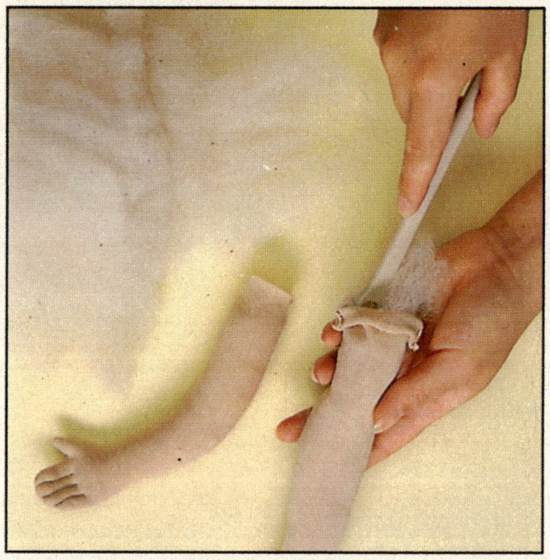

Teile ausstopfen, dazu jeweils kleine Portionen Füllwatte einschieben. Die Öffnungen mit Überwendlingsstichen zunähen.

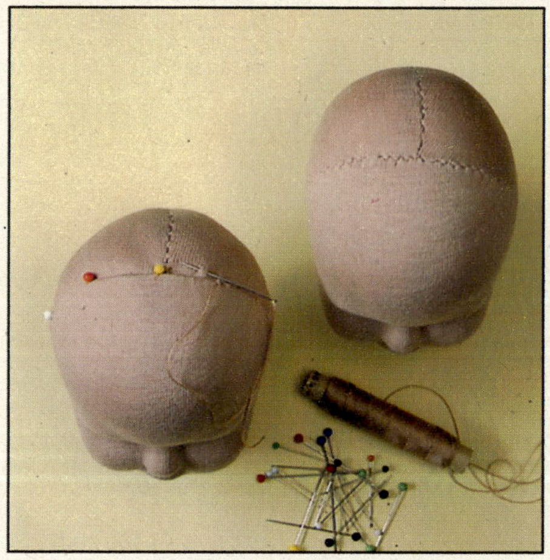

Den Kopf von oben sehr gleichmäßig und fest mit Watte stopfen. Die Halspartie besonders fest, damit der Kopf nicht wackelt.

Ihnen, wie's geht

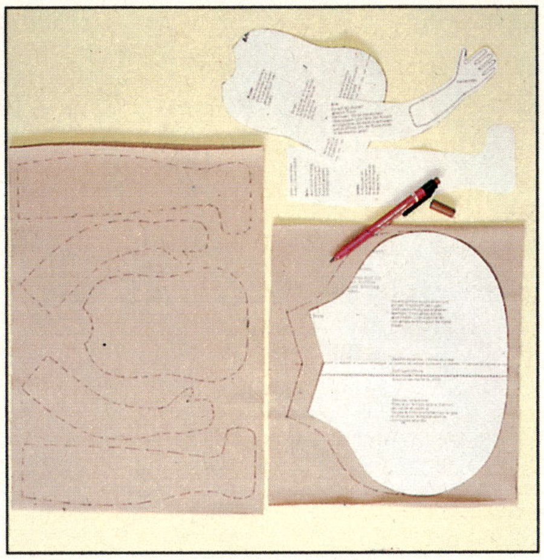

Legen Sie die Schnittmuster platzsparend, dem Fadenlauf folgend, auf den Trikot. Dann übertragen Sie die Konturen auf den Stoff.

Stoff doppelt legen und genau auf der eingezeichneten Linie nähen. Alle Teile erst dann 2–3 mm neben der Naht ausschneiden.

Teile wenden. Handeinsätze und Beineinlagen einschieben. Dadurch lassen sich Hände und Beine nach dem Ausstopfen biegen.

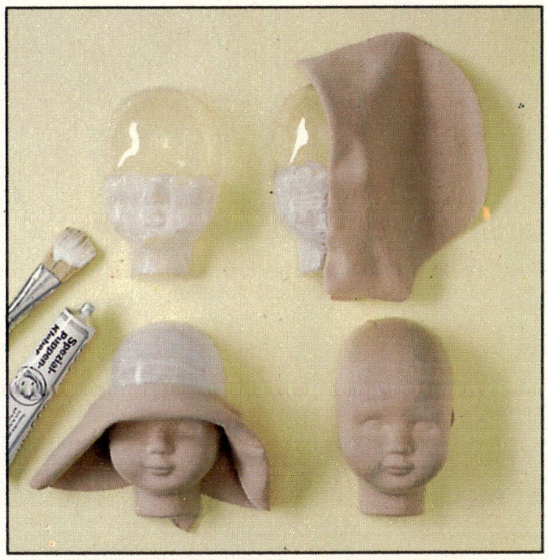

Klebstoff bis Augenbrauenhöhe auftragen. Trikot fadengerade aufdrücken und kräftig nach außen ziehen. Bei der Stirn ebenso arbeiten.

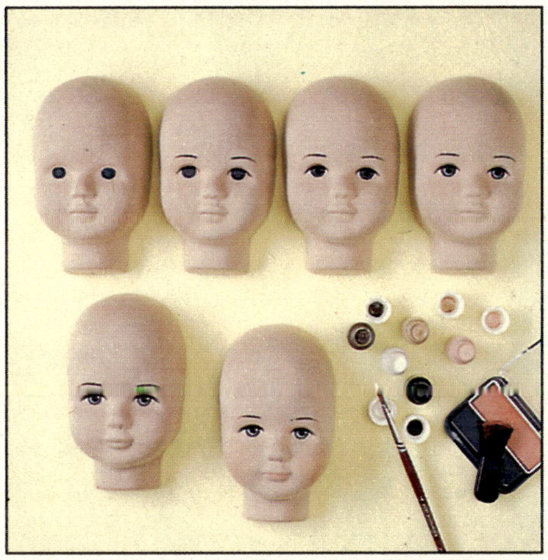

Diese Abb. zeigt die Bemalung des Gesichts der Reihenfolge nach. Wichtig: Bemalen Sie die beklebte Maske, nicht den fertigen Kopf.

Nun die Stoffenden am Hinterkopf, am Hals beginnend, bis zu drei Viertel mit kleinen Matratzenstichen gut zusammennähen.

Die restliche hintere Kopfnaht mit Matratzenstichen schließen. Nahtzugaben der Quernaht unter den Rand der Maske schieben.

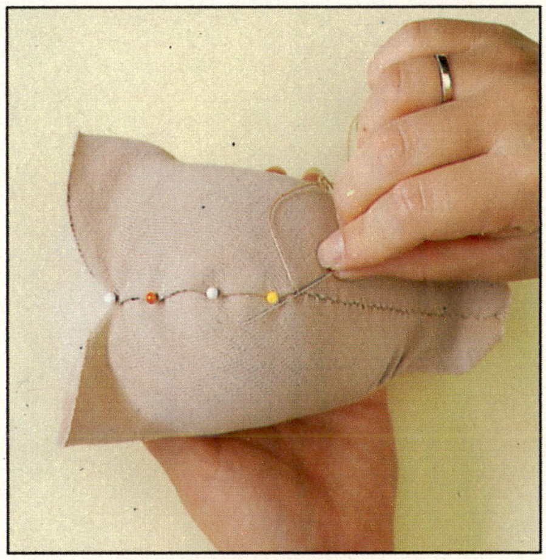

Dann die Quernaht ebenfalls mit kleinen Matratzenstichen schließen, so erhalten sie einen ganz perfekten Abschluß.

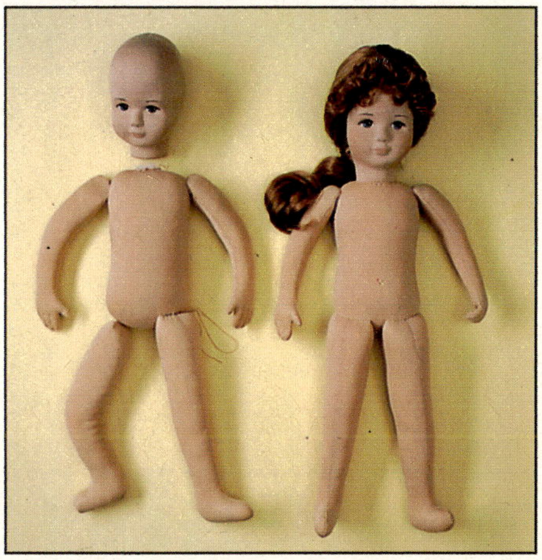

Arme und Beine an den Rumpf nähen. Den fertigen Kopf auf den fest ausgestopften Körper mit kleinen Handstichen nähen.

Kleine Muttis haben

Wie ein richtiges Baby läßt sich diese Schmusepuppe anziehen! Die Grundgarderobe besteht aus Schuhen, Pullover, Latzhose, Kapuzenjäckchen und Schal (oben) sowie einer karierten Ausfahrdecke (2. Foto rechts). Alle Teile werden aus blauer, weißer und gelber Wolle gestrickt. Sollte mal ein Höschen naß geworden sein, gibt's zum Wechseln eine Latzhose ganz in Blau (2. Foto rechts). Das Strickmuster ist ganz einfach: glatt rechts und kraus rechts gestrickt. Auch Wollreste bieten sich dafür an.

Zum Baden und Planschen braucht die Puppenmutti von Klein Moritz natürlich kuschelige Badeutensilien wie Badetuch, Handtuch, Waschlappen und Waschhandschuh (3. Foto rechts). Weiße Frottierstoffreste werden auf die notwendige Größe zugeschnitten, die Kanten mit kariertem Schrägstreifen versäubert. Karierte Fische sind das Tüpfelchen auf dem i!
Zum Viel- oder Wenig-Kleckern beim Füttern: Lätzchen (4. Foto rechts). Sie werden passend zur Badewäsche genäht. Alle Teile passen Puppen von ca. 42 cm (wie „Klein Moritz" von Heidi Ott).

108–110 Klein Moritz im Spielanzug

große Wäsche

111–114 Zum Ausfahren warm angezogen

115–118 Kuschelig eingehüllt nach dem Baden

119+120 Hier gibt's was fürs „Kleckermäulchen"!

Hier strahlen nicht

nur Puppenaugen

121 + 122 Mit diesen niedlichen Puppen machen Sie Kindern eine Riesenfreude. Und auch Sammler werden von diesen beiden begeistert sein. Die Köpfe sind aus Holz geschnitzt, der Körper muß noch genäht werden. Fixpackung: Rayher. Sofa: Maria Wagner; Tannenbäumchen: Eckart-Werke.

Die hübschen Puppen, 29 bis 35 cm groß, hat uns eine ANNA-Leserin aus Schleswig-Holstein zum Fotografieren ausgeliehen.

LEHRGANG
Basteln

Ihr verdanken wir auch die vielen praktischen Tips. Und die einzelnen Details sind ebenfalls in ihrer Puppenwerkstatt entstanden.

Puppen

Die Puppen, die wir Ihnen in diesem Lehrgang vorstellen, können Sie von A bis Z selber machen. Sie müssen weder Kopfformen noch Perücken kaufen. Wenn Sie sich schnell entschließen anzufangen, dann schaffen Sie sicher eine Puppe – oder gar zwei – bis zum großen Schenke-Fest.
Wichtig, daß Sie sehr akkurat arbeiten, das fängt schon beim Schnittübertragen an. Die winzigen Teile müssen mit kurzen Stichen – teils von Hand – verbunden werden. Nahtanfang und -ende immer mit einigen Rückstichen sichern. Besondere Sorgfalt ist beim Ausstopfen geboten. Das Formen des Kopfes erfordert Fingerspitzengefühl. Sie sollten erst dann mit Ihrer Arbeit zufrieden sein, wenn das Resultat mit dem Modellbild vergleichbar ist.

Puppenpaar, 35 cm groß
123 + 124

Zubehör

Zum Beziehen der Körperteile hautfarbenen Wolljersey, für die kleinen Puppen für den Kopf je 28 x 28 cm, für Rumpf und Beine 25 x 35 cm, fürs Baby 25 x 40 cm, für die großen Puppen je 35 x 35 cm und 35 x 50 cm. Zum Einbinden der Kopfform ist feinmaschiger Baumwolltrikot verwendbar (z. B. von abgetragener Unterwäsche). Als Füllmaterial empfehlen wir Rohwolle, ca. 200 g für eine Puppe. Zum Ab- und Durchnähen des Kopfes nimmt man reißfestes Garn (Perlgarn Nr. 5, Kettgarn oder Leinenhandzwirn) und eine ca. 10 cm lange stabile Nähnadel.
Die Garderobe arbeitet man aus bunten Stoffresten (nach den ausgeschnittenen Schnittteilen prüfen, ob die vorhandenen Reste ausreichen). Für Zugsäume schmales Gummiband verwenden. Das Gesicht mit Sticktwist aufsticken (einige Fäden Braun oder Blau für die Augen und Rot für den Mund). Für die Handnähte festes Baumwollnähgarn. Übrige Zutaten sind im Anleitungstext unterstrichen.

Kopf formen

Zunächst die Rohwolle mit Feinwaschmittel oder Shampoo waschen, gründlich spülen, trocknen lassen. Die Wolle locker zupfen, es dürfen nicht die kleinsten Klümpchen fühlbar bleiben; das Vlies jedoch nicht in kleine Flocken zerzupfen, da sonst das Formen der Rundung sehr schwierig ist.
Aus dieser Wolle eine Kugel formen, zwischendurch immer wieder von oben nach unten glattstreifen (auch Dacronwatte ist als Füllung geeignet). Kugel auf den Trikotstoff legen, Abb. 1. Stoff straff über die Kugel spannen, unten fest abbinden. Schon diese Arbeit erfordert große Sorgfalt, die Kugel muß so prall gefüllt werden, daß die Füllung bei starkem Druck kaum nachgibt.

Gesicht modellieren
Um das Gesicht zu modellieren, wird die Kugel 2mal abgebunden. Zunächst in senkrechter Richtung den Faden 2mal um die Kugel legen (Fadenanfang unter der Kugel festhalten), Faden straff anziehen, so daß über der Kugel eine Rille entsteht, Fadenanfang und -ende unter der Kugel verknoten. Diese Abbindung trennt den Vorder- vom Hinterkopf, Abb. 2. Genauso in waagrechter Richtung verfahren = Augenlinie. Fadenanfang über der senkrechten Abbindung mit 2 kurzen Rückstichen befestigen (Fadenanfang ca. 8 cm hängenlassen), über der Gegenseite die senkrechte Abbindung auch mit 2 Rückstichen überfangen (nach dem 1. Stich Faden straffen, damit sich ebenfalls eine Rille bildet).
Um den Hinterkopf zu betonen, muß über der 2. Hälfte der Faden bis ca. 15 mm über dem „Hals" verlaufen, siehe Abb. 2. Den Faden in derselben Rille ein 2. Mal um die Kugel führen, mit dem Fadenanfang verknoten, Fadenenden kurz abschneiden. Die Kreuzungsstellen zur Sicherung mit überkreuzten Stichen befestigen (in Abb. 3 der Deutlichkeit halber rot).

1

2

3
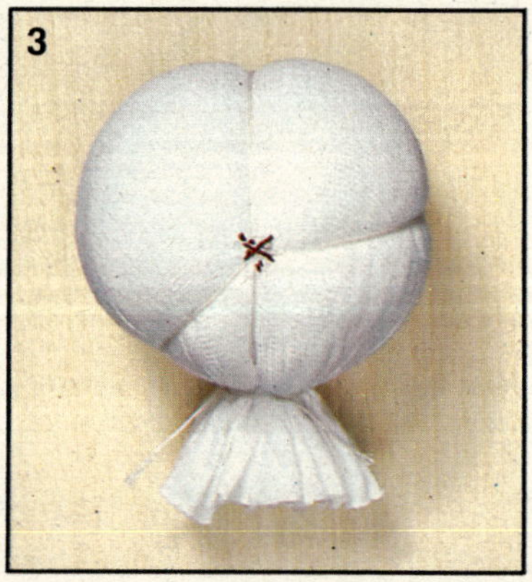

LEHRGANG
Basteln

Kopf beziehen

Kopf mit dem Gesicht auf den Wolljersey legen, darauf achten, daß die Maschenrichtung mit der Scheitellinie übereinstimmt. Stoff – leicht gespannt – über der rückwärtigen Mitte übereinanderlegen – evtl. so beschneiden, daß die Ränder ca. 15 mm breit übereinander zu liegen kommen –, feststecken. Überstehenden Stoff über dem Scheitel übereinanderlegen, feststecken und über dem Gesicht so einschlagen, daß sich eine „Tüte" lt. Abb. 4 bildet. Diese Tüte in Richtung Scheitel feststecken. Die Tüte, die sich über dem Hinterkopf bildet, beschneiden, Ränder – knapp übereinandertretend – ebenfalls feststecken, siehe Abb. 5. Jetzt den Stoff am Hals abbinden, siehe Abb. 6 bis 8.

Gesicht

Zunächst über der Augenrille den Abstand der Augen mit Stecknadeln festhalten. Dann vom Nacken aus diese Stellen „durchnähen" (Nadel evtl. mit einer Drahtzange durchziehen), der Stich ist ca. 4 bis 6 mm breit. Fadenanfang und -ende im Nacken fest anziehen, so daß sich Augenhöhlen bilden, Fäden verknoten (Abb. 6 und 6a). Alle Ränder mit kurzen Überfangstichen festnähen, dann Stecknadeln entfernen. Mund und Augen aufsticken.

Frisuren

Haaransatz mit Bleistift anzeichnen. Für Zopffrisuren Scheitel ziehen, Zopfansatz kreisförmig markieren und die Fläche in gleichmäßige Keile aufteilen, Abb. 7. Zunächst die Markierungen mit doppeltem Faden mit langen Spannstichen überspannen (mit kurzer Nadel arbeiten), dann ab Scheitel Spannstiche ausführen. Soll die Puppe eine Ponyfrisur bekommen, die Fransen schon vorher einnähen, siehe Abb. 8. Für Zöpfe, Abb. 9, Fadenanfang und -ende in entsprechender Länge hängenlassen (Zopflänge + 50 % Zugabe).

Für einen Pferdeschwanz wird über dem Scheitel ein kleiner Kreis aufgezeichnet. Von dieser Markierung aus ca. 50 cm lange doppelte Fäden einziehen, über der Stirn bzw. dem Haaransatz einstechen, Faden zurückführen, über der Markierung ein- und ausstechen, Fadenenden auf gleiche Länge richten. Pferdeschwanz abbinden, aus je 6 Fäden einige Zöpfe flechten. Über der Abbindung Spange befestigen, siehe Abb. 10.

Für eine Lockenfrisur ein kreisförmiges Netz häkeln: Um 1 doppelte Fadenschlinge in 1. Rd. 6mal wechselnd 1 Stb., 2 Lm., in 2. Rd. 12mal wechselnd 1 Stb., 2 Lm. ausführen, das 1. Stb. durch 3 Lm. ersetzen und jede Rd. mit 1 Km. schließen. Je nach Kopfgröße bzw. Garnstärke 6 bis 8 Rd. lt. Häkelschrift ausführen (ab 3. Rd. mustergemäß ergänzen), Abb. 11.

• = 1 Lm. ∩ = 1 Km. † = 1 Stb.

Dieses Netz über dem Kopf aufnähen und mit einer Häkelnadel um die Lm. je 2 Fäden aufgetrennte Wolle einknüpfen, am besten innen beginnen. Für die Locken mit dicker Wolle glatt rechts = Hin-R. rechts, Rück-R. links stricken, feucht bügeln; dann in Maschenrichtung in Streifen schneiden, Maschen auftrennen, siehe Abb. 11.

4

5

6

6a

7

8

9

10

Puppenkörper

Schnitteile 124 – 127, 131, 132 u. 134, 135 auf Bg. D, siehe Tabellen und Schnittverkleinerungen auf der folgenden Seite.
Zunächst die Schnitteile vom Bogen auf Seidenpapier durchzeichnen, auch Querzeichen und Annähzahlen, Teile exakt ausschneiden. Umrisse auf die Stoffrückseite übertragen, auch die Markierungen.
Falls nicht anders erwähnt, die Teile je 2mal zuschneiden; * 4mal zuschneiden. Für Nahtränder genügen in der Regel 5 bis 8 mm (auch bei den „vermaßten" Teilen Nahtrand zugeben). An den Rumpfteilen, auch an Beinen und Armen, sollte über der Schulterpartie bzw. an den oberen Rändern zunächst reichlich Stoff stehenbleiben, erst nach dem Füllen lt. Schnittkontur beschneiden.
Sehr akkurat mit kurzem Stich steppen, vor allem die Rumpf- und Gliedmaßenteile. Es ist anzuraten, zuvor die Einzelteile mit kurzen Stichen zusammenzuheften oder quer zur Nahtlinie mit dünnen Stahlstecknadeln in kurzen Abständen zusammenzustecken (siehe Abb. 12, es kann über die Nadeln gesteppt werden). Nahtanfang und -ende mit einigen Rückstichen sichern. Die Nähte beginnen und enden grundsätzlich über der Schnittlinie, also nicht über dem Nahtrand steppen.

125 Puppe, 29 cm und 123+124 Puppenpaar

In den Teilen 131 bzw. 134 die Abnäher schließen (Taille, Fußgelenk), dann die Beine doppeln und beide Teile ab oberem Rand durchgehend bis in vordere Mitte zusammensteppen. Zunächst die Füße, dann die Beine ausstopfen (evtl. einen Quirlstiel o. ä. zu Hilfe nehmen). Fußgelenk und Beine lt. Einzeichnung von Hand durchnähen. Erst jetzt die „Schulternähte" bis Querzeichen schließen. Rumpf ausstopfen, auf gleichmäßige Füllung achten. Arme doppeln, Nahtrand beschneiden, ausstopfen; die oberen Ränder umlegen und über der Schulter von Hand aufnähen, mit einer kurzen Nadel arbeiten. Handgelenke durchnähen. Jetzt nur noch die Nahtzugabe zwischen den Schultern umlegen, Rumpf über dem Hals bzw. der Abbindung des Kopfes aufnähen, Abb. 13.

126 Babypuppe, 30 cm

Abnäher in den Teilen 125 schließen, Teile 124 und 125 jeweils durch Mittelnaht verbinden, dann lt. Ansatzzahl 1 und 2 beide Teile zusammensteppen, oben offenlassen. Arme und Beine doppeln (Nahtrand über der Hand be-, im Daumeneinschnitt mit spitzer Schere bis dicht an die Naht einschneiden), wenden, ausstopfen, den oberen Rand gegenseitig einlegen, von Hand verbinden. Beine zwischen äußerem Abnäher und Mittelnaht am Rumpf festnähen (Ansatzzahl 2 beachten). Arme mit kleinem Wäscheknopf durchnähen (siehe Abb. 14), mit langer Nadel 2mal durch Knopf, Arm, Rumpf, Arm, Gegenknopf und wieder zurückstechen, Faden unterhalb eines Knopfes sorgfältig verknoten. So sind die Arme beweglicher, als würde man sie festnähen. Rumpf über dem Hals aufnähen, siehe Abb. 13.

11

Teile exakt über der Schnittkontur mit kurzem Stich zusammensteppen

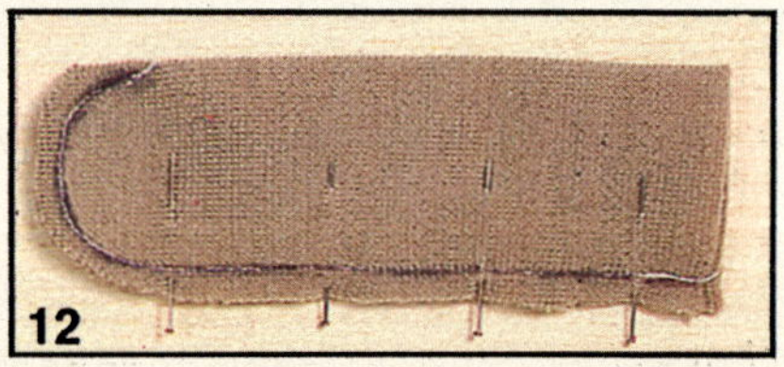
12

13

14

Für die Locken aufgetrennte Wolle verwenden; das Gestrick vor dem Trennen feucht bügeln, um die „Dauerwelle" zu fixieren

Rechts die Häkelschrift für das Netz, das sich unter der Lockenfrisur verbirgt; die 3. bis 5. Runde sind zur Hälfte, ab 6. Runde ist nur 1 Viertel gezeichnet

Babypuppe, 30 cm groß
Püppchen, 29 cm groß

Puppengarderobe

Schnitteile 128–130, 133, 136–139 u. 140–142 auf Bg. D. Zuschneiden siehe Puppenkörper, Seite 52.

126+127 Babypuppe, 30 cm

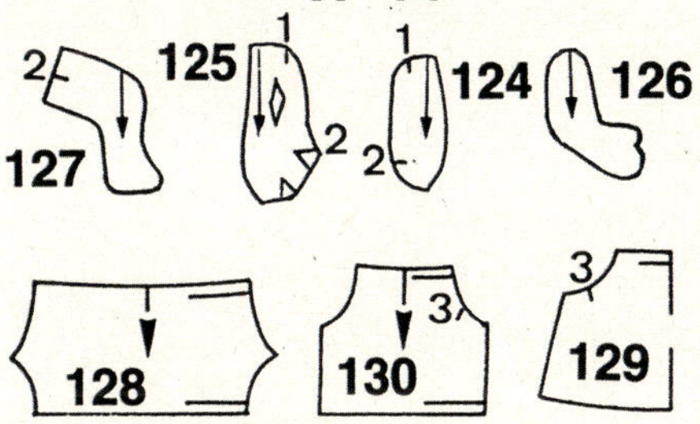

Teil 124 vord. Rumpfteil
Teil 125 rückw. Rumpfteil
Teil 126 Arm *
Teil 127 Bein *
Garderobe
Teil 128 Höschenteil
Teil 129 Vorder- und Rückenteil, im Stoffbruch zuschneiden
Teil 130 Ärmel

Schnittkontur: .... in Rot.

Höschen: Oben 18 mm, unten 15 mm zugeben. Untere Ränder mit Zickzackstich versäubern, 15 mm umbügeln. Lt. Stepplinie mit Zickzackstich steppen, dabei straff gespanntes schmales Gummiband mitführen (je 13 cm). Beinlingsnähte schließen, Beinlinge verbinden, Nahtrand auf 5 mm beschneiden, zus.-gefaßt versäubern. Oberen Rand 6 mm, dann 12 mm umbügeln, feststeppen. Öffnung zum Einziehen des Gummibandes freilassen. Ca. 25 cm Gummiband einziehen.

Kittel: Ärmel zwischen Vorder- und Rückenteil steppen (Querzeichen = vord. Ärmel). Ausschnittrand 15 mm umbügeln, 8 mm breit steppen. Ärmel-Seiten-Naht durchgehend schließen. Ärmelränder umbügeln, ca. 6 mm breit absteppen. Unteren Rand umgebügelt über Stickereispitze (48 cm, 2 cm breit) aufsteppen. In den Ausschnittsaum mit einer stumpfen Sticknadel ab vord. Mitte dickes Baumwollgarn einziehen, binden. In die Ärmelsäume ca. 7 cm Rundgummi einziehen (Naht einige Stiche auftrennen).

125+128 Püppchen, 29 cm

Teil 131 Rumpf mit Bein, im Stoffbruch zuschneiden = vord. Mitte
Teil 132 Arm

Trägerhöschen
Teil 133 Höschenteil
Taillenbund 26 x 3 cm
Träger je 14 x 3 cm

Schnittkontur: .... in Rot.

Träger doppeln, wenden, bügeln, 2 mm breit absteppen, Außenrand dabei über 22 cm Stickereispitze, 2,5 cm breit, auf 12 cm eingereiht, aufsteppen. Höschenteile am unteren Rand nahtrandbreit umbügeln, mit Zickzackstich steppen, dabei ca. 10 cm schmales Gummiband mitfassen (beim Steppen dehnen). Beinlingsnähte schließen, Beinlinge verbinden, rückwärtige Naht nur bis Schlitzzeichen. Oberen Rand einreihen, Bund ansetzen – für den Übertritt ca. 15 mm überstehen lassen, dieses Ende verstürzen, Bund wenden, Längsseite mit Zickzackstich versäubern. Bund ringsum absteppen, dabei die Träger mitfassen (sie wurden bei der Anprobe festgesteckt).

123+124, 129+130 Puppenpaar, 35 cm

Teil 134 Rumpf mit Bein, im Stoffbruch zuschneiden – vord. Mitte
Teil 135 Arm
Kleidchen
Teil 136 Passe, im Stoffbruch zuschneiden
Teil 137 Ärmel
Teil 138 Kragen * (je 2 Teile gegengleich)
Teil 139 Höschen

Schnittkontur: —x—x—x—x—x in Rot.

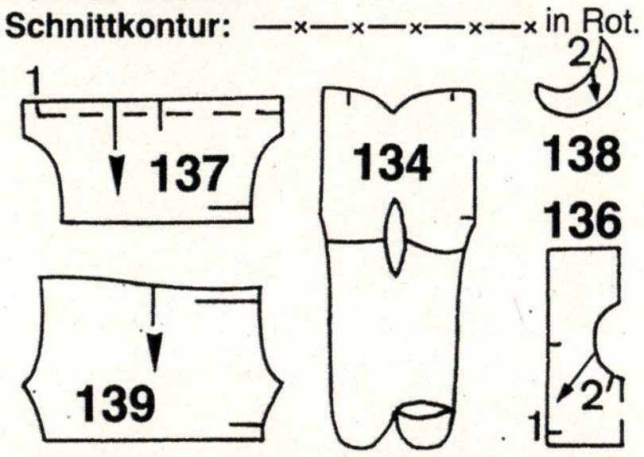

Ohne Schnitt: Rock 100 x 12 cm, Bindeband 2mal je 36 x 6 cm, Schrägstreifen für den Halsausschnitt 23 x 1,5 cm, für den Verschluß 25 x 2,5 cm.
Bei der Verwendung von Karostoff (0,40 m, 140 cm breit) Schrägfadenlauf für die Passe beachten. Kragenteile doppeln, wenden, bügeln, unter Schrägstreifen über dem Halsausschnitt ansteppen. Schrägstreifen nach innen bügeln, umgeschlagen feststeppen.
Ärmel auf Seitenlänge der Passe einreihen, lt. Ansatzzahl 1 mit der Passe verbinden. Seitliche Naht = Ärmelnaht schließen, Ärmelrand 15 mm breit umbügeln, ca. 8 mm breit umsteppen, ca. 9 cm Gummiband einziehen. Rocknaht schließen, Schlitz ca. 5 cm offenlassen. Saum steppen, oberen Rand auf Passenweite einreihen, Rock und Passe verbinden. Schlitz mit Schrägband einfassen. Schlitz mit Knopf und Öse schließen. Bindebänder – an einem Ende schräg auslaufend – verstürzen, bügeln. Schmalseiten eingelegt von Hand schließen, lt. Einzeichnung – in ein Fältchen gelegt – je zur Hälfte über Rock und Passe aufnähen. Über dem Kragen Garnschleife anbringen. Höschen siehe 29 cm große Puppe.

Latzhose und Kittel
Teil 140 Rücken- und Vorderteil, im Stoffbruch zuschneiden
Teil 141 Ärmel
Teil 142 Latzhose, Formblende für Ausschnittbesatz extra kopieren, Blende mit Stoffbruch in vord. Mitte zuschneiden
Träger 2mal je 15 x4 cm.

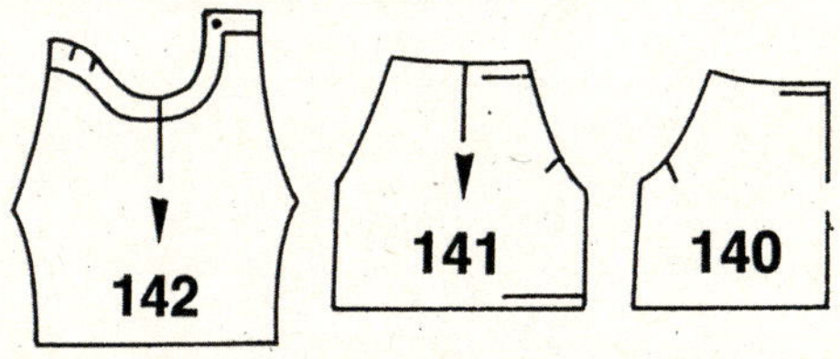

Beim Zuschneiden von Schmalrippcord (30 x 70 cm) Strichrichtung beachten. Trägerlängsseiten beidseitig so umlegen, daß die umgelegten Nahtränder mitgefaßt werden, wenn man die Träger längs über der Mitte durchsteppt. Schmalseiten der Träger mit Zickzackstich versäubern.
Beinlinge schließen, unteren Rand ¾ cm breit umsteppen. Beide Beinlinge verbinden. Oberen Rand mit Besatz verstürzen, nach dem Wenden so durchheften, daß die Naht exakt im Bruch liegt. Ca. 3 mm breit absteppen, dabei die Träger ca. 12 mm ab rückw. Naht mitfassen, unter dem Latz im Druckknöpfen schließen. Über den Annähstellen der Drucker kleine Vierlochköpfe aufnähen. Kittel wie den Babykittel nähen, unteren Rand ca. 12 mm breit säumen.

131 + 132 *Zwei Handpuppen, die in Kinderhänden so manchen Streich aushecken. Natürlich selbstgemacht!*

133 *Die Tafel in Pilzform ist schnell gesägt. Pilzhut und Gras werden aufgemalt, die abwaschbare Schreibfläche ist Tafelfolie (d-c-fix), die aufgeklebt wird.*

134 *Ein herrliches Spielzeug für groß und klein ist das rund 1 m hohe Kasperltheater im Fliegenpilzformat. Die Pilze werden aus Sperrholz gesägt, Seitenteile und Fensterläden mit Scharnieren befestigt.*

Pilze wachsen überall

Bekommen Sie nicht Lust, mit Säge, Pinsel und Farben umzugehen, wenn Sie die originellen Fliegenpilze fürs Kinderzimmer sehen?

135 *Bauen Sie Ihrem Kind seine eigene Garderobe. Dann fällt das Aufräumen nur halb so schwer oder macht vielleicht sogar noch Spaß. Für diese Kindergarderobe brauchen Sie lediglich ein Holzbrett und Farbe. Kleine Holzgriffe werden als Haken befestigt.*

136 – 138 ***Echtes Holzspielzeug ist wieder gefragter denn je. Es ist langlebig und gefällt schon den ganz Kleinen. Ob Pferd, Hund oder Wackelente, an einer Schnur gezogen, machen die Tiere alle Ausflüge im Kinderzimmer mit. Und Ihr Kind wird seine helle Freude daran haben! Bekommen Sie Lust, einmal wieder zu schreinern? Die Tiere werden aus Massivholz gesägt, Beine und Ohren separat. Die Rädchen gibt es fertig zu kaufen. Zum Schluß werden die Werke bemalt oder lackiert, Rädchen und Kordel angebracht.***

Rechts sehen Sie, wie die Tiere entstehen. Vielleicht gefallen sie Ihnen auch im Rohzustand? Dann sollten Sie bei der Verarbeitung besondere Sorgfalt walten lassen, denn bereits kleine „Schnitzer“ würde man sehen

Nachziehtiere – beliebt bei den ganz Kleinen

Für die Jüngsten:

Kennen Sie noch die netten alten Kinderlieder wie „Häschen in der Grube“, „Tuck tuck tuck ihr Hühnchen“, „Widewidewenne heißt meine Puthenne“ oder „Wer hat die schönsten Schäfchen?“. Die genannten und viele andere Tiere finden sich ganz einträchtig auf unserem Bauernhof zusammen.

139 *Die ganz einfachen Spielfiguren lassen Kindern den größten Raum für ihre Fantasie. Sie sind nicht schwer zu machen: Aus 1 und 2 cm starkem Sperrholz werden sie ausgesägt und bunt bemalt.*

140 *Dazu gehört der Beutel, der sich flach auf den Boden legen läßt und als Wiese, Wald oder Teich fungiert. Wenn die Schnur des Beutels zusammengezogen wird, ist ruckzuck alles eingepackt.*

139

Bauernhof zum Spielen

140

AUS HOLZ GESÄGT UND BUNT BEMALT, DA MACHT DAS PUZZLE-SPIELEN SPASS!

141 + 142 *Oben sehen Sie die Schäferszene und den Schloßgarten in Aktion, hier unten dagegen geordnet aufgeräumt. Wichtig ist, daß Sie alle Teile exakt aussägen. Zur Aufbewahrung ist eine flache, genau passende Schachtel praktisch.*

Puzzle: Spiel für kleine Leute

143 Wer möchte da nicht noch einmal Kind sein und in die aufregende Rolle eines Indianers oder Cowboys schlüpfen? Aber nicht nur die kleinen Rothäute, sondern ganz bestimmt auch alle Greenhorns freuen sich über dieses Zelt, in dem es sich so schön spielen läßt. Es ist 150 cm hoch und aus strapazierfähigem Segeltuch (Kretonne oder Nessel) genäht. Alle nötigen Angaben, die Sie zum Nacharbeiten brauchen, finden Sie in der Anleitung.

Die Motive aus dem Leben des kleinen Indianers werden an Hand von Musterzeichnungen auf die einzelnen Zeltbahnen appliziert

Häuser für die Kinder

Haben Sie noch ein Plätzchen im Garten? Dann sollten Sie Ihren Kindern den Traum vom eigenen Häuschen erfüllen

144 Hier ist's: 160 x 135 cm groß und 175 cm hoch. Es besteht aus vorgefertigten Teilen, die Sie einfach ineinanderstecken (Holz Lill). Zum Streichen verwenden Sie biologische Farben.

Das Bemalen sollten Sie Ihren Kindern überlassen. Das macht Spaß! Ganz geübte Hobbywerker können das Haus auch von Grund auf selberbauen.

Jetzt kann das Schuljahr beginnen! Schultüten **150 – 152** *dürfen am ersten Schultag nicht fehlen. Sie sind schnell und einfach selbstzumachen. Regenbogenbuntpapier wird zur Tüte geformt und mit Buchstaben, Zahlen oder Punkten beklebt. Gefüllt werden sie mit kleinen Überraschungen. Tasche, Rucksack und Beutel* **145 – 147** *werden aus Baumwollstoffen genäht und mit bunten Applikationen verziert. Praktisch, weil sich darin allerhand unterbringen läßt. Lustige Gesellen, in Kreuzstich gestickt, tummeln sich auf Turnbeutel und Stundenplan* **148 + 149** *Der Papierstundenplan, mit wenigen Stichen befestigt, läßt sich austauschen.*

145

146 + 147

148

149

KUNTERBUNT UND PRAKTISCH

Alles für die

150 – 152

Entwurf und Ausführung: Monika Pfaff-Kehl

Schule

Gestatten, Familie Osterhase!

153–157 *Eine Hasenfamilie wie aus dem Bilderbuch – aber nicht nur zum Anschauen. Ob Hasenvater, -mutter oder -kinder, die lustigen Plüschtiere machen alles mit. Etwas Zeit müssen Sie schon investieren, doch diese liebevoll gearbeiteten Spielgefährten kommen immer sehr gut an und stehen bei den Kleinen ganz hoch im Kurs.*

So wird Ostern

Endlich ist es wieder soweit! Der Frühling zeigt sein erstes Grün, und Ostern naht. Wir haben für Sie eine Menge hübscher Osterideen parat, zum Basteln und Handarbeiten. Für jeden (auch für Kinder) ist etwas dabei, so daß die ganze Familie in Vorfreude schwelgen kann

161 Eine runde Sache: der Kranz aus echtem Efeugerank als Willkommensgruß an der Tür. Alle Dekomaterialien dieser Doppelseite: Rayher-Hobby.

rundum schön

158 – 160 Der liebevoll gedeckte Ostertisch erfreut die ganze Familie! Die Tischdecke wird mit einer hübschen Borte (Fritz Moll) besetzt, der naturfarbene Weidenkranz mit Deko-Eiern sowie Osterglocken verziert, und auch die Gedecke bekommen ein österliches, fantasievolles Gesicht.

Das macht auch Kindern Spaß

162 – 164 Diese Tulpen können schon die Kleinsten falten und als Farbtupfer auf österliche Verpakkungen kleben. Die Größeren falten die Osterkörbchen, füllen sie mit Ostergras und süßen Eiern. Die geübten Bastler wagen sich sicher an den fliegenden Vogel. Origami nennt man diese interessante Technik des Papierfaltens.

Selbstgemachte Grußkarten

165 Mit kunterbunten Bortenresten und einer Schleife üppig verziert: Klappkarte im Ostereierformat (13 x 19 cm). **166** Ein fleißig gesticheltes Bildchen in Kreuzstich ist für Kenner eine kleine Kostbarkeit. Material von MEZ und Zweigart.

Tischlein, deck dich österlich

167 + 168 Einfach und schneller als gedacht, kommen Sie zur neuen Frühlingsdecke. Diese ist nämlich gemalt. Wenn Sie zudem unser Bügelmuster 775/003 verwenden, geht das Übertragen der Motive ganz rasch. Mit Stoffmalfarben (Pelikan), wird kunterbunt ausgemalt. Beginnen Sie vielleicht mit einem Motiv für diese Karte? Bezugsbedingungen fürs Bügelmuster s. Seite 180.

Vogelidylle

169 Putzige Vögelchen schaukeln in Weidenringen munter um die Wette! Eine ausgefallene Idee – nicht nur für die Osterzeit. Material: Rayher-Hobby.

Blickfang im Fenster

170 In einem Rahmen aus Holz (gibt es fertig zu kaufen) tummelt sich eine ganze Schar niedlicher Tierchen. Das geht ganz einfach: Mit Spezialklebeband bekommt jedes – wie abgebildet oder ganz nach Belieben – sein Plätzchen.

Ostereier mit Pflanzen färben und durch Gravur verzieren

Tummelplatz für Küken & Co.

Kleine Kunstwerke

171 Jahrtausende alt ist der schöne Brauch, Eier zu verzieren und als Glücksbringer zu verschenken. Viele Menschen haben gerade heute wieder Freude daran, sich einer solchen mußevollen Beschäftigung zu widmen. Die Ergebnisse werden auf Ostermärkten bewundert und gehandelt. Nach folgender Technik müssen Sie vorgehen: Färben Sie die Eier mit Farben aus der Natur. Dann ritzen Sie mit einem Acrylstift die Motive ein, ähnlich wie bei der Glasgravur.

Material: H. Wagner

173
Eier müssen Sie keine ausblasen – die Rohlinge für diesen Fensterschmuck sind aus Holz. Die Motive mit Bleistift aufzeichnen, mit Farbe ausmalen und die Eier mit farblich passenden Samtfäden stufenförmig ans Fenster hängen – fertig ist eine Dekoration, die Sie immer wieder verwenden können.

Jetzt kann Ostern kommen

172
Einen bizarren Ast, den Sie von einem Spaziergang mitbringen, mundgeblasene Glasteile, Acrylfarben und eine ruhige Hand zum Malen – das ist alles, was Sie für diese wunderschöne Frühlingsdekoration brauchen.

174 + 175
Hier noch was für die Kleinen: zwei Lämmchen, so richtig zum Knuddeln. Sie werden aus weichem Lammfellimitat genäht und mit Watte ausgestopft. Nach unserer Anleitung geht's ganz einfach.

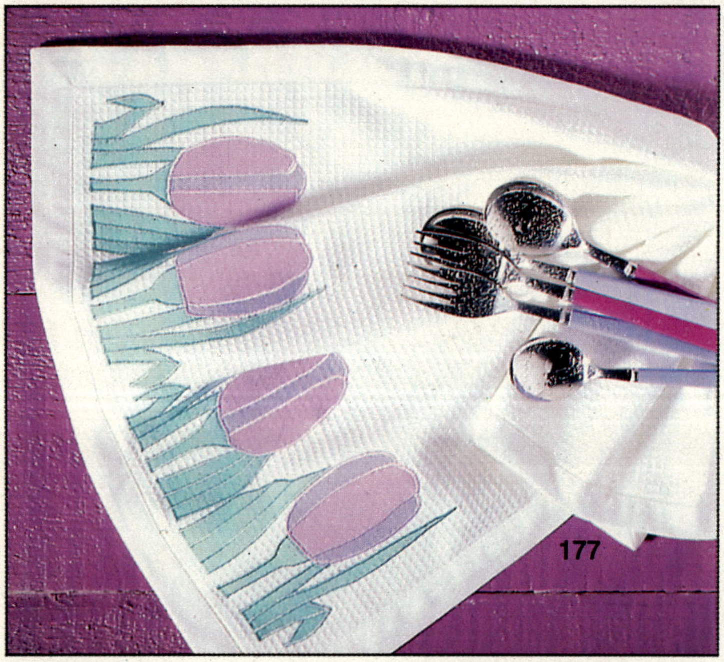

Der letzte Rest Schnee hat sich noch nicht verzogen, da recken die Krokusse schon ihre Köpfe aus der Erde. Bald wird der Frühling Einzug halten

Foto: Mein schöner Garten

Krokusse verkünden das Frühjahr

179 180

178 *Diese Riesenkrokusse haben eine praktische Seite: Sie dienen als griffige Topflappen (ca. 24 x 24 cm).*

179 + 180 *Der Porzellanübertopf wird mit cremigem Deka-Lack bemalt. Wenn sich dann die Krokusmotive daneben als transparente Fensterbilder wiederholen, ist die Wirkung doppelt so gut.*

181

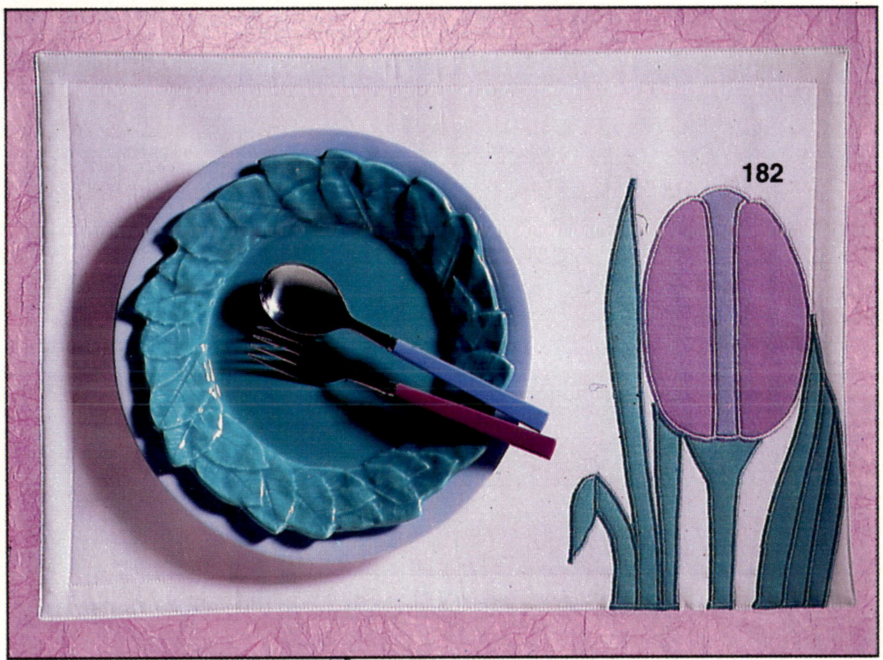

182

176 *Sprühfarbe läßt auf den beiden Kissen schnell eine Krokuswiese erblühen. Farbe: Wagner.*

177 *Das Küchenhandtuch aus weißem Waffelpique schmückt sich mit applizierten Krokusblüten.*

183

181 + 182 *Auf Dose und Set das gleiche Motiv, einmal gemalt und einmal appliziert (siehe auch Lehrgang S. 102/103).*

183 *Gestickte Krokusse senden liebe Grüße.*

Wichtige Hinweise für gutes Gelingen

Tüllapplikationen

An Hand der fünf Arbeitsfotos sehen Sie ganz deutlich, wie die einzelnen Schritte aussehen, die zu einer perfekten Tüllapplikation nötig sind

1. Musterzeichnung vom Bogen abnehmen und unter den Grundstoff (Baumwollstoff) legen. Die durchscheinenden Konturen mit Bleistift auf den Stoff übertragen. Tüll aufheften.

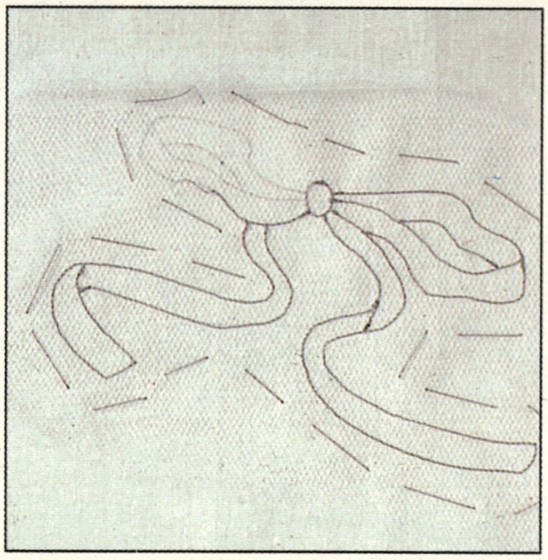

2. Alle Konturen mit der Nähmaschine nachsteppen. Wir haben für das Foto graues Nähgarn verwendet, damit der Arbeitsgang besser zu sehen ist. Für die Applikation ist es jedoch schöner, wenn das Garn Ton in Ton zum Grundstoff gewählt wird.

Stoffapplikation

FOTOS: MEIN SCHÖNER GARTEN

Mit Hilfe von etwas Vliesofix, Transparentpapier und hübschen bunten Stoffresten blühen bald die schönsten Krokusse (siehe S. 74/75)

1. Musterzeichnung auf Transparentpapier übertragen und alle Einzelteile des Motivs seitenverkehrt auf die „Träger"-Papierseite vom Vliesofix übertragen.

Wattestopferei

Für diese aparte Handarbeitstechnik sollten nur dehnbare Stoffe wie zum Beispiel Jersey verwendet werden. Man arbeitet mit zwei Stofflagen. Die Rückseite besteht aus Futterstoff

1. Beide Stofflagen aufeinanderheften. Musterzeichnung mit Bleistift auf Transparentpapier übertragen. Alle Konturen auf der Papierrückseite mit dem Bügelmusterstift nachzeichnen, diese Seite nach unten auf das Futter legen, Motiv aufbügeln.

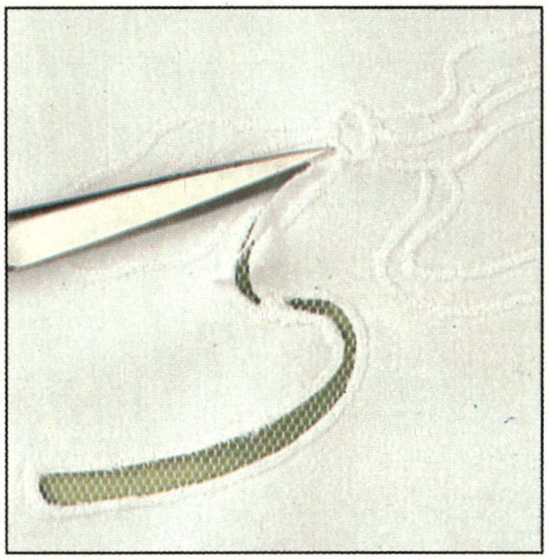

3. Stoff wenden und von rechts alle Steppstichkonturen mit einem dicht eingestellten, ca. 3 mm breiten Zickzackstich nachsteppen. Alle durch Stepplinien begrenzten Flächen vorsichtig mit einer spitzen Schere ausschneiden.

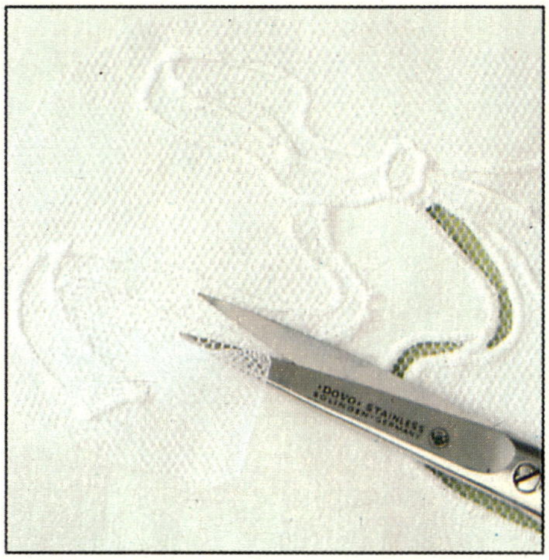

4. Auf der linken Seite wird der überstehende Tüll entlang den Stepplinien vorsichtig abgeschnitten.

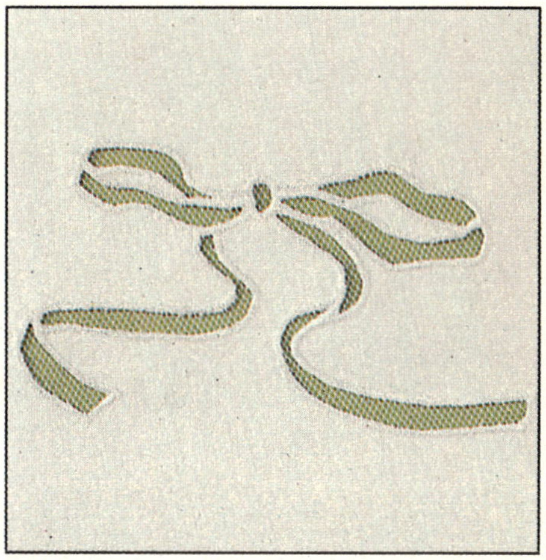

5. Fertiges Motiv unter feuchtem Tuch gut bügeln. Mit kontrastfarbenem Stoff unterlegt, kann die Tüllapplikation auch zu einem hübschen Kissen verarbeitet werden.

2. Alle Vliesofixteile grob ausschneiden und mit der „Träger"-Papierseite nach oben auf die Rückseite der entsprechenden Stoffe bügeln. Teile entlang den Konturen ausschneiden.

3. Trägerpapier von den Stoffteilen abziehen, die Stoffrückseite ist jetzt mit der Klebeschicht beschichtet. Motivteile passend auf den Grundstoff legen (evtl. feststecken) und aufbügeln.

4. Alle Motivteile werden mit Nähgarn im passenden Farbton, mit einem dicht eingestellten, ca. 3 mm breiten Zickzackstich entlang den Konturen aufgesteppt.

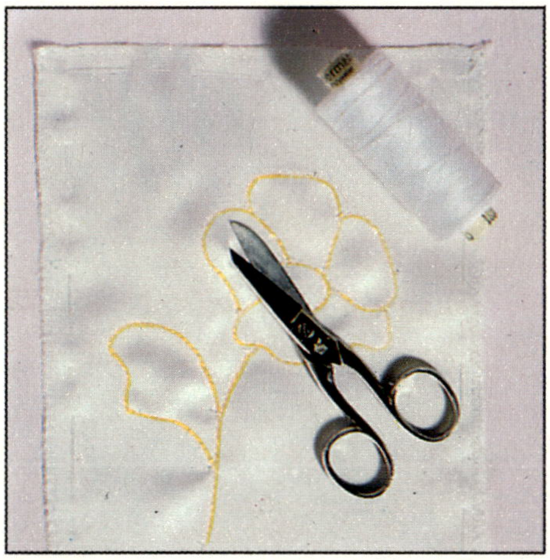

2. Alle aufgebügelten Motivkonturen werden nachgesteppt. In die durch Stepplinien begrenzten Flächen werden am Futter kleine Schlitze eingeschnitten.

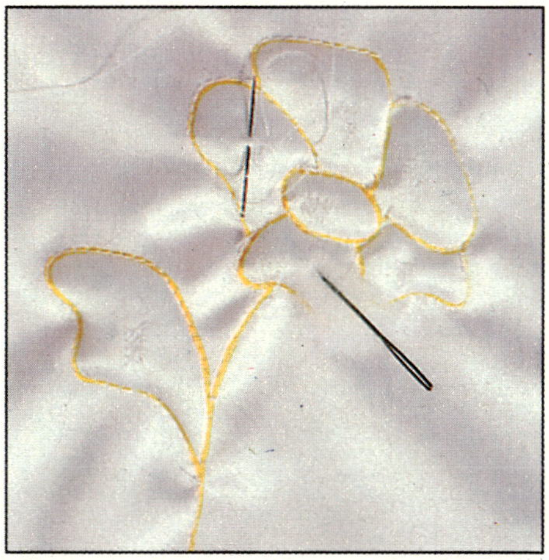

3. Alle Flächen mit Polyesterwatte mit Hilfe einer dicken Nadel ausstopfen. Danach die Schlitze mit kleinen Handstichen im Hexenstich zunähen.

4. Der Blütenstiel wurde von rechts nochmals mit der Zwillingsnadel abgesteppt (Biesenfuß verwenden), damit er auch plastisch erscheint. Wattestopferei spannen, anfeuchten und trocknen lassen.

Ein selbstgebastelter Strauß, der ewig blüht

184 Gebastelter Strauß. Aus Seidenservietten, Kreppapier, Spitzenresten und Federn entsteht der zarte Blumenstrauß links in Pastelltönen.

185 Kreuzstichbild. Auch die Blumen des Bildes unten sind unvergänglich. Das kleine Kunstwerk (24 x 31 cm) wird in Kreuzstich und Steppstich auf Zählstoff gestickt.

186 Tischdecke. Mutter wird Augen machen, wenn Sie sie mit einem hübsch gedeckten Tisch und mit einer selbstgestickten Tischdecke überraschen. Die zarten Blütenbuketts und Schleifen werden in Stiel-, Platt-, Spann- und Knötchenstich gearbeitet.

187 Blumenstrauß. Mit kleinen Schleifchen machen Sie aus einem Strauß frischer Blumen etwas ganz Besonderes.

Kleine Kostbarkeit aus Kreuzstichen

Hübsche „Verpackung" für eine Reise

Ein ganz persönlicher Gutschein

188 + 189 Gutscheine. Über eine Reise oder eine Einladung zum Essen freut sich Mutter bestimmt! Zwei Vorschläge zum Selbermachen mit Origami-Seerosen.

Zum Muttertag:

BLÜTEN-BUKETTS

Blumen machen Freude. Vor allem, wenn sie mit viel Liebe gestickt oder gebastelt sind

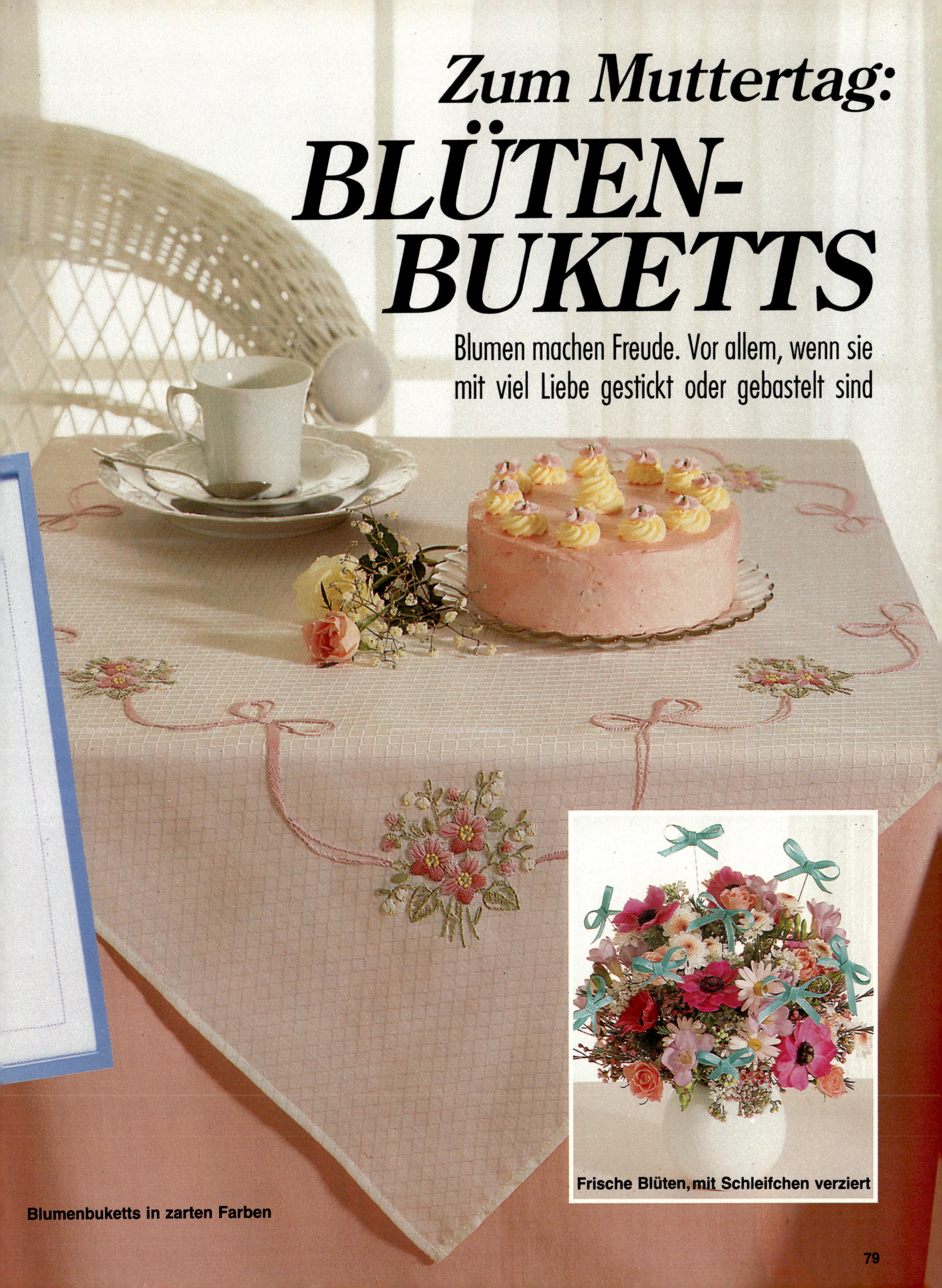

Blumenbuketts in zarten Farben

Frische Blüten, mit Schleifchen verziert

ZARTE TRÄUME IN PASTELL

190

191 + 192

194

190 Liebenswertes Bild (Ø 21 cm) von Kinderhand. Verschieden große Samtkügelchen (soft point) werden mosaikartig zum Kränzchen-Motiv geklebt.

191 + 192 Ganz besonders edel wirken diese Kissen! Sie werden aus Satinbändern einfach gewebt.

193 Aus der Ferne kommt eine Karte zum Muttertag. Sie ist liebevoll mit Plusterfarben bemalt.

194 Aus fertigen Blüten schnell gebastelt, ist das kleine Kränzchen ein nettes Mitbringsel!

195 Und hier die gute Idee für handarbeitende Mütter und Großmütter: herziges Nadelkissen, fein gehäkelt und glänzend unterlegt mit Satin.

196 Die duftigen Dekorationen rundherum lassen sich schnell aus Papierspitzen und schillernder Folie zaubern.

196
193
195

FRISCHER WIND

FÜR IHRE KÜCHE

Die Farben Blau und Weiß und ein paar hübsche Stickereien machen mehr aus Ihren vier Wänden

DEKORATIV UND NÜTZLICH

Zwei hübsche Tischdecken, die schnell gestickt sind: Bei der hellen Mitteldecke links brauchen Sie nur das Garn durch die vorgewebten Fäden zu ziehen. **197**
Die blaue Decke darunter wird mit einer Bordüre aus kleinen Kreuzstichrosen verziert. **198**

AUS HOLLAND IMPORTIERT

Hollandmotive sind auch in Deutschlands Küchen sehr beliebt. Hier sind Windmühle, Junge und „Meisje" in Kreuzstich auf Leinen gestickt und in einen blauen Rahmen eingepaßt.
202 – 204
Übrigens: Die Motive können Sie auch anders einsetzen, z. B. auf einer Gardine oder einer Decke.

Ein Deckchen mit Eichhörnchen (links) in Stielstich, ein Geschirrhandtuch mit Kreuzstichborte und ein Patchworkeinband fürs Ringbuch machen die Blau-Weiß-Serie komplett.
199 – 201
Noch ein Vorschlag: Vom Flohmarkt stammt das Mustertuch, das wir als Bild gerahmt haben.

205 Ein nostalgischer Clown jongliert mit Seifenblasen. Ein hübsches Bild!

206 + 207 Schälchen für Süßes und Pikantes.

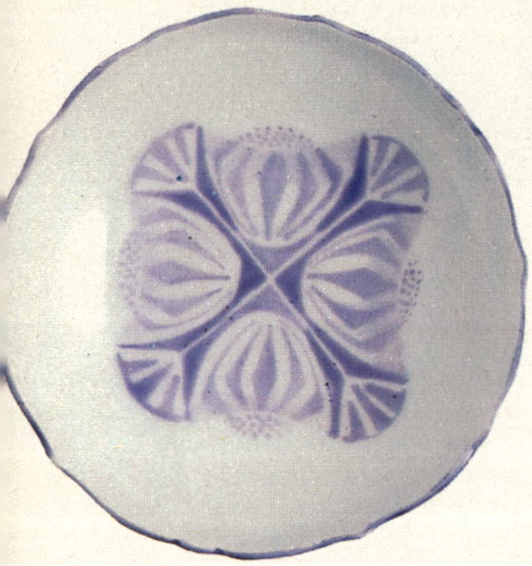

Die modernen Porzellanmalfarben aus der Tube (von Uhlig) sind „Inglasurfarben". Sie werden obenauf gemalt und sinken beim Brand in die Glasur hinein.

Weißes Porzellan schön bemalt

208 + 209 Auf dem großen Foto (links) gibt es gleich zweierlei zu bewundern: das ganz fein gemalte Muster auf dem Service und die bemalte Tischdecke im gleichen Stil. Leichter geht das Malen auf dem Stoff; vielleicht beginnen Sie damit, und wenn Sie „den Bogen raus“ haben, folgt die Malerei auf dem Porzellan.

210 Eine schlichte Schmuck- oder Gebäckdose wird durch grafische Ornamente zur Kostbarkeit. Fügen Sie Dreiecke ganz wahllos aneinander, und setzen Sie möglichst viele Farben ein. Ein bißchen Gold bringt zusätzlich alles zum Glänzen.

211–213 Ganz filigran nur in Blau gemalt: drei Schälchen aus feinem Porzellan. Für dieses Muster sollten Sie schon sicher mit einem dünnen Pinsel umgehen können.

A

G

Mit Farbe und Garn:

Ein Motiv schöner als das andere – Sie haben die Wahl, diese zauberhaften Blütenarrangements entweder zu sticken oder zu malen. Beispiele, was Sie damit schmücken können, zeigen wir Ihnen auf der folgenden Seite

B

C

D

E

F

H

J

Lassen Sie Blumen blühen

214
Die originalgroßen Musterzeichnungen für alle Blumenarrangements finden Sie im Anleitungsteil. Sie können sich aber auch nach den hier abgebildeten Größen richten. Besonders plastisch wird das Ergebnis, wenn Sie sich fürs Sticken entscheiden. Für die Motive A bis F finden Sie in der Anleitung Farbvorschläge mit Sticktwist von MEZ, und für die Muster G bis K nennen wir Farben von DMC. Sie können aber auch mit vorhandenen Stickgarnresten, ganz nach Belieben, Ihre eigene Farbkomposition kreieren.

K

Blütenmotive – gemalt und gestickt

215–217 Wie vielfältig die aparten Motive von den Seiten zuvor angewendet werden können, zeigen unsere Beispiele. Was diese drei gemeinsam haben: Sie sind gemalt. Den Leinenbezug der Spanschachtel (215) schmückt Motiv K in Stoffmalfarben, die Karte (216) Motiv B mit Bunt- und Filzstiften, die Holzschatulle (217) Motiv A, bemalt mit Lack von Deka.

218 + 219

215

216

217

218 + 219 Zierliche Blütenranken (Motive D und E) schmücken die seitlichen Kanten dieser Sets. Bordürenstoff von Benker.

220 + 221

220–221 Auf dem romantischen Rüschenkissen und einem Kragen fürs Kind kommt Motiv F wunderschön zur Geltung! Die feine Stickerei in pastelligen Farben verleiht diesen Arbeiten eine edle Note. Stickbatist: I. C. Leibfried; Sticktwist: MEZ Anker.

Spitzen erblühen in Farbe

222 Sommerlich-heitere Balkonidylle für Daheimgebliebene: Eine fertige Baumwollgardine (Laura Ashley) bekommt einen pastelligen „Anstrich" mit Stoffmalfarben (Heinrich Wagner). Das ist nicht schwer zu machen und sieht außerdem noch wunderschön aus. Auf diese Weise können Sie alle Spitzen auffrischen und als Gardine (wie hier) oder z. B. auch als Tischdecke verwenden.

Mit Gräsern und Blüten von der Wiese

223 – 225

Wer kann dem Zauber einer blühenden Sommerwiese widerstehen? Am liebsten hätte man sie immer vor Augen. Kein Problem! Sammeln Sie Blüten und Gräser für einen ewigen Sommer. Das Schönste, was Sie aus der Ausbeute eines Sommerspazierganges machen können, zeigen wir Ihnen hier

223 – 225 Filigrane Ranken und zarte Blüten auf Briefkarten arrangiert. Geklebt wird mit Tapetenkleister, denn er hinterläßt keine Spuren.

226 Diese Karte in Form eines Fensters ist besonders attraktiv. Ganz nostalgisch: Lassen Sie Ackerwinde oder Efeu ranken!

227 – 230 Viele kleine Blüten, gesammelt und gepreßt (z. B. in einer speziellen Blumenpresse, s. Foto oben), werden zu Symbolen zusammengestellt: das Kränzchen für Geburtstage, zwei Ringe für die Hochzeit, das Herz für besonders liebe Grüße.

231 Mit echten Blättern und Gräsern bedruckt, die Tafeldecke aus edlem Leinen (133 x 193 cm). Färben Sie die Rückseite der Pflanzenteile mit Stoffmalfarben, und drukken Sie damit. Die Blattstrukturen werden so lebendig, wie man es durch Malen kaum erreichen kann. Wie die Glokkenblumen- und Hagebuttenmotive eingesetzt werden und weitere Einzelheiten finden Sie in der Anleitung.

232 + 233 Außergewöhnlich hübsch mit Blüten verziert sind diese Tischkarten. Eine besonders liebenswürdige Einladung zum Platznehmen.

226

227 – 230

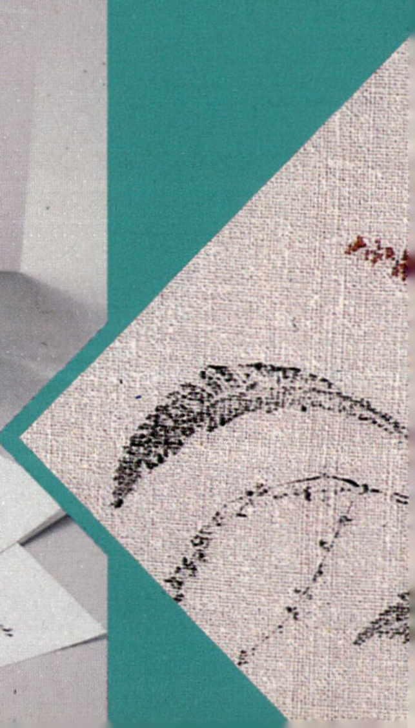

231

232 + 233

So sieht ein einzelnes Motiv aus. Es ist beliebig oft wiederholbar

Schablonen für Trauben und Ranke separat zuschneiden

Zuerst alle Trauben aufsprühen. Farben trocknen lassen

Nun die grünen Ranken paßgenau sprühen. Ein Trick hilft (s. Anl.)

234 Was der Tischdecke recht ist, kann dem kleinen Schränkchen nur billig sein. An Stelle von Stoffmalfarben nimmt man normales Dekospray (H. Wagner). Die Vorgehensweise bleibt immer die gleiche (siehe oben)

235 Ein Tablett mit gleichem Motiv rundet unsere „Trauben-Lese" ab. Beim Besprühen den Tablettrand mit Papier bedecken

der Sorte

236 Spritzig, fruchtig und leicht – drei Attribute, die genau zu unserer neu „gezüchteten" Rebensorte passen. Spritzig, weil per Textilspray (H. Wagner) zum Wachsen gebracht. Leicht, weil das wirklich jeder kann. Und fruchtig, weil die Trauben so appetitlich aussehen (Decke v. Gebr. Heinze)

Trauben

„Sprühburgunder" – spritzig, fruchtig und leicht

237 – 241

Bei einem Waldspaziergang oder beim Schlendern durch den Garten: Naturmaterialien finden Sie im Herbst in Hülle und Fülle. Ganz von selbst wird Sie die Üppigkeit der Farben und Formen inspirieren. Egal, ob Blätter, Halme, Gräser oder Sonnenblumenkerne – für unsere Collagen können Sie alles verwenden. Zum Basteln brauchen Sie außerdem einen guten Kleber (Kleister, Uhu), eine Schere und als Bildträger eine Span- oder Holzplatte. Wichtig: Bevor Sie mit der Arbeit beginnen, experimentieren Sie zunächst mit Kleber und Fundstücken. Feuchtes Laub zuerst zum Trocknen auslegen. Versuchen Sie nicht, die „gesammelten Werke" in eine vorgedachte Form zu zwängen, sondern lassen Sie das Material sich entfalten. Denn das Laub lebt von allein. Sei es durch die Farben wie bei dem großen Bild oder durch die Formen wie bei dem Baum rechts. Lassen Sie sich von den gefundenen Schätzen anregen, und fangen Sie von einem Punkt aus zu kleben an. Das kleine Kunstwerk wächst wie ein Puzzle – Schritt für Schritt. Dabei ist jedes Teil anders zu verwenden. Mehrzählige Blätter einfach zerlegen, Gräser und Halme in die gewünschte Form zurechtschneiden. Zum Schluß werden die Collagen mit Holzleisten gerahmt, fertig ist Ihre spezielle Herbstgalerie.

Farblich abgestuft ensteht aus Eschenahornblättern die herbstliche Impression eines Waldes, der in sanfte Nebelschwaden getaucht ist. Weniger abstrakt, aber um so plastischer: ein Baum aus Schilf (rechts)

Ein Wald, geklebt aus vielen kleinen Blättern. Der Hintergrund: Maisblätter

Geometrische Strukturen mit verschiedenen Gräsern und Blüten

Ahornfrüchte – die fließenden Formen ergeben sich von selbst

Kunst aus Wald und Flur. Lassen Sie sich von den filigranen Blattstrukturen und den herbstlichen Farbspielereien der Natur inspirieren. Das Ergebnis sind reizvolle, plastische Collagen mit raffinierten Licht- und Schatteneffekten. Die dekorative Bastelei macht nicht nur sehr viel Spaß, sie ist auch preiswert, denn Blätter, Gräser, Schilf und Stroh hält die Natur jetzt kostenlos für Sie bereit. Die Bilder entstanden im Kunstunterricht von Betty Kohte-Marxmeier in Bochum

HERBSTGALERIE

242

243

243 Weit leuchtet das Blau des Eisvogels! Die Motive zum Nachmalen finden Sie im Anleitungsteil. Viel Spaß dabei! Stoffmalfarben: Deka.

242 Ein Entenpärchen in Stoffmalerei hat sich auf einem Schirm niedergelassen.

Bastelfreunde, aufgepaßt! Auf diesen Seiten gibt es für jeden etwas unter dem Motto:

Alles pur aus der Natur

244 Ein so üppig gefüllter Blumenkorb ist eine Augenweide! Aus getrockneten Sommerblumen zusammengestellt, ist seine Schönheit dauerhaft.

245 Auf Spaziergängen gesammelt und aufbewahrt: Für eine fantasievolle Collage (60 x 60 cm groß) findet manches Verwendung.

246 Auch das Herbstlaub ist nicht mehr fern. Die schönsten Blätter werden gepreßt und zu farbenfrohen Bildern zusammengestellt.

247 Eulen, Symbole für Weisheit, sind als Motive sehr beliebt. Mit exotischen Hölzern (gibt's im Hobbyfachhandel) wird jede Collage zum Unikat.

248 Der schönste Lohn fürs Sammeln und Trocknen: ein prachtvoller Blütenkranz aus den vielfältigsten Gewächsen der Natur.

Viele unserer Sommerblumen lassen sich durch Trocknen haltbar machen. Jetzt ist es an der Zeit, sie hereinzuholen, damit sie auch im Winter „blühen".

249 So ein hübsches Kränzchen, vor die Wohnungstür gehängt, ist liebevolle und einladende Geste für alle Besucher

1. Alle Zutaten griffbereit und übersichtlich zurechtlegen.

2. Entweder kleine Sträußchen mit Strohblumennadeln aufstecken . . .

3. . . . oder mit Bindedraht dachziegelartig auf den Ring binden.

TROCKENBLUMEN INS RECHTE „BILD" GERÜCKT

Auch wenn Sie nicht zu den Gartenbesitzern zählen und das Sammeln beim Spazierengehen vergessen haben, Wochenmarkt und Fachhandel bieten eine riesige Auswahl

250 Das schmucke Strohhütchen ist leider nur eine Dekoration für die Wand.

251 Ein kleines Idyll im Schilf (13 x 18 cm). Da das Bildchen keine Rückwand hat, macht es sich am Fenster besonders hübsch.

252 Lassen Sie sich ruhig etwas Zeit beim Stecken dieser kleinen Kostbarkeit, es wird sich lohnen. Material: Cor Mulder.

Tip: Ein liebevoller Gruß für ferne Freunde sind diese vier Kleinode. Es gibt sie fertig zu kaufen von Gundula Steinert. Näheres im Anleitungsteil.

253 Unberührte Natur im „kleinen Rahmen". Besonders reizvoll ist die plastische Wirkung des Bäumchens. Material: Cor Mulder.

FARBEN der Provence

254 Eine schöne Dekoration für Ihre Wohnungstür ist dieser Provencekranz, der sich in feinen Farbschattierungen von Altrosé über Flieder bis zum kräftigen Blauton präsentiert. Halbierte Styroporkugeln werden mit Provencestoffen überzogen.

255 Den Duft der Lavendelfelder können Sie sich in diesem Beutelchen einfangen. Alles, was Sie brauchen, ist eine Borte, ein Häkelring und ein Wollrest.

256 In diesem Teebeutel bewahren Blüten und Blätter ihr volles Aroma.

257 Der zweite Kranz zeigt sich in einem ganz anderen Farbgewand. Hier überwiegen Rosé- und Rottöne.

258 + 259 Aus den typischen Provencestoffen sind auch die Modelle rechts genäht. Das Set ist wattiert und abgesteppt, die Servietten werden nur gesäumt.

260 Die Mitteldecke erhält durch die aufgesteppte Blumenborte ein frisches Aussehen. Stoffe: La Provence.

254

255

257

256

258 + 259

260

Haben auch Sie Ihr Herz an die Provence verloren, sich verliebt in ihre Lavendelfelder und in die warmen Farben dieser wunderbaren Landschaft? Dann sollten Sie sich mit den hier abgebildeten Modellen ein Stück dieser zauberhaften Region in Ihr eigenes Heim holen. Mit den angegebenen Materialien und ein wenig Geschick dürfte das für Sie ein Kinderspiel sein.

Die sechs Folklorekissen **261–266** *werden per Schablone nach Patchwork-Manier zusammengesetzt. Für eine rustikale Bauernstube ist die Farbkombination in den Grundtönen Rot und Grün ideal. Ein Bettüberwurf* **267** *ganz besonderer Art! Die großen Stoffteile und -streifen werden zusammengenäht, die Musterung mittels Schablonen aufgedruckt. Stoffmalfarben: Marabu.*

Entwurf und Ausführung: Ingrid Schmidt

Aus Stoffresten Werte schaffen

JOCKEY
CLUB
AUTOMOBIL
SAFARI
TOURS

Das ist etwas für die ganze Familie:
sportliche Sweatshirts
mit „aufgeplusterten" Motiven

Zauberei mit Plusterfarben

268–271 Alte Sweatshirts lassen sich mit Plusterfarben (I. Heigl) ganz schön aufmöbeln! Wählen Sie eines unserer Motive, oder entwerfen Sie Ihr eigenes Emblem. Ihre Sportkollegen werden Sie in Ihrem neuen Outfit bewundern. Und so wird's gemacht: Übertragen Sie das gewünschte Motiv mit dem Bügelmusterstift auf Transparentpapier, und bügeln Sie es auf den Stoff. Malen Sie das Motiv mit einem weichen Pinsel aus. Besonders schön wird das Ganze, wenn die Plusterfarben in zwei Schichten aufgetragen werden. Wenn die Farben trocken sind, wird von der Rückseite überbügelt. Und dabei gibt's die Überraschung: Durch die Wärme plustern sich die Farben wie Frottier auf.

Was wäre Weihnachten ohne Krippe? Für viele gehört sie von Kindheit an einfach dazu!

Die schönsten Krippen

272 *Für alle, die gern mit der Laubsäge umgehen, sind die Figurengruppen dieser Krippe gedacht. Zuerst werden die äußeren Umrisse aufgezeichnet, dann die Figuren ausgesägt. Nach dem Glattschleifen der Kanten müssen noch die innenliegenden Konturen übertragen werden, und dann werden die Teile ganz nach Geschmack bemalt. Für festen Stand sorgen Stützen, von hinten aufgeleimt. Eine vorweihnachtliche Bastelei für die ganze Familie. Farben: Heinrich Wagner.*

zum Selbermachen

273 *Eine Krippe mal ganz anders: Die Figuren dieses Triptychons werden gestickt, die Umrandung wird aus weißem Plakatkarton geschnitten. Es gibt auch eine Fixpackung mit bereits vorgestanztem Karton.*

274 *Fein säuberlich aus schwarzem Karton ausgeschnitten und mit farbigem Transparentpapier hinterklebt: Krippe im Scherenschnitt. Tags wird sie von der Sonne, abends von Kerzen erleuchtet.*

275

277

278

276

279

Ein Motiv in

Allen Vorschlägen dieser Seite liegt dasselbe Motiv zugrunde.

275 *Schnell genäht, ein Kissen zum Kuscheln und Träumen.*

276 *So ein Fensterbild aus Karton und Transparentpapier läßt weihnachtliche Stimmung aufkommen.*

277 *Eine hübsch bemalte Spandose: Hobby Knorr; Farben: H. Wagner.*

278 *Nicht nur Kinder haben ihren Spaß an diesem Puzzle für die Tasche (Farben: Deka).*

279 *Durch Bemalen mit Lackfarbe (Deka) erhält diese Weihnachtskarte eine extra glatte und festlich glänzende Oberfläche.*

280 *Alle Einzelteile des Adventskalenders sind wie beim Kissen mit silberfarbenem Metall-Effektgarn (von Gütermann) appliziert.*

280

Entwurf und Ausführung: Elke Gassen

sechs Varianten

281

282

283 – 288

Schmucke Extras rund um das Weihnachtsfest

281 *Sieht am schönsten aus auf einem Untergrund aus Holz: ein Tannenzopf, geschmückt mit kleinen Strohsternen und rot marmorierten Kügelchen. Material von Cor Mulder.* **282** *Von wegen „Kommt nicht in die Tüte"! In diese Tütchen aus Tortenspitze paßt allerhand zum Naschen.* **283 – 288** *Vorwiegend im Platt- und Stielstich werden diese Weihnachtskarten bzw. Baum- oder Paketanhänger gestickt. Wer eigene Garnreste aufbrauchen will, findet die Vorlagen auf dem Bogen. Das Sticken und Basteln macht Spaß, und jeder Empfänger freut sich darüber!*

290

289

289 *Zum Schmücken dieses Tannenkranzes verwendeten wir „klassisches" Dekomaterial wie rotes Ringelband und rote Kugeln (Dekoration von Eckart-Werke).* **290** *Für Freunde der Töpferkunst haben wir diese dekorative kleine Dose geformt. Verschenken Sie darin doch selbstgebackene Weihnachtsplätzchen! Alle Anl. ab Seite 117.*

291

Mit „Sack und Pack" behängt, wird unsere Villa zum Adventshaus umfunktioniert. Beim Vorschlag oben haben wir das Dach mit Zahlen beklebt (bsb) und Mini-Päckchen drangebunden. Daß sich beim Haus vom Foto drunter die Balken nicht unter der Last der Säckchen biegen, ist wohl der stabilen Dachkonstruktion zu verdanken. Die Ziffern werden aufgestickt.

292

Auch als Fachwerkhaus kann sich das Modell sehen lassen. Sogar ein stilechtes Strohdach hat es bekommen. Frisch und fröhlich: der blau-weiße Anstrich.

293

Ein Haus mit Variationen

291–294 *Sieht es nicht zum Anbeißen aus, das Knusperhäuschen mit den leckeren Plätzchen auf dem Dach? Daß es im Hexenwald gerade Winter ist, erkennt man am Watte-Schnee. Die Fenster wurden mit buntem Transparentpapier hinterklebt. Unterm Gebäck verbirgt sich der „Rohbau" aus Sperrholz vom kleinen Foto auf der linken Seite. Diesen gibt es als Bausatz von Hobby Küstermann. Der Bauplan ist natürlich dabei. Anregungen für die Gestaltsvariationen finden Sie im Anleitungsteil. Man braucht sich freilich nicht sklavisch an unsere Vorschläge zu halten. Lassen Sie Ihrer Fantasie freien Lauf, und bauen Sie Ihr Traumhaus nach eigenen Ideen! Die Möglichkeiten sind beinahe unbegrenzt. Was die Bewohner betrifft, so können Sie sie übrigens gleich mitbestellen. Die Figürchen in passender Größe – Hexe, Hänsel und Gretel und ein paar Tiere – sind schon fertig bemalt. Bestelladresse für die Grundversion des Häuschens sowie für die Figuren erfahren Sie im Anleitungsteil.*

So wird Weihnachten richtig weihnachtlich: Mit diesen hübschen Deko-Ideen aus Goldfolie, Glitzergarn und Tüll bringen Sie Glanz ins Fest der Feste!

295 Weihnachtskarte.

296 Sternenset aus Folie.

297 „Weiß in Grün" präsentiert sich dieser prachtvoll geschmückte Baum.

Funkelnder Sternenregen: vom Baumschmuck bis zur Serviette

298 Der Mond ist aufgegangen, die „silbernen" Sternlein prangen . . .

299 Hübsches Trockenkränzchen

300 Passend: Set, Serviette, Ring.

301 Gold- und Silbersterne, im Spannstich aufgestickt, als Bordüre für Mittel- sowie Unterdecke.

302–304
Das ist der Baum, der besonders Kindern gefällt! Lustig bunt wird er herausgeputzt: mit Tischtennisbällchen an Silberdrahtschaukeln, mit Würfeln aus Pappe (vielleicht lecker gefüllt?) und süßen Kringeln zum Naschen.

Holzbaum: H. Meier

burda

Das große Bastelbuch

Ergänzender und zum Gebrauch des Buches erforderlicher Bestandteil

Bestellnummer K 617

In den Materialangaben zu den einzelnen Modellen nennen wir die Originalmaterialien. Da wir jedoch keinen Einfluß auf das Programm der einzelnen Firmen haben, können wir nicht garantieren, daß diese Materialien auch zukünftig im Handel erhältlich sind. In guten Handarbeits- und Hobbyfachgeschäften wird man Ihnen jedoch immer eine Ausweichqualität anbieten können. Den Herstellernachweis finden Sie auf Seite 180.

Allgemeine Hinweise

Rasterzeichnung

Zeichnungen, die nicht auf den Bogen passen, haben wir maßstäblich verkleinert abgebildet und mit einem Karogitter versehen. Das bedeutet, Sie zeichnen sich zuerst ein Karogitter (Raster) in der angegebenen Größe, siehe jeweilige Anleitung. Markieren Sie nun in Ihrem Raster alle Punkte, an denen sich die Konturlinien der Zeichnung mit den Rasterlinien schneiden, mit Punkten oder Kreuzen. Anschließend verbinden Sie diese Punkte an Hand der Vorlage. Gehen Sie dabei Kästchen für Kästchen vor, und übertragen Sie den Konturenverlauf. Zusätzlicher Tip: In jeder größeren Stadt gibt es Kopiergeschäfte, in denen man sich die Rasterzeichnung in die gewünschte Größe vergrößern lassen kann.

Zählmuster

Die Musterbogen des Anleitungsteils enthalten neben den Musterzeichnungen auch Zählvorlagen. Erfahrene Handarbeiter wissen den Wert von Zählmusterbogen zu schätzen und behandeln sie entsprechend schonend. Bei umfangreichen, vielfarbigen Arbeiten lohnt sich auch die Mühe, das Zählmuster auf Kästchenpapier mit größerer Karoeinteilung zu übertragen – für das Auge eine wesentliche Entlastung. Kästchenpapier, auch Patronenpapier genannt, gibt's in guten Papiergeschäften.

burda-Zählhilfe

Ein- und mehrfarbige Zählstickereien, Handarbeiten in Filethäkeln und Kunststricken werden nach Zählmuster gearbeitet. Beim Nacharbeiten und Zählen bringt die neue burda-Zählhilfe eine wesentliche Erleichterung. Sie legen den Musterbogen mit dem Zählmuster, der Strick- oder Häkelschrift auf die Metallplatte. 2 schmale Magnetstreifen plazieren Sie „liniengenau" über dem Gitternetz und unter der Reihe, die Sie als nächste sticken, stricken oder häkeln. Nach jeder fertigen Reihe den Magnetstreifen nachschieben. So ist ein Verzählen ausgeschlossen. Verkaufspreis DM 6,90 + Portokosten, siehe Seite 180.

burda-Bügelmusterhilfe

Das Set enthält 2 Stifte, in Gelb und Blau. Damit können Sie das gewünschte Muster auf Transparentpapier zeichnen. Diese Vorlage wird wie ein Bügelmuster benutzt. Es sind sogar mehrere Abdrucke möglich, so daß das Übertragen auf Stoff, Holz, Papier o. dgl. zur einfachen Sache wird. Bezugsbedingungen unter „Hobby-Service" auf Seite 180.

Zeichenerklärung für die Schnitte

Stoffbruch: Diese Linie bedeutet, daß diese Schnitteilkante ohne Nahtzugabe an den Stoffbruch gelegt wird.

Fadenlauf, Streifenlauf oder **Strichrichtung:** Ist kein Pfeil eingezeichnet, läuft der Fadenlauf mit der angegebenen Schnittkante oder Linie.

Schlitzende

Einschnitt für Taschen und Schlitze

Knopfloch

Falte x auf o legen

Nahtzahlen sind Paßzeichen, die aufeinandertreffen.

Abkürzungen

abk.	= abketten	Stb.	= Stäbchen
f. M.	= feste Masche	Dstb.	= Doppelstäbchen
fortl.	= fortlaufend	str.	= stricken
h. Stb.	= halbes Stäbchen	U.	= Umschlag
Km.	= Kettmasche	wdh.	= wiederholen
Lm.	= Luftmasche	*	= Wiederholungszeichen
M.	= Masche	Schl.	= Schlinge
R.	= Reihe	abm.	= abmaschen
Rd.	= Runde	folg.	= folgende
		Str.	= Strang

Musterzeichnung

Die Musterzeichnung wird von der Vorlage (vom Musterbogen oder vom Blatt im Anleitungsteil) auf Transparentpapier übertragen. Bei runden, quadratischen, rechteckigen und ovalen Formen, bei denen die Zeichnung symmetrisch um die Mitte angeordnet ist, muß mindestens ein Viertel vorgezeichnet werden. Bei fortlaufenden Bordüren sollte man nicht nur einen Mustersatz, sondern wenigstens zwei, besser drei Mustersätze vorzeichnen. Je größer die Vorzeichnung, um so seltener müssen diese und das Kopierpapier beim Übertragen verschoben und wieder neu befestigt werden (dabei sind die Ansatzstellen genau zu beachten).

Stoff rechtwinklig und glatt auf eine harte Unterlage legen, am besten mit Reißnägeln befestigen. Mitte markieren (entweder fadengerade einbügeln oder mit farblich abstechenden Vorstichen bezeichnen).

Bei dünnen durchsichtigen Stoffen wendet man das Durchzeichnen an. Das Muster liegt in der vorgesehenen Anordnung unter dem Stoff, mit gut gespitztem Bleistift werden alle Linien nachgezogen. Die Vorzeichnung kann auf die Stoffrückseite übertragen werden – in diesem Falle allerdings spiegelverkehrt. Auf dichtgewebte Stoffe wird mittels Kopierpapier übertragen. Man schiebt das Kopierpapier – die färbende Seite liegt unten, also direkt auf dem Stoff – zwischen Musterzeichnung und Stoff. Mit spitzem Bleistift, besser mit einer Galalithstricknadel mit nicht zu scharfer Spitze, werden alle Musterlinien nachgezogen oder nur punktiert. Außerhalb der Linien ist jeglicher Druck zu vermeiden, da jede Druckstelle als Farbfleck auf dem Stoff erscheint.

Beim Nachziehen der Linien ist zu bedenken, daß beim Sticken nach Vorzeichnung knapp außerhalb der Musterlinien ein- und auszustechen ist, damit die Farbränder der Linien von der Stickerei eingeschlossen bzw. überdeckt werden. Äußerst exakt arbeiten.

So finden Sie die Schnitteile auf dem Bogen

In der Anleitung sind die einzelnen Schnitteile numeriert. Die Nummern jedes Schnitteils finden Sie auf dem Schnittbogen als Suchnummer wieder. Am oberen Rand des Bogens stehen die ungeraden Zahlen, am unteren Rand die geraden Zahlen. Senkrecht unterhalb oder oberhalb der Suchnummern finden Sie die Schnitteilnummer an der Schnittkontur. Ziehen Sie zur besseren Übersicht die Kontur des Schnitteils sowie alle eingezeichneten Linien mit dem Filzstift nach. Vergleichen Sie dabei mit der Schnittverkleinerung in der Anleitung.

So übertragen Sie den Schnitt auf Seidenpapier

Legen Sie Seidenpapier auf den Bogen, und ziehen Sie die Schnittlinien mit Filzstift nach. Beschriftungen und Nahtzahlen auch auf den Papierschnitt übertragen. Schneiden Sie den Papierschnitt aus.

So schneiden Sie zu

Falten Sie den Stoff so aufeinander, daß die linke Stoffseite oben liegt, die rechte Stoffseite liegt innen. Stecken Sie alle Papierschnitteile auf den Stoff. Die mit Stoffbruch bezeichnete Schnittkante wird an die gefaltete Stoffkante (Stoffbruch) angelegt.

Sie können auch bei offener Stofflage zuschneiden, also bei nicht gefaltetem Stoff. Dabei muß darauf geachtet werden, daß Schnitteile, die 2mal oder mehrfach zugeschnitten werden, gegengleich aufgelegt werden. Man legt dann den Papierschnitt 1mal mit der beschrifteten Seite nach oben und 1mal umgedreht (mit der beschrifteten Seite nach unten) auf den Stoff. Die Schnitteile sind ohne Naht und Saumzugaben. Zeichnen Sie deshalb rings um die aufgesteckten Schnitteile die erforderlichen Zugaben an (bei Puppen, Puppenkleidern und Stofftieren genügen ¾ – 1 cm). Teile mit Zugaben ausschneiden.

Im Verlag Aenne Burda erscheinen außerdem die Zeitschriften burda MODEN, Burda international, Anna – Spaß an Handarbeiten, Carina, Verena, burda Mode für Vollschlanke sowie die burda-Koch- und -Handarbeitsbücher.

Zu beziehen im Buch- und Zeitschriftenhandel oder direkt beim Verlag Aenne Burda, Abt. Hobby-Service, Postfach 11 60, 7600 Offenburg.

01–05 Allgemeines zur Verarbeitung der Kissen

Kissenteil 35 x 70 cm groß zuschneiden, Naht zugeben. Auf die linke Seite Volumenvlies aufbügeln. Die Stoffe für die Applikationen jeweils vor der Verarbeitung mit Volumenvlies verstärken, anschließend auf Haftvlies bügeln. Die einzelnen Motive auf die Papierseite (Rückseite des Stoffes) seitenverkehrt aufzeichnen, ohne Nahtzugabe ausschneiden. Das Papier abziehen und Motive lt. Abb. auf eine Kissenhälfte bügeln. Zuerst die untenliegenden Teile wie Blumenstengel, dann die Blütenblätter und Blätter und zuletzt die Blütenmitte (bei Margerite) applizieren. Beim Aufnähen der Einzelteile gehen Sie am besten der Reihenfolge der Ziffern nach vor. Konturen lt. Musterzeichnung und Abb. mit dicht eingestelltem Zickzackstich aufnähen. Blattadern mit kleinen Steppstichen aufnähen. Alles von links bügeln. Kissenteile rechts auf rechts legen. Die Kante, in die später der Reißverschluß kommt, rechts und links ca. 3,5 cm zusammensteppen. Naht auseinanderbügeln, Kissen wenden. Reißverschluß einheften und steppen. Kissen nochmal auf die linke Seite wenden, restliche Nähte zusammensteppen, zuvor den Reißverschluß zum Wenden öffnen. Kissen wenden und bügeln.

01 Kissen mit Margerite

Musterzeichnung auf Bogen A in Rot.

Größe: Ca. 35 x 35 cm.

Material: 0,40 m Crépe-Satin in Gelb, 90 cm breit; 0,30 m Crépe-Satin in Weiß, 90 cm breit; Rest Satin in Grün; 0,40 m Volumenvlies H 630 (aufbügelbar), 90 cm breit; 0,30 m Haftvlies, 90 cm breit (beides von Freudenberg); 1 Reißverschluß in Gelb, 30 cm lang; Maschinenstick- und -stopfgarn in Weiß, Gelb und Grün; Nähgarn in Gelb.

Ausführung: Siehe Allgemeines zur Verarbeitung der Kissen oben. Zuerst den Blumenstiel, dann die Blütenblätter und zuletzt die Blütenmitte mit dicht eingestelltem Zickzackstich aufnähen.

02 Kissen in Pink

Musterzeichnung auf Bogen A in Rot.

Größe: Ca. 35 x 35 cm.

Material: 0,40 m Crépe-Satin in Pink, 90 cm breit; Reste Crépe-Satin in Weiß und Grün; 0,40 m Volumenvlies H 630 (aufbügelbar), 90 cm breit; 0,30 m Haftvlies, 90 cm breit (beides von Freudenberg); 1 Reißverschluß in Pink, 30 cm lang; Maschinenstick- und -stopfgarn in Pink und Grün; Nähgarn in Pink.

Ausführung: Siehe Allgemeines zur Verarbeitung der Kissen oben. Es ist möglich, die weiße Blüte in einzelnen Teilen zu applizieren. Einfacher ist es, die ganze Blütenfläche auszuschneiden und sämtliche Konturen zu steppen. Blüten mit pinkfarbenem, Blätter mit grünem Garn applizieren.

03 Kissen mit Seerose

Musterzeichnung auf Bogen C in Rot.

Größe: Ca. 35 x 35 cm.

Material: 0,40 m Crépe-Satin in Weiß, 90 cm breit; 0,30 m Crépe-Satin in Dunkelgrün, 90 cm breit; 0,40 m Volumenvlies H 630 (aufbügelbar), 90 cm breit; 0,30 m Haftvlies, 90 cm breit (beides von Freudenberg); 1 Reißverschluß in Weiß, 30 cm lang; Maschinenstick- und -stopfgarn in Weiß und Grün; Nähgarn in Weiß.

Ausführung: Siehe Allgemeines zur Verarbeitung der Kissen oben. Es ist möglich, das Motiv insgesamt auszuschneiden und zu applizieren. Dann müssen die Blattkonturen mit Zickzackstich aufgenäht werden. Man kann aber auch alle Blütenblätter einzeln ausschneiden, aufbügeln und applizieren.

04 Kissen in Violett

Musterzeichnung auf Bogen A in Rot.

Größe: Ca. 35 x 35 cm.

Material: 0,40 m Crépe-Satin in Violett, 90 cm breit; Reste Crépe- Satin in Weiß und Grün; 0,40 m Volumenvlies H 630 (aufbügelbar), 90 cm breit; 0,30 m Haftvlies, 90 cm breit (beides von Freudenberg); 1 Reißverschluß in Violett, 30 cm lang; Maschinenstick- und -stopfgarn in Weiß und Rosa; Nähgarn in Violett.

Ausführung: Siehe Allgemeines zur Verarbeitung der Kissen oben. In Blütenmitte mit rosafarbenem Maschinenstick- und -stopfgarn die Punkte in Plattstich aufsticken.

05 Kissen in Hellgrün

Musterzeichnung auf Bogen A in Rot.

Größe: Ca. 35 x 35 cm.

Material: 0,40 m Crépe-Satin in Lindgrün, 90 cm breit; Reste Crépe-Satin in Weiß, Grün und Rosa; 0,40 m Volumenvlies H 630 (aufbügelbar), 90 cm breit; 0,30 m Haftvlies, 90 cm breit (beides von Freudenberg); 1 Reißverschluß in Lindgrün, 30 cm lang; Maschinenstick- und -stopfgarn in Weiß, Rosa und Grün; Nähgarn in Lindgrün.

Ausführung: Siehe Allgemeines zur Verarbeitung der Kissen oben. 3 Blüteninnenteile mit rosafarbenem Garn applizieren; längliches Innenteil (rosa) zuerst, dann kranzförmiges (weiß), zuletzt das innerste runde Teil (rosa). Anschließend mit rosafarbenem Maschinenstick- und -stopfgarn kleine Punkte um die Blütenmitte in Plattstich sticken.

06 Faltrollos

Größe: Eine Bahn ca. 108 x 178 cm, plan hängend, 108 x 150 cm mit hochgezogenem Bogen.

Material: Pro Rollo ca. 2,10 m weißer Batist, 110 cm breit; ca. 15 cm Rolloschnur; 45 Ringe zum Führen der Schnüre; 1 Schnuraufwickler; 1,10 m Klettband, ca. 2 cm breit (alles in Gardinenfachgeschäften erhältlich); 1 Vierkantholz, ca. 2 x 2 cm breit, 108 cm lang; 30 Rundhölzer, 4 mm ∅, 54 cm lang; 3 Ringschrauben (in Heimwerkermärkten erhältlich); weißes Nähgarn.

Ausführung: Zuerst die Webkanten an beiden Seiten 1 cm nach links umbügeln und schmalkantig feststeppen. Liegt der Stoff breiter, die fertige Rollobreite plus beidseitig 1,5 cm Saumzugabe berechnen und an den Längsseiten mit 0,5 cm Einschlag und 1 cm Umschlag säumen. Nun am unteren Rand einen Saum mit 0,5 cm Einschlag und ca. 0,75 cm Umschlag arbeiten. Für die Führung der Stäbe ab der Saumkante im Abstand von je 12 cm 9 Tunnel, danach im Abstand von je 15 cm weitere 5 Tunnel wie folgt vorbereiten: In den genannten Abständen als Markierung jeweils einen Faden ziehen, den Stoff an jeder Markierungslinie rechts auf rechts legen, evtl. heften, umbügeln und die Tunnel ca. 0,75 cm = ca. füßchenbreit, absteppen. Sollen, wie bei unserem Foto, mehrere Rollos nebeneinander aufgehängt werden, ist es besonders wichtig, die Markierungen und Stepplinien sehr exakt auszuführen. In ca. 16 cm Abstand zum letzten Tunnel einen 2 cm breiten Saum heften und das Klettband aufsteppen. In der Mitte und an beiden Seiten jedes Tunnels und des unteren Saums auf der Rückseite einen Ring von Hand annähen. Die Rundhölzer von beiden Seiten einschieben. Je eine ca. 5 m lange Rolloschnur an den drei unteren Ringen anknoten und durch die Ringe senkrecht nach oben führen. An einer Seite des Vierkantholzes die 3 Ringschrauben an gleicher Stelle wie die Rolloringe festschrauben. Das Vierkantholz an der Wand unterhalb der Decke so befestigen, daß die Ringschrauben nach unten zeigen, an der Vorderseite das Klettband aufkleben, evtl. festtakern. Rollo anbringen, Schnüre durch die Ringschrauben zum seitlichen Fensterrand führen. Am Fensterrand den Schnuraufwickler befestigen. Schnüre auf passende Länge zurückschneiden. Der Bogen entsteht durch Anziehen der mittleren Schnur. Höhenverstellbar werden die Rollos durch zusätzliches Anziehen der äußeren Schnüre.

07 Kommode

Größe: 90 x 82 x 40 cm.

Material: 4 Bambuszierleisten, 1,50 m lang, 3 cm breit; 5 Bambuszierleisten, 2 m lang, 1,8 cm breit; 1 Rundholz, 1 m lang, 1 cm ∅ (für eine Kommode in oben abgegebener Größe); mittelfeines und feines Schleifpapier; 1 Paket Drahtstifte; 1 kleine Dose kieferfarbene Holzpaste; 1 Dose schilffarbenes Holzwachs; 1 kleine Dose dunkelbrauner Möbellasurlack; 1 Dose Universal- Fliesenkleber (alles in Heimwerkermärkten, z.B. Obi, erhältlich); Flechtmatte, 40 und 60 cm breit, zu bestellen bei Korb Welzel oder im Fachhandel erhältlich. Der Verbrauch richtet sich nach der Größe der zu beklebenden Kommode. 1 alte Kommode, s. S. 8, Uhu coll express.

Zuschneiden: Die einzelnen zu beziehenden Flächen der Kommode ausmessen. Passend für jede Fläche eine Flechtmatte mit 3 cm Zugabe zuschneiden. Das Rundholz in vier 10 cm lange und vier 15 cm lange Stücke sägen. Mit Gehrungslade und Feinsäge die Enden abschrägen, anschließend die Schnittstellen glattschleifen.

Ausführung: An der Kommode Griffe und Türen abschrauben und Schubladen herausziehen. Mit mittelfeinem Schleifpapier die gesamte Kommode abschleifen, damit später der Kleber besser hält. Die Ablage und die Seitenteile zuerst beziehen, da sie am längsten trocknen müssen. Mit einem feinzahnigen Spachtel den Fliesenkleber dünn auf die Ablage streichen. Passende Flechtmatte durchs Wasser ziehen, abtropfen lassen und auf die eingestrichene Ablage legen. Ein ca. gleichgroßes Brett und schwere Gegenstände auf die beklebte Fläche legen, um die Flechtmatte fest anzupressen. Ca. 4-5 Stunden trocknen lassen. Danach die Seitenteile der Kommode mit entsprechenden Flechtmattenstreifen wie beschrieben bekleben. Die Kommode auf eine beklebte Seite legen, die Oberseite beschweren und ebenfalls 4–5 Stunden trocknen lassen. Für den Sockel ein schmales Flechtmattenstück einpassen. Türen und Schubladen ebenso bekleben und trocknen lassen. Die überstehenden Flechtmatten mit einem Teppichmesser abschneiden. Als Ablagenumrandung die 3 cm breiten Bambuszierleisten zusägen. Die Ablagenbreite auf der planen Seite der Zierleisten markieren. Von diesen Punkten aus die Leiste mit der Feinsäge auf Gehrung sägen, wobei die runde Seite der Zierleisten länger wird. Dementsprechend die Bambuszierleisten für die anderen 3 Seiten zusägen. Bündig mit der Oberkante um die Ablage leimen, festnageln. Für die Seitenteile ebenfalls die 3 cm breiten Bambuszierleisten verwenden. Je ein Ende gerade, eines auf Gehrung absägen. Die 4 Zierleisten bündig mit den Seitenkanten leimen, festnageln und trocknen lassen. Auch an den Sockelseitenkanten jeweils eine gerade abgesägte Zierleiste in der entsprechenden Höhe anbringen. Alle Schnittkanten mit Schleifpapier brechen. Mit den 1,8 cm breiten Bambuszierleisten werden die Kanten von Schubladen und Türen verkleidet. Breite und Länge des jeweiligen Teils messen, markieren, auf Gehrung sägen, leimen und festnageln. Die Zierleisten bündig mit den Außenkanten wie einen Bilderrahmen auf den Teilen befestigen. Statt der alten Griffe die Rundhölzer lt. Abb. auf Schubladen und Türen nageln. Zum Schluß mit einem Nagelversenker alle Drahtstifte tief in die Zierleisten schlagen. Die entstandenen Löcher mit Holzpaste schließen, trocknen lassen. Sämtliche Leisten anschleifen und mit Holzwachs einreiben. Die Verdickungen der Bambusleisten mit dunkelbraunem Möbellasurlack betupfen und verwischen. Anschließend noch einmal mit Holzwachs einreiben, trocknen lassen.

08 Blumenübertopf

Größe: 30 x 44 x 44 cm.

Material: 1 Spanplatte, 1,20 m lang, 80 cm breit, 18 mm dick; 1 Bambuszierleiste, 1,60 m lang, 3 cm breit; 5 Bambuszierleisten, 2 m lang, 1,8 cm breit; 1 Dose Universal-Fliesenkleber; 1 kleine Dose kieferfarbene Holzpaste; 1 kleine Dose schilffarbenes Holzwachs; 1 kleine Dose dunkelbrauner Holzlasurlack; feines Schleifpapier; 1 Paket Drahtstifte (alles in Heimwerkermärkten, z.B. Obi, erhältlich); 1 Flechtmatte, 1,30 m lang, 40 cm breit (zu bestellen bei Korb Welzel oder im Fachhandel erhältlich); Uhu coll express.

Zuschneiden: Die Spanplatte vom Schreiner in 4 Rechtecke à 30 x 40 cm und 1 Quadrat mit 38,2 cm Seitenlänge zusägen lassen. Die Flechtmatte in 4 Teile à 44 x 40 cm schneiden. Aus den 1,8 cm breiten Bambuszierleisten 24 Teile à 27 cm Länge zusägen und die Enden der Vorderseite mittels Gehrungslade und Feinsäge abschrägen. Außerdem für die Oberkante 4 Bambuszierleisten auf Gehrung sägen, die Außenseite ist 41,8 cm, die Innenseite 40 cm lang. Die breite Bambuszierleiste wird nach Anbringen der Flechtmatte zugesägt, erst dann ist eine genaue Bestimmung der Längen möglich.

Ausführung: 2 Spanplattenrechtecke an den Schmalkanten im rechten Winkel aneinander leimen und nageln. Das Quadrat bündig als Boden in diesen rechten Winkel einsetzen. Den Kasten mit den restlichen beiden Spanplatten schließen. Nun die Flechtmatte wie folgt anbringen: mit einem feinzahnigen Spachtel den Fliesenkleber dünn auf zwei sich gegenüberliegende Seitenteile streichen. 2 Flechtmatten durchs Wasser ziehen, abtropfen lassen und auf die eingestrichenen Seitenteile legen. Den Übertopf auf eine beklebte Seite legen, auf die andere Seite ein ca. gleichgroßes Brett und schwere Gegenstände legen. Nach etwa 4-5stündigem Trocknen mit den beiden anderen Seitenteilen ebenso verfahren. Überstehende Kanten mit einem Teppichmesser abschneiden. Für den Übertopfabschluß die 3 cm breite Bambuszierleiste zusägen. Die Topfbreite auf der planen Seite der Zierleiste markieren. Von diesen Punkten aus die Leiste auf Gehrung sägen, wobei die runde Seite der Zierleiste länger wird. Die Kanten mit Schleifpapier brechen. Dementsprechend noch 3 Bambuszierleisten zusägen. Bündig mit der Oberkante um den Übertopf leimen, festnageln. Die 4 auf Gehrung gesägten Bambuszierleisten auf die Oberkante leimen und festnageln. Mit 8 der vorbereiteten Bambuszierleisten werden die Seitenkanten des Übertopfes verkleidet. Zunächst die Zierleisten an den Schnittstellen glattschleifen. Jeweils an eine Seitenkante 2 Zierleisten Stoß auf Stoß anlegen, leimen, festnageln. Zur Verzierung die restlichen Zierleisten lt. Abb. anbringen. Zum Schluß mit einem Nagelversenker alle Drahtstifte tief in die Zierleisten schlagen. Die entstandenen Löcher mit Holzpaste schließen, trocknen lassen. Sämtliche Leisten anschleifen und mit Holzwachs einreiben. Die Verdickungen der Bambusleisten mit dunkelbraunem Möbellasurlack betupfen und verwischen. Anschließend noch einmal mit Holzwachs einreiben, trocknen lassen.

10 Tablett

Größe: 55 x 34 cm.

Material: 1 Sperrholzplatte, 0,60 m lang, 34 cm breit, 10 mm dick; 1 Halbrundleiste, 2 m lang, 2,5 cm breit; 1 Halbrundleiste, 2 m lang, 1 cm breit; 1 Rundholz 0,20 m lang, 2,5 cm ∅; 1 Paket Drahtstifte; 1 kleine Dose kieferfarbene Holzpaste; 1 kleine Dose schilffarbenes Holzwachs; 4 Schrauben, 2,5 cm lang; 1 kleine Dose Universal-Fliesenkleber (alles in Heimwerkermärkten, z.B. Obi, erhältlich); 1 Stück Flechtmatte, 0,60 m lang, 40 cm breit (zu bestellen bei Korb Welzel oder im Fachhandel erhältlich); Uhu coll express.

Zuschneiden: Vom Schreiner die Sperrholzplatte wie folgt zusägen lassen: 1 Platte, 55 x 34 cm und 4 Quadrate à 4 x 4 cm.

Ausführung: Auf die Sperrholzplatte mit feinzinkigem Fliesenspachtel den Fliesenkleber auftragen. Angefeuchtete Flechtmatte auf die Sperrholzplatte legen und gut festdrücken. Um das Ganze zusammenzupressen, eine Platte ähnlicher Größe auflegen und mit Gegenständen beschweren, ca. 4-5 Stunden trocknen lassen. Währenddessen die Leisten und das Rundholz auf Gehrung sägen. An der breiten Halbrundleiste 2mal die Länge und 2mal die Breite der Sperrholzplatte anzeichnen. Die 4 Leistenstücke so auf Gehrung sägen, daß sie wie ein Bilderrahmen zusammengefügt werden können. Die schmale Halbrundleiste wird für die Kanten der Sperrholzplatte passend auf Gehrung zugesägt. Das Rundholz in der Mitte durchsägen. Die 4 Enden auf Gehrung sägen. Alle gesägten Kanten der Leisten und Rundhölzer mit Schleifpapier bearbeiten. Mit der Bohrmaschine in die Rundhölzer je 2 Löcher bohren, hierbei darauf achten, daß beim Bohren die Gehrungsschrägen an beiden Rundhölzern (s. Foto) gleich ausgerichtet sind.
Nach dem Trocknen der Sperrholzplatte die Leisten anbringen. Die 4 schmalen Leisten leimen und mit Nagelstiften auf die Kanten nageln. Bilderrahmen bündig mit den Kanten auf die Sperrholzplatte legen. Leisten leimen und nacheinander festnageln. Passen die Gehrungen nicht exakt aufeinander, die Ecken mit Holzpaste ausbessern, trocknen lassen. Überstehende Holzpaste mit Schleifpapier entfernen. Die Rundhölzer als Tragegriffe mit den 4 Schrauben, siehe Foto, am Tablett befestigen. Sämtliche Leisten anschleifen und mit Holzwachs einreiben. Aus den Flechtmattenresten einzelne Bänder lösen, durchs Wasser ziehen und lt. Foto um die Tablettecken legen. Bänder auf der Tablettrückseite mit Textilklebeband befestigen und überstehende Bänder zurückschneiden. Zur Versäuberung in jede Ecke ein Sperrholzquadrat nageln.

Vor Beginn der Arbeit die ganze Anleitung durchlesen!

09 Spiegel

Größe: 100 x 70 cm.

Material: 8 mm dickes Sperrholz, 1 m lang, 80 cm breit; 7 Bambuszierleisten, 2 m lang, 1,8 cm breit; 1 kleine Dose schilffarbenes Holzwachs; 1 kleine Dose dunkelbrauner Möbellasurlack; 1 Paket Drahtstifte; 3 Schrauben; 1 Rolle Teppichklebeband; 2 Aufhängeösen (alles in Heimwerkermärkten, z.B. Obi, erhältlich); 1 Flechtmatte, 0,80 m lang, 40 cm breit (zu bestellen bei Korb Welzel oder im Fachhandel erhältlich); 1 Scheibe Spiegelglas, 1 m lang, 70 cm breit (vom Glasgroßhandel); 1 Rolle Spiegelklebeband; Uhu coll express.

Zuschneiden: Die Sperrholzplatte beim Schreiner zusägen lassen: eine Platte, 1 m lang, 70 cm breit und einen Streifen zur Verstärkung, 1 m lang, 10 cm breit. Flechtmatte in 4 Streifen schneiden, je 0,80 m lang, 10 cm breit. Die 7 Bambuszierleisten auf folgende Längen absägen: 4 Leisten à 1 m; 6 Leisten à 0,70 m; 2 Leisten à 0,79 m; 5 Leisten à 0,40 m und 5 Leisten à 0,30 m. Die Enden aller Leisten lt. Foto mittels Gehrungslade und Feinsäge abschrägen.

Ausführung: An der Rückseite der Sperrholzplatte den Streifen zur Verstärkung befestigen. Streifen mit 5 cm Abstand zu der oberen Kante auf die Sperrholzplatte leimen und festschrauben. Die 2 Aufhängeösen auf die Verstärkung schrauben. Auf der Vorderseite der Sperrholzplatte das Spiegelglas mittels Spiegelklebeband aufkleben. Darauf am Rand entlang die Flechtmattenstreifen mit Teppichklebeband anbringen, siehe Abb. Überstehende Streifen knappkantig abschneiden. Bevor man die Bambuszierleisten befestigt, die Schnittstellen mit feinem Schleifpapier glätten. 4 Leisten mit den entsprechenden Längen rund um den Spiegel auf die Sperrholzkanten leimen, dabei die Zierleisten auf der Vorderseite bündig mit dem Spiegelglas anlegen, festnageln. Restliche Leisten auf der Rückseite mit Teppichklebeband versehen und lt. Foto auf den Flechtmattenrand kleben. Alle Zierleisten mit Holzwachs einreiben. Die Verdickungen der Zierleisten mit dunkelbraunem Lasurlack betupfen und verwischen. Dadurch wirken die Bambuszierleisten noch plastischer. Anschließend noch einmal mit Holzwachs einreiben.

11–13 Allgemeines zu Tiffany-Spiegeln

Wir haben für alle Modelle Material und Werkzeug von hobby-time verwendet (im Hobbyfachhandel vorrätig).

Material: Sie benötigen Kristallspiegelglas, 3 mm stark, verschiedenfarbiges Opaleszentglas siehe Farbtabellen, * = Art. Brillant, ** = Art. Light, ● = Art. Opal (150 x 250, 200 x 300 und 400 x 900 mm groß zu haben), Größe siehe Schnitteile, farbige Glasnuggets, 15 und 24 mm ∅; selbstklebendes Kupferband, 8 mm breit, für die Einfassung des Quadratspiegels auch 10 mm breit (Rollen mit 5 und 33 m), Lötzinn mit 50% Zinngehalt, Lötwasser und -pinsel, Tiffany-Patina, Nähmaschinenöl, weicher Lappen. Universalverdünner, Spiegelklebeband, Glasbildkette mit Befestigungsösen zum Anlöten bzw. große Bildaufhänger (oder Vorhangring in Kofferband gefaßt) und Loctite-Kontaktkleber.

Werkzeug: Präzisionsglasschneider mit Metallende zum Anklopfen, mit gerader und gebogener Stiftführung; evtl. den Glasschneider umdrehen, der Schnitt muß vom Bastler gut eingesehen werden, weil sonst der Zuschnitt nicht exakt formgetreu gelingt (Schneideräddchen immer in Öl lagern), Metallineal, Glasschreiber (wasserfest), Glasschleifleinen oder -feile, besser ein elektrisches Glasschleifgerät (z.B. Modell Junior), Glasbrech- und Kröselzange, Lötkolben mit flacher Spitze.

Ausführung: Schnitteile vom Bogen mittels Kopierpapier auf Karton übertragen und alle Motivteile exakt ausschneiden, nach Farben sortieren und beschriften. Schablone auf die glatte Seite des Farbglases legen, mit Glasschreiber Kontur umfahren, 1. Arbeitsfoto auf S. 10. Kontur am Innenrand der Linie mit dem Glasschneider nachziehen, Schnitt sofort von unten leicht anklopfen und brechen. Sind Unebenheiten stehengeblieben, diese mit der Kröselzange entfernen. Geradlinige Schnitte evtl. über der Tischkante brechen. Bei kleinen, schlecht zu fassenden Teilen leistet die Glasbrechzange gute Dienste.
Zunächst alle Farbglasteile zuschneiden, das Spiegelglas wird erst zuletzt in den fertigen Rahmen exakt eingepaßt. Alle Glaskanten sauber abschleifen (nur dann kann das Kupferband fest haften) und zur Probe nochmals auf den Schnitt legen, bevor alles mit Kupferband eingefaßt wird, siehe 2. Arbeitsfoto. Band - auf Mitte - über die Glaskante aufdrücken, beidseitig „umfalten", mit Falzbein oder Löffelstiel über dem Glas gut anreiben, besonders über Rundungen, Enden beschneiden. Auch die Nuggets werden so eingefaßt, ebenso später das Spiegelglas. Eingefaßte Teile lt. Musterzeichnung auflegen, mit Nadeln und mit Tesafilm seitlich fixieren, und zunächst punktförmig verbinden = **punktlöten** (Stelle mit Lötwasser benetzen, Lötpunkt aufsetzen, siehe 3. Arbeitsfoto. Sind alle Teile an den Stoßpunkten verbunden, Rahmen drehen und auch die Rückseite fixieren. Nun wird der Rahmen auf Karton gelegt und die Kontur für die Spiegelschablone nachgezeichnet.

Danach das Spiegelglas zuschneiden: Schnitte ohne Unterbrechung zügig führen, anklopfen und brechen. Sind Bogenlinien auszuschneiden (Seerose, Glockenblüte), diese immer Bogen für Bogen über dem lt. Maßangabe großzügig zugeschnittenen Spiegelglas ausführen (Zahlen machen die Reihenfolge der Einzelschnitte deutlich). Kleine Einbuchtungen am besten herausschleifen. Spiegel mit Kupferband einfassen, in den Rahmen einfügen, punktlöten. Nun werden die Nähte auf Vorder- und Rückseite verzinnt (zuvor wieder mit Lötwasser benetzen), Lötkolben und Zinn gleichmäßig und zügig über der Naht entlangführen, 3. Arbeitsfoto, das Zinn „verschießt" in der Fuge. Darauf achten, daß sich das Kupferband gleichmäßig erwärmt, jedoch nicht überhitzt wird (sonst springt das Glas). Meist ist ein 2. Arbeitsgang notwendig, um die Nähte zu glätten und die typisch gewölbte Zinnaht aufzubringen (nur auf der Vorderseite notwendig). Nuggets auflöten und Aufhänger (am besten über Stoßpunkten) über der Rückseite mit einlöten.

Rückseite des Spiegels mit Spezialklebestreifen versehen und mit starkem Karton verkleiden, über Farbglasflächen mit Kontaktkleber befestigen (Aufhänger aussparen). Nun alle Nähte mit Verdünner entfetten, mit Tiffany-Patina (schwarz oder altkupfer) behandeln, leicht einölen und nachreiben. Spiegel reinigen. Fertig ist das Prachtstück!

11 Spiegel „Seerose“

Musterzeichnung auf Bogen B in Rot.

Größe: 36 x 44 cm.

Material: 45 x 40 cm Spiegelglas; kupferfarbene Patina; Opaleszentglas in folgenden Farben:
1 = Altrosa 12
2 = Altrosa 12
3 = Gelbgrün 61
4 = Himmelblau 18
5 = Graublau 17
6 = Lila 13
7 = Hellgelb 3

Ausführung: Siehe Allgemeines zu Tiffany-Spiegeln auf Seite 119.

12 Spiegel „Eisblumen“

Halbe Musterzeichnung auf Bogen C in Rot.

Größe: 40 x 40 cm.

Material: 30 x 75 cm Spiegelglas; Opaleszentglas in folgenden Farben:
1 = Eisblumenglas, weiß
2 = Altrosa 12
3 = Lila 13
4 = Blaugrün 19

Ausführung: Die halbe Musterzeichnung ab Mitte (= gestrichelte Linie) gegengleich ergänzen. Siehe Allgemeines zu Tiffany-Spiegeln auf Seite 119.

Ist der Rahmen aus Farbglas verbunden, wird er mit einem 2. aus Spiegelglas unterlegt. Also lt. Musterzeichnung 2 lange und 2 kurze Seitenteile aus Spiegelglas zuschneiden, einfassen, punktlöten, Fugen schließen. Außenränder beider Rahmen übereinandergelegt zusammen mit breitem Band einfassen und verlöten. Das quadratische Mittelfeld später mit dickem Karton unterlegen, bevor die Rückseite aufgeklebt wird. Zinnstege nicht patinieren, sondern nur mit Verdünnung reinigen.

13 Spiegel „Glockenblüte“

Musterzeichnung auf Bogen B in Rot.

Größe: 36 x 50 cm.

Material: 36 x 50 cm Spiegelglas, schwarze Patina, Opaleszentglas:
1 = Rotviolett 63 **
2 = Orange 7 **
3 = Flaschengrün 23 *
4 = Blaugrün 19 *
5 = Hellblau 18 *
6 = Oliv 22 *
7 = Hellgelb 3 * (dieses Ministück evtl. mit Glasmalfarben aufmalen)

Ausführung: Siehe Allgemeines zu Tiffany-Spiegeln auf Seite 119.

Allgemeines zur Seidenmalerei

Folgendes Material ist notwendig: Seide; Spannrahmen (kann für kleine Stücke Stickrahmen, alter Bilderrahmen oder Styroporrahmen sein); Dreizackstifte oder Spann- bzw. Pinnadeln; Klebeband; Seidenmalfarben; Konturmittel (Gutta); evtl. Effektsalz; Wattestäbchen; Pinsel mit einer feinen Spitze; für großflächigen Farbauftrag einen weichen Malerpinsel, dicken Wasserfarbenpinsel oder einen Wattebausch mit einer Wäscheklammer zum Anfassen.

Zuerst richtet man den Arbeitsplatz her. Man sollte genügend Platz haben, auf dem man die Arbeit auch zum Trocknen liegenlassen kann. Zuvor Platz mit Zeitung oder Folie bedecken. Es empfiehlt sich, die Appretur in der Seide durch Waschen zu entfernen und anschließend gut auszuspülen. Danach kann man die Seide gleich fadengerade und straff auf oder in den Rahmen spannen. Da sich die Seide beim Trocknen zusammenzieht, ist sie dann wirklich straff. Die Seide zuerst an den Ecken befestigen und jeweils noch in Seitenmitte einen Stift anbringen. Im Abstand von 5–10 cm werden weitere Stifte eingedrückt, bis die Seide faltenfrei und straff gespannt ist.

Will man Tücher mit fertig rolliertem Rand bemalen, den Spannrahmen mit Klebeband abdecken, damit er nicht eingefärbt wird. Das Tuch mit Pinn- bzw. Spannadeln (nicht Dreizackstiften) aufspannen. Dazu steckt man die Nadeln knapp hinter dem Saum in den Rahmen. Bei Arbeiten, die noch keinen fertig gearbeiteten Rand haben, kann man zum Schutz des Holzrahmens mit Konturmittel eine Linie, ca. ½ cm ab Rahmen, ringsum einzeichnen. Rahmen mit der aufgespannten Seide nach unten auf die Musterzeichnung legen und alle Konturen mit Bleistift übertragen. Rahmen wenden und alle Linien mit Konturmittel nachziehen (wer es sich zutraut oder auch bei einfachen Motiven, kann die Musterzeichnung auch direkt unter den Rahmen legen und die Konturen gleich mit Konturmittel nachziehen). Halten Sie bei der Arbeit immer einen Lappen bereit, um überflüssige Tropfen an der Guttaflasche abzutupfen. Falsch aufgetragenes farbloses Konturmittel kann man einfach mit einem Wattebausch auswaschen. Darauf achten, daß alle Farbfelder geschlossen sind. Zur Kontrolle Seide gegen das Licht halten. Erst wenn die Konturlinien ganz trocken sind, mit dem Ausmalen der Flächen beginnen. Die Farbe wird von der Mitte des jeweiligen Farbfeldes aus aufgemalt. Dabei nicht direkt bis zum Rand arbeiten, sondern die Farbe bis zur Trennungslinie fließen lassen. Um Zwischentöne und Farbabstufungen zu erzielen, kann man die Farben miteinander mischen oder direkt übereinander arbeiten. Auch kann man mit einem nassen Pinsel oder Wattestäbchen oder auch einem trockenen Wattestäbchen unterschiedliche Farbtöne verwischen oder wieder abnehmen. Einen dunkleren Ton erreicht man durch zweimaliges Auftragen der Farbe. Das Mischen geschieht am zweckmäßigsten mittels einer Pipette. Die gewünschten Farben in eine Palette mit Vertiefungen oder einen Gläserdeckel tropfen lassen und vermischen. Benötigen Sie gemischte Farbe für eine größere Fläche, sollten Sie genügend Färbemischung herstellen, da das Nachmischen eines bestimmten Farbtones fast unmöglich ist (außer man notiert sich genau das Mischungsverhältnis der einzelnen Farben und Wasser).

Um das Eintrocknen der Farbe bei größeren Flächen und somit eine Randbildung zu vermeiden, muß man die Farbe entweder zügig nach allen Seiten auftragen oder eine Seite mit Wasser feucht halten, damit sich kein Trockenrand bilden kann. Für solche Flächen trägt man die Farbe am zweckmäßigsten mit einem gut getränkten Wattebausch auf.

Effekte durch Salz

Um interessante Musterungen innerhalb von Farbflächen (siehe Modelle 14–17) zu erzielen, wird in die noch feuchte Farbfläche ein Spezialsalz eingestreut. Wichtig ist hier, daß sehr schnell gearbeitet wird, damit die Seide noch feucht ist. Das Salz saugt die Flüssigkeit und somit auch die Farbe im Umfeld auf. Die dunklen Farbpigmente lagern sich als dunkle Punkte unter den Salzkernen ab, rundherum bilden sich helle Stellen. Das Effektsalz solange auf der Seide liegenlassen, bis diese vollständig getrocknet ist, danach abschütteln oder abbürsten. Das Effektsalz kann immer wieder verwendet werden. Selbst wenn es verfärbt ist und man bringt es auf eine andere Farbe, lassen sich noch interessante Farbeffekte erzielen.

Aquarelltechnik

Bei dieser Technik werden nur wenige oder gar keine Flächen mit Konturlinien umgrenzt. Die Flächenabgrenzungen entstehen zum Beispiel dadurch, daß man eine Farbfläche trocknen läßt, so daß ein Trockenrand entsteht, bevor man weitermalt. Man kann aber auch bestimmte Teile zuerst mit einem in klares Wasser getauchten Pinsel vormalen und setzt dann an den Rand der Wasserlinie die Farbe. Diese verläuft der Wasserlinie zu und bildet nach der anderen Seite einen scharfen Rand. Man sollte sich merken: Malen Sie auf nasse Seide, fließen die Farben wenig aus und verschwimmen an den Übergängen, es bildet sich kein Rand. Bei trockener Seide läuft die Farbe ca. 1 cm weiter aus als man malt und bildet einen dunklen Rand. Wenn zwei Farben feucht aufeinandertreffen, laufen sie ineinander. Bringt man auf eine trockene Farbfläche einen Tropfen Alkohol, so schiebt dieser die Farbpigmente zurück, und es entstehen helle Flecken mit dunklen Farbrändern. Ist der Hintergrund des Bildes fertig, kann man mit zusätzlichen feinen Linien Details aufmalen oder auch vorhandene Linien hervorheben. Dazu kann man einen sehr feinen Pinsel mit Spitze oder auch spezielle Stoffmalstifte verwenden.

Fertig gemalte Seide im Rahmen trocknen lassen, danach abnehmen und fixieren, damit die Farben haltbarer werden. Die jeweilige Methode entnehmen Sie bitte der Packungsbeilage (z.B. Bügeln, Dampffixieren usw.).

14 Seidenmalbild

Musterzeichnung auf S. 151 in Rot.

Größe: Ca. 17 x 27 cm.

Material: Ca. 25 x 35 cm Seidenpongé; Deka-Silk Seidenmalfarben in Pink 754, Bordeaux 757, Maigrün 762, Grün 763, Tiefgrün 764 und Mischweiß (zum Anmischen von Pastelltönen); Ultramarine 761; Konturmittel in Silber 722; Effektsalz 720; verstellbarer Spannrahmen; Dreizackstifte (alles von Deka, im Hobbyfachhandel erhältlich); Pinsel; Pipette; Wattebausch mit Wäscheklammern; Lampenschirmfolie, 20 x 30 cm; Karton; Rahmen.

Ausführung: Unbedingt Allgemeines zur Seidenmalerei lesen! Seide auf den Rahmen spannen und befestigen. Musterzeichnung vom Bogen abnehmen, unter den Rahmen legen und auf die Seide übertragen. Konturen mit dem Konturmittel nachziehen. Darauf achten, daß alle Linien geschlossen sind. Nach dem Trocknen Blüten und Blätter lt. Abb. oder nach Belieben ausmalen. Den Hintergrund mit Effektsalz auflockern. Nach dem vollständigen Trocknen Salz abschütteln und Seide von links zur Fixierung bügeln. Lampenschirmfolie auf Bildgröße zuschneiden. Rahmen mit der bemalten Seide nach unten auf den Tisch legen. Trägerpapier von der Lampenschirmfolie schrittweise abziehen und vorsichtig auf die Seide kleben. Sofort gut anreiben, um Falten zu vermeiden. Dann erst die Seide vom Rahmen nehmen. Beklebtes Seitenteil auf den Karton legen, überstehende Seide auf die Rückseite des Kartons kleben. Bild in den Rahmen einpassen. Bildrückseite mit Karton gegenkaschieren.

15–17 Bemalte Seidentücher

Musterzeichnung (für alle drei gleich) auf Bogen D in Grau.

Größe: Ca. 70 x 75 cm.

Material: Je ca. 75 x 80 cm Seidenpongé. Für die Tücher in Grün-Pink Deka-Silk-Seidenmalfarben in Pink 754, Bordeaux 757, Maigrün 762, Grün 763, Tiefgrün 764 und Mischweiß 769 (zum Anmischen von Pastelltönen), Gelb 752 (für das Tuch mit pinkfarbenen Blüten); Konturenmittel (Gutta) in Silber 722. Für das Tuch in Rot-Blau Deka-Silk-Seidenmalfarben in Orange 753, Scharlach 755, Karmin 756, Blau 760, Ultramarin 761, Maigrün 762, Grün 763, Tiefgrün 764, Mischweiß 769; Konturmittel (Gutta) in Gold. Effektsalz 720; verstellbarer Spannrahmen; Dreizackstifte oder Pinnadeln, alles von Deka, im Hobbyfachhandel erhältlich; Klebeband; Pipette (Apotheke); Palette mit Vertiefungen; Pinsel; dicker Filzstift in Schwarz.

Ausführung: Siehe auch Allgemeines zur Seidenmalerei links.
Seide auf den Rahmen spannen, mit Dreizackstiften befestigen. Musterzeichnung vom Bogen auf Transparentpapier abnehmen, mit Bleistift auf die Seide übertragen. Alle Konturen mit Gutta nachzeichnen. Darauf achten, daß alle Formen geschlossen sind, damit die Farbe später nicht ausläuft. Gutta trocknen lassen. Dann die einzelnen Flächen ausmalen. Erst alle Blüten und Knospen malen, dann die Stiele in Tiefgrün. Die Untergrundfläche in Karos aufteilen: Freihändig etwa parallele, diagonale Striche mit Gutta ziehen. Abstände nach Belieben zwischen ca. 5 und 12 cm. Dabei die bereits gemalten Blüten und Pflanzenteile aussparen. In der anderen Diagonalrichtung ebenfalls Linien ziehen. Gutta trocknen lassen. Dann die Felder einzeln mit den verschiedenen Grün-, Pink- bzw. Blautönen ausmalen. Sogleich Salz aufstreuen und liegenlassen. Nach vollständigem Trocknen das Salz abschütteln. Tuch vom Rahmen nehmen. Zur Fixierung Seide von der Rückseite bügeln. Meist sind an den Rändern die Abdrücke der Dreizackstifte zu sehen. Daher die Ränder etwas beschneiden und die Säume von Hand rollieren.

18 Türschild

Musterzeichnung auf Seite 172.

Größe: 14 x 9,5 cm.

Material: Rest Pongéseide; kleiner verstellbarer Holzrahmen; Dreizackstifte; Pipette und Feder Nr. 5; farblose Gutta; Pinsel Nr. 2; Savoir-Faire- Seidenmalfarben in Mausgrau, Türkis, Adria, Atlantik, Ultramarin, Fuchsie, Kirsche, Jade und Oliv (alles von Hobbidee, im Hobbyfachhandel erhältlich). 1 Bilderrahmen, Innenmaß 14 x 9,5 cm, mit Kartonrückwand; 15 x 20 cm Polyesterwatte.

Ausführung: Siehe Allgemeines zur Seidenmalerei. Fertiges Bild gut trocknen lassen, vom Rahmen abnehmen und fixieren - in diesem Fall mit Dampffixierung, sie Angaben des Farbenherstellers. Seide bügeln. Polyesterwatte 2mal in der Größe des Bilderrahmenkartons zuschneiden und auf den Karton kleben. Seide mit 1 cm Zugabe ringsum zuschneiden, über den mit Watte beklebten Karton spannen und Zugabe auf der linken Seite festkleben. Bild in den Rahmen einpassen.

19 Einstecktuch

Musterzeichnung auf S. 119 in Rot unter dem Text.

Größe: Tuch: Ca. 25 x 25 cm; Karte: Ca. 21 x 15 cm.

Material: 1 Doppelkarte, bedruckt, mit Umschlag und Seidentuch zum Bemalen, Art. 01-112-00; kleiner verstellbarer Holzrahmen; Dreizackstifte; Gutta in Silber; Pipette und Feder Nr. 8; Savoir-Faire Seidenmalfarben in Minze, bläulich, Fuchsie, Lila und Venus; Straßsteine zum Aufbügeln (alles von Hobbidee im Hobbyfachhandel erhältlich).

Ausführung: Tuch auf den Rahmen spannen. Blüte im Abstand von ca. 2 cm zu den Kanten in eine Tuchecke übertragen und mit Gutta nachziehen. Frei Hand entlang den Tuchkanten im Abstand von ca. 3 cm einen Rand einzeichnen (siehe Foto). Nach dem Trocknen der Gutta Flächen nach Wunsch oder lt. Foto ausmalen. Tuchmitte dabei in einem sehr hellen Farbton (Farbe mit Wasser mischen) bemalen. Nach dem Trocknen der Farben Tuch fixieren - in diesem Fall mit Dampffixierung, siehe Angaben des Farbenherstellers. Nach dem Fixieren Straßsteine lt. Abb. aufbügeln.

20 + 21 Kissen

Musterzeichnungen Vögel für Kissen 20 in Rot unter dem Text.

Musterzeichnung Haus und Bäume für Kissen 21 unten.

Größe: Je 40 x 40 cm.
Die Angaben für Modell 21 stehen in Klammern, ist nur eine Angabe gemacht, so gilt dies für beide Modelle.

Material: 25 x 25 cm Pongéseide; Deka-Silk Seidenmalfarben in Flieder, Grau und Blau (in Grau, Blau, Flieder, Ocker und Braun); Gutta-Liner mit Pen; farblose Gutta; verstellbarer Holzrahmen; Dreizackstifte; Pinsel; alles von Deka im Hobbyfachhandel erhältlich; ca. 45 cm Shantungseide in Flieder (in Rohweiß), 90 cm breit; passender Reißverschluß, 30 cm lang; 1 Kissenfüllung, 40 x 40 cm; 45 cm Volumenvlies, 90 cm breit (von Freudenberg).

Zuschneiden: Vordere Kissenplatte 1mal 42 x 42 cm, rückwärtige Kissenplatte 2mal 42 x 22 cm.

Ausführung: Pongéseidenstück auf den Rahmen spannen. Genau in der Mitte der aufgespannten Seide mit Gutta ein 17 x 17 cm großes Feld einzeichnen. Flieder mit etwas Grau mischen, Grau mit wenig Flieder mischen. Innerhalb des eingezeichneten Quadrates die untere Kante ca. 4 cm hoch in dunklem Flieder (in Braun = Braun mit wenig Ocker mischen) bemalen. Dann naß in naß einen weiteren Streifen genau über dem ersten Streifen in Flieder (in Ocker, verdünnt mit etwas Wasser) bemalen. Himmel in Grau, mit Flieder gemischt, bemalen. Nach dem Trocknen der Farben mit einem dünnen Pinsel und wenig Farbe (Pinsel evtl. vorher an einem Tuch abstreifen) Vögel (bzw. Häuschen und Bäume) vorsichtig aufmalen. Oder: Vogelkonturen (bzw. Häuschen- und Baumkonturen) mit Gutta aufmalen, trocknen lassen und dann in Grau ausmalen (Häuschen in Ocker, Dach, Fenster und Tür in Graublau, Bäume in Ocker und Braun). Nach dem Trocknen der Farben Seide vom Rahmen nehmen, 2-3 Minuten von der Rückseite heiß bügeln (= Fixieren).

Fertigstellen: Aus Volumenvlies ein Quadrat 17 x 17 cm groß zuschneiden. Bemaltes Seidenteil ebensogroß zuschneiden. Volumenvlies unter das Seidenquadrat legen und beide Teile links auf rechts genau in der Mitte der vorderen Kissenplatte heften. Quadrat mit einem dicht eingestelltem, ca. 3 mm breitem Zickzackstich applizieren. Naht der rückwärtigen Kissenplatte beidseitig 6 cm breit schließen, Reißverschluß unter die Schlitzkanten steppen. Kissenplatten rechts auf rechts legen und verstürzen, wenden, Kissenfüllung einziehen.

22 Seidenmalbild

Rasterzeichnung auf Seite 176.

Größe: Ca. 44 x 63 cm.

Material: Ca. 50 cm Pongéseide, 90 cm breit; 1 verstellbarer Holzrahmen; Dreizackstifte; Pipette und Feder Nr. 6; farblose Gutta; dicker Pinsel; 44 x 63 cm selbstklebende Lampenschirmfolie; Seidenmalfarben in Oliv und Kirsche; Spezialsalz (z. B. von Marabu, im Hobbyfachhandel erhältlich); 44 x 63 cm fester Karton; 2 Metallschienen, 44 cm lang (im Hobbymarkt erhältlich).

Ausführung: Siehe Allgemeines zur Seidenmalerei. Rasterzeichnung auf 44 x 63 cm vergrößern (1 Kästchen im Raster = 3 x 3 cm im Original). Weitere Ausführungen siehe Allgemeines zur Seidenmalerei. Fertig bemalte Seide fixieren, siehe Angaben des Farbenherstellers.

Fertigstellen: Seide nach dem Fixieren nochmals auf den Rahmen spannen und mit der Seide nach unten auf den Tisch legen. Trägerpapier schrittweise von der Lampenschirmfolie abziehen und Folie vorsichtig auf der Seide anreiben. Mit Folie beklebte Seide vom Rahmen nehmen, überstehende Seide ringsum auf 1 cm abschneiden, Seide nach links umkleben. Bild von der Rückseite mit weißem Karton kaschieren und oben und unten Metallschienen anbringen. Mit einem Perlonfaden aufhängen.

23 Papiertüten

Schemazeichnung siehe unten links.

Größe: Ca. 34 cm hoch, 18 cm Ø.

Material: Ca. 60 x 40 cm dünner Karton; ca. 40 x 40 cm Geschenkpapier nach Belieben oder siehe Foto; Rest passendes Schleifenziehband; ca. 80 cm Metallstanzband, 8 cm breit; ca. 50 x 50 cm Tüll; Farben jeweils Ton in Ton (siehe Foto) oder nach Wunsch auswählen. Uhu greenit.

Ausführung: Lt. Schemazeichnung ein Tütenteil aus Karton zuschneiden. Tütenteil bis zur eingezeichneten gestrichelten Linie nochmals aus Geschenkpapier zuschneiden, dabei am oberen gebogenen Rand 2 cm Zugabe stehenlassen. Kartonteil (bis zur eingezeichneten gestrichelten Linie) gleichmäßig mit Klebstoff einstreichen, Geschenkpapier auflegen und mit einem weichen Tuch gut anreiben. Zugabe am oberen Rand bis zum Karton einschneiden und nach links umkleben. Tüll zur Hälfte legen, mit der Bruchkante unter die obere Tütenkante legen und von rechts schmalkantig feststeppen (ist bei dünnem Karton gut zu verarbeiten). Tüte über die Tischkante in Form rollen und das unbeklebte Tütenteil mit Klebstoff einstreichen (= Zugabe). Klebstoff kurz anziehen lassen, Zugabe nach innen rollen und Tüte zusammenkleben. Tüllmanschette mit Schleifenziehband zubinden. Aus dem Metallstanzband eine Schleife formen und mit Bandrest festbinden.

24 Landschaft in Seidenmalerei

Achtung: Das Bild „Landschaft" auf Seite 16 ist in Originalgröße abgebildet, deshalb ist die Musterzeichnung vom Foto direkt abzunehmen.

Größe: 15,5 x 11,2 cm.

Material: Pongé-Seide, ca. 25 x 20 cm groß; 1 kleiner, verstellbarer Holzrahmen; Dreizackstifte; Pipette und Feder Nr. 5; farblose Gutta; je 1 Pinsel Nr. 1 und 3; Savoir-Faire-Seidenmalfarben in Fenchel, Oliv, Tannengrün, Banane, Nerz, Kirsche, Gelb, Mausgrau, Lila, Ultramarin, Atlantik und Türkis; 1 Stück selbstklebende Lampenschirmfolie, 18 x 13 cm; 1 Passepartout, Innenmaß 15,5 x 11,5 cm (alles von Hobbidee, im Hobbyfachhandel erhältlich); 1 Bilderrahmen, Innenmaß 17,5 x 12,5 cm; 1 Stück Karton, 18 x 13 cm.

Ausführung: Siehe Allgemeines zur Seidenmalerei auf Seite 120.

25 Seidenmalbild „Frühling"

Musterzeichnung auf Bogen B in Schwarz.

Größe: 27,5 x 33,5 cm (ohne Rahmen).

Material: Ca. 33 x 39 cm Seidenpongé; Seidenmalfarben Savoir Faire in Zitrone 00, Gelb 01, Banane 02, Djerba 03, Fenchel 07, Ultramarin 11, Gazelle 34, Brasil 37, Mausgrau 39; Konturmittel Savoir Faire Gutta farblos 01-700-20; verstellbarer Spannrahmen; Dreizackstifte (alles von Hobbidee, im Hobbyfachhandel erhältlich); Pinsel; Pipette; Wattebausch mit Wäscheklammer; Lampenschirmfolie 27,5 x 33,5 cm; Karton; Rahmen; Textilstift.

Ausführung: Allgemeines zur Seidenmalerei auf Seite 120. Seide auf den Rahmen spannen und befestigen. Musterzeichnung vom Bogen abnehmen, unter den Rahmen legen und auf die Seide übertragen. Dickere Konturen mit der Gutta nachziehen, lt. Abb. oder nach Belieben Bild ausmalen. Diese Bilder „leben" von der Leuchtkraft der Farben, die ineinandergehenden Farbmischungen und Zusammenstellungen mit feinem Pinsel aufmalen oder mit Stoffmalstiften Äste und Konturen aufmalen. Nach dem Trocknen Bild vom Rahmen nehmen und lt. Hinweis auf der Packung dampffixieren. Bild mit Lampenschirmfolie verstärken (siehe auch Modell 22) und rahmen.

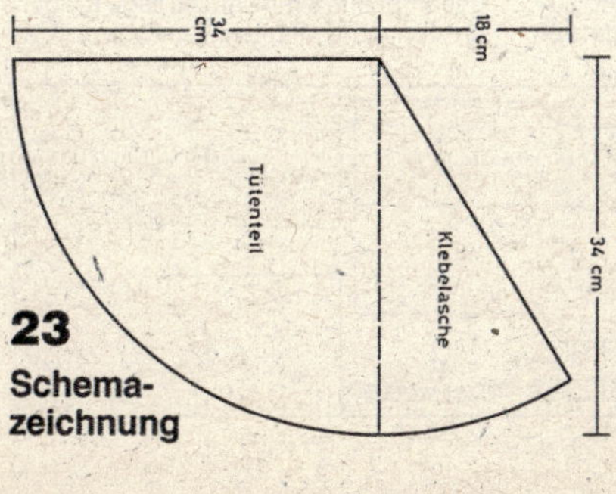

23
Schemazeichnung

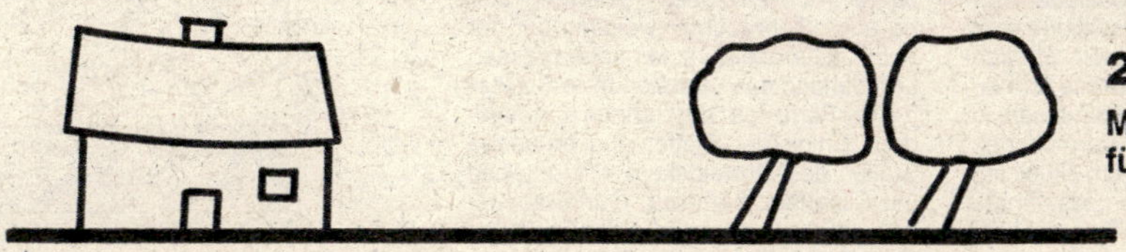

20 + 21
Musterzeichnungen für Kissen

26 Seidenmalbild „Sommer“

Musterzeichnung auf Bogen B in Schwarz.

Größe: 27,5 x 33,5 cm (ohne Rahmen).

Material: Ca. 33 x 39 cm Seidenpongé; Seidenmalfarben Savoir Faire in Zitrone 00, Gelb 01, Banane 02, Oliv 06, Fenchel 07, Franz. Blau 12, Atlantik 13, Gazelle 34, Kuba 36, Tanne 44, Dunkelgrau 40; Konturmittel Gutta farblos 01-700-20; verstellbarer Spannrahmen; Dreizackstifte (alles von Hobbidee im Hobbyfachhandel erhältlich); Pinsel; Pipette; Wattebausch mit Wäscheklammer; Lampenschirmfolie 27,5 x 33,5 cm; Karton; Rahmen; Textilstift.

Ausführung: Siehe Frühlingsbild 25.

27 Seidenmalbild „Herbst“

Musterzeichnung auf Bogen B in Schwarz.

Größe: 27,5 x 33,5 cm (ohne Rahmen).

Material: Ca. 33 x 39 cm Seidenpongé; Seidenmalfarbe Savoir Faire in Zitrone 00, Gelb 01, Banane 02, Oliv 06, Ultra marine 11, Gazelle 34, Brasil 37, Mausgrau 39, Tanne 44; Konturmittel Gutta farblos 01-700-20; verstellbarer Spannrahmen; Dreizackstifte (alles von Hobbidee im Hobbyfachhandel erhältlich); Pinsel; Pipette; Wattebausch mit Wäscheklammer; Lampenschirmfolie 27,5 x 33,5 cm; Karton; Rahmen; Textilstift.

Ausführung: Siehe Frühlingsbild 25.

28 Seidenmalbild „Winter“

Musterzeichnung siehe auf Bogen B in Schwarz.

Größe: 27,5 x 33,5 cm (ohne Rahmen).

Material: Ca. 33 x 39 cm Seidenpongé; Seidenmalfarben Savoir Faire in Zitrone 00, Gelb 01, Banane 02, Aprikose 27, Gazelle 34, Mausgrau 39, Dunkelgrau 40, Tanne 44; Konturmittel Gutta farblos 01-700-20; verstellbarer Spannrahmen; Dreizackstift (alles von Hobbidee im Hobbyfachhandel erhältlich); Pinsel; Pipette; Wattebausch mit Wäscheklammer; Lampenschirmfolie 27,5 x 33,5 cm; Karton; Rahmen; Textilstift.

Ausführung: Siehe Frühlingsbild 25.

29 Halskette

Länge: Ca. 55 cm.

Material: 1 m durchsichtiger Plastikschlauch, 6 mm Ø (Art. 3489 264); 2 Schraubverschlüsse (Art. 7305 915); 4 kleine Metallringe, alles von Hobby Knorr; d-c-fix-Folie in Silber und Gold; einige Straßsteine; Deka-Lack in Weiß 319 und Schwarz 318; Uhu greenit.

Ausführung: Vom Plastikschlauch zwei Teile von 54 cm und 41 cm Länge abschneiden. Schlauch auf einen Holzstab schieben und mit Deka-Lack unregelmäßige Punkte aufmalen. Von den Folien je 2 mm breite Streifen abschneiden und spiralförmig um die Schläuche wickeln. Im Abstand von 1 cm zueinander je einen goldenen und einen silbernen Streifen aufwickeln und ankleben. Die Ansatzstellen mit einem Straßstein bekleben. Holzstab entfernen. Durch die Schlauchenden kleine Löcher bohren und die Metallringe befestigen. An den Metallringen die Schraubverschlüsse befestigen.

31 Grauer Ledergürtel

Originalgroße Musterzeichnung auf Bogen B in Rot.

Zeichnung an der gestrichelten Linie auf Taillenweite plus Ende zum Einstecken in die Schließe vervollständigen. Allmählich schmaler werden, so daß das Ende zum Einstecken in die Schließe paßt (ca. 3,7 cm).

Größe: 12 cm breit an der breitesten Stelle.

Material: Ein Streifen Leder in Grau, ca. 100 cm lang, 20 cm breit; ein Streifen Spaltleder, ca. 100 cm lang, 15 cm breit, beide Leder z.B. von Leder Hillmann; einfache Metallgürtelschließe, ca. 6 x 9,5 cm; Deka- Lack in Silber (322); Uhu greenit; Nähmaschinennadel für Leder (Prym).

Ausführung: Das Leder lt. Muster zuschneiden, ebenso das Spaltleder. Für die Befestigung der Gürtelschließe vom verbliebenen Lederrest einen Streifen von 11 cm Länge und 4 cm Breite schneiden. An einem Ende 5 cm abmessen, in der Mitte ein Loch für den Dorn schneiden. Dorn einfädeln, das 5 cm-Stück um den Steg der Schließe legen, festnähen. Das andere Ende des Streifens auf dem Ledergürtel lt. Zeichnung feststeppen. Für die Verkleidung der Schließe einen Lederstreifen von 2,5 cm Breite und ca. 70 cm Länge schneiden, die Schließe damit dicht umwickeln, den Rest am Steg festkleben. Die Lederreste mit Uhu greenit von links einstreichen, trocknen lassen, dabei während des Trockenvorgangs mit den Fingern Falten in das Leder drücken. Nun die verschiedenen Blattformen lt. Zeichnung ausschneiden. Die schraffierten Teile zeigen die Falten, die so oder ähnliche geformt sein können. Die dicken Striche geben die Konturen der Blätter an. Blätter auf dem breiten Teil des Gürtels anordnen, aufkleben. Mit der Ledernadel (große Stiche einstellen) alle Blätter mit Steppstichen umranden. Den Spaltlederstreifen zur rückwärtigen Verkleidung des Gürtels mit Klebstoff einstreichen, ebenfalls die Rückseite des Ledergürtels. Beide Teile zuerst trocknen lassen (“ablüften“), siehe auch Gebrauchsanweisung auf der Tube, Gürtelteile aufeinanderpressen und danach das überstehende Spaltleder der Form des Gürtels nach abschneiden. Einige der Blätter und erhabene Stellen des Gürteldekors lt. Modellbild mit Silberlack bemalen. Gürtel anpassen, mit der Lochzange in das Ende des Gürtels entsprechende Löcher eindrükken.

30 Ohrclips

Größe: Ca. 5 cm Ø.

Material: Lederreste vom Gürtel 31; 2 Ohrclip-Verschlüsse (z.B. Karmoll Art. 3135 silber) oder Ohrfedern (z.B. Karmoll Art. 3172); Straßsteine, 4 mm Ø; Deka-Lack in Schwarz 318 und Silber 322; Rest Karton; Uhu hart Klebstoff; Uhu greenit; selbstklebende Silberfolie (d-c-fix).

Ausführung: Für jeden Ohrring aus dem Leder 4 Kreise und aus dem Karton 1 Kreis mit 5 cm Ø zuschneiden. 2 Lederkreise und den Kartonkreis so zusammenkleben, daß der Karton in der Mitte liegt. Die weiteren 2 Lederkreise einfach zusammenkleben. In die verstärkte, zuerst genannte Lederscheibe von außen bis zur Mitte (= Radius) einschneiden. Die Schnittkanten leicht übereinanderschieben, so daß ein Hütchen entsteht. Kleben. Auf die zweite Scheibe mit Uhu hart den Clipverschluß kleben. Das Hütchenteil auf die andere Seite kleben. Das Unterteil sollte am unteren Rand hervorschauen. Mit Deka-Lack verschiedene Muster lt. Foto aufmalen, mit feinen Streifchen und Flächen aus Silberfolie bekleben. Straßsteine nach Belieben aufkleben. Wer Ohrhaken bevorzugt, stanzt am oberen Rand ein Loch durch beide Lederteile, bringt eine Öse an und hängt die Ohrhaken ein.

32 Bemalter Kasack

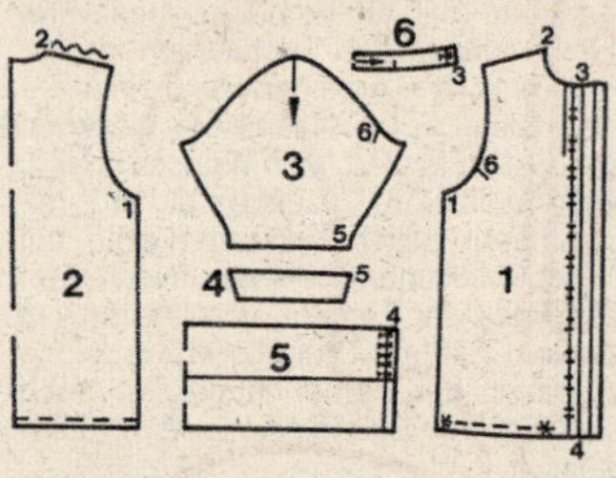

Größe: 40.

Material Kasack: Reinseiden Crêpe de Chine, uni, 2,80 m, 90 cm breit. Gemusterte Stoffreste für Manscheteninnenseiten, Krageninnenseite und Paspel. Hohltresse 8,55 m, 3 mm breit; Vlieseline H 200; 17 Knöpfe; Schulterpolster.

Seidenmalerei: Javana Seidenmalfarben in Schwarz, Gelb und Braun; Javana Konturenfarben in Silber und Gold; 1 schwarzer Javana Stoffmalstift (alles von C. Kreul); Metalleffektgarn in Silber (Gütermann); Straßsteine, 4 mm Ø (alles im Hobbyfachhandel erhältlich); Stoffreste mit schwarz-grauen Strukturen, auch durchscheinende; Textilkleber (Gütermann); Reste Vliesofix und Vlieseline (Freudenberg).

Schnitteile 1, 1a bis 6 Bg. D Schwarz. Kontur — — — — — — —

Zuschneiden:
1 und 1a Vorderteil 2mal
2 Rückenteil 1mal im Stoffbruch
3 Ärmel 2mal
4 Ärmelbündchen je 2mal aus uni und gemustertem Stoff
5 Bund 1mal im Stoffbruch
6 Stehkragen je 1mal im Stoffbruch aus uni und gemustertem Stoff
Aus gemustertem Stoff: 2 Paspelschrägstreifen für Ärmelbündchen 28 cm lang, Paspelschrägstreifen für Stehkragen 48 cm lang, je 3 cm breit.

Teile auf den Stoff legen und markieren, jedoch noch nicht ausschneiden. Die Teile werden erst nach Bemalen des Stoffes mit Nahtzugabe zugeschnitten. An den Vorderteilen entlang den Besatzlängskanten keine Zugabe anschneiden. Einlage siehe Graufläche im Zuschneideplan. Zusätzliche Einlage auf die inneren Manschettenteile und das innere Kragenteil bügeln.

Ausführung: Schnitteile zunächst nur auf dem Stoff markieren, noch nicht ausschneiden. Teile zum Bemalen auf den Rahmen spannen. Auf dem Teil für die linke Vorderseite und auf dem linken Ärmel mit Konturfarbe in Silber weiche, geschlossene Formen zeichnen (siehe Abb.). Trocknen lassen. Dann mit stark wasserverdünnter Farbe in Schwarz, Braun und Gelb ausmalen (= lasieren oder aquarellieren). Farben von der Rückseite mit dem Bügeleisen fixieren. In diesen Flächen nun mit Konturfarbe in Silber Karo- und Bogenmuster zeichnen. Die Innenfelder dieser Muster mit schwarzem Stoffmalstift plastisch nachmalen. Mit Konturfarbe in Gold und Silber beliebig Punkte aufmalen und ebenfalls mit dem Stoffmalstift umranden. Nun noch einmal alle Farben mit dem Bügeleisen fixieren. Auf die verschiedenen Stoffreste (außer durchscheinende Stoffe) die doppelseitig klebende Vlieseline bügeln und weiche längliche Formen ausschneiden und lt. Abb. aufbügeln, mit Silberfaden und dicht eingestellten Zickzackstichen applizieren, und zwar auf dem rechten Vorderteil und dem rechten Ärmel ausschließlich, auf dem linken Vorderteil und dem linken Ärmel sowie Rückenteil zusätzlich. Dabei auch durchscheinende Stoffe verwenden; diese nur aufheften und applizieren, danach den Unterstoff herausschneiden. Rückenteil: Seidenmalerei wie bei linkem Vorderteil beschrieben ausführen, dann wie beschrieben Stoff applizieren, zur weiteren Dekoration lt. Abb. oder nach Belieben Straßsteine mit Textilkleber aufkleben. Nun die Teile lt. Zuschneiden ausschneiden.

Nähen: Seiten- und Schulternähte steppen. An den Vorderteilen die angeschnittenen Besätze nach innen wenden, entlang der Umbruchlinien einschlagen und feststeppen. Vordere Kante schmal absteppen. Tresse, die Anstoßlinien treffend, auf die Vorderteile steppen. Paspelstreifen für Kragen längs falten und bügeln. Den doppelten Streifen so auf die obere Kante des uni Kragenteils heften, daß die Bruchkante des Streifens 3 mm im Teil liegt. Kragen an den Außenkanten verstürzen. Kra-

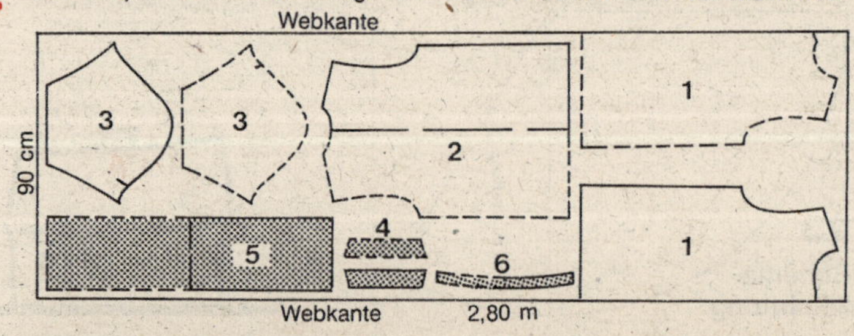

Zuschneideplan

gen an den Halsausschnitt steppen, innen eingeschlagen auf die Ansatznaht nähen. Kragen schmal absteppen. Tresse entlang der Kragenansatznaht auf den Kasack steppen. Untere Vorder- und Rückenteilkanten einreihen. Bund an den Schmalseiten verstürzen. Bund an die unteren Vorder- und Rückenteilkanten steppen, innen eingeschlagen auf der Ansatznaht annähen. Bund schmalkantig absteppen. Tresse entlang der unteren Bundkante sowie noch viermal in Abständen von 2 cm auf den Bund steppen. Ärmel- und Bündchennähte steppen. Paspelstreifen längs falten und bügeln. Bündchen an den unteren Kanten verstürzen, dabei den doppelten Schrägstreifen als 3 mm breiten Paspel zwischenfassen. Bündchen an die unteren Ärmelkanten steppen und innen eingeschlagen auf die Ansatznähte nähen. Tresse entlang den unteren Kanten und den Bündchenansatznähten auf die Bündchen steppen. Ärmel einsetzen. Schulterpolster einnähen. Am rechten Vorderteil, rechts am Kragen und rechts am Bund Knopflöcher einarbeiten.

33–37 Fimo-Bildchen

Schemazeichnungen A–G unten.

Größe: Je ca. 11,5 x 11,5 cm.

Material: Modelliermasse Fimo (von Eberhard Faber, im Hobbyfachhandel erhältlich) in vielen verschiedenen Farben. Es gibt 34 Grundfarben in zwei Verpackungsgrößen zu 65 g und zu 380 g. Bilderrahmen aus hellem Holz, Innenmaß ca. 8,7 x 8,7 cm, mit passender Glasscheibe.
Modellierwerkzeuge wie Küchenmesser, Kunststoffbrettchen, Holzstäbchen (Zahnstocher), dünne Plastikfolie, Wellholz oder Flasche, Alufolie.

Ausführung: Die Bilder werden auf die Glasscheiben modelliert, im Backofen gehärtet und dann in den Rahmen gesetzt. Beim Modellieren und Plazieren richten Sie sich nach den Modellbildern. Fimo wird durch Handwärme (nach dem Händewaschen) geschmeidig und modellierfähig. In kleinen Mengen weichkneten. Für den Untergrund der Bildchen benötigt man eine größere Menge. Dafür mehrere kleine Mengen kneten, zusammenfügen und für das Blau des Himmels (bzw. das Grün der Wiese) direkt auf der Glasscheibe auswellen. Für die Wolken Ovale in transparentem Weiß, für die Sonne und den Mond Kugeln in Gelb auflegen und mit auswellen, bis der Untergrund eben ist und die Formen gelungen. Nun die Ausstattung vornehmen für Wiese und Teich, Blumen, Gräser, Korn, Bäume.
Röllchen (für Stengel, Gräser, Äste, Stämme) werden so geformt: Weiches Fimo zur Kugel, dann zur Rolle formen. Auf das Brett legen und mit den Handflächen und Fingern über die Rolle streichen und diese dabei mitrollen lassen. Gleichmäßig auf die gewünschte Stärke rollen. Blättchen aus kleinen Kugeln in Grün formen, zwischen zwei Fingern plattdrücken, dabei etwas oval formen. Mit dem Messer Blattadern eindrücken und mit dem Zahnstocher den Blattgrund an die gewünschte Stelle drücken. Für Röschen Fimo in Rot weichkneten, zu einem länglichen schmalen Band (A) formen und dieses, an der Schmalseite beginnend, aufrollen (B). Blütengrund zusammendrücken (C). Voll erblühte Rosen bekommen noch 2 bis 3 Blütenblätter angesetzt. Dazu ein Oval separat formen (D), dieses in der Mitte ein wenig knicken (E) und an das Blüteninnere jeweils auf Lücke andrücken (F und G). Die äußeren Blütenblätter leicht nach außen biegen. Das, was inzwischen am Blütenboden zu lang und zu dick geworden ist, abdrehen oder -schneiden. Die fertige Rose am Blütenboden „aufspießen" und an die gewünschte Stelle setzen. Weitere Blümchen und Ähren, das Schäfchen, Vögel und das Nest mit Jungen, den Blumenkorb, die Gießkanne, Ente und Küken, die Puppe und den Bär frei nach der Abb. modellieren.
Etwas schwieriger ist das Mädchen. Es wird lt. Modellbild komplett auf Folie (läßt sich davon besser lösen als vom Brett) modelliert. Dazu aus beliebigem Fimo (auch Resten) einen Rumpf als Unterteil formen, darauf dann von der unteren zur oberen Schicht die Einzelteile modellieren und aufsetzen. Beim Kopf z.B. zuerst Gesicht und Hals formen, dann die Haare aufsetzen, dann das Hütchen und zuletzt die Bänder. Für Kleidchen, Schürze und die Gardine Fimo in transparentem Weiß auf Folie auswellen. Für die Volants Streifen schneiden und diese, in großzügige Falten gelegt, anmodellieren. Wenn Teile über den Rahmen lappen sollen, die Glasscheibe mit den bereits bis dahin modellierten Teilen in den Rahmen setzen, die weitere Modellierung knapp genug vornehmen, so daß der Rahmen wieder vorsichtig herausgehoben werden kann. Die freischwebenden Teile mit Kügelchen aus Alufolie unterstützen, damit sie beim Härten nicht nach unten sinken. Die fertig modellierten Bilder auf Alufolie legen und im Backofen bei 100–130 Grad 15–20 Minuten härten. Wenn Sie transparentes Weiß verwendet haben (so wie hier), nur 100 Grad einstellen, da diese Mischung sonst leicht gelb wird. Nach dem Erkalten Bilder in die Rahmen setzen, auf der Rückseite mit Klebestreifen befestigen.

Tip: Wer's glänzend mag, kann das Bild nach dem Härten und Erkalten mit Fimo-Speziallack überstreichen.
Entwurf und Ausführung: Gisela Petersen, Sindelfingen 6.

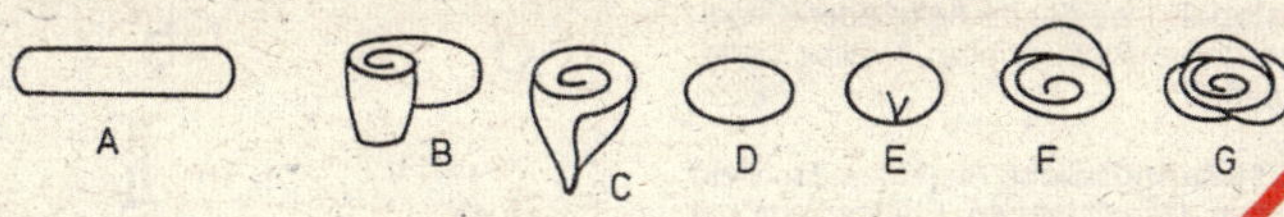

38–44 Exklusiver Modeschmuck

Material: Rohlinge für Broschen, Ohrclips, -hänger, Kettenanhänger, Gürtelschließen in Messing oder Nickel, vergoldet, im Hobbyfachhandel in großer Auswahl erhältlich, z.B. von Efco, Karmoll, Hobbidee. Die besonderen Metallteile wie die goldfarbenen Kreissegmente und der Reif sind von Efco, ebenso die silbermetallene Kordel und Schließen für den Gürtel. Auch die Metallteile Insel, Vogelschwarm und Baum und andere Teile sind von Efco im Hobbyfachhandel erhältlich. Genaue Angaben in der entsprechenden Anleitung. Fimo und Fimo-Speziallack; Bronzierpulver in Gold und Silber (gibt es auch in anderen Farben), von Eberhard Faber, Efco, hobby-time; Glas- und Schmucksteine; Straßsteine; Zierketten; Schneckenhäuschen; Perlmuttscheiben; Spiegelglas; Alufolie; Uhu Kraft; Uhu plus endfest 300 (Zweikomponentenkleber).

Werkzeug: Modellierwerkzeug, Manikürebesteck; Pinzette; Küchenmesser; Seitenschneider; Zange; diverse Pinsel; Zahnbürste und Rupfen zum Strukturieren der Oberfläche; Resopalbrettchen; kleine Walze, z. B. vom Linoldruck oder Teigroller.

Allgemeine Ausführung: Fimo wird durch Handwärme geschmeidig. In der Regel wird es zur Platte geformt, in die Schmuckrohlinge (in die Form vorher etwas Uhu Kraft streichen) gedrückt, evtl. mit der Walze nachhelfen, und dann weiter ausgeschmückt. Der Rand der Platine muß exakt freibleiben, die Oberfläche bekommt eine Struktur durch Stupfen mit einem Pinsel, der Zahnbürste oder dem Aufdrücken von Stoff (Rupfen) etc. Das kann bereits mit Bronzierpulver geschehen. Alle schmückenden Teile z.B. die Metallteile werden in die Fimomasse gedrückt und geklebt, dann vorsichtig bronziert. Ist die Ausschmükkung gelungen, wird das Teil, auf Alufolie liegend, gehärtet. Ist transparentes Fimo verwendet worden, nur bei 100 Grad C im Backofen härten, bei allen anderen Farben bei 130 Grad C. Herstellerangaben beachten. Vor dem Überziehen mit Fimo-Lack prüfen, ob die aufgelegten Teile halten. Wenn nicht, herausnehmen, auf dieselbe Stelle kleben.
Das Lackieren hat nur den Zweck, das Bronzierpulver zu fixieren. Mit Zweikomponentenkleber Broschennadeln, Gürtelhaken, Clips oder Collierhaken je nach Verwendungszweck ankleben. Alle Artikel gibt es silber- und goldfarben, aber auch echt vergoldet, das Gürtelband sogar in 5 Farben. Nun zu den einzelnen Teilen:

38 Rechteckige Brosche mit Insel: Platine 3 x 5 cm, Efco Art. 9925768 silberfarben; Perlmuttscheibe 2,4 cm ∅; Metallteil Insel, echt vergoldet, Efco Art. 9900886. Fimoplatte auflegen, Perlmuttscheibe als Sonne festkleben. Das untere Drittel fürs Wasser lt. Abb. mit Würstchen belegen, das andere Teil mit weichem Pinsel strukturieren. Metallteil aufdrücken. Bronzierpulver auftupfen. Härten.

39 Ovale Brosche mit Ammonit: Broschenwanne 3,5 x 3,5 cm von Karmoll, silberfarben; Perlmuttscheibe 1,2 cm ∅; Schneckenhaus 0,9 cm ∅. Besonders deutlich geprägte Schneckenhäuser, Muscheln (es gibt sie im Hobbyfachhandel zum Einbetten in Gießharz oder auf dem Mineralienmarkt) oder Glassteine in Form von Ammoniten (von hobbytime) kann man direkt in die Fimomasse eindrücken. Dann vorsichtig herausnehmen, evtl. etwas nachmodellieren. Sollten Sie einen echten negativen Ammonitabdruck haben, muß davon erst eine Positivform angefertigt werden. Eine Platte sehr weich geknetetes Fimo mit der Walze auf den Abdruck drücken. Abnehmen, die Ränder begradigen oder entfernen, Abdruck im Backofen härten. Form (wie das positive Schneckenhaus) zum Eindrücken verwenden. Kettenabschnitte lt. Abb. einlegen. Darauf achten, daß sie ca. 1 cm tief im Fimo eingebettet sind. Perlmuttscheibe und Schneckenhaus seitlich eindrücken. Blättchen aus Fimo modellieren, aufdrücken.

40 Brosche mit Kreissegment: Brosche 4,5 cm ∅, mit echt vergoldetem Kreissegment, 5 cm Radius, Efco Art. 9900575. Eine dünne Platte Fimo mit Rupfenstoff strukturieren und so aufdrücken, daß die Hälfte der Brosche verdeckt ist. Auf die andere Hälfte ein langes Würstchen legen, 2 Spiegelsteine (dreieckig) und einen rechteckigen Schmuckstein auflegen, eindrücken, festkleben. Mit Bronzierpulver bepinseln, härten.

41 Collier mit Kette: Ein Kreissegment hat den Radius von 5,3 cm, beide Segmente werden im Abstand von 0,4 cm von einem Broschenrohling, 3,5 cm ∅, zusammengehalten, Efco Art. 9925741, echt vergoldet. Anfertigung des Abdrucks siehe 39. Schneckenhaus und modellierte Blättchen aufdrücken.

42 Collier mit Reif: Die Rückseite der Brosche hat einen Spezialhaken, mit dem der Anhänger am Halsreif eingehakt werden kann, Efco Art. 9900591, echt vergoldet. Fimoplatte einlegen, das „Wasser" mit ganz feinen Würstchen belegen, s. Abb. Vogelschwarm, Efco Art. 9900888, eindrücken, festkleben. Den "Himmel" mit Bronzierpulver in Gold und Blau betupfen, die „Erde" mit Gold und Rot, das „Wasser" (nur die Oberfläche der Würstchen) mit Gold.

43 Brosche mit Baum: Broschenplatine, 5 cm ∅, Efco Art. 9925776, echt vergoldet. Fimo eindrücken, Oberfläche mit Pinsel oder Zahnbürste strukturieren. Baum, Efco Art. 9900884, vergoldet, eindrücken. Aus Fimoresten kleine Kügelchen formen und auf die Oberfläche legen. In diese je 1 Straßsteinchen drücken. Bronzierpulver in Gold auftragen, zu den Rändern hin üppiger.

44 Gürtel mit verzierter Schließe: Schließe 6 cm ∅, Efco Art. 9938466, silberfarben. Spezialmetallband 0,8 cm ∅, Efco Art. 9900540, silberfarben, Fassungen für je zwei solcher Bänder, 2,6 cm breit, Efco Art. 9900548. Fimo eindrücken. Feine Kettenabschnitte, Efco Art. 9921971, platinfarben, einarbeiten. Darauf achten, daß die Kettenenden 1 cm tief im Fimo eingebettet sind. Oberfläche strukturieren. Würstchen lt. Abb. formen und auflegen, außerdem Kugeln formen. Mit einem Zahnstocher oder dgl. in der Mitte ein- und damit aufdrücken. Weiteres Stück Kette 2mal am Rand um die Platine legen, andrücken. Ovalen Schmuckstein in dunklerem Silber (2 x 1 cm) auflegen, mit Kettenabschnitt umlegen. Mit Bronzierpulver in Silber betupfen. Weitere interessante Möglichkeiten der Herstellung von exklusivem Schmuck können Sie aus den beiden TOPP-Büchlein „Schmuckboutique" und „Schmuckboutique 2" entnehmen. Die Autorin Gudrun Hettinger fertigte diesen hier vorgestellten Schmuck an.

45–52 Schmuck

Originalgroße Musterzeichnungen sowie Schemazeichnungen auf ds. Seite.

Material, allgemein: Verschiedene Perlen; Silberdraht von 0,5 und 1 mm Ø; Ohrhaken (alles von Grube, Rayher oder Hobby Knorr); gesammelte Kieselsteine, Federn, Muscheln und Schneckenhäuschen; kleine Rund- und Flachzange; Seitenschneider; Klebstoff, z.B. Uhu plus schnellfest (Zweikomponentenkleber).

Allgemeines: Große Drahtformen aus dickerem Draht biegen, Ösen und Schlaufen mit der Rundzange, scharfe Knicke mit der Flachzange, andere Formen von Hand. Vor dem Biegen von Knicken und Ösen Perlen lt. Foto auffädeln. Die Musterzeichnungen zeigen die Drahtformen ohne aufgefädelte Perlen und ohne Verbindungen.

Ösen, siehe dazu Zeichnungen A, B, C.
A: Drahtenden mit der Rundzange fassen, Draht einmal darumwickeln. Eignet sich nur für dickeren Draht.
B: Drahtende zweimal um ein Ende der Rundzange wickeln, dazu mit der Zange nachfassen.
C: Dünneren Draht, ca. 1 cm vom Ende entfernt, einmal um die Rundzange biegen, festhalten. Kurzes Ende mit der Flachzange fassen und mehrmals eng um das längere Ende wickeln.

Schneckenhäuschen andrahten: eine Öse C mit Drahtende von ca. 1 cm biegen, Drahtende ins Schneckenhäuschen kleben.

Fassungen: Der Stein wird mit dünnerem Draht wie ein Päckchen eingeschnürt. Je nach Form des Steins eignen sich verschiedene Fassungen, einige Möglichkeiten siehe Zeichnungen a bis d. Wichtig: den Draht fest um den Stein herum anziehen. Einkerbungen im Stein ausnutzen!

Ohrschmuck 45

Material: 1 blaue tropfenförmige Glasperle, Bohrung quer; schwarze Perlen, 1 bis 6 mm, 3 von 4 mmØ, Draht von 0,7 mm Ø.

Ausführung: Siehe Allgemeines. Tropfenperle auf Mitte von ca. 11 cm Draht fädeln. Beiderseits davon Drahtform lt. Zeichnung 45 biegen; wo die Drähte zusammenlaufen, große schwarze Perle auffädeln. An beiden Enden 1 Öse B biegen. Ca. 7 cm Draht quer durch diese Ösen stecken, dazwischen 2 schwarze Perlen auffädeln, lt. Zeichnung zum Dreieck biegen (oberes Teil), letzte Perle auffädeln, Öse B biegen.

45

Ohrschmuck 46

Material: 1 Muschel (beide Schalen); 1 Schneckenhäuschen; 1 blauer Korallenabschnitt; 3 Holzperlen, natur, 5 mm Ø; 2 schwarze Perlen, 4 mm Ø.

Ausführung: Siehe Allgemeines. Öse B biegen, 1 Holzperle auffädeln, durch umgebogenes Drahtende sichern. Muschelhälften zusammen- und Holzperle dazwischenkleben, so daß die Öse heraussteht. Schneckenhaus andrahten. Dreimal ca. 4 cm dünneren Draht abschneiden, je 1 Öse B biegen; einmal 2 Holzperlen, einmal 2 schwarze Perlen, einmal Korallenstück auffädeln. Drahtform lt. Zeichnung 46 biegen, in der Mitte Muschel einhängen. Die 4 Anhängsel lt. Foto mittels Ösen B einhängen (siehe 47).

46

Ohrschmuck 47

Material: 1 rötlicher Kiesel; 2 kleine Schneckenhäuser; 1 dunkelrote Perle, 7,5 mm Ø; 1 braune Perle, 4 mm Ø; schwarze und größere braune Rocaillesperlen.

Ausführung: Siehe Allgemeines. Schneckenhäuser andrahten; Stein fassen, oben Öse C biegen; Drahtform lt. Zeichnung 47 biegen, dabei Endösen etwas offenlassen. Ca. 5 cm dünneren Draht abschneiden, ein Ende zu Öse A biegen, in die Öse der Fassung hängen und durch Weiterdrehen und Nachfassen mit der Zange zur Öse B biegen. 3 braune Perlen auffädeln, Ende mittels Öse B in die obere Öse der Drahtform einhängen, so daß alles nach unten hängt. In die gleiche Öse nach oben zu ein Stück Draht mittels Öse B einhängen, Perlen lt. Foto auffädeln, Öse B biegen. Ca. 6 cm dünnen Draht abschneiden, Öse B biegen, Perlen und Schneckenhäuser lt. Foto auffädeln, Öse B biegen. Beide Ösen in die Enden der Drahtform einhängen, diese Ösen ganz schließen. Unteres Teil etwas rund biegen.

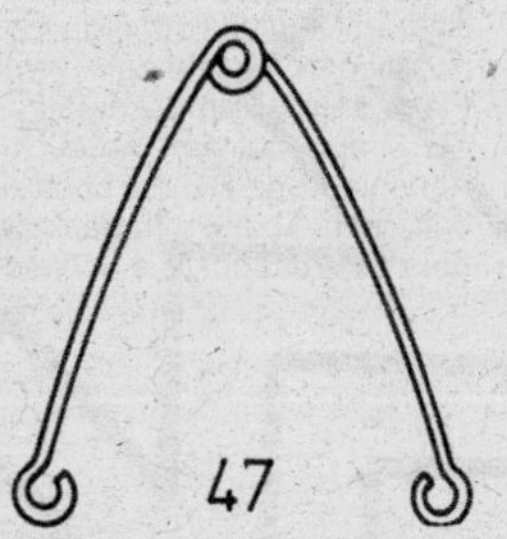

47

Ohrschmuck 48

Material: 1 blaues Federchen; 1 ovale blaue Glasperle; 1 trapezförmige schwarze Perle, ca. 1 cm lang, Bohrung längs; je 1 runde schwarze Perle von 4 und 6 mm Ø; 1 Silberperle, 3 mm Ø; 2 blaue Rocaillesperlen aus Glas.

Ausführung: Siehe Allgemeines. Flaum vom Federkiel entfernen, 1 Rocaillesperle darauffädeln, Kiel in Klebstoff tauchen und in die ovale Perle stecken. Ca. 4 cm Draht mit einem Ende in Klebstoff tauchen, von der anderen Seite in die Perle stecken, trocknen lassen. Perlen lt. Foto auf das Drahtende fädeln, Öse C biegen. Ca. 5 cm Draht abschneiden, 1 Öse B in Öse C einarbeiten (siehe Ohrschmuck 47), Perlen lt. Foto auffädeln, Öse C biegen.

Ohrschmuck 49

Material: 1 rotbraunes Federchen; je 1 Silberperle von 3 und 5 mm Ø; 1 braune Stabperle, 2,5 cm lang; 1 dunkelrote Perle, 7,5 mm Ø.

Ausführung: Siehe Allgemeines. Flaum von Federkiel entfernen, größere Silberperle darauffädeln. Kiel in Klebstoff tauchen, in die Stabperle stecken. Ca. 5 cm Draht mit einem Ende in Klebstoff tauchen, so weit wie möglich von der anderen Seite in die Stabperle schieben, trocknen lassen. Perlen lt. Foto auffädeln, Öse C biegen.

Ohrschmuck 50

Material: 1 grünlicher Kiesel; 2 längliche Silberperlen, 7 mm lang; 1 rundes Silberplättchen, 4,5 mm Ø, quer gebohrt; 3 Silberperlen, 3 mm Ø; Rocaillesperlen in Schwarz und Metallic-Grün sowie in Türkis aus Glas.

Ausführung: Siehe Allgemeines. Stein fassen, dabei eine runde Silberperle zwischen Fassung und Öse B auffädeln. Ca. 4 cm dünneren Draht abschneiden, 1 Öse B in die Fassungsöse einarbeiten (siehe 47), 1 Glasperle und 1 längliche Silberperle auffädeln, Öse B biegen. Ca. 7 cm dünnen Draht zu Drahtform 50 (unteres Teil) biegen, jedoch noch ohne Ösen. Perlen und Fassung lt. Foto auffädeln, Ösen B biegen. Ca. 6 cm Draht durch beide Ösen stecken, dazwischen 1 längliche Silberperle auffädeln, zum Dreieck biegen (siehe Zeichnungen, oberes Teil), Perlen lt. Foto auffädeln, Öse B biegen.

50

Ohrschmuck 51

Material: 1 weißer bis hellgrauer Kiesel; 1 silberne Blattpaillette; 1 Silberperle, 7 mm Ø.

Ausführung: Siehe Allgemeines. Stein fassen, Öse C biegen. Blattpaillette mit Öse C andrahten, gleich anschließend eine Öse C entgegengesetzt arbeiten. Drahtform oben beginnend lt. Zeichnung 51 biegen, dabei Silberperle und Paillette lt. Foto auffädeln und Stein in Endöse hängen.

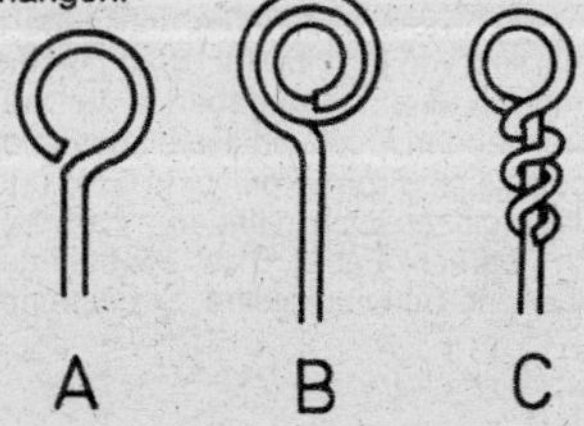

A B C

51

Ohrschmuck 52

Material: 2 Holzperlen, natur, 5 mm Ø; 2 schwarze Perlen, 4 mm Ø; schwarze Rocaillesperlen; 1 weiß-grauer Kiesel; 1 Schneckenhaus.

Ausführung: Siehe Allgemeines. Beide Drahtformen lt. Zeichnung 52 biegen, dabei 1 Holzperle auffädeln; alle Ösen nicht ganz schließen, Stein fassen, Öse B biegen. Schneckenhaus andrahten. An ca. 4 cm dünnem Draht Öse C biegen, 2 dicke schwarze und 1 Rocaillesperle auffädeln, Draht kurz dahinter abzwicken und Ende umbiegen. An ca. 4 cm Draht Öse B biegen, Perlen lt. Foto auffädeln, Öse B biegen. 1 Öse B zur Verbindung biegen. Öse der Fassung lt. Foto auf untere Drahtform fädeln, Schneckenhaus in Endöse hängen, diese schließen. Verbindungsöse in untere und obere Drahtform hängen, Endösen schließen. In die oberste Öse Draht mit Holzperle (nach oben) und Draht mit schwarzen Perlen (hängend) fädeln, Öse schließen.
Entwurf und Realisation: Eva Zirk

52

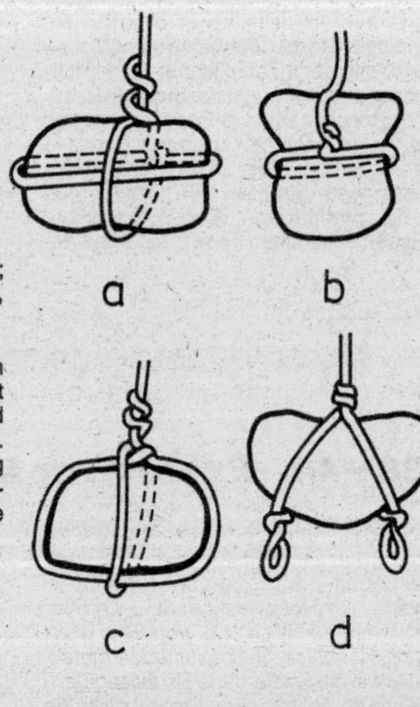

a b
c d

53 Tischdecke mit Glitzerdekor

Musterzeichnungen für 3 Sterne auf Seite 123 in Rot.

Größe: Ca. 140 x 140 cm.

Material: 1,40 m Handarbeitsstoff, 140 cm breit (z.B. Zweigart Art. 3984/713) in Grau; Gütermann-Dekor (s. Foto) in den Farben Silber 666, Blau 664, Dunkelglimmer 000, Gold 665, Rot 661 und Bunt 657; Satinschrägband, 3 cm breit; Karton für Schablonen, Cuttermesser.

Ausführung: Laut Musterzeichnung Schablonen in 3 verschiedenen Größen ausschneiden. Tischdecke für die Bemalung aufteilen. Vom Mittelpunkt aus einen Kreis mit dem Radius 16 cm mit Stecknadeln markieren, einen weiteren Kreis mit dem Radius 40 cm. Im Innenkreis beliebig oft die kleinste Schablone auflegen und mit Bleistift umfahren, im Mittelstück die mittlere und auf dem Reststück die größte. Bei den Übergängen von einem Kreis zum anderen keine scharfen Grenzen ziehen, sondern die Sterne im anderen Feld überlappen lassen. Aus der Gütermann-Tube die Konturen direkt nachmalen. Zunächst sieht die Flüssigkeit ungleichmäßig aus und ohne Glanz. Erst nach dem Trocknen wird das Ergebnis glänzend und gut. Waschbar sind die Farben bis 30 Grad C Handwäsche.

54–56 Spanschachteln mit Glitzerdekor

Musterzeichnungen auf Seite 122, 123 und 125 in Rot.

Größe: Ca. 11 x 8 cm, 5 cm hoch (blaugrün); ca. 18,5 x 14 cm, 6 cm hoch (rosa); ca. 12 cm Ø, 5,5 cm hoch (hellblau).

Material: Ovale und runde Spanschachteln in o.g. Größe, im Hobbyfachhandel in großer Vielfalt erhältlich; Gütermann-Dekor in verschiedenen Farben aus der Tube (es gibt 9) Regenbogen 657, Aubergine 661, Safir 663, Eisblau 664, Gold 665, Silber 666, Türkis 668, Discorot 669 und Glimmerschwarz 000; wasserlösliche Farben, auf jeden Fall auch Weiß zum Aufhellen (z.B. Plaka von Pelikan).

Ausführung: Dosen (ohne Deckel) zunächst in der Grundfarbe streichen; die große Dose in Rosa, die mittlere in Hellblau, die kleine in Oliv. Musterzeichnung auf Transparentpapier abnehmen und auf den jeweiligen Deckel mittels Pauspapier übertragen. Einzelne Linien am Deckelrand fortsetzen (bei mittlerer und kleiner Dose). Nun die einzelnen Felder lt. Abb. bemalen. Sollen die Farben pastellig ausfallen, alle Farben mit mehr oder weniger Weiß mischen. Zum Schluß die Konturen mit Gütermann-Dekor direkt aus der Tube malen. Die Linien evtl. mit einem Zahnstocher oder dgl. korrigieren. Man kann auch Flächen ausfüllen (mit dem Finger verstreichen). Erst nach dem Trocknen zeigt sich der brillante Glanz.

57 Bäumchen mit „Willkommen"

Material: 2 Zierbäumchen; Karton in verschiedenen Farben; Satinband; Tüll; 10 kleine Wäscheklammern; Passepartoutmesser.

Ausführung: Wählen Sie Buchstaben, die Ihnen gefallen, aus einer Zeitung oder Zeitschrift aus, und lassen Sie sie in einem Kopiergeschäft auf die gewünschte Größe (je nach Umfeld 10-15 cm groß) vergrößern. Oder zeichnen Sie selbst die Buchstaben. Übertragen Sie die Buchstaben seitenverkehrt auf die Rückseite des Kartons. Buchstaben mit dem Passepartoutmesser exakt ausschneiden. Auf gefalteten, rosa Karton ein halbes Herz zeichnen, ausschneiden und Herz aufklappen. Zierbäumchen mit Herz, Satinbändern und Tüllschleifen schmücken. Aus Satinband von Bäumchen zu Bäumchen eine Leine spannen und mit Wäscheklammern „Willkommen" daran aufhängen.

58 Überhandtuch

Zählmuster und Schemazeichnungen A und B siehe rechts.
Originalgroße Musterzeichnung für Oval (ein Viertel) oben in Rot.

Größe: Ca. 75 x 47 cm.

Stickereigröße: 32,4 x 19 cm.

Material: 0,50 m Baumwollstoff in Weiß, 90 cm breit; 1,65 m Baumwollspitze mit einseitiger Bogenkante, 2 cm breit; 0,50 m Baumwollspitze mit beidseitiger Bogenkante, 2 cm breit (von Linne); 1 Pck. Gittertüll, grob (Hobby-Knorr Art. 3977030); 2 Str. MEZ Perlgarn 5 in Weiß 2, fertig gefalztes Schrägband in Weiß.

Zuschneiden:
Oberes Teil 1mal 65 x 47 cm
Unteres Teil 1mal 10 x 47 cm
Diese Teile mit 1,5 cm Nahtzugabe.
Schlaufen 5mal 10 x 5 cm.

Filetstickerei: Stoffmitte markieren und Motiv nach Zählmuster in Stopfstich einstopfen. Faden verknoten, siehe Schemazeichnung A. Den überstehenden Faden zuletzt vernähen. Das Gitternetz mit Stopfstichen gleichmäßig und dicht ausfüllen, so daß sich die Stickfäden nicht verschieben können. Man nimmt abwechselnd einen Netzfaden auf, einen unter die Nadel (siehe Schemazeichnung B). Zur nächsten Reihe schräg unter den Netzfäden durchstechen. Ist der Faden weiterzuführen, zieht man ihn durch die gefüllten Flächen hindurch, um zur nächsten Musterform zu gelangen (Wimpern in Spannstich).

Nähen: Die Schmalseiten des oberen und unteren Teils 1 cm breit säumen, die Spitze mit beidseitiger Bogenkante so aufsteppen, daß beide Teile miteinander verbunden werden. Auf den unteren Saum Spitze mit einseitiger Bogenkante aufsteppen. Dann Längsseiten 0,5 cm breit einschlagen und 1 cm breit säumen. Schlaufen der Länge nach falten, rechte Seite innen, lange Seite und eine Schmalseite steppen, wenden (fertige Breite 2 cm). In gleichmäßigen Abständen mit der geschlossenen Schmalseite auf die rechte Seite der oberen Überhandtuchkante nähen, offene Schlaufenkanten nach innen schlagen und auf der Rückseite festnähen. Oval auf dem Überhandtuch markieren (Musterzeichnung = 1/4 des Ovals), herausschneiden, Kanten mit Schrägband versäubern. Spitze mit einseitiger Bogenkante auf der rechten Überhandtuchseite auf diese Kanten steppen. Filetstickerei unter die Öffnung heften und mit Handstichen annähen.

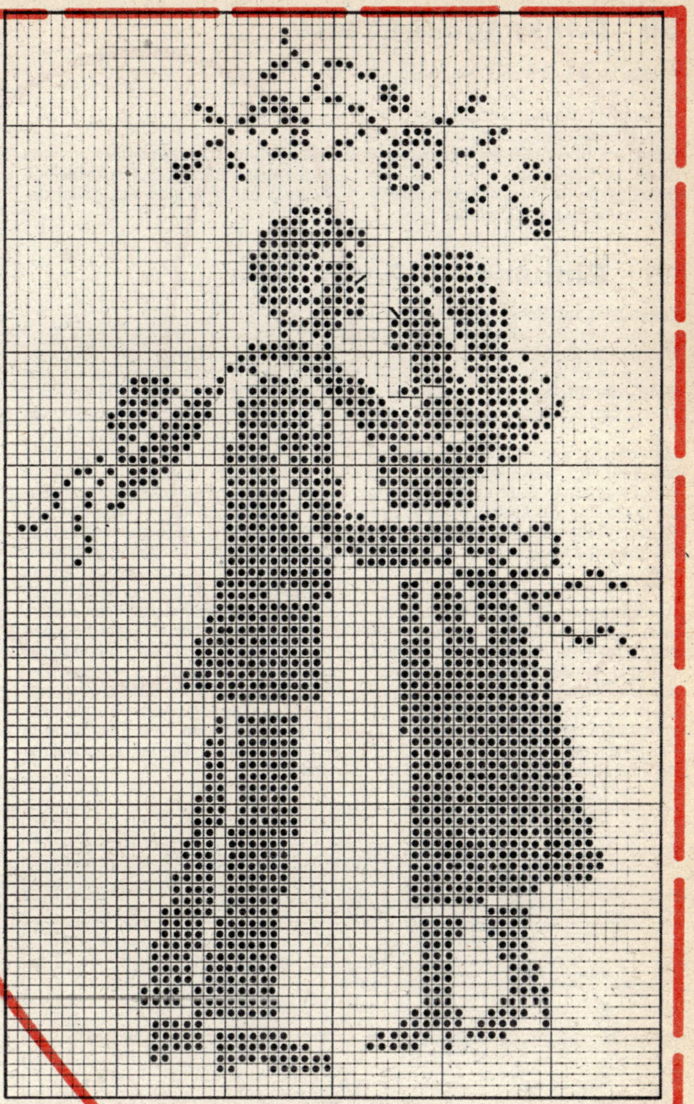

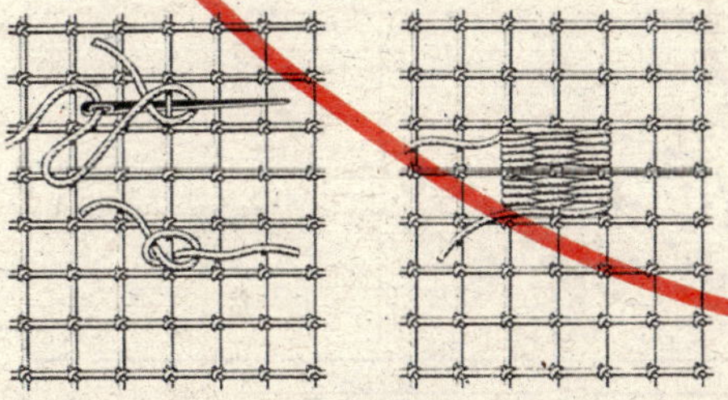

A B

Kennen sie die burda-Zählhilfe?
Information auf Seite 175.

59 Dekoration fürs Überhandtuch

Material: Tüllreste in Rosé und Flieder; 2,80 m Perlonband in Rosa, 2 cm breit; je 1 Röllchen Kräuselband in Rosa und Weiß; 6 Seidenprimeln in Weiß, Art. 54042/02 von Rayher; 4 frische Buchsbaumzweige (oder künstliche).

Zuschneiden (je Dekorationsseite):
Tüll: 2mal 20 x 17 cm in Rosa
2mal 20 x 17 cm in Flieder
Kräuselband: 2mal 105 cm in Rosa
2mal 105 cm in Flieder
Rosa Perlonband: 1mal 140 cm

Ausführung: Je zwei rosa- und fliederfarbene Tüllteile aufeinanderlegen und mit je zwei weißen und zwei rosafarbenen Bändern in der Mitte der Längsseiten zusammenbinden und mit den Stielen der Seidenprimeln umwickeln. Den Buchs dazubinden. Die rosa Schleife (aus Perlonband) in der Mitte knoten und auf der Rückseite des Tülls mit ein paar Handstichen befestigen.

60 Danksagungskarte

Größe: 14,5 x 14,5 cm (Umschlag).

Material: Passepartoutkarte mit rundem Ausschnitt (Ø 11 cm) und grauem Rand, Art. 02-106-00 von Hobbidee (6 Stück mit Umschlägen); ein Foto vom Brautpaar (auf ca. 11,5 x 11,5 cm vergrößern lassen); Uhu Bürokleber.

Ausführung: Foto paßgenau von hinten in den Ausschnitt kleben, Deckblatt (beiliegend) zur Versäuberung gegenkleben.

61 Einband für Fotoalbum

Zählmuster und Schemazeichnung unten.

Größe: Ca. 20 x 23 cm.

Größe der Stickerei: 51 x 44 Stiche/ca. 14x 12 cm; 3,5 Stiche/ca. 1 cm.

Material: 0,35 m rosa Schülertuch, 85 cm breit, 10,7 Gewebefäden/ca. 1 cm (z.B. Zweigart Art. 1235 Linda); 1 Strang DMC Mouliné (Sticktwist) in Weiß, 23 x 83 cm; Wattevlies aus Polyester (von Hartmann); 1 Ringbuch, ca. 20 x 23 cm (DIN A 5).

Ausführung: Schnittkanten versäubern. Lt. Schema die Flächen mit Heftstichen markieren; A und E = Innenseiten, B und D = Außenseiten, C = Buchrükken. Die Stickerei innerhalb der Fläche B ca. je 3 cm von den seitlichen und 4 cm vom unteren Rand entfernt ausführen. 1 Kreuzstich greift über 3 x 3 Gewebefäden. Sticktwist 3fädig verwenden. Fertige Stickerei von links unter feuchtem Tuch bügeln. Das Wattevlies auf der linken Stoffseite unter die Flächen A-E heften, dabei an den Schmalseiten die Webkanten ca. 1 cm unbedeckt lassen, sie danach über das Vlies nach links umschlagen und annähen. Die Stoffzugaben oben und unten umschlagen, dabei das Ringbuch flach einlegen und die Zugaben an den Buchinnenseiten festheften. Dann diese Seiten umschlagen, die Nähte (von Hand) von den Enden ausgehend schließen und die Schmalseiten an die Buchrückenlinien nähen. Heftfäden ausziehen. Evtl. die Innenseiten der Hülle mit Spannstichen zwischen den Ringen zusätzlich zusammenziehen. Je nach Verwendungszweck entweder Blätter (DIN A 5) einlegen oder farbiges Tonpapier oder Fotokarton in entsprechender Größe zuschneiden und lochen.

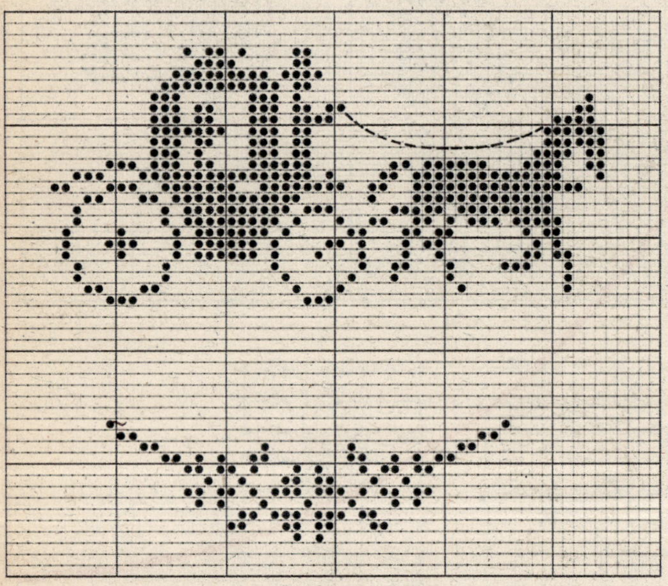

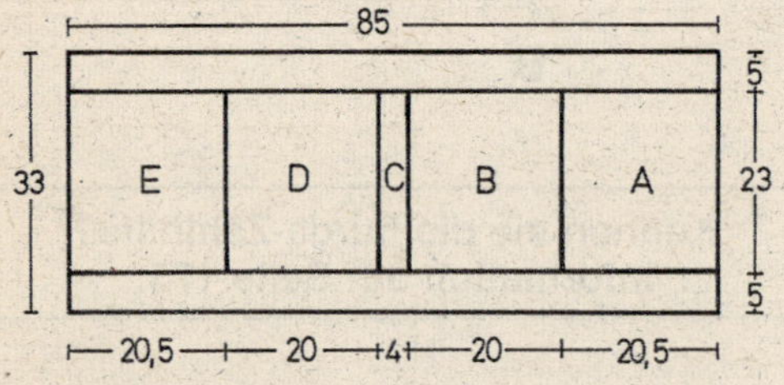

62 Geldgeschenk „Schiffchen“

Größe: 20,5 x 29,5 cm.

Material: 20,5 x 29,5 cm Karton; die Vergrößerung eines Privatfotos oder eine Abb. mit See- oder Meermotiv (Kalender); Uhu Alleskleber; Passepartoutmesser; Geldscheine; Zahnstocher, glitzerndes Geschenkband, 2 cm breit.

Ausführung: Das Foto oder die Abb. auf den Karton kleben. Aus den Geldscheinen Schiffchen falten. Um diese auf der Karte zu befestigen, Laschen mit dem Passepartoutmesser schneiden, die Schiffchen daraufschieben (evtl. von links mit Tesafilm festkleben). In die Schiffchen Zahnstocher (= Mast) stekken, Stücke Geschenkband als Segel aufschieben.

63 Körbchen

Größe: Ca. 10 cm Ø.

Material: Ein fertiges Häkeldeckchen, Ø ca. 16 cm; Zucker und Wasser; 1 Glas, Ø am Boden 3½ bis 4 cm.

Ausführung: Wasser erwärmen, so viel Zucker darin auflösen, bis die Flüssigkeit gesättigt ist. Flüssigkeit auf Handwärme abkühlen lassen, Deckchen einlegen. Deckchen mit der Mitte auf das umgestülpte Glas legen, fallendes Gewebe in schwungvolle Wellen legen. Der Zucker wirkt wie Stärke. Deckchen bis zum Trocknen auf dem Glas belassen (es kann mehrere Tage dauern). Nach Belieben noch mit Schleifchen und Blümchen ausschmücken, mit Pralinen füllen.

Tip: Hübsch sehen diese Körbchen als Willkommensgruß auf der festlichen Tafel aus!

64+65 Servietten + Karten

Musterzeichnungen 2 Ovale links in Rot unter dem Text.

Größe: Servietten ca. 38 x 38 cm, Einladungskarten ca. 10,5 x 14,5 cm.

Material: Ein Hochzeitsfoto in Schwarzweiß; weißer Karton DIN A 5 für die Karten; Knorrtex-Farbträger-Bogen in verschiedenen Farben, Art. 3000 001; Synthetikkleinen, fein, Art. 3001 040; beides von Hobby Knorr; Tonpapier in verschiedenen Farben (alles im Hobbyfachgeschäft erhältlich); Karton für Schablonen; Uhu stic Klebestift.

Ausführung Servietten: Servietten auf 40 x 40 cm zuschneiden, schmal säumen. 2 ovale Schablonen lt. Musterzeichnung aus Karton anfertigen. Hochzeitsfoto kopieren und in der Größe der kleinen Schablone zuschneiden. Ein Stück Baumwollstoff auflegen, darüberbügeln, damit der Toner nicht den Farbträger verklebt. Abkühlen lassen, den Stoff vorsichtig abziehen. Beliebig farbigen Farbträger-Bogen in der Größe der großen Schablone zuschneiden. Farbige Seite des Ovals auf die Fotokopie legen. Beides auf der Serviette plazieren und ohne Verschieben 5 Minuten lang bügeln, Temperatur siehe Angaben des Herstellers. Farbträger und Fotokopie vorsichtig von der Serviette abziehen. So entsteht der Bilderrahmen. Die Fotokopie hat etwas Farbe angenommen. Fotokopie mit der Bildseite nach unten in den Bilderrahmen einlegen, Papier darüberlegen und wiederum 5 Minuten lang bügeln.

Einladungskarten: Den Karton (DIN A 5) zur Hälfte falten. Mit Hilfe der großen Schablone aus Tonpapier ein Oval schneiden. Fotokopie nach der kleinen Schablone zuschneiden, beides auf die Karte kleben.

66 Tischkarte mit Herzen

Musterzeichnung rechts in Rot unter dem Text.

Größe: Aufgeklappt 12 x 12 cm.

Material: Weißer Bristolkarton; Nähgarn in Hellblau bzw. Rosa; Lackmalstift in Hellblau bzw. Rosa; festes Zeichenpapier; Schneidemesser; spitze Schere; Uhu stic; Tesafilm.

Ausführung: Von den Herzen A-D eine Schablone aus dem Zeichenpapier anfertigen. Alle Konturen (außer die vom Herz D) lt. Musterzeichnung mit Bleistift auf den Bristolkarton übertragen, und die schraffierten Flächen vorsichtig herausschneiden. Die noch bleibenden Bleistiftkonturen von den Herzen A und B mit Lackstift nachzeichnen und außerhalb der Konturen kleine Zacken aufzeichnen. Karte an den Falzlinien (gestrichelte Linien) umknicken. Konturen von Herz D 2mal auf Bristolkarton übertragen und ausschneiden. Beide Herzen übereinanderkleben. Ein Ende eines ca. 2,5 cm langen Fadens oben dazwischenkleben. Anderes Fadenende lt. Abb. mit Tesafilm hinter Herz B kleben. Karte mit Namen beschriften.

67 Serviette mit Initial

Material: Servietten mit gebogter silberfarbener Kante; aufbügelbare Straßsteine in Form von Initialen, z.B. von I. Heigl im Hobbyfachhandel erhältlich.

Ausführung: Eine Ecke der Serviette bereitlegen. Schutzfolie vom Initial abziehen. Motiv auf den Stoff drücken (klebt). Stoff wenden, ein Schutztuch auflegen, dann etwa 15 Sekunden mit dem Bügeleisen bei 160-180 Grad C fest aufdrücken. Wichtig: Abkühlen lassen, dann das Tuch abnehmen, die Folie abziehen. Die Straßapplikation ist bis zu 60 Grad C waschbar.

68 Gläser mit Initialen

Alphabet siehe Seite 175.

Größe der Buchstaben: Ca. 2,6 cm.

Material: Diamant-Glasgravurstifte von Megroz, im Hobbyfachhandel erhältlich; Transparentpapier; Gläser s. Foto.

Ausführung: Das entsprechende Initial auf Transparentpapier übertragen, knapp beschneiden, an den Rändern strahlenförmig einschneiden und in das Glas legen. Ein schwarzes Wollknäuel oder Tuch hineinstecken, das die Zeichnung an die Innenwand drückt. Nun die Konturen zart und ohne Druck vorritzen. Zeichnung entfernen, das Wollknäuel wieder einlegen (auf dunklem Hintergrund kann man besser sehen). Glas auf ein weiches Tuch legen und die Feingravur vornehmen. Linien ohne Druck eng nebeneinandersetzen, lieber öfter wiederholen. - So ist's gedacht: Der Gast kann „sein“ Glas mit nach Hause nehmen.

69 Tischkarte

Musterzeichnungen Herz rechts. Musterzeichnung Taube in Rot.

Größe: Ca. 8 x 12 cm (aufgestellt).

Material: Mintgrüner fester Karton; weißes Lackpapier; Lackstifte in Schwarz und Pink (z.B. von Eberhard Faber); festes Zeichenpapier; Uhu stic Klebestift; Passepartoutmesser.

Ausführung: Aus dem Karton mit dem Messer eine Karte von 10,5 x 13 cm zuschneiden und in der Mitte eine Falzlinie markieren (fertige Größe 10,5 x 6,5 cm). Diese von der Rückseite der Karte mit der stumpfen Scherenkante falzen und umknicken. Lt. Musterzeichnungen von der Taube und dem Herz Schablonen aus dem Zeichenpapier anfertigen. Schablonen auf das Lackpapier legen, mit dem Bleistift die Konturen aufzeichnen. Die Innenlinien wie Auge, Schnabel und Gefieder durch starken Druck auf den Bleistift auf die Unterseite durchdrücken. Die 2. Taube gegengleich arbeiten, Tauben und Herz ausschneiden. Mit Lackstiften lt. Abb. die durchgedrückten Innenkonturen nachzeichnen. Täubchen und Herz lt. Abb. aufkleben, Karte mit Namen beschriften.

70 Dekoration

Größe: Ca. 1 x 1 m.

Material: 3 Rundholzstäbe à 1 m, 6 mm Ø, im Hobbyfachhandel erhältlich; 5 m Kunststoffband, irisierend, 1,5 cm breit, Art. 51557; 8 Schmetterlinge, Art. 8824200; 4 Zweige Christrosen, Art. 5405490; 2 Päckchen Irisblätter, Art. 5111100; 2 Pck. Irisblätter, Art. 5111200; 2 Pck. Irisblätter, Art. 5111300; 2 Pck. Irisblümchen, Art. 5405600; 3 Pck. Lurex-Blüten, Art. 54066; 2 Tauben mit Glimmer, Art. 8512800; 6 Pck. Plastikperlen, 12 mm Ø, in Perlmutt (82), Art. 15132, alles von Hobby Rayher, im Hobbyfachhandel erhältlich; 1 Pck. Irisée-Bändchen-Beilaufgarn von Gütermann, in Kurzwarenabteilungen erhältlich.

Ausführung: Rundholzstäbe zuschneiden auf 1 m, 0,00 m, 0,00 m und 0,40 m Länge. Kunststoffband jeweils an einem Ende der Stäbe mit Irisée-Bändchen festbinden, dann damit die Stäbe beziehen (schräg abwickeln, nicht überlappen lassen). An den Enden wie am Anfang festbinden. Zur Befestigung der Aufhängung jeweils 1 cm von den Stabenden entfernt Löcher bohren. Band von dem größten zum kleinsten Stab durchfädeln, jeweils unter dem Stab mit einem Knoten sichern. Unterster Stab und seitliche Bänder sollen ein gleichseitiges Dreieck bilden, Abstände der Stäbe daraufhin ausprobieren. Nach ca. 35 cm über dem kürzesten Stab beide Bänder zusammenbinden. Auf dem 3. Stab von unten die zwei Tauben befestigen. Blüten- und Blätterbündel auseinandernehmen, die Christrosen von den Zweigen abschneiden und mit Irisblättern zusammenbinden. Dekorationen lt. Abb. oder nach Belieben auf den Rundstäben befestigen. Irisée-Bändchen-Abschnitte von 20 cm Länge schneiden, an die Enden je eine Perle binden, befestigen.

71 + 72 Maifest-Dekorationen

Musterzeichnungen A, B, C in Rot unter dem Text.

Größe der Girlande: Ca. 4 m lang.

An der Girlande hängen 17 gelbe, 12 lila, 11 orangefarbene, 9 weinrote, 8 petrolfarbene, 7 grüne, 7 knallrote, 7 blaue und 5 weiße Kreppapierblüten. Alle Blüten werden nach dem gleichen Prinzip hergestellt. Als Schmuck für 2 Lorbeerbäume ca. 60 pinkfarbene und rosa Rosetten basteln.

Material: 2 Ketten bunte Plastikbälle (z.B. Riethmüller Art. 5097), je 6 m lang; Kreppapier (schwer entflammbar) von Riethmüller in den Farben: Orange, Blau, Kornblumenblau, Gelb, Dunkelrot, Weinrot, Grün, Lila, Weiß und Rosa; Kupferdraht (z.B. Rayher Art. 2400200); Rosenkranzzange; Tesafilm.

Ausführung: Es gibt 2 verschiedene Blüten für die Girlande. **Büte mit runden Blättern:** Für die Blütenblätter von der Rolle Kreppapier 1 m lang abschneiden. Dieses Stück 4mal doppelt legen. So entsteht ein ca. 6 cm breiter Streifen, der für den Zuschnitt von 3 Blattreihen (Blütenblätter) reicht. Diesen gefalteten Streifen in drei gleiche Teile (ca. 16 x 6 cm) schneiden. Blattformen lt. Musterzeichnung doppelt zuschneiden. Nach dem gleichen Prinzip kleine Blätter für Blütenmitte lt. Musterzeichnung B ausschneiden. Für die Staubgefäße von einer Rolle ca. 8 cm langen Streifen abschneiden. Staubgefäße jeweils aus andersfarbigem Kreppapier basteln. Streifen 4mal doppelt legen und im Abstand von 0,5 cm 6 cm tief einschneiden, öffnen. Die Längsseiten zusammenraffen und dabei schneckenförmig aufwickeln. Nun 4 doppelte Blütenblätter in der Mitte versetzt übereinanderlegen, Innenteil mitfassen und am Blütenboden mit Draht fest umwickeln. – **Blüte mit spitzen Blättern:** Einen 120 cm langen, 15,5 cm breiten Streifen Kreppapier zuschneiden. Streifen der Länge nach 4mal jeweils zur Hälfte falten, lt. Musterzeichnung C Blattspitzen bis zum Querstrich zuschneiden, auseinander falten. Blütenmitten wie oben beschrieben zwischenfassen. Drahtenden mit Rosenkranzzange miteinander verdrehen.

Girlande: Ketten mit bunten Plastikbällen aneinanderknoten. Blüten im Abstand von ca. 10 cm mit Tesafilm an der Kette befestigen.

Rosette: Von der Rolle 2 Streifen Kreppapier je ca. 8 cm breit abschneiden, diese mit Tesafilm zu einem 1 m langen Streifen aneinanderkleben. Nun die eine Längsseite großzügig wellenförmig schneiden. Die andere Längsseite zusammenraffen und dabei schneckenförmig aufrollen. Blütenende fest mit Draht umwickeln. Enden mit Rosenkranzzange miteinander verdrehen, jedoch ca. 6 cm zum Andrahten stehenlassen. Rosetten behutsam an den Ziersträuchern befestigen.

73 Kranz für Maibaum

Größe: Ca. 1 m Ø.

Material: Hula-Hoop-Reifen 85 cm Ø; Holzwolle; 2 große Mülltüten aus Plastik; Kreppapier in Grün; Kreppbänder in Gelb, Orange, Rot, Blau und Kornblumenblau von Riethmüller; Blumenbindedraht; Patenthaften, im Hobbyfachhandel erhältlich; Buchsbaum; Lukas-Sprühfilm.

Ausführung: Zunächst Holzwolle um den Reif legen und mit Draht festbinden. Aus den Mülltüten ca. 10 cm breite Streifen in Spiralrunden schneiden. Diese Streifen als wetterfesten Schutz um den Kranz wickeln. Ansatzstellen mit Draht sichern. Kreppapier in ca. 10 cm breite Streifen schneiden. Damit den Kranz verkleiden. 1 Tag vor dem Maifest Buchsbaumsträußchen binden. Dafür jeweils 3 bis 4 ca. 15 cm lange Zweige mit Draht zusammenbinden. Nun diese Sträußchen dachziegelartig auf und um den Kranz legen und mit Draht festbinden. Hilfreich sind Patenthaften, mit denen man die Sträußchen feststecken kann, bevor sie endgültig festgebunden werden. Zum Schluß den Kranz mit Lukas Sprühfilm übersprühen. Vor Aufstellen des Maibaums den Kranz mit Kreppbändern lt. Abb. schmücken.

Allgemeines zur Patchwork-Technik

Da bei dieser Technik viele kleine Stoffstücke zusammengesetzt werden, ist es vom ersten Arbeitsschritt an sehr wichtig, möglichst exakt zu arbeiten. Deshalb sollten alle Baumwollstoffe, die einlaufen können, vor dem Zuschneiden gewaschen werden. Für das Zuschneiden mehrerer gleicher Motive fertigt man mit Hilfe eines Passepartoutmessers eine Schablone aus sehr festem Karton an, die dann fadengerade auf den Stoff gelegt wird. Dann zeichnet man die Konturen nach und schneidet die Teile mit 1 cm Nahtzugabe aus. Möglich ist es auch, eine zweite, größe Schablone, die die Nahtzugaben bereits enthält, als Zuschneidehilfe herzustellen. Man kann dann beispielsweise mit dem Prym-Rollschneider direkt den Konturen entlangfahren und sogar gleichzeitig mehrere Lagen Stoff zuschneiden. Motive, die sich von der Form her eignen, können versetzt angeordnet werden, um den Stoff optimal zu nutzen. Echtes Patchwork wird immer von Hand genäht. Man heftet und bügelt die Nahtzugaben der Flicken nach links um, legt dann die Flicken der Mustervorlage entsprechend rechts auf rechts aufeinander und verbindet sie mit kleinen Überwendlingsstichen. Auch beim Zusammensetzen mit der Nähmaschine spielt Genauigkeit eine große Rolle, da nur wenige Millimeter Unterschied an einer Naht das gesamte Ergebnis schief werden lassen. Gleich nach dem Nähen jeder Naht die Nahtzugaben auseinanderbügeln.

74 Schnecke

Größe: Ca. 70 cm lang.

Material: Einfarbige und gemusterte Stoffreste; Watte aus Polyester zum Ausstopfen (Hartmann); ca. 4,40 m Kordel; Stickgarnreste.

Tip: Schnitteile 2mal vom Bogen abpausen. Je ein Teil wird nicht zerschnitten, es dient später zum Zuschneiden oder zur Kontrolle der zusammengesetzten Patchworkteile.

Schnitteile 7 bis 11 auf Bg. D in Schwarz.

Kontur —x —x —x —x —x —x —x

Vor dem Zuschneiden die Papierschnittteile 8 und 11 entlang der eingezeichneten Nahtlinien auseinanderschneiden.

Zuschneiden:

7 Bauchteil 1mal
8 Rückenteil 1mal
9 Gesicht 1mal
10 Rückw. Kopfteil 1mal
11 Seitl. Gehäuseteil 2mal
1 Zwischenteil 1,24 cm lang, 7 cm breit. Für dieses Teil vier 31 cm lange unterschiedliche Stoffstreifen zuschneiden. Alle Teile plus 1 cm Nahtzugabe zuschneiden.

Ausführung: Siehe auch Allgemeines zur Patchwork-Technik oben. An den seitlichen Gehäuseteilen die Quernähte steppen (die im Papierschnitt eingezeichneten Nähte). Nahtzugaben auseinanderbügeln, von rechts schmal neben den Nähten absteppen. Seitliche Gehäuseteile spiralförmig zusammensteppen und absteppen. Quernähte am Zwischenteil schließen und absteppen. Zwischenteil und seitliche Gehäuseteile lt. Abb. rechts auf rechts zusammensteppen, an einer Naht ca. 20 cm offenlassen. Schneckenhaus wenden und mit Watte ausstopfen. Offene Naht von Hand zunähen. An beiden Seiten des Schneckenhauses Kordel von Hand auf die spiralförmige Naht nähen. Für das Gesicht die Pupillen und den Mund aus Stoffresten zuschneiden und mit dichtem Zickzackstich aufsteppen. Augenkonturen mit Stickgarn in Kettenstich, Wimpern in Stielstich aufsticken. Gesicht und Bauchteil aneinandersteppen. Quernaht vom Rückenteil schließen (die im Papierschnitt eingezeichnete Naht). Rückenteil und rückwärtiges Kopfteil aneinandersteppen. Dann oberes und unteres Körperteil rechts auf rechts legen und zusammensteppen. Am Körper ca. 20 cm Naht offenlassen. Nahtzugaben an Ecken und Rundungen be- bzw. einschneiden. Schnecke zur rechten Seite wenden und ausstopfen. Offene Naht von Hand schließen. Schnecke und Schneckenhaus lt. Abb. von Hand und mit doppeltem Faden aneinandernähen.

Vor Beginn der Arbeit die ganze Anleitung durchlesen!

75 Krokodil

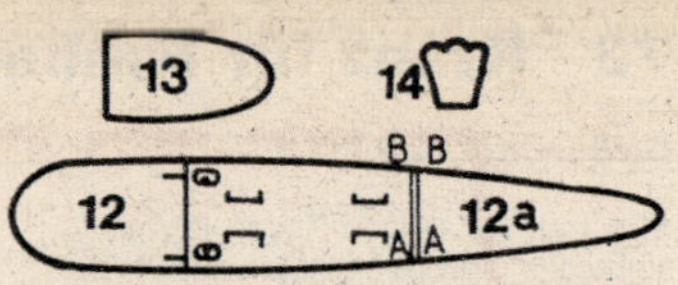

Größe: Ca. 125 cm lang.

Material: Bunte Stoffreste in verschiedenen Grüntönen; roter Stoffrest; Volumenvlies H 630; Volumenvlies H 280 (beides von Freudenberg); Watte aus Polyester zum Ausstopfen (von Hartmann); 1,60 m weiße Zackenlitze, 2 cm breit; 2 Tieraugen (in Bastelgeschäften erhältlich).

Zum Patchwork:
Das Krokodil ist aus Stoffresten patchworkartig zusammengesetzt, kann aber auch lt. Schnitt aus einem einfarbigen oder gemusterten Stoff genäht werden. Das Patchworkmuster wird beliebig auf den Papierschnitteilen eingezeichnet. Dann werden die Papierschnitteile an den Linien auseinandergeschnitten und die einzelnen Teile aus den verschiedenen Stoffresten mit Nahtzugabe zugeschnitten.

Wichtig: Schnitteile 2mal vom Bogen abpausen. Je ein Teil wird nicht zerschnitten, es dient später zum Zuschneiden der zusammengesetzten Patchworkteile.
Schnitteile 12, 12a bis 14 auf Bg. D in Schwarz.
Kontur ～～～～～～～～

Zuschneiden:
Papierschnitteile 12 und 12a liniengemäß aneinanderkleben.
12 Körper 2mal
eingezeichneter Besatz (inneres Maulteil) 2mal
13 Zunge 2mal aus rotem Stoff und 1mal aus Volumenvlies H 630
14 Fuß 8mal

Ausführung: Siehe auch Allgemeines zur Patchwork-Technik auf der Seite zuvor. Stoffteile zusammennähen, Nahtzugaben auseinanderbügeln. Papierschnitt nochmals auflegen und die Schnittkonturen auf die Patchworkteile übertragen. Patchworkteile mit 1 cm Nahtzugabe zuschneiden. An einem Zungenteil Volumenvlies H 630 auf die linke Seite bügeln. Zungenteile rechts auf rechts legen und an den gebogenen Außenkanten verstürzen. Die geraden Innenkanten offenkantig aufeinandersteppen. Besätze rechts auf rechts auf die Körperteile legen, Außenkanten ab Querstrich verstürzen. An den Nahtenden die Zugaben einschneiden. Die Innenkanten der Besätze rechts auf rechts aufeinandersteppen, dabei Zunge zwischenfassen. Aus weißem Stoffrest Augenpartien ausschneiden und mit Zickzackstich auf das obere Körperteil nähen. Körperteile rechts auf rechts legen und restliche Außenkanten aufeinandersteppen. An einer Seite ca. 20 cm offenlassen. Körper zur rechten Seite wenden. Zackenlitze an die Maulkanten heften, Kanten schmal absteppen. Maul mit 1–2 Lagen Volumenvlies 280 auspolstern, Körper mit Polyesterwatte ausstopfen. Öffnung an der Seite mit kleinen Handstichen schließen. Tieraugen aufnähen. Füße an den Außenkanten verstürzen, ausstopfen. An den geraden Ansatzkanten die Zugaben gegeneinander einschlagen, Kanten zusammengefaßt mit Handstichen an die Körperunterseite nähen.

76 Schildkröte

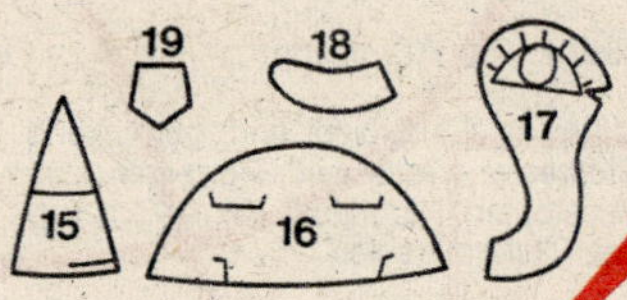

Größe: Ca. 50 cm lang.

Material: Einfarbige und gemusterte Stoffreste; Watte aus Polyester zum Ausstopfen (Hartmann); Stickgarnreste.

Schnitteile 15 bis 19 auf Bg. D in Schwarz.
Kontur —o—o—o—o—o—o—o—o
Vor dem Zuschneiden das Papierschnittteil 15 entlang der eingezeichneten Nahtlinie auseinanderschneiden.

Zuschneiden:
15 Obere Panzerteile je 8mal
16 Unteres Panzerteil 2mal
17 Kopfteil 2mal
18 Schwanzteil 2mal
19 Fußteil 8mal
Alle Teile plus 1 cm Nahtzugabe zuschneiden.

Ausführung: Siehe auch Allgemeines zur Patchwork-Technik auf der Seite zuvor. An den oberen Panzerteilen die Quernähte steppen (die im Papierschnitt eingezeichnete Naht). Nahtzugaben auseinanderbügeln, von rechts schmal neben den Nähten absteppen. Dann die Längsnähte steppen und absteppen. Aus Stoffrest einen Kreis mit 6 cm Ø zuschneiden. Kreis über der Mitte des oberen Panzerteils mit dichten Zickzackstichen aufsteppen. An den unteren Panzerteilen die Mittelnaht steppen, in der Mitte 20 cm offenlassen. Oberes und unteres Panzerteil rechts auf rechts legen, Außenkanten aufeinandersteppen. Panzer zur rechten Seite wenden. Außenkanten schmal und 2 cm breit absteppen. Panzer mit Polyesterwatte ausstopfen, offene Nahtstelle von Hand zunähen. Für die Kopfteile die runden Pupillen aus Stoffrest zuschneiden und mit dichten Zickzackstichen aufsteppen. Augenkonturen mit Stickgarn in Kettenstich, Wimpern in Stielstich aufsticken. Kopfteile rechts auf rechts legen, Außenkanten aufeinandersteppen, die Schmalseite am Hals bleibt offen. Nahtzugaben an der Ecke und an den Rundungen einschneiden. Kopf zur rechten Seite wenden und ausstopfen. Offene Schmalseite von Hand zunähen. Füße und Schwanz verstürzen und ausstopfen. Schmalseiten von Hand zunähen. Kopf, Füße und Schwanz von unten an den Panzer nähen.

77 Frosch

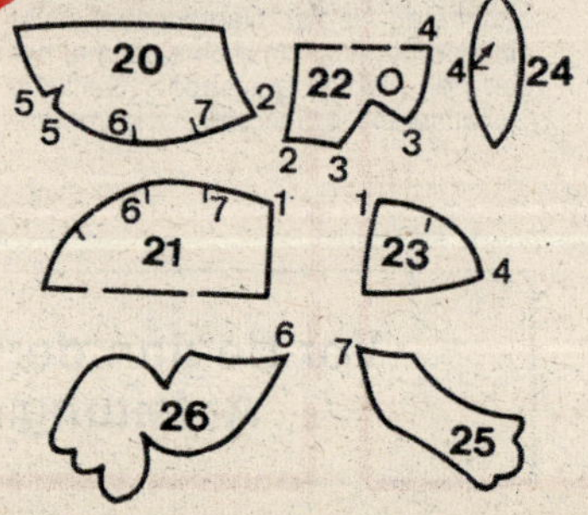

Größe: Ca. 80 cm lang.

Material: Einfarbige und gemusterte Stoffreste; Watte aus Polyester zum Ausstopfen (Hartmann); Stickgarnreste.

Zum Patchwork: Der Frosch ist aus Stoffresten genäht, die patchworkartig zusammengenäht sind. Das Patchworkmuster wird beliebig an den Papierschnitteilen eingezeichnet. Dann werden die Papierschnitteile an den Linien auseinandergeschnitten und die einzelnen Teile aus den verschiedenen Stoffresten zugeschnitten (ringsum mit 1 cm Nahtzugabe). Bevor man den Papierschnitt auseinanderschneidet, wird jede Nahtlinie mit zwei gleichen Zahlen oder Zeichen bezeichnet, damit man später die zugeschnittenen Stoffteile wieder richtig aneinandergefügt. Die zugeschnittenen Stoffteile aneinandersteppen, die Nahtzugaben flach auseinanderbügeln. Tip: Pausen Sie die Papierschnitteile jeweils zweimal ab. Dann zeichnen Sie an einem Teil das Patchwork ein und schneiden den Schnitt auseinander. Das zweite Schnitteil benutzen Sie zum Zuschneiden der zusammengenähten Patchworkteile.

Schnitteile 20 bis 26 auf Bg. D in Schwarz.
Kontur ▬▬▬▬▬▬▬▬

Zuschneiden:
20 Rückenteil 2mal
21 Bauchteil 1mal im Stoffbruch
22 Oberes Kopfteil 1mal im Stoffbruch
23 Unteres Kopfteil 2mal
24 Maulteil 2mal
25 Vorderes Beinteil 4mal
26 Hinteres Beinteil 4mal
Alle Teile plus 1 cm Nahtzugabe zuschneiden.

Ausführung: Siehe auch Allgemeines zur Patchwork-Technik auf der Seite zuvor. Am unteren Kopfteil und am Rückenteil die Mittelnähte steppen. Unteres Kopfteil an das Bauchteil steppen (Nahtzahl 1). Oberes Kopfteil an das Rückenteil steppen (Nahtzahl 2). Augen aus Stoffrest ausschneiden und aufnähen, Ränder mit Stickgarn in Kettenstich übersticken. Am oberen Kopfteil die Abnähernähte steppen (Nahtzahl 3). Maulteile rechts auf rechts an ein oberes und unteres Kopfteil steppen (Nahtzahl 4). Maulteile nach innen wenden. Innenkanten der Maulteile rechts auf rechts aufeinandersteppen. Abnähernähte am Rückenteil steppen (Nahtzahl 5). Beinteile an Rücken- und Bauchteil steppen (Nahtzahl 6 und 7). Dann die Körper- und Beinteile rechts auf rechts legen und die Außenkanten ab Maul aufeinandersteppen, hinten in der Mitte ca. 20 cm offenlassen. Frosch zur rechten Seite wenden. Maulkanten 1 cm breit absteppen. Unten am Maul nur eine dünne Watteschicht einschieben, den Rest dick mit Polyesterwatte ausstopfen. Offene Nahtstelle von Hand zunähen. Für die Augen zwei Wattekugeln mit gelbem Stoffrest überziehen und in der Mitte der Stoffkreise aufnähen.

78 + 82 Nilpferd und Elefant

Musterzeichnungen für Körper, Gesichter und Ohren in Rot unter dem Text.

Größe: Ca. 13 x 18 cm.

Material: Angerauhter Baumwollstoff in Rosa, Hellgelb und Türkis; gemusterter Baumwollstoff in Rosa/Weiß, Gelb/Weiß und Türkis/Weiß; Watte aus Polyester; Sticktwistreste in Rosa, Gelb und Türkis.

Zuschneiden, Elefant: Körperteil 2mal aus uni Stoff; Ohren 2mal aus uni und 2mal aus gemustertem Stoff.
Nilpferd: Körperteil (bis zur gestrichelten Linie am Hals) 2mal aus uni Stoff; Kopfteil 2mal aus uni Stoff; Ohren 2mal aus uni Stoff und 2mal aus gemustertem Stoff. Alle Teile mit Nahtzugabe zuschneiden.

Ausführung: Aus den Sticktwistresten in jeder Farbe eine ca. 8 cm lange Kordel drehen. Körperteile verstürzen, dabei passende Kordel als Schwänzchen mitfassen. Hintere Beinnaht zum Wenden offenlassen. Nahtzugabe an den Rundungen bis kurz vor die Naht im Abstand von ca. 0,5 cm einschneiden. Nahtzugaben an den Ecken schräg einschneiden. Teil wenden und ausstopfen. Schlitz mit Handstichen schließen. Ohren bei Elefant und Nilpferd verstürzen. Jeweils ein uni und ein gemustertes Stoffteil rechts auf rechts zusammennähen. Beim Elefanten Ohren schmalkantig absteppen, Falten legen und mit eingeschlagenen Kanten mit Handstichen festnähen. Kopf vom Nilpferd verstürzen, dabei Ohren (siehe eingezeichnete Linien am Schnitt) mitfassen. Ausstopfen, offene Kanten mit Handstichen schließen. Kopf auf der Rückseite am Körper (siehe Foto) festnähen. Für die Löwenmähne Stoffteil an einer Längskante schmal säumen. Zweite Längskante in Fältchen legen oder auf Gesichtsteilumfang einreihen. Mähne rechts auf rechts auf das Gesichtsteil legen und feststeppen. Gesichtsteil von rechts schmalkantig absteppen, dabei Nahtzugabe auf der linken Seite mitfassen. Gesicht mit Handstichen auf das Kopfteil nähen. Alle Gesichter mit Sticktwist lt. Musterzeichnung (siehe auch Foto) in Stielstich aufsticken.

79 + 80 Babytasche und Decke

Größe, Tasche: 30 x 25 cm, 20 cm tief;
Decke: 70 x 70 cm.

Material: Ca. 1 m wattierter Baumwollstoff, rosa/weiß (Rückseite weiß/rosa kariert, siehe Foto), 140 cm breit, von Lina Brown; ca. 6,5 m Mateline in Weiß; 2 Reißverschlüsse in Rosa, 30 cm lang; 1 Sperrholzbrett, 30 x 20 cm; 40 x 30 cm Baumwollstoff in Rosa; Uhu greenit.
Zuschneiden:
- seitl. Taschenteil 2mal, 30 cm breit, 25 cm hoch, jeweils an einer Längskante mit abgerundeten Ecken
- Taschenzwischenteil 2mal, 80 cm lang, 11 cm breit (fertige Breite 10 cm, ohne Zugabe)
- Träger 2mal, 4,5 cm breit, 40 cm lang (ohne Zugabe)
- aufgesetzte Tasche 1mal, 30 x 16 cm (ohne Zugabe)
- Schlaufen 2mal, 4,5 cm breit, 40 cm lang (ohne Zugabe)
- Taschenboden 1mal, 30 x 20 cm
- Decke 1mal, 70 x 70 cm mit abgerundeten Ecken

Alle Teile, wenn nicht extra erwähnt, mit 1 cm Nahtzugabe zuschneiden.

Ausführung: Je eine Längskante an einem Taschenzwischenteil mit Mateline einfassen. Beide Teile mit den eingefaßten Kanten Stoß an Stoß legen, Mitte markieren. Reißverschlüsse unterheften, so daß beide von der Mitte aus zu öffnen sind, feststeppen. Die offenen Kanten an den Reißverschlußenden Stoß an Stoß mit Zickzackstichen zusammensteppen. Das Taschenteil, das aufgesetzt wird, an einer Längskante mit Mateline einfassen. Teil links auf rechts mit der eingefaßten Kante nach oben auf ein seitliches Taschenteil legen, schmalkantig aufsteppen. Träger- und Schlaufenteile an den Längskanten mit Mateline einfassen. Trägerteile, siehe Foto, schmalkantig aufsteppen, Seitenabstand = 5 cm. Jedes Schlaufenteil rechts auf rechts an den Schmalseiten zusammensteppen. Schlaufen(hier im Bruch) legen und doppelt auf dem zweiten seitlichen Taschenteil, genau auf den Trägern im Abstand von ca. 2 cm zur oberen Kante, feststeppen. In die lose hängenden Schlaufen wird später die zusammengerollte Decke eingehängt. Taschenzwischenteil zwischen die beiden seitlichen Taschenteile heften, darauf achten, daß die Stelle, an der die beiden Reißverschlüsse zusammentreffen, genau in der oberen Mitte liegt. Taschenboden einsetzen. Nähte versäubern. Sperrholzbrett mit Baumwollstoff beziehen (Stoffzugabe auf der Brettrückseite festkleben). Das Brett als Verstärkung in die Tasche legen. - Die Decke ringsum mit Mateline einfassen.

81 Steppdecke mit Drachenmotiv

Rasterzeichnung siehe unten.

Größe: Ca. 68 x 87,5 cm.

Material: 1,60 m weißer Satin oder ähnlich dünner, waschbarer Stoff, 110 cm breit; 0,40 m lila Satin, 110 cm breit; 40 x 40 cm blauer Satin; 40 x 40 cm rosa Satin; 2,70 m Wattevlies aus Polyester, 110 cm breit, ca. 1 cm dick; 1,10 m Musselin oder ähnlich weicher weißer Stoff, 90 cm breit, als Unterlage für das Wattevlies; ca. 20 cm Vlieseline H 200 zum Aufbügeln, 60 cm breit (Freudenberg); 3,10 m Kordel für die Paspel, ca. 1 cm Ø; weißes Knopflochgarn, ca. 60 cm weißes dünnes Satinbändchen zum Befestigen der Schleifen. Sehr nützlich: ein Quilt- oder Stickrahmen.

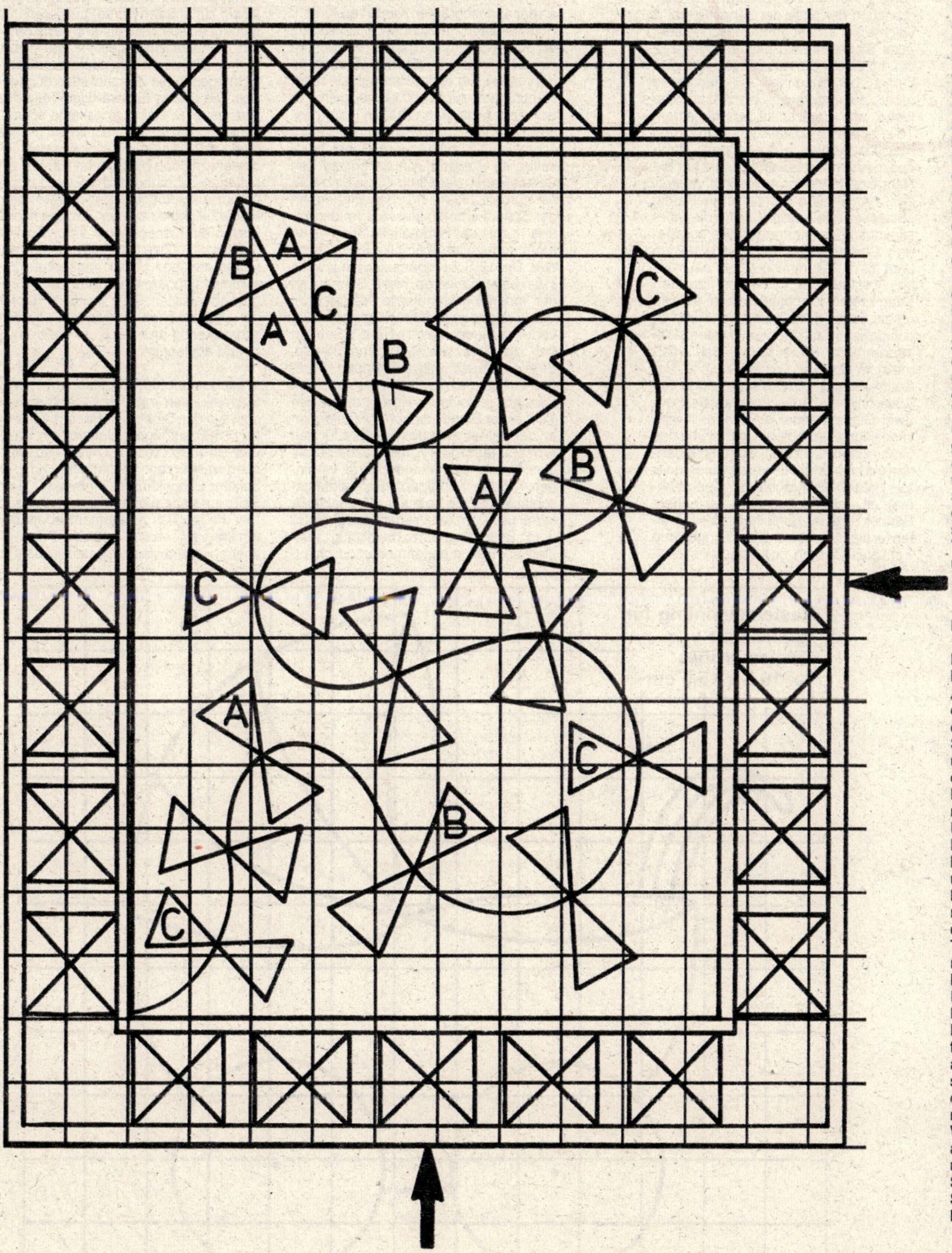

Ausführung: Den weißen Satin auf 90 x 110 cm zuschneiden. Die Mitte jeweils der Länge und Breite nach markieren und leicht einbügeln. Die Rasterzeichnung zeigt die ganze Decke, jedoch ohne Rand. Ein Quadrat des Rasters entspricht 5 x 5 cm im Original, die Pfeile zeigen zum Mittelpunkt. Das Muster maßstabgerecht vergrößern und mit burda-Kopierpapier oder burda Bügelmusterstift in Gelb auf die rechte Stoffseite übertragen. Vom Wattevlies drei Stücke auf 90 x 110 cm zuschneiden und auf die linke Stoffseite legen, anschließend den Musselin auf das Wattevlies legen. Von der Mitte nach außen gehend mit langen Heftstichen in Reihen von 2,5 cm Abstand alle Lagen zusammenheften und darauf achten, daß sie sich nicht verziehen. Im Abstand von 6 cm ab der Kante der Zeichnung an allen Seiten eine Heftstichreihe arbeiten, um die Kante der Steppdecke zu markieren. Den Stoff in den Rahmen spannen und von der Mitte aus mit Knopflochgarn alle gezeichneten Konturen mit Vorstichen durch alle Lagen sticken. Die im Raster mit Buchstaben gekennzeichneten Flächen sind die zu applizierenden Teile. Von diesen Teilen Muster aus Papier mit rundherum 5 mm Nahtzugabe anfertigen. Stoffe mit Vlieseline verstärken, anschließend alle Muster aus Stoff schneiden: A aus lila, B aus rosa und C aus blauem Stoff. Die farbigen Teile auf die Stickerei legen, Nahtzugaben einschlagen und mit passendem Garn mit Vorstichen der Form entsprechend festnähen.

Fertigstellen: Das fertige Oberteil mit 1,5 cm Nahtzugabe ab der Heftstichreihe zuschneiden, das Wattevlies jedoch bis zur Heftstichreihe zurückschneiden. Aus dem restlichen Satin das Unterteil der Steppdecke zuschneiden (70 x 85 cm). Aus dem lila Stoff genügend Schrägstreifen, 5 cm breit, schneiden und zusammensetzen, bis die erforderliche Länge erreicht ist. Den Streifen der Länge nach links auf links falten, zusammensteppen und die Kordel einziehen. Die Paspel rechts auf rechts mit ihrer Naht auf die Heftstichreihe des Oberteils legen, die Kordel zeigt dabei nach innen und die unversäuberte Kante zur Dekkenkante. Die Enden von Hand zusammennähen, Paspel aufsteppen und in den Ecken bis zur Naht einschneiden. Tip: Es gibt auch Paspelband, das bereits einen Wulst hat (Kurzwarenabteilung). Wenn Sie die passende Farbe zu Ihrer Decke finden, können Sie sich die Deckenumrandung vereinfachen.
Heftfäden aus dem Steppdeckenoberteil entfernen. Ober- und Unterteil rechts auf rechts legen, ringsum zusammensteppen, dabei ein Stück Naht zum Wenden offenlassen. Decke wenden und restliche Naht von Hand schließen. Nach Wunsch (Vorsicht bei Kleinkindern, die alles in den Mund stecken!) weitere kleine Schleifen anfertigen, auf das schmale Satinband nähen und in der Ecke der Steppdecke befestigen, siehe Abb.
Modell 82 siehe 78 + 82 auf Seite 128.

83–86 Stubenwagenverkleidung und Zubehör

2 Rasterzeichnungen und 5 Schemazeichnungen siehe unten und rechts.

Musterzeichnung Ohr/Pfötchen für Wäschesack in Rot unter dem Text.

Größe, Stubenwagen: Ca. 76 cm hoch; **Wäschesack:** Ca. 58 cm; **Bärchen:** Ca. 18 cm.

Material, Allgemeines: 5 m Baumwollstoff Candy/Stripe rosé/weiß, 120 cm breit (von Laura Ashley); ca. 3 m Baumwollstoff in Weiß, 140 cm breit (von KBC); ca. 18 m vorgefalztes Schrägband in Rosa (fertige Breite 2 cm), ca. 4,5 m Baumwollkordel in Rosa (beides von Güth & Wolf);
Stubenwagenverkleidung: Ca. 4,5 m Klettband in Weiß; Gummiband, 1,5 cm breit; ca. 120 cm Volumenvlies aus Polyester, 90 cm breit (P. Hartmann);
Bettbezug: Angerauhter Baumwollstoffrest in Rosa; gemusterter Baumwollstoffrest Rosa/Weiß; Rest Haftvlies (von Freudenberg); ca. 40 x 80 cm Baumwollstoff in Rosa und 40 x 40 cm Volumenvlies (Freudenberg) für das flache „Kissen".
Wäschesack: Rest Teppichplüsch in Beige; Rest Watte aus Polyester; Wollreste in Braun und Rosa; Rest Vlieseline H 630 (aufbügelbares Volumenvlies von Freudenberg);
Bärchen: Angerauhter Baumwollstoffrest in Rosa; gemusterter Baumwollstoffrest; Rest Sticktwist in Rosa, Rest Watte aus Polyester.

Zuschneiden, Stubenwagenverkleidung:
- Rüschenteil 2mal, je 240 cm fertige Länge, 38 cm breit aus gestreiftem Baumwollstoff
- Innenverkleidung 1mal, Streifen mit 275 cm fertige Länge, 50 cm breit (fertige Breite 45 cm) in Weiß
- Boden 1mal im Bruch lt. Schema (Zeichnung zeigt ein Viertel des Teils) in Weiß *
- Himmelteil je 3mal im Bruch aus gestreiftem und weißem Baumwollstoff (siehe Schemaschnitt) *
- Blende für den Himmel je 1mal im Bruch aus gestreiftem und weißem Baumwollstoff (lt. Schemazeichnung) *

a) 12 Streifen à 40 cm lang (Befestigung für den Himmel);
b) 2 Streifen à 8 cm lang (Befestigungsschlaufen für die Spannkordel);
c) 2 Streifen à 220 cm Länge)für die eingereihte Rüschenkante);
d) 2 Streifen à 240 cm lang (zum Einfassen der Rüsche);
e) 1 Streifen 134 cm lang (für die Blende am Himmel) - alles aus Baumwollschrägband zuschneiden. Streifen a, b, c und e der Länge nach zur Hälfte bügeln, Schmalseiten nach innen einschlagen.

Bettbezug:
- 1 Teil 80 x 80 cm und 2 Teile 60 x 80 cm aus gestreiftem Baumwollstoff *
- 2 Teile à 40 x 40 cm aus rosafarbenem Baumwollstoff und 1mal aus Volumenvlies

Wäschesack:
- 2 Kreise mit je 21 cm Ø aus Teddyplüsch
- je 1 Kreis à 20 cm Ø aus weißem Baumwollstoff und Vlieseline H 630
- 1 Streifen 38 x 100 cm aus gestreiftem Baumwollstoff
- Teil für Ohren und Pfötchen (Musterzeichnung) je 6mal aus Teddyplüsch und gestreiftem Baumwollstoff *

Bärchen:
- Körperteil 2mal aus angerauhtem Baumwollstoff in Rosa *
- Hosenteil 2mal aus gemustertem Baumwollstoff *
- Ohren je 2mal aus gemustertem und rosafarbenem Baumwollstoff *

Alle Teile mit * mit Nahtzugabe zuschneiden. Beim Hosenteil für das Bärchen keine Zugabe an Hals-, Arm- und Beinausschnitt.

Ausführung, Stubenwagenverkleidung (84): Streifen für die Innenverkleidung zum Rund schließen. Eine Kante auf Bodenumfang einreihen, Boden einsetzen. Am oberen Stoffrand seitlich (genau in der Mitte der Längsseiten) 2 Rechtecke s. Schema ausschneiden. Zwei Stoffrechtecke ringsherum ca. 2 cm größer als die Ausschnitte aus weißem Stoff zuschneiden. Rechtecke rechts auf rechts auf die Ausschnitte legen, wie Ausschnitte ausschneiden, Teile jeweils im Abstand von 1 cm zu den Ausschnittkanten zus.-steppen. Nahtzugaben an den Ecken bis kurz vor die Naht einschneiden. Ausschnitt verstürzen, Kanten von rechts schmalkantig absteppen (die Ausschnitte für die Befestigungen des Himmelgestells aussparen). Obere Kanten des Innenteils 2 cm breit für den Gummidurchzug säumen. Im Abstand von ca. 7 cm zu den Saumkanten Klettbandstreifen auf die rechte Seite (Befestigung der Rüsche) schmalkantig aufsteppen. Zweiten Klettbandstreifen (Befestigung des Himmels) im Abstand von ca. 9 cm zu der Saumkante in halber Umfanglänge von Ausschnitt zu Ausschnitt aufsteppen. Zwei Gummibänder einziehen. Innenverkleidung anprobieren, prüfen, ob das Gummiband straff sitzt, Gummibanden den gut festnähen. Jeweils zwei Bänder aus Baumwollschrägband (siehe Schema) an den Ausschnitten festnähen, Bänder zu einer Schleife binden. Streifen für die Rüschen an einer Längskante 7 cm breit säumen, im Abstand von ca. 6 cm zu der Saumkante Reihfäden einziehen. Beide Rüschenteile auf je ca. 135 cm Länge einreihen. Schrägbandstreifen **c** (220 cm lang) so über die eingezogenen Reihfäden heften, daß beidseitig gleichviel Band übersteht. Von links die zweiten Klettbandstreifen innen gegenheften. Schrägbandstreifen von rechts fortlaufend schmalkantig absteppen, dadurch wird auch das Klettband mitgefaßt. Rüsche ringsherum passend, Klettband auf Klettband, um den Wagen legen, seitliche Bänder zur Schleife binden. Für den Himmel jeweils die drei weißen und die drei gestreiften Teile separat zusammennähen. Beide Himmelteile rechts auf rechts legen und verstürzen, dabei eine gebogene Kante (vorn) zum Wenden offenlassen. Teil ringsherum schmalkantig absteppen. Blendenteile rechts auf rechts legen und an der abgeschrägten Kante verstürzen. Schmalseiten nach innen einschlagen, vordere Kante ca. 1 cm breit für den Kordeldurchzug absteppen. Blende an die vordere Kante des Himmels steppen; Nahtzugabe zur Blende umbügeln. Schrägbandstreifen (134 cm lang) passend auf die Ansatznaht Himmel/Blende schmalkantig aufsteppen. Dabei beidseitig, im Abstand von 24 cm zu den Schmalseiten des Himmels, je eine kleine Kordelschlaufe (für das Einhängen der Spannkordel) mitfassen. An der unteren Kante des Himmelteils innen einen Klettbandstreifen schmalkantig aufsteppen. Die 12 Schrägbandstreifen jeweils in der Mitte markieren, hier lt. Schema an der inneren Himmelseite feststecken. Dabei liegen je 3 Streifen gleichmäßig verteilt auf jeder inneren Naht, 6 Streifen auf der Ansatznaht Himmel/Blende. Streifen kreuzförmig aufsteppen. Fertiges Teil auf das Gestell ziehen, mit den Bändern festbinden. Kordel durch den Tunnel der Blende ziehen, Kordelenden an der Befestigung des Gestells für den Himmel festbinden. Klettbandstreifen, die Himmel und Wagenbezug verbinden, zusammenfügen. Befestigungsschlaufen für die Spannkordel zur Hälfte falten und vorn am Wagenbezug, hinter dem Rüschenansatz, beidseitig feststecken. Bezug abnehmen und Schlaufen feststeppen. Wagen an den Innenwänden mit Volumenvlies auspolstern. Watte mit ein paar Handstichen am Wagen befestigen. Wagenverkleidung anbringen und Spannkordeln für den Himmel in entsprechender Länge einziehen, Schleifen binden.

Bettbezug (85): Rasterzeichnungen in Originalgröße (siehe Zeichnungen) auf Transparentpapier übertragen (1 Kästchen im Raster = 1,5 x 1,5 cm im Original). Alle Einzelteile der Zeichnung separat und seitenverkehrt auf die Papierseite vom Haftvlies übertragen. Teile grob ausschneiden und mit der Papierseite nach oben auf die Rückseite der entsprechenden Stoffe bügeln. Teile ausschneiden, Trägerpapier abziehen. Einzelteile (siehe Foto und Musterzeichnung) auf dem vorderen Bezugteil (ca. 22 cm zur unteren Kante) plazieren und aufbügeln. Alle Teile entlang den Konturen mit dicht eingestelltem, ca. 3 mm breiten Zickzackstich applizieren. Gesicht ebenso mit Zickzackstich aufsteppen. Die beiden rückwärtigen Teile des Bezugs an je einer Längskante schmal säumen. Bezugteile rechts auf rechts legen, dabei liegen die rückwärtigen Bezugteile mit den gesäumten Kanten zur Mitte hin und überlappen. Bezug ringsherum zusammensteppen und wenden. Kissenfüllung einziehen. Für das flache Kissen ein Kissenteil mit Volumenvlies unterlegen. Zweites Teil rechts auf rechts auflegen, Teile ringsherum zusammensteppen, eine Seite zum Wenden offenlassen. Teil wenden, Schlitz mit Handstichen schließen. Kissen schmalkantig und ca. 5 cm breit ringsherum absteppen.

Wäschesack (83): Stoffstreifen an den Schmalkanten mit Schrägband einfassen. Auf den Stoffkreis (Boden) Vlieseline H 630 aufbügeln. Jeweils ein Stoff- und ein Plüschteil für Ohren und Pfötchen verstürzen. Stoffstreifen an den beiden Längskanten einreihen. Eine Seite auf Bodenumfang, zweite Seite so fest wie möglich zusammenziehen. Bodenkreis einsetzen und dabei Pfötchen (siehe Foto) zwischenfassen (Abstand

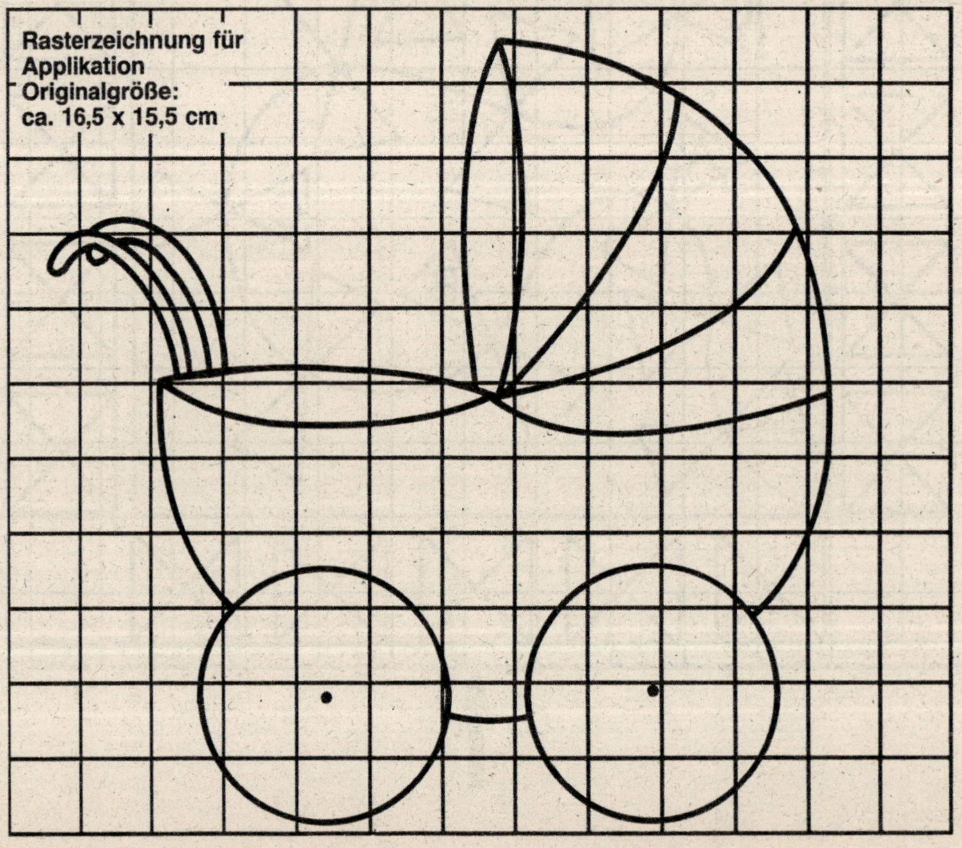

Rasterzeichnung für Applikation Originalgröße: ca. 16,5 x 15,5 cm

zur vorderen Mitte beidseitig ca. 3 cm). Zwei Teile für die Ohren in Falten legen (siehe Foto). Auf einem Plüschkreis Gesicht (siehe Foto) mit Bleistiftstrichen vorsichtig markieren. Schnäuzchen und Augen mit Wolle aufsticken. Beide Kreise für den Kopf verstürzen, dabei Ohren so mitfassen, daß die gestreifte Seite nach vorn zeigt. Ebenso eine doppelt gesteppte Schrägbandschlaufe in oberer Kopfmitte mitfassen (Ohrenabstand zu der Schlaufe beidseitig ca. 5 cm). Kopf unten ca. 8 cm breit offenlassen. Teil wenden, Kopf leicht mit Polyesterwatte ausstopfen, Sack mit der fest eingereihten Kante in die Kopföffnung stekken und mit Handstichen fest zusammennähen. Pfötchen seitlich mit Stecknadeln feststecken, kleine Falte legen und Pfötchen zwischengefaßt mit Handstichen festnähen. Doppelt gesteppten Schrägbandstreifen als Schleife umbinden. Einen kleinen Riegel aus Schrägband im Abstand von 6 cm zur unteren Kante über den Schlitz nähen.

Bärchen (86): Jeweils ein gemustertes und ein uni Stoffteil für die Ohren verstürzen. Hosenteile passend auf die Körperteile legen und an den Hals-, Arm- und Beinausschnitten mit dicht eingestellten, ca. 3 mm breitem Zickzackstich applizieren. Evtl. kleines Täschchen aufnähen. Körperteile rechts auf rechts legen und zusammensteppen, dabei Ohren mitfassen, Schlitz zum Wenden offenlassen. Teil wenden, mit Polyesterwatte ausstopfen, Schlitz mit Handstichen schließen. Gesicht vorsichtig mit Bleistift aufzeichnen und mit Sticktwist in Rosa aufsticken. Kleine Kordelschleife um den Hals binden.

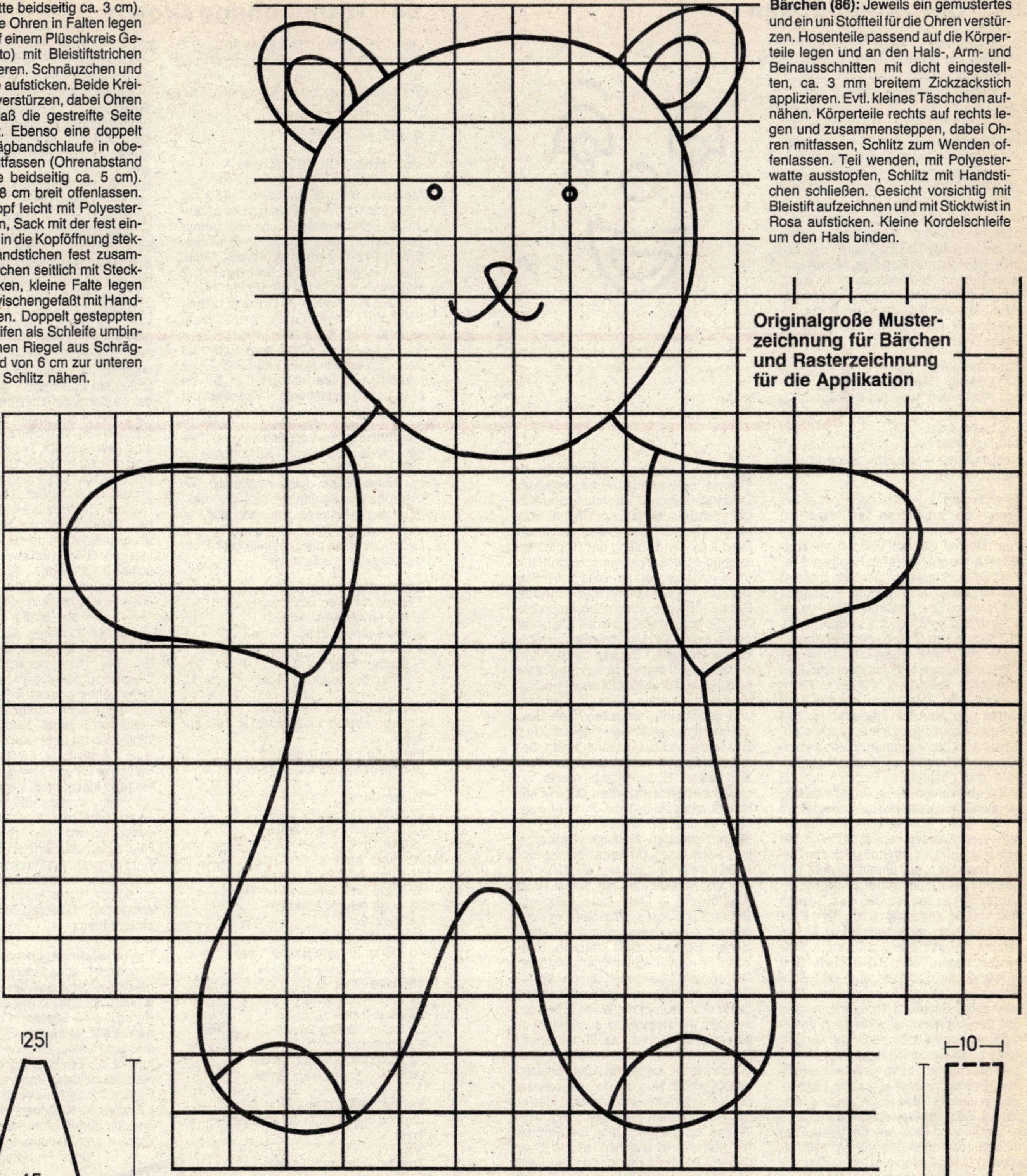

Originalgroße Musterzeichnung für Bärchen und Rasterzeichnung für die Applikation

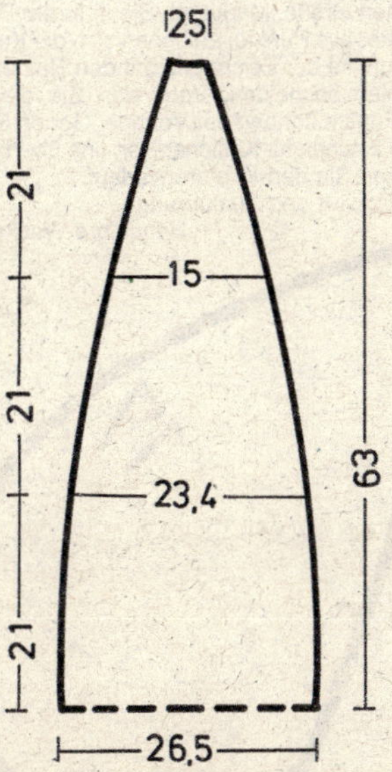

Schemaschnitt für Himmelteil

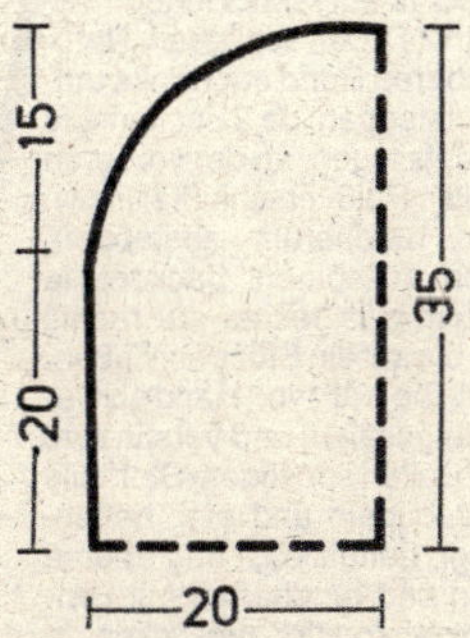

Schemaschnitt für Boden

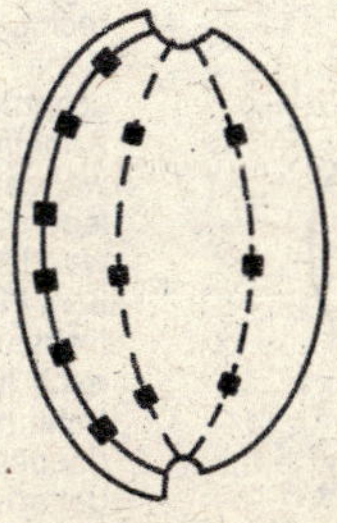

Schema für die Ansatzstellen der Bänder im Wagenhimmel

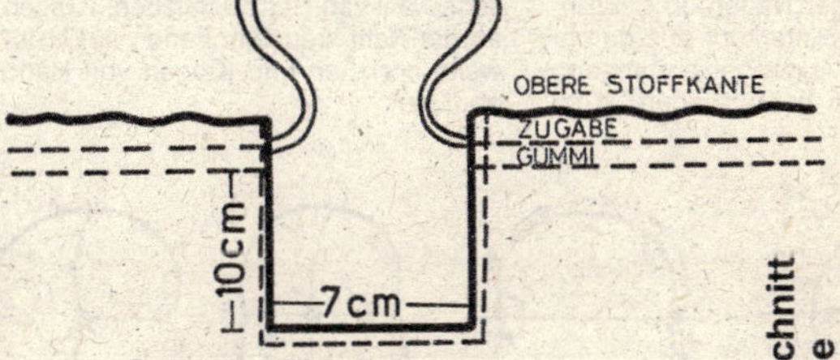

Schema für die seitlichen Ausschnitte

Schemaschnitt für Blende

87 Clown-Püppchen

Schnitteile 143 – 146 auf Bogen D in Rot.
Musterzeichnung fürs Gesicht siehe rechts.
Kontur — — — — — — — — — — —
Schemas für den Kopf siehe unten.

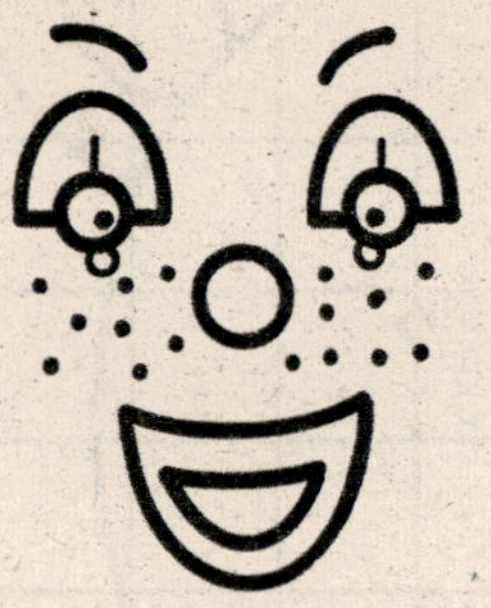

Größe: Ca. 27 cm.

Material: Rest Jerseystoff in Hautfarbe (für die Herstellung von Puppenköpfen, im Hobbyfachhandel erhältlich). Oder ca. 20 cm Schlauchverband in Hautfarbe (Rolle zu 20 m, Größe 3 = ca. 4 cm Ø, Art. 24012 von Lohmann, in Apotheken erhältlich); 10 x 60 cm Kreppsatin in Weiß; 30 cm karierter Baumwollstoff, 140 cm breit; Rest Samt in Rot; Rest Mohairwolle in Rostrot; Stoffmalfarben in Weiß, Schwarz, Blau und Rot (z. B. von Marabu); Watte aus Polyester (Hartmann); 1 Häkelnadel Nr. 3,5; 1 Perlonstrumpf, fester Zwirn.

Zuschneiden:
143 Oberteil 1mal im Stoffbruch
144 Hosenbein 4mal (im schrägen Fadenlauf)
145 Hand 4mal
146 Fuß 4mal
Nahtzugaben 1 cm, bei Händen und Füßen 0,5 cm.

Ausführung: Zunächst den Kopf anfertigen. Den Strumpf an der Fessel mit Zwirn fest abbinden, verknoten. Fußteil abschneiden. Strumpf wenden, mit Watte fest ausstopfen, bis die Kopfkugel ca. 7 cm Ø hat. Kugel abbinden. Strumpfrest hängen lassen. Nun den Kopf lt. Schema 1-4 formen. Eine Stricknadel in Augenhöhe quer durch den Kopf stechen (Abb. 1), Zwirn an einer Seite der Stricknadel anknoten. Zwirn waagrecht straff um den Kopf führen und mit dem anderen Zwirnende verknoten, s. Abb. 2. Zwirn weiter lt. Abb. 3 senkrecht um den Kopf führen und wie beim Päckchenpacken an den Kreuzungspunkten verknoten. Stricknadel herausziehen, Zwirn an den „Ohren" fest vernähen. Den am Hinterkopf straff gespannten Faden lt. Abb. 3 und 4 nach unten ziehen und beidseitig in Halsnähe festnähen. Nun den Kopf mit Jersey bzw. Schlauchverband beziehen. Wenn Jersey verwendet wird: Mit einem quadratischen Stoffstück das Gesicht bedecken, auf dem seitlichen und oberen Kopf rundherum straff mit Stecknadeln abstecken, so daß das Gesicht gleichmäßig faltenfrei wird. Den Rest strahlenförmig einschneiden, z.T. am Hinterkopf festnähen, z.T. zum Hals werden lassen. Wenn Schlauchverband verwendet wird, diesen über den Kopf ziehen, das obere Ende auf dem Kopf festnähen. Schlauch so spannen, daß das Gesicht faltenfrei wird, dann unterhalb des Kopfes abbinden. Rest hängen lassen. - In Gesichtsmitte, knapp unterhalb der Augenhöhlen, ein wenig Jersey bzw. Schlauchmaterial fassen, herausziehen und als Nase abbinden und festnähen. Falls das Gewebe zu fest ist, aus einem dünnen Stoff (am besten in Rot) eine Kugel formen (kreisförmig mit Vorstichen einen Faden einziehen, fest anziehen, die Reste wegschneiden), Nase aufnähen. Nun das Gesicht weiter formen. Mit einer langen Nadel den Zwirn in Augenhöhe vom Hinterkopf aus durch den Kopf in eine Augenhöhle stechen, Nadel und Faden herausziehen, kurz daneben wieder zurückstechen. Ebenso beim zweiten Auge verfahren. Dann das Gesicht lt. Zeichnung und Abb. bemalen. Für die Haare mit Mohairwolle eine Kappe aus festen Maschen häkeln. Hierfür für den Umfang des Kopfes genügend Luftmaschen anschlagen und mit 1 Kettmasche zum Ring schließen. Die Lm. mit f.M. überhäkeln. In jeder Runde Maschen abnehmen (anprobieren). So lange häkeln, bis das Käppchen geschlossen ist. Mohairwolle mit einer Bürste mit festen Borsten bürsten und zupfen, bis „Haare" daraus geworden sind. Kappe auf dem Kopf annähen. Nun die Kleidung nähen. Beim Oberteil Arm- und Seitennähte schließen. Den Halsausschnitt lediglich einschneiden. Je 2 Hosenteile rechts auf rechts legen, Seiten- und Beininnennähte steppen. Dann die beiden Hosenhälften rechts auf rechts ineinanderschieben und die Mittelnaht steppen. Hände und Füße nähen, ausstopfen. Nun die Ärmel- und Hosenbeinenden kräuseln. Nahtzugaben nach innen umlegen, Hände und Füße jeweils einlegen und annähen. Ärmel und Hosenbeine mit Watte weich ausstopfen. - Das lose hängende Strumpf- und Jerseygewebe (vom Kopf) durch den Halsausschnitt des Oberteils ziehen. Halsausschnitt kräuseln, Nahtzugaben nach links umlegen, annähen. Der Körper bekommt einen festen Rumpf, der bis zum Schritt reichen soll. Dafür den Strumpf mit Watte füllen und mit dem Jerseygewebe zusammen zu einem zylindrischen, ca. 8 cm langen Rumpf formen und vernähen. Den Durchmesser bestimmt das Brustteil des Oberteils. Nun die Hose anpassen, noch etwas Watte einschieben, Hose an den Rumpf nähen, dabei die Falten in der Taille x auf o legen. Dann das Oberteil mit kleinen Handstichen an die Hose nähen. - Für den Kragen den Kreppsatin der Länge nach falten, rundherum bis auf ein Stück steppen, wenden und restliche Naht von Hand schließen. Kragen an der Naht kräuseln. Faden auf Halsweite anziehen und Kragen von Hand annähen.

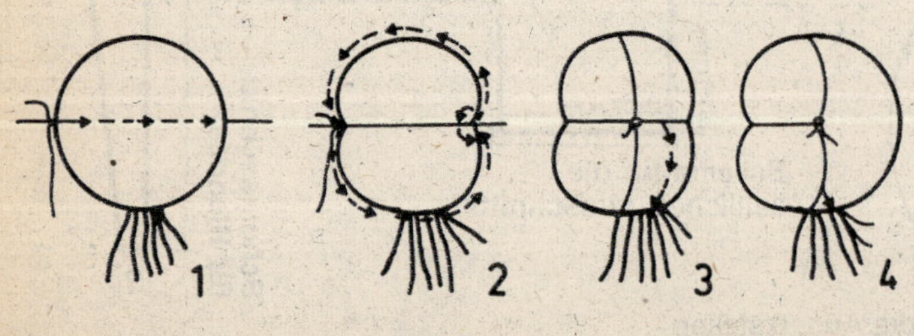

88 Wandbehang Clown

Rasterzeichnung siehe Seite 133. Originalgroße Musterzeichnungen auf S. 132, 133 und 134.
Teil 22 in Rot, an den gestrichelten Linien zusammensetzen.

Größe: 76 x 106 cm.

Motivgröße: Ca. 70 x 85 cm.

Material: 0,80 m Jeansstoff, 150 cm breit (z.B. von Nino); Rest graues Lederimitat; Baumwollstoffe uni und gemustert (kariert, geblümt, mit Herzchenmotiven); Filz in Hautfarbe, Weiß, Grau, Blau, Lindgrün, Türkis, Brombeerrot; 2 Hosenträgerclips und Rest Borte; 1 Gürtel; 1 Reißverschluß, 25 cm lang, teilbar; 2 Knöpfe; 1 kleines Glöckchen; 3 Druckknöpfe; Rest Klettband; Kordel für die Schnürsenkel; 4 Ösen zum Einschlagen; Wollreste in Weiß und Gelb; Stoffmalfarben in Grau und Rot, z. B. von Marabu; 1 Taschentuch; 1 Holzstab, ca. 80 cm lang.

Ausführung: Rasterzeichnung auf Originalgröße vergrößern (1 Kästchen = 2 x 2 cm im Original). Tips zur Handhabung im Anschluß an diese Anleitung. Die vergrößerten Schnitteile und die originalgroßen Musterzeichnungen auf Papier übertragen, ausschneiden. Filz- und Lederteile ohne, alle Stoffteile mit 1,5 cm Nahtzugabe zuschneiden.

Zuschneiden aus Stoff:
1 Hemd 1mal im Stoffbruch
2 Jackenvorderteil 4mal
3 Jackenärmel 2mal
4 Hose 2mal
5 Strumpf 2mal
6 Schirmbespannung 2mal

Vermaßte Teile aus Stoff:
Untergrundstoff (Jeans) 80 x 150 cm 1mal
Fliege 40 x 8 cm 1mal
Bodenstreifen 88 x 7 cm 1mal

Zuschneiden aus Filz:
7 Luftballon, klein, 2mal
8 Luftballon, groß, 2mal
9 Hut 1mal
10 Mund 1mal
11 Auge weiß 2mal
12 Auge grau 2mal
13 Auge schwarz 2mal
14 Hand 2mal
15 Gesicht 1mal
16 Blätter für rote Blume 1mal
17 Blatt für Tulpe 2mal
18 Tulpe 2mal
19 rote Blume 2mal
20 Nase 1mal
21 Schmetterling 2mal
22 Schirmstock 1mal
23 Hosenflicken Karo 2mal
24 Hosenflicken Herz 2mal

Vermaßte Teile aus Filz:
Blumenstiele 19 x 1 cm 1mal und 9 x 1 cm 1mal

Zuschneiden aus Leder:
25 Schuh 2mal
Zunächst alle Einzelteile vorbereiten. Hosenteile rechts auf rechts legen, vordere Mittelnaht (12 cm) schließen. Nahtzugabe am oberen Rand nach links umlegen und feststeppen. Je 2 Jackenteile rechts auf rechts legen, an der vorderen Kante jeweils Reißverschlußteil zwischenfassen, rundherum absteppen, Armöffnungen aussparen. Jackenteile wenden. Schirmteile rechts auf rechts legen. Nähte bis auf ein Stück schließen, wenden, restliche Naht von Hand schließen. Fliege längs falten und verstürzen. Nahtzugaben aller sonstigen Stoffteile nach links umbügeln und evtl. heften. Schmetterling, Luftballons und Blume doppelt legen und rundherum mit Langettenstich bzw. Vorstich umsticken. In Blütenmitte der roten Blume ein Knopfloch arbeiten. Am unteren Rand der Tulpe eine Knopfschlinge arbeiten. Auf das Gesichtsteil Augen, Mund und Nase plazieren, mit Vorstichen aufnähen und mit Stoffmalfarben bemalen, siehe Abb. In die Schuhe je zwei Ösen einschlagen, Kordel durchziehen, zur Schleife binden.
Nun den Bodenstreifen (6 cm vom unteren Rand des Untergrundstoffes entfernt) füßchenbreit aufsteppen. Alle Teile des Clowns zur Probe auf den Stoff legen, Umrisse bzw. Ansätze mit Schneiderkreide markieren. Nun das Gesicht und die Strümpfe aufsteppen. Danach Hemd, Hut und Schuhe, als nächstes die Hose. Die obere Hosenkante bleibt lose zum Anclipsen der Hosenträger. Schirmstock und Hände lt. Abb. plazieren, aufnähen. Ärmel aufsteppen, Jacke nur an Ärmel- und Seitenkanten aufsteppen, damit sie geöffnet werden kann. Schirmbespannung lt. Abb. aufnähen, dabei darauf achten, daß das Teil nicht plan aufliegt, sondern eine Tasche ergibt. Taschentuch fächerartig gefaltet einlegen. Gürtel auf Taillenweite abschneiden und jeweils seitlich an der Hose befestigen. Borte für die Hosenträger jeweils an die Schulter nähen, Clipse anbringen. Hosenflicken mit Druckknöpfen an den Hosenbeinen befestigen. Glöckchen am Reißverschlußschieber anbinden. Schmetterling lt. Abb. anordnen, mit einer Reihe Stielstichen (= Körper) aufsticken, Fühler sticken. Stiele und Blätter der Blume mit Vorstichen aufnähen. Auf jedes Stielende einen Knopf nähen, Blumen anknöpfen. Die Tulpe zusätzlich mit einem Druckknopf befestigen. Auf der Rückseite der Luftballons und links auf dem Untergrundstoff Klettband aufnähen. Luftballons damit befestigen. Weiße Wollfäden als Schnur aufnähen. Für die Haare Wolle in ca. 45 cm lange Stücke (doppelte Länge) schneiden, unter dem Hutrand einknüpfen. Fliege in der Mitte raffen und in Halsmitte annähen.
Es empfiehlt sich, den Wandbehang zwischen den einzelnen Arbeitsgängen von links zu bügeln. Fertigen Behang an den Seitenkanten und am unteren Rand 1 cm breit säumen. Am oberen Rand den Stoff zu einem Tunnel legen und 5 cm breit absteppen. Holzstab zum Aufhängen einschieben.

Rasterzeichnungen sind maßstäblich verkleinert abgebildete Zeichnungen, mit einem Karogitter versehen. Zum Vergrößern zeichnen Sie sich selbst ein Karogitter (= Raster) in der angegebenen Größe. Markieren Sie in Ihrem Raster alle Punkte, an denen sich die Konturlinie der Zeichnung mit den Rasterlinien schneiden. Verbinden Sie diese Punkte anhand der Vorlage. Gehen Sie Kästchen für Kästchen vor, und übertragen Sie den Konturenverlauf.
Entwurf und Ausführung:
Hannelore Wacker.

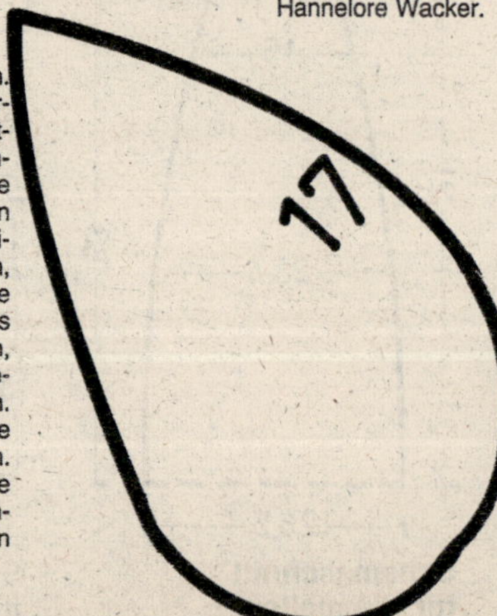

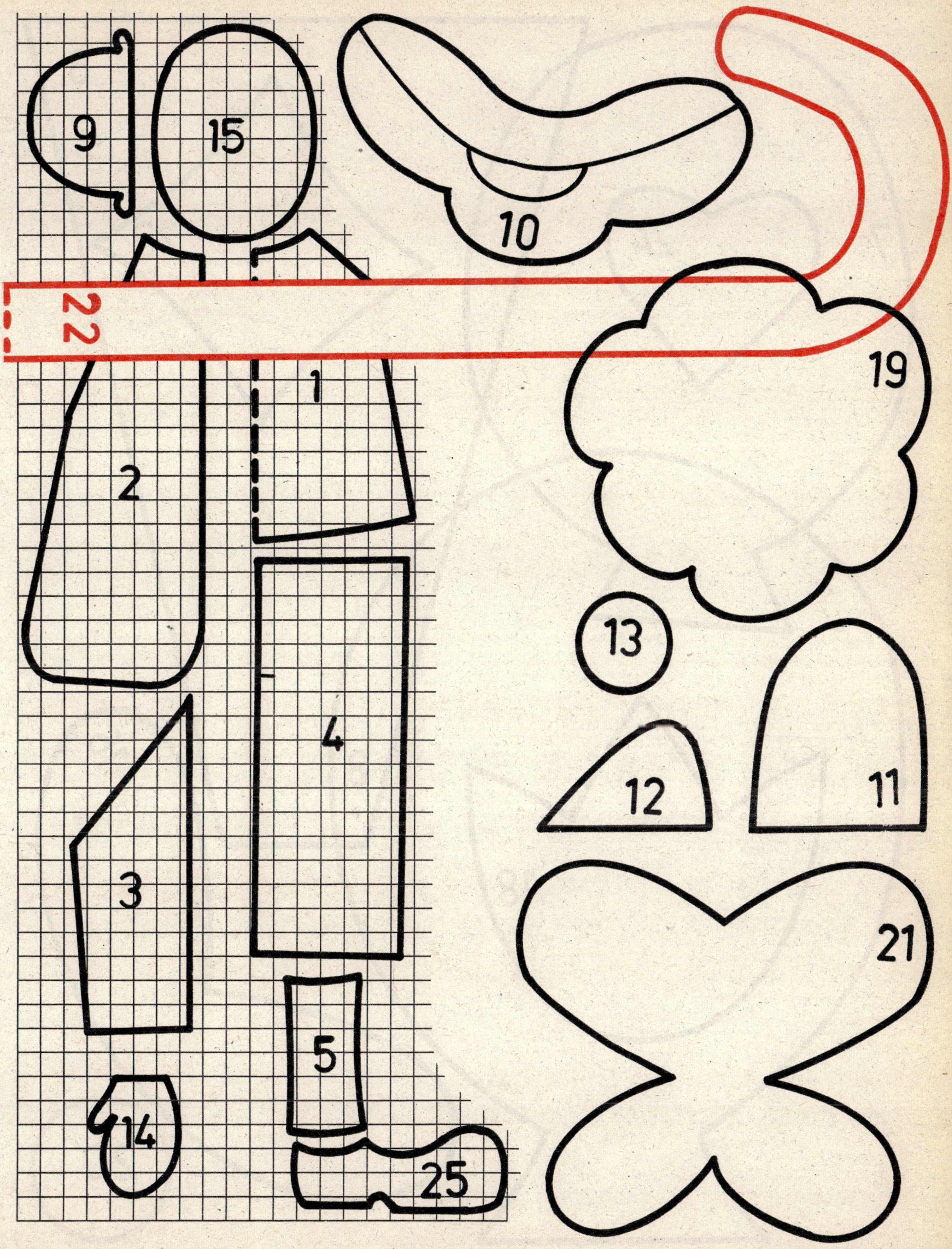
9
15
10
22
1
19
2
4
13
12
11
3
21
5
14
25

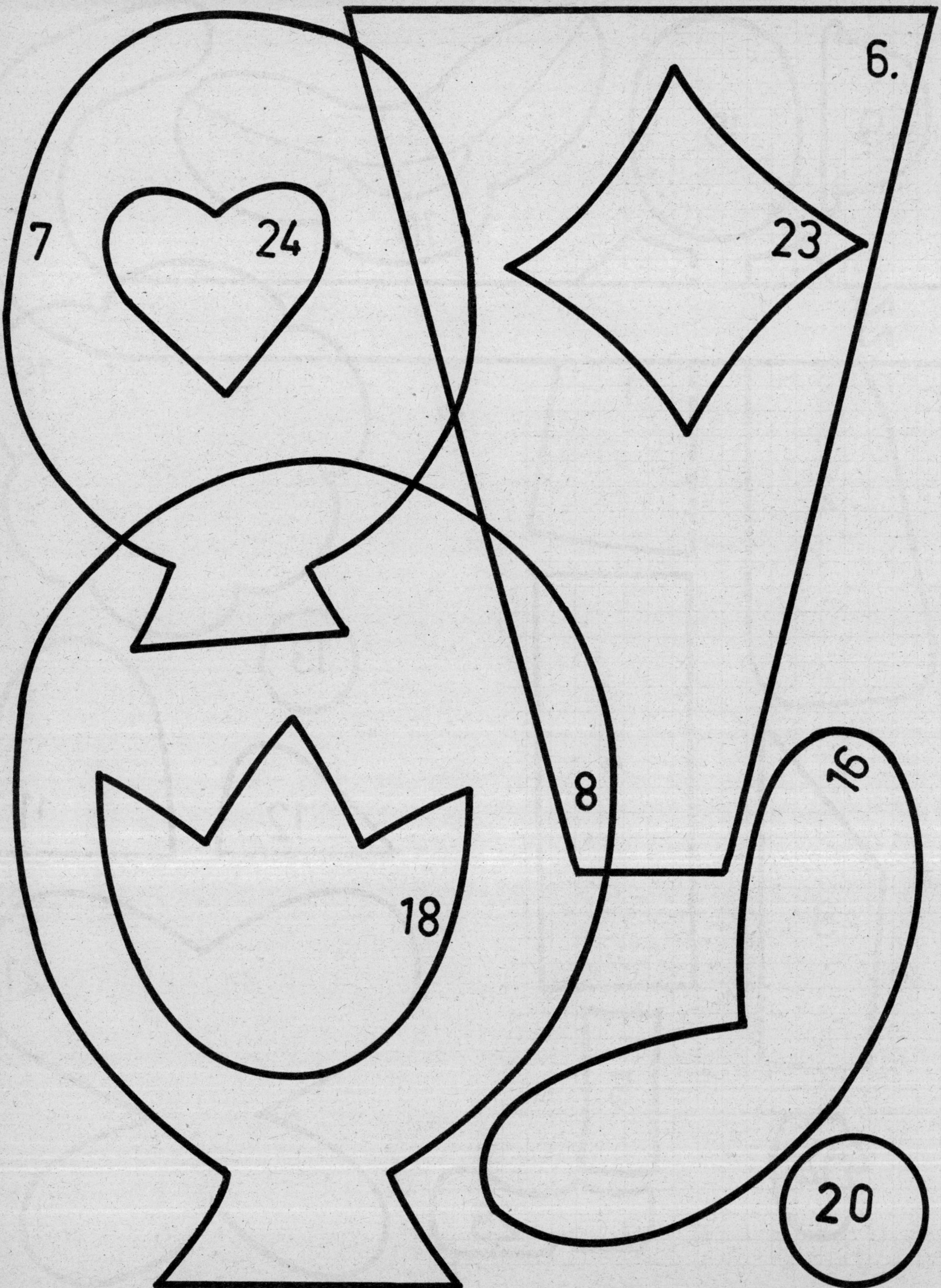
6.
7
24
23
8
16
18
20

89 Tasche

Schemazeichnung siehe rechts.

Größe: 30 x 60 cm.
Aufgeklappt ist die Tasche z.B. auch als Wickelunterlage zu verwenden.

Material: Baumwoll-Renforcé, 140 cm breit, in folgenden Farben: 0,60 m Rot, 0,90 m Hellblau, je 0,10 m in Gelb, Weiß, Grün und Rosa; Schrägband, 3 cm breit, in folgenden Farben: 1,80 m Rot, 1,80 m Rosa, 4,00 m Gelb; 0,60 m Wattevlies aus Polyester, 120 cm breit (z.B. Hartmann); 0,50 m Vlieseline H 200, 60 cm breit; 0,40 m Vliesofix, 90 cm breit (beides von Freudenberg); Nähgarn in passenden Farben.

Zuschneiden: Taschenteil 60 x 60 cm, 2mal in Hellblau, 1mal aus Wattevlies; appliziertes Taschenteil 48 x 48 cm, 2mal in Rot, 1mal aus Vlieseline. 32 Quadrate, 6 x 6 cm, zunächst nur aus Vliesofix zuschneiden, wie folgt auf den Stoff, siehe auch Schema, bügeln und ausschneiden.
1 = Weiß 6mal
2 = Blau 6mal
3 = Rosa 7mal
4 = Grün 6mal
5 = Gelb 7mal
Henkel 6 x 64 cm, 2mal in Hellblau (mit Nahtzugabe).

Ausführung: Wattevlies zwischen die blauen Teile legen, am Rand durchheften. Längsnähte der Henkel schließen, auseinanderbügeln. Henkel wenden und so bügeln, daß die Naht in der Mitte der Innenseite liegt. Henkelenden jeweils 15 cm ab Ecken rechts auf rechts an den oberen Rand des blauen Taschenteils heften, die offenen Schmal-

1		3		4		5	
	4		5		2		1
5		2		1		3	
	1		3		4		5
3		4		5		2	
	5		2		1		3
2		1		3		4	
	3		4		5		2

seiten des Henkels zeigen nach außen. Aus dem gelben Schrägband 4 Teile à 1,00 m, aus dem roten und rosa jeweils 2 Teile à 0,40 m zuschneiden. Blaues Taschenteil ringsum wie folgt mit den gelben Schrägbändern einfassen, dabei an den Ecken jeweils 20 cm überstehen lassen: Schrägband, rechts auf rechts auf das blaue Teile gelegt, nahtbreit aufsteppen, um die Naht herum nach links umschlagen, nahtbreit einschlagen, von rechts durchsteppen. Dabei Henkel mitfassen. Überstehende Bandenden an Längs- und Schmalseite nahtbreit einschlagen, schmalkantig absteppen. Die 4 rosa und roten Teile ebenso nähen. An beiden rechten Ecken je ein rotes, links je ein rosa Band in Bandmitte festnähen. Alle Bandenden mit Knoten versehen. Die Vlieseline von links auf eines der roten Teile bügeln. Die vorbereiteten Quadrate lt. Schema auf den roten Stoff (schraffierte Fläche) plazieren, mit dicht eingestelltem Zickzackstich aufnähen. Die beiden roten Teile, links auf links gelegt, an Ober- und Unterkante mit rotem, an den Seiten mit rosa Schrägband einfassen. Zuletzt das applizierte Teil mit gleichen Abständen zum Rand auf das blaue Teil heften, an den Längskanten schmalkantig aufnähen. Mit je 3 Quadraten Abstand vom seitlichen Rand noch einmal durchsteppen.

90 Krabbeldecke

Rasterzeichnung siehe rechts.

Größe: 146 x 88 cm.

Material: Baumwoll-Renforcé, 140 cm breit, in folgenden Farben: 3,00 m Blau, 0,25 m Gelb, 0,10 m Grün, 0,10 m Rosa, 0,20 m Weiß, 0,30 m Rot, 0,20 m Schwarz; gepunkteter Baumwollstoff, 90 cm breit; 0,30 m mit großen Punkten, 0,15 m mit kleinen Punkten; 0,70 m weiße Baumwollspitze, 2 cm breit; 4,75 m gelbes Schrägband, 3 cm breit; 1,50 m Wattevlies aus Polyester, 120 cm breit (z.B. Hartmann); 0,80 m aufbügelbare Vlieseline H 200, 60 cm breit; 1,00 m Vliesofix, 90 cm breit (beides von Freudenberg); 4 Pompons aus weißer Wolle.

Vergrößern der Rasterzeichnung auf Originalgröße: Zeichnen Sie sich ein Karogitter (= Raster), Karogröße 2,5 x 2,5 cm. Markieren Sie in diesem Raster alle Punkte, an denen sich die Konturlinien der Zeichnung mit den Rasterlinien schneiden. Verbinden Sie diese Punkte anhand der Vorlage.

Zuschneiden: Ober- und Unterteil Decke 2mal, 148 x 90 cm, in Blau. Motive lt. Rasterzeichnung zuerst aus Vliesofix ausschneiden, dann auf den entsprechenden Stoff bügeln, ausschneiden.
Ärmel 2mal in Rot (mit Appl.)
Hose 2mal in Rot (mit Appl.)
Strümpfe 2mal in Rot
Schuhe 2mal in Schwarz
Hände 2mal in Weiß
Jacke 1mal im Bruch aus großgepunktetem Stoff
Kragen 1mal im Bruch in Rot (mit Applikation)
Gesicht 1mal im Bruch in Weiß
Hut 1mal im Bruch aus kleingepunktetem Stoff
Schleife 1mal aus kleingepunktetem Stoff
Haare 1mal im Bruch in Gelb

25 Quadrate, 6 x 6 cm groß, zuerst aus Vliesofix zuschneiden, später auf den entsprechenden Stoff bügeln und ausschneiden.

Ausführung: Ein blaues Stoffteil auf der linken Seite mit Vlieseline verstärken. Dafür die Vlieseline mit gleichem Abstand zu den Rändern in Stoffmitte aufbügeln. Die vorbereiteten farbigen Quadrate lt. Abb. auf den roten Stoff plazieren und mit dicht eingestelltem Zickzackstich aufkurbeln. Die einzelnen Teile für das Clownmotiv mit Bleistift auf die Papierseite des Vliesofix übertragen und ohne Nahtzugabe zuschneiden, jeweils auf die linke Stoffseite des entsprechenden Stoffes bügeln, Papier abziehen. Motivteile abbildungsgemäß auf der rechten Seite des Deckenoberteils plazieren und 8-10 Sek. unter feuchtem Tuch aufbügeln. Mit dicht eingestelltem Zickzackstich und passendem Nähgarn aufnähen. An Hals-, Kragen- und Ärmelrand die Spitze schmalkantig unterlegen und beim Steppen mitfassen. Die quergestreiften Ringel auf den Strümpfen abbildungsgemäß in gelbem und blauem, die Schuhbänder in schwarzem Zickzackstich aufnähen. Zum Schluß die Pompons annähen. Um das Durchdrücken der Vlieseline zu verhindern, wird sie außerhalb des Motives ringsum wieder abgezogen und entlang der äußeren Konturen abgeschnitten. Das Wattevlies zwischen beide Deckenteile legen und mit großen Heftstichen miteinander verbinden. Die Ecken leicht abrunden und die Decke mit Schrägband ringsum einfassen. Dafür das Schrägband rechts auf rechts auf die Decke legen, 0,5 cm von der äußeren Kante entfernt aufsteppen. Schrägband um die Schnittkanten nach links legen. Nahtzugabe einschlagen, heften und von rechts durchsteppen.
Entwurf und Ausführung: A. Horwath.

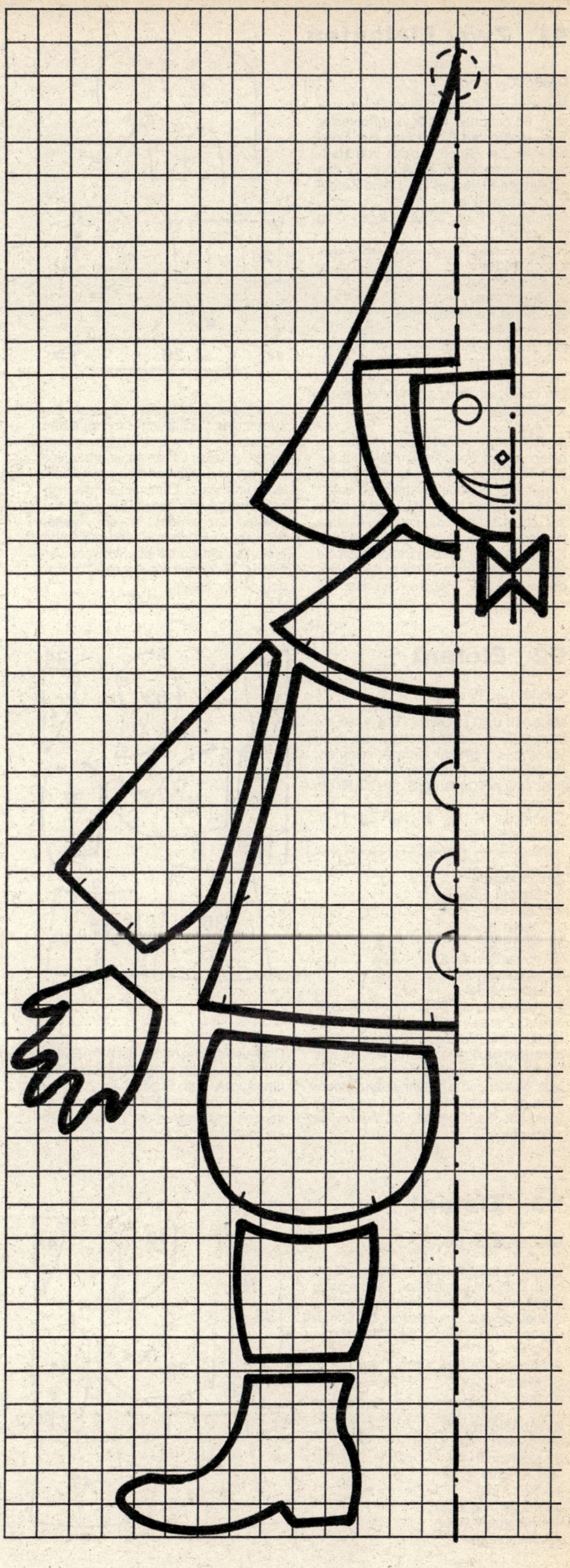

91 Zwei Elefanten

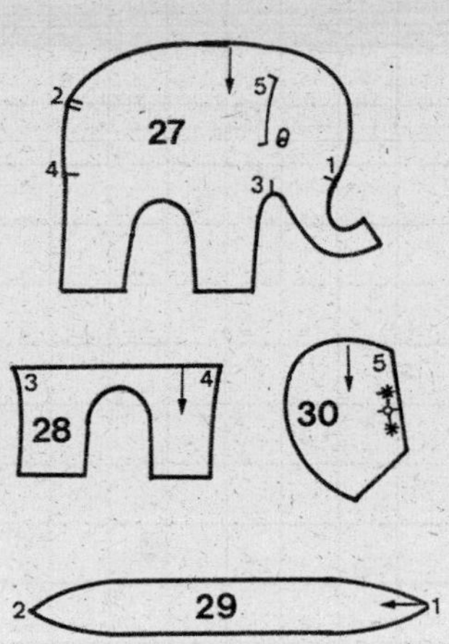

Größe: Ca. 25 cm.

Material: Je Elefant 0,60 m Baumwollstoff, 90 cm breit; Watte aus Polyester zum Ausstopfen; Wattevlies aus Polyester für die Ohren (beides von Hartmann); Stoffreste für die Augen; für den geblümten Elefanten ca. 12 cm Kordel für den Schwanz.
Schnittteile 27 bis 30 auf Bogen D in Schwarz.
Kontur

Zuschneiden:
27 Körper 2mal
28 Bauch 2mal
29 Oberes Körperteil 1mal
30 Ohr 4mal
Für den unifarbenen Elefanten Streifen für Schwanz ca. 12 cm lang, 3 cm breit. Teile plus Nahtzugabe zuschneiden. Ohr zusätzlich 2mal aus Wattevlies zuschneiden.

Ausführung: Die im Körper eingezeichneten Augen und Pupillen je 2mal zuschneiden und aufsteppen. Die beiden Körperteile zwischen Nahtzahl 1 und 3 sowie zwischen Nahtzahl 2 und 4 rechts auf rechts aufeinandersteppen. Oberes Körperteil nahtzahlengemäß an den Körper steppen. An den Bauchteilen die Naht steppen, dabei Schlitz zum Wenden offenlassen. Bauchteil an das Körperteil steppen. Elefant wenden und ausstopfen. Schlitz von Hand zunähen. An zwei Ohren von links Wattevlies aufheften. Je zwei Ohren miteinander verstürzen. An den Ohren die Falten x auf o legen und heften. Ohren wie eingezeichnet aufnähen. Für den uni Elefanten den Streifen zu einem ¾ cm breiten Schwanz verstürzen, für den geblümten Elefanten die Kordel als Schwanz verwenden. Schwanz wie eingezeichnet an den Körper nähen.

92 Elefant

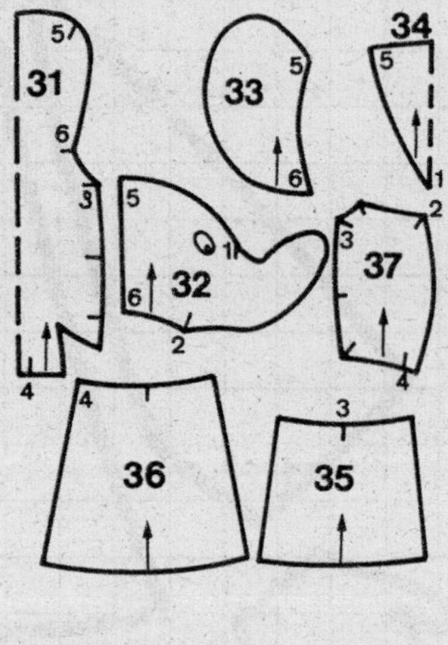

Größe: Ca. 45 cm.

Material: 0,60 m Cord in Beige, 80 cm breit; 0,20 m Garniturstoff, 90 cm breit; Watte aus Polyester zum Ausstopfen; Wattevlies aus Polyester für die Ohren (beides von Hartmann); Stoffreste für die Augen.
Schnittteile 31 bis 37 auf Bg. D in Schwarz.
Kontur

Zuschneiden:
31 Rücken 1mal
32 Kopf 2mal
33 Ohren 2mal *
34 Stirn 1mal
35 Vorderbein 2mal
36 Hinterbein 2mal
37 Bauch 2mal
2 Kreise mit 5 cm Ø (Sohlen für Vorderbeine), 2 Kreise mit 6 cm Ø (Sohlen für Hinterbeine), Halsband 70 cm lang, 4 cm breit (fertige Breite 2 cm), jeweils aus Garniturstoff zuschneiden. Alle Teile plus Nahtzugabe zuschneiden. Strichrichtung beachten. * = Teil zusätzlich 2mal aus Garniturstoff und Wattevlies zuschneiden.

Die **Ausführung** finden Sie beim Elefant Nr. 95, jedoch die im Kopf eingezeichneten Augen und Pupillen je 2mal zuschneiden und aufnähen. Halsband verstürzen und ringsum schmalkantig absteppen.

93 Elefant

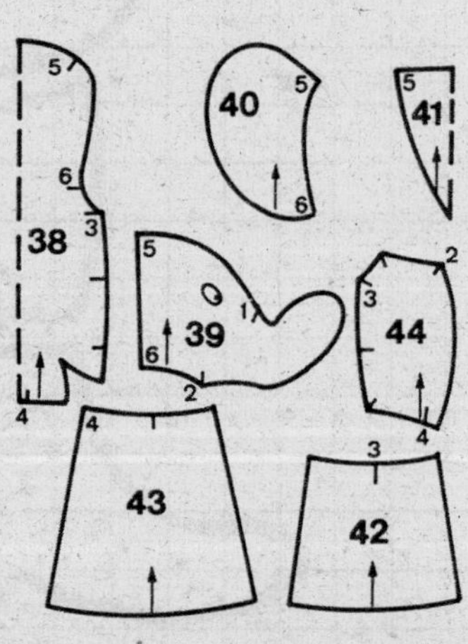

Größe: Ca. 55 cm.

Material: 0,80 m Cord in Braun, 80 cm breit; 0,25 m Garniturstoff, 90 cm breit; Watte aus Polyester zum Ausstopfen; Wattevlies aus Polyester für die Ohren (beides von Hartmann); Stoffreste für die Augen.
Schnittteile 38 bis 44 auf Bg. D in Schwarz.
Kontur

Zuschneiden:
38 Rücken 1mal
39 Kopf 2mal
40 Ohr 2mal *
41 Stirn 1mal
42 Vorderbein 2mal
43 Hinterbein 2mal
44 Bauch 2mal
2 Kreise mit 6 cm Ø (Sohlen für Vorderbeine), 2 Kreise mit 7 cm Ø (Sohlen für Hinterbeine), Halsband 80 cm lang, 5 cm breit (fertige Breite 2,5 cm), jeweils aus Garniturstoff zuschneiden. Alle Teile plus Nahtzugabe zuschneiden. Strichrichtung beachten. * = Teil zusätzlich 2mal aus Garniturstoff und Wattevlies zuschneiden.

Die **Ausführung** finden Sie beim Elefant Nr. 95, jedoch die im Kopf eingezeichneten Augen und Pupillen je 2mal zuschneiden und aufnähen. Halsband verstürzen und ringsum schmalkantig absteppen.

94 Elefant

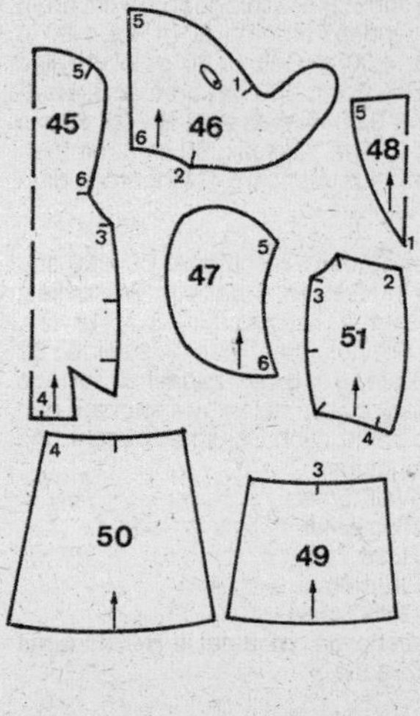

Größe: Ca. 63 cm.

Material: 1,10 m Cord in Blau, 80 cm breit; 0,30 m Garniturstoff, 90 cm breit; Watte aus Polyester zum Ausstopfen; Wattevlies aus Polyester für die Ohren (beides von Hartmann); Stoffreste für die Augen.
Schnittteile 45 bis 51 auf Bg. D in Schwarz.
Kontur

Zuschneiden:
45 Rücken 1mal
46 Kopf 2mal
47 Ohr 2mal *
48 Stirn 1mal
49 Vorderbein 2mal
50 Hinterbein 2mal
51 Bauch 2mal
2 Kreise mit 7,5 cm Ø (Sohlen für Vorderbeine), 2 Kreise mit 9 cm Ø (Sohlen für Hinterbeine), Halsband 90 cm lang, 6 cm breit (fertige Breite 3 cm), jeweils aus Garniturstoff zuschneiden. Alle Teile plus Nahtzugabe zuschneiden. Strichrichtung beachten. * = Teil zusätzlich 2mal aus Garniturstoff und Wattevlies zuschneiden.

Die **Ausführung** finden Sie beim Elefant Nr. 95, jedoch die im Kopf eingezeichneten Augen und Pupillen je 2mal zuschneiden und aufnähen. Halsband verstürzen und ringsum schmalkantig absteppen.

96 Lederelefant

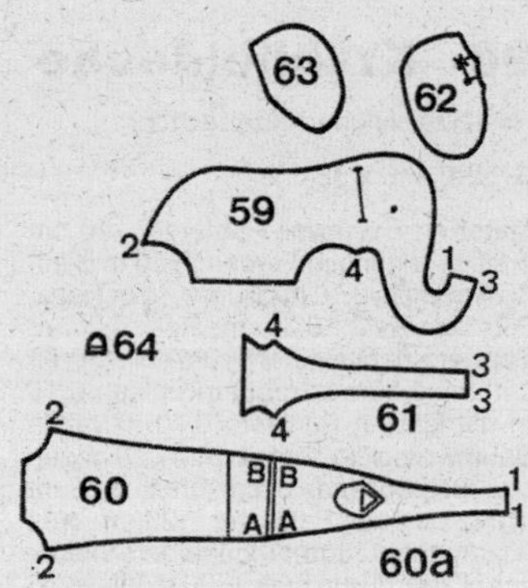

Schnittteile 59 bis 64 auf Bg. D in Schwarz.
Kontur

Größe: Ca. 32 cm.

Material: Nappaleder, 3 Felle à 55 x 65 cm (= 12 qfs) in Grau (= "Elefantenhaut" von Leder-Hillmann, wird dort so genannt, weil das Leder so robust ist und schon ein wenig Patina hat). Ca. 30 x 30 cm Veloursleder in Grau; Rest Veloursleder in Ecru; 1 Holzfußschemel, 18 cm hoch, 35 cm lang, 22 cm breit; Holzwolle und Watte aus Polyester zum Polstern. 2 schwarze Halbkugelknöpfe, roter und hellbrauner Lederrest sowie Glöckchen und Perlen für den Kopfschmuck; Wollrest in Grau; Schaumstoffplatte ca. 30 x 60 x 2 cm; Polsternägel.

Zuschneiden:
59 seitliches Körperteil 2mal
60 und 60 a mittleres Körperteil (Zusammensetzlinie) 1mal
61 unteres Rüsselteil 1mal
62 vorderes Ohr 2mal aus Veloursleder
63 rückwärtiges Ohr 2mal
64 großer Zeh 4mal
kleiner Zeh 8mal
4 Beine, 20,5 cm breit, 16 cm lang;
4 Fußsohlen, je ein Kreis mit 6,5 cm Ø, Rüsselende, 1 Kreis mit 5 cm Ø.
Vor dem Zuschneiden die Papierschnittteile 60 und 60a liniengemäß aneinanderkleben sowie entlang der eingezeichneten Nahtlinie auseinanderschneiden. Teile auf das Leder legen und plus Nahtzugabe zuschneiden.

Ausführung: Mittleres Körperteil zusammensteppen. Aus Lederresten lt. Foto Kopfschmuck nähen, kleine Perlen und Glöckchen am spitzen Ende befestigen, aufsteppen. Mittleres Körperteil nahtzahlengemäß zwischen die beiden seitlichen Körperteile steppen. Vordere Ohren in Falten x auf o legen, mit einigen Stichen befestigen. Vordere und rückwärtige Ohren links auf links legen und offenkantig aufeinandersteppen. Überstehende Zugaben bis dicht vor die Stiche abschneiden. Ohren mit eingeschlagenen Kanten entlang den eingezeichneten Linien mit Handstichen annähen (Handledernadel benutzen). Unteres Rüsselteil nahtzahlengemäß ansteppen. Rüsselende mit Handstichen und eingeschlagenen Kanten an die Rüsselöffnung nähen. An der Mitte der unteren Beinkante jeweils eine große Zehe, beidseitig ½ cm davon entfernt kleine Zehen aufsteppen. Beine jeweils zu einer Röhre zusammensteppen, Fußsohlen in die unteren Öffnungen steppen. Kopf mit Watte aus Polyester und Holzwolle fest ausstopfen. Schaumstoffplatte in den Elefantenkörper legen, Körper gut mit Holzwolle ausstopfen, über den Hocker ziehen und an der Hockerunterseite mit Polsternägeln befestigen. Hockerbeine mit den fertigen Lederbeinen beziehen, Zwischenräume mit Watte aus Polyester ausstopfen. Beine mit eingeschlagenen Kanten an den Körper nähen, innen festnageln. Knöpfe als Augen festnähen. Für den Schwanz eine 12 cm lange und 1 cm dicke Schnur aus Wolle flechten, festnähen.

95 Elefant

Größe: Ca. 33 cm.

Material: 0,40 m Frottier, 80 cm breit; Watte aus Polyester zum Ausstopfen; Wattevlies aus Polyester für die Ohren (beides von Hartmann); 0,50 m Kordel, 1 cm stark; Sticktwistrest.
Schnitteile 52 bis 58 auf Bg. D in Schwarz.
Kontur ◇◇◇◇◇◇◇◇◇

Zuschneiden:
52 Rücken 1mal
53 Kopf 2mal
54 Ohr 4mal
55 Stirn 1mal
56 Vorderbein 2mal
57 Hinterbein 2mal
58 Bauch 2mal
2 Kreise mit 3,5 cm Ø (Sohlen für Vorderbeine), 2 Kreise mit 4,5 cm Ø (Sohlen für Hinterbeine).
Alle Teile plus Nahtzugabe zuschneiden. Ohr zusätzlich 2mal aus Wattevlies zuschneiden.

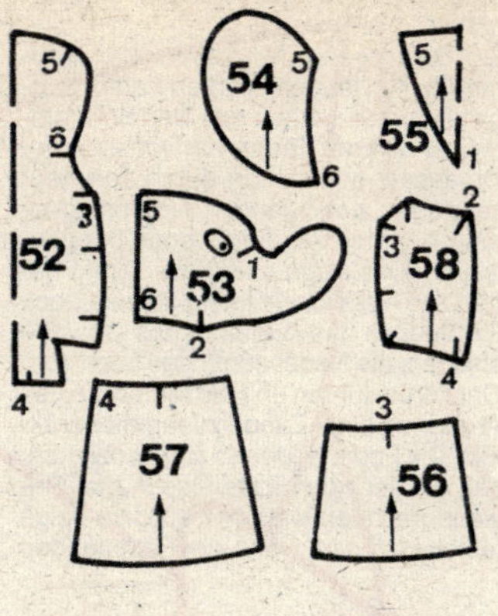

Ausführung: Kopfteile zwischen Nahtzahl 1 und 2 rechts auf rechts aufeinandersteppen (= Rüssel). Stirn nahtzahlengemäß an das Kopfteil steppen. An zwei Ohren von links Wattevlies aufheften. Je zwei Ohren an den Außenkanten verstürzen. Ohren nahtzahlengemäß auf die rechte Seite des Kopfteils heften, Nahtzugaben liegen aufeinander. An den Bauchteilen die Mittelnaht steppen. Bauch nahtzahlengemäß an den Kopf steppen. Vorder- und Hinterbeine jeweils rechts auf rechts falten und die Längskanten aufeinandersteppen. Sohlen an den unteren Kanten einsetzen. Beine mit Watte ausstopfen. Obere Beinkanten so aufeinanderheften, daß die Naht jeweils an einer Seite liegt. Abnäher am Rücken steppen. Vorderbeine nahtzahlengemäß auf die rechte Seite des Rückens heften, Nahtzugaben liegen aufeinander. Rücken nahtzahlengemäß rechts auf rechts an Stirn, Kopf und Bauch steppen, dabei untere Bauchkante zum Ausstopfen offenlassen. Elefant wenden, Hinterbeine an den Rücken steppen. Elefant ausstopfen. Offengelassene Nahtstelle von Hand zunähen. Die Augen im Plattstich aufsticken.

97 Teddybär

Schnitteile 65 – 75 auf Bg. D in Schwarz.
Kontur ∿∿∿∿∿∿∿∿∿

Größe: Ca. 45 cm.

Material: 0,50 m Fellimitat in Hellbeige, 140 cm breit; gemusterter Stoffrest für Ohren, Pfoten und Fußsohlen; 2 Herzknöpfe; Watte aus Polyester zum Ausstopfen.

Zuschneiden:
65 Vorderes Rumpfteil 1mal im Bruch
66 Rückwärtiges Rumpfteil 2mal
67 Mittleres vorderes Kopfteil 1mal
68 Seitliches vorderes Kopfteil 2mal
69 Mittleres rückwärtiges Kopfteil 1mal
70 Seitliches rückwärtiges Kopfteil 2mal
71 Ohren 2mal aus Fellimitat,
2mal aus Stoff
72 Schnauze 4mal
73 Armteil 4mal
Pfote 2mal aus Stoff
74 Beinteil 4mal
75 Fußsohle 2mal aus Stoff
Alle Teile plus Nahtzugabe zuschneiden. Bei Fellimitat die Strichrichtung beachten. Zunächst die Arme 2mal als ganzes Teil aus Fellimitat zuschneiden. Dann den Papierschnitt entlang der eingezeichneten Nahtlinie für die Pfoten auseinanderschneiden. Danach die Arme 2mal aus Fellimitat, die Pfoten 2mal aus gemustertem Stoff (Strich = Fadenlauf) zuschneiden.

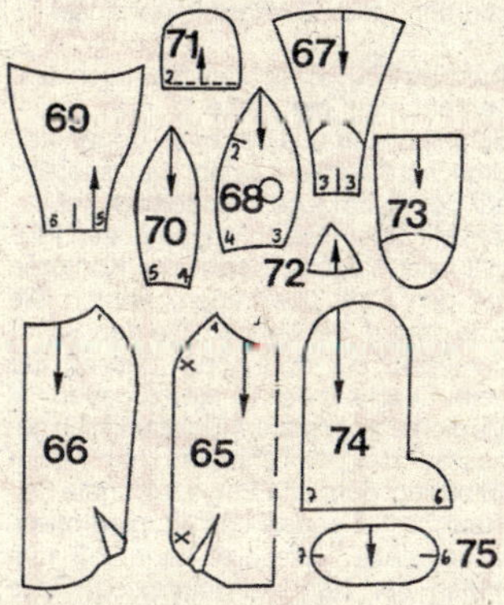

Ausführung - Rumpf: An den vorderen und rückwärtigen Rumpfteilen die Abnäher steppen. Rückwärtige Mittelnaht steppen. Rumpfteile an den Außenkanten zusammensteppen, die rechte Stoffseite liegt dabei innen, oben zwischen den Nahtzahlen 1 offenlassen. Körper mit Watte ausstopfen.

- Kopf: Ohren jeweils aus Fellimitat und gemustertem Stoff aufeinanderlegen, an der runden Kante aufeinandersteppen. Ohren wenden, an den geraden Kanten jeweils aufeinanderheften und einreihen. Seitliche vordere Kopfteile an das mittlere vordere Kopfteil steppen. Seitliche rückwärtige Kopfteile an das mittlere rückwärtige Kopfteil steppen. Vordere und rückwärtige Kopfteile zusammensteppen, die Ohren zwischenfassen, die untere Kante bleibt offen. Kopf ausstopfen. Die noch offenen Schnittkanten am Hals und Körper etwas einreihen und mit starkem Zwirn aufeinandernähen. Schnauze zusammensteppen, ausstopfen und aufnähen. Die Schnauze mit Sticktwist lt. Abb. stikken. Augen (2 Herzknöpfe) sehr fest aufnähen.

- Glieder: Pfoten an die entsprechenden Armteile steppen. Armteile jeweils an den runden Kanten aufeinandersteppen und wenden. Arme ausstopfen, offene Kanten von Hand zunähen. Beinteile an den runden Kanten aufeinandersteppen und wenden, die untere Kante bleibt offen. Beine ausstopfen. Sohle aufnähen. Arme und Beine an den Rumpf nähen.

98 Hose von Teddybär

Schnitteile 76-79 auf Bg. D in Schwarz.
Kontur ○○○○○○○○○○○○

Größe des Teddys: Ca. 45 cm.

Material: Baumwollstoffrest in Blau; Rest Haushaltsgummi, ca. 1 cm breit; 6 Minidrucker (Prym).

Zuschneiden:
76 Vord. Hosenteil 2mal
77 rückw. Hosenteil 2mal
78 Bund 1mal im Stoffbruch
79 Latzteil 2mal im Stoffbruch
Träger 2mal 18 cm lang und 1,5 cm breit.
Alle Teile mit 1 cm Nahtzugabe zuschneiden.

Ausführung: Vord. und rückw. Hosenteil rechts auf rechts aufeinandersteppen, dabei an den Außennähten in Taillenhöhe Schlitz von ca. 7 cm offenlassen. Saumkanten nach innen einschlagen und steppen. Mittelnaht steppen, Falten x auf o legen, heften. Am vord. und rückwärtigen Hosenteil jeweils an den Seitenschlitzen Nahtzugaben nach innen wenden, einschlagen und 1 cm breit steppen. Rückwärtigen Schlitzuntertritt so legen, daß man mit 3-4 Steppstichen Vorder- und Rückenteil miteinander verbindet. Für das vordere Hosenteil Bund rechts auf rechts legen, steppen, wenden, Nahtzugabe einschlagen und Bund schmalkantig absteppen. Am rückwärtigen Hosenteil ist der Bund angeschnitten. Nahtzugabe nach innen wenden, einschlagen und durchsteppen. Gummi auf ca. 14 cm einziehen und rechts und links ca. 1,5 cm von der Außenkante entfernt befestigen. Latzteil rechts auf rechts legen, seitliche und obere Kanten aufeinandersteppen, Nahtzugaben zurückschneiden. Latzteil wenden, bügeln und schmalkantig sowie 0,5 cm breit absteppen. Latzteil hinter den Bund steppen. Träger längs zur Hälfte legen, Nahtzugaben einschlagen und beidseitig schmalkantig absteppen. Träger am rückwärtigen Bund an der Stepplinie (leicht schräg zur Kreuzung) untersteppen. Minidrucker an Trägern, Latz und seitlichen Hosenschlitzen einschlagen.

99 – 101 Anleitung auf der folgenden Seite.

102 Hose und Mütze für Teddy

Schnitteile 101 – 104 auf Bg. D in Rot.
Kontur —o—o—o—o—o—o—o—o—o—
Originalgroßer, seitenverkehrter Schriftzug in Rot unter dem Text.

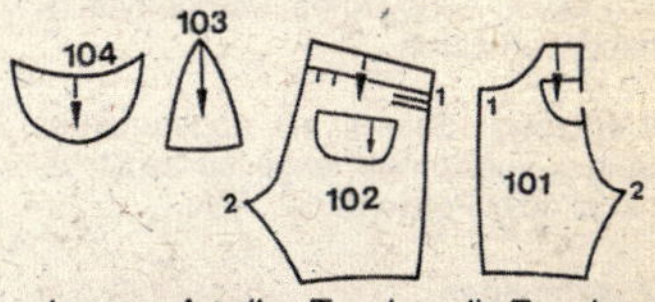

Material: 0,30 m Jeansstoff, 150 cm breit; Rest Schrägband; 2 Hosenträgerclips; 0,7 cm breites Gummiband; 1 überzogener Knopf für Mütze; Rest feste Einlage für Mützenschild.

Zuschneiden:

Hose:
101 Vorderes Hosenteil 2mal
Tasche, 1mal im Stoffbruch
102 Rückwärtiges Hosenteil 2mal
Tasche 2mal
2 Träger, 17 cm lang, 4 cm breit, fertige Breite 2 cm.

Mütze:
103 Kopfteil 6mal
104 Schild 2mal
Teile plus Zugabe zuschneiden. Ein Mützenschild mit Einlage verstärken.

Nähen:
Hose: Armausschnittkanten der vorderen Hosenteile mit doppeltem Schrägband verstürzen, absteppen. Vordere Mittelnaht bis kurz vor Nahtzahl 4 steppen. Zugabe an der oberen Kante vom vorderen Hosenteil eingeschlagen feststeppen. An allen Taschen die Zugaben umheften. Obere Kanten absteppen. An der vorderen Tasche als Schriftzug „Teddy" aufsticken. Taschen auf die entsprechenden Hosenteile steppen. Rückwärtige Mittelnaht bis kurz vor Nahtzahl 4 steppen. Obere Kante vom rückwärtigen Hosenteil am Umbruch nach innen wenden, wie eingezeichnet für Gummizug absteppen. Gummibänder auf 20 cm Weite einziehen. Seitennähte steppen. Zugaben nach hinten bügeln, schmal und 0,7 cm breit feststeppen. Innere Beinnähte steppen. Restliche Mittelnaht schließen. Saumzugabe eingeschlagen feststeppen. Träger an den Längskanten verstürzen, absteppen. Träger hinten unter die rückwärtige Hosenkante steppen. Träger mit den Clipverschlüssen vorn befestigen.

Mütze: Kopfteile aneinandersteppen, Nähte beidseitig absteppen. Schild an der Außenkante verstürzen, absteppen. Schild an das Kopfteil steppen, Zugaben von Kopfteil und Schild nach innen legen, feststeppen, Knopf aufnähen.

103 + 104 Schürzchen für Bären

Schnitteil 105 für die Bärenmutter
Kontur ○○○○○○○○○○○○
Schnitteil 106 für das Bärenkind
Kontur ∿∿∿∿∿∿∿∿∿∿
beides auf Bg. D in Rot.
Angaben für das kleinere Schürzchen stehen in Klammern.

Bärengrößen: Ca. 35 cm (29 cm).

Material: Reste Baumwollstoff rot-weiß-kariert (blau-weiß-getupft); ca. 1,00 m (0,70 m) Litze in Weiß, 0,5 cm breit, ca. 1,10 m (0,90 m) Spitze in Weiß, 1 cm breit; 4 (2) Druckknöpfe; 2 (2) kleine Knöpfe.

Zuschneiden:
105 (106) Vorderes und rückwärtiges Teil 2mal im Stoffbruch
Alle Teile mit Nahtzugabe zuschneiden.

Ausführung: Vorder- und Rückenteil am Hals und in der Taille einreihen, einen 2 x 15 cm (2 x 10,5 cm) langen Schrägstreifen an den Längskanten einschlagen und schmalkantig auf die Taille steppen. Schulter 1 cm nach links einschlagen. Armausschnitt jeweils mit einem doppelten Schrägstreifen, rechts auf rechts gelegt, versäubern. Dann nach links umschlagen und von rechts durchsteppen. Halsausschnitt mit Schrägstreifen einfassen und schmalkantig absteppen. Längs- und Querkanten nach links umschlagen und säumen. Spitze einreihen, an die Saumkante und Armausschnittkanten nähen. An beiden Teilen, jeweils rechts und links der Taille, eine Litze von ca. 23 cm (17 cm) Länge untersteppen. Die Enden mit je einem Knoten versehen. An den Schultern je 2 (1) Druckknöpfe zum Schließen festnähen, auf der rechten Seite kleine Schmuckknöpfe aufnähen.

99–101 Teddyfamilie

Schnitteile für den Vater (80-86) auf Bogen D in Schwarz
Kontur
Schnitteile für die Mutter (87-93) auf Bogen D in Schwarz
Kontur
Schnitteile für das Kind (94-100) auf Bogen D in Schwarz
Kontur → → → → → → → →

Größe: Vater ca. 40 cm, Mutter ca. 35 cm, Kind ca. 29 cm.

Material: Mohairplüsch, 140 cm breit, in Hellbraun (Art. 3735 796): 40 cm für den Vater, 30 cm für die Mutter und 25 cm für das Kind; Tieraugen in Braun: 16 mm Ø (Art. 3702 162) für den Vater 14 mm Ø (Art. 3702 146) für die Mutter, 12 mm Ø (Art. 3702 120) für das Kind; Teddynasen, matt: 16 x 19 mm (Art. 3732 193) für den Vater und die Mutter, 14 x 16 mm (Art. 3732 169) für das Kind; Teddygelenke, 1 Beutel mit 5 Stück: 50 mm (Art. 3730 506) für den Vater und die Mutter, 40 mm (Art. 3730 409) für das Kind; Teddybärenstimme: 60 mm (Art. 3731 022) für den Vater, 50 mm (Art. 3731 014) für die Mutter; Füllwatte, Hochbauschqualität, 1 Beutel à 250 g (Art. 7314 515) 2 Beutel für den Vater, je 1 Beutel für die Mutter und das Kind. Alle Artikel von Hobby Knorr, im Hobbyfachhandel erhältlich.

Werkzeug: Schere mit abgerundeter Spitze; Rundzange; lange, spitze Stopfnadel oder Polsternadel; Ahle.

Zuschneiden:
Beinteil (85, 92, 99) 1mal sowie 1mal gegengleich
Armteil (84, 91, 98) 2mal sowie 2mal gegengleich
Körperteil (83, 91, 97) 1mal sowie 1mal gegengleich
Seitliches Kopfteil (81, 88, 95) 1mal sowie 1mal gegengleich.
Mittleres Kopfteil (80, 87, 94) 1mal
Ohr (82, 89, 96) 2mal sowie 2mal gegengleich
Sohle (86, 93, 100) 2mal
Alle Teile aus Mohairplüsch mit ca. 0,5 cm Nahtzugabe zuschneiden, dabei auf die Laufrichtung der Haare = Fadenlauf achten. Beim Schneiden darauf achten, daß nur das Gewebe und nicht das Fell geschnitten wird.

Ausführung: Alle Markierungen auf die Teile übertragen, x = Splintöffnung. Die Nähte stecken und heften, dabei die Haare zurückstreichen. Dann die Nähte mit mittlerer Stichlänge 2mal steppen, da sie beim Stopfen stark beansprucht werden, und die Schnittkanten mit Zickzackstichen versäubern. Einen Schlitz zum Wenden und Stopfen offenlassen. Vor dem Wenden die Heftfäden entfernen und die Nahtzugaben in den Rundungen leicht einschneiden. Beim Stopfen die Watte in kleinen Mengen einschieben, damit die Füllung gleichmäßig wird. Mit dem Stopfen füllt man die Teddys nicht nur, man gibt ihnen gleichzeitig ihre Form und ihr Aussehen. Ein Holzlöffel und eine an der spitze abgerundete Schere sind wichtige Hilfsmittel. Nach dem Stopfen die offenen Schlitzkanten gegeneinander einschlagen und mit kleinen Matratzenstichen zusammennähen.

Die Beinteile rechts auf rechts doppelt legen, seitliche Nähte schließen und den Abnäher spitz auslaufen lassen. Sohlen einsetzen.

Armteile rechts auf rechts zusammennähen. Die Öffnungen für die Splinte jeweils am körpernahen Teil mit einer Ahle oder einer dicken Nadel vorbohren. Beine und Arme wenden. Unterleg-,

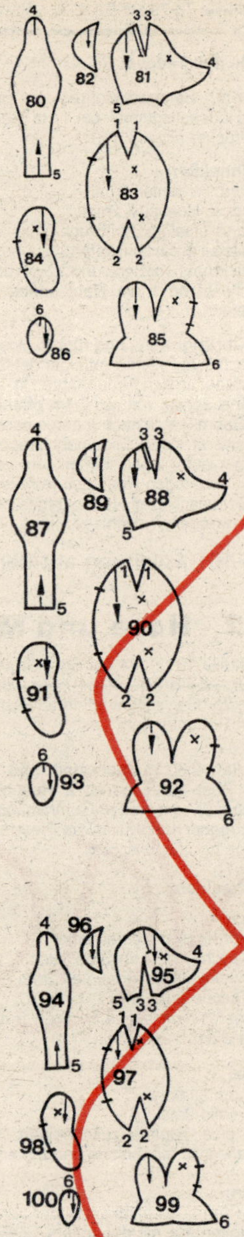

dann Kunststoffscheibe auf den Splint geben und den Splint von innen nach außen durch das Gewebe schieben. Die Teile füllen, dabei die Schulterpartie und die Oberschenkel besonders fest und rund stopfen. Schlitze schließen.

Beim **Körper** zuerst die Abnäher steppen, dann die Körperhälften rechts auf rechts zusammennähen, dabei am Rükken einen großen Schlitz offenlassen. Die 4 Öffnungen für die Splinte vorbohren. Körper wenden.

Für den **Kopf** zunächst die Abnäher der seitlichen Kopfteile absteppen und die vordere Naht vom Hals bis zur Nase = Nahtzahl 4 schließen. Dann das mittlere Kopfteil nachtzahlengemäß einsetzen, an den Rundungen etwas einhalten. Den Kopf ausstopfen, dabei an der Nase beginnen. Am Halsrand einen doppelten, starken Faden mit Vorstichen einziehen. Unterleg- und Kunststoffscheiben auf den Splint geben und in die Halsöffnung legen. Den Faden zusammenziehen, so daß der Plüsch die Kunststoffscheibe zum größten Teil bedeckt.

Die Fadenenden gut verknoten und vernähen.
Zur Befestigung der **Augen** jeweils einen ca. 4 m langen, starken Faden doppelt legen und durch das Nadelöhr führen, so daß der Faden vierfach ist. Vom Ohransatz aus schräg durch den Kopf zur gegenüberliegenden Augenmarkierung = x stechen, Fadenende hängenlassen. Das Auge auffädeln. Direkt neben der Ausstichstelle ein kleines Loch für die Öse des Auges in das Gewebe stechen, die Nadel durch das Loch zum Ohr zurückführen und die Metallöse des Auges mit einer Zange zusammendrükken. Die Fadenenden so stark anziehen, daß die flachgedrückte Öse in das Gewebe gezogen wird und so dem Auge festen Halt gibt. Dann die Fadenenden verknoten, kürzen und einziehen.
Die **Nase** vom Hals ausgehend wie die Augen befestigen.

Die **Ohren** verstürzen und mit kleinen Stichen von Hand fest annähen. Nun alle Splinte von außen in den Körper schieben; den Kopfsplint am oberen Ende der Abnäher durchschieben. Je 1 Kunststoff-, dann 1 Unterlegscheibe auf die Splinte geben. Die Splinte von den Enden her mit der Rundzange aufrollen und so stark anziehen, daß die Körperteile fest anliegen. Den Körper ausstopfen, dabei in der Körpermitte die Teddystimme einlegen und ringsum mit Watte polstern. Rückenschlitz zusammennähen.

Die Kleidung der Bären ist unter 102–104 auf der Seite davor beschrieben.

105 Puppenkörper

Größe: Ca. 50 cm.

Material: Ein vorgeformtes Gesicht aus Plastikmaterial, kurz „Maske" genannt; ca. 25 cm spezieller Trikotstoff, ca. 70 cm breit im Schlauch, also doppelt; Styropor-Kopfeinsatz; Perücke von Gloria im Kleid; Art. 8627-11; Perücke von Gloria im Jogginganzug: Art. 8726-11; Schuhe in Hellblau, Art. 3467-7; Schuhe für die Joggerin: Art. 3467-7; Söckchen in Weiß, Art. 3540-2; Unterwäsche; Gesichtsfarben; Glorex-Puppenkleber; Puppenhandeinsätze; Beineinlagen; Broschüre „So kann man herrliche Puppen selbermachen" mit Schnittmustern zur Anfertigung der Puppe Gloria, alles von Glorex, im Hobbyfachhandel erhältlich. Außerdem Füllwatte aus Polyester-PE-Faser, die waschbar ist (Glorex); Nähgarn; starker Handfaden zum Annähen der Teile; Rotmarderhaarpinsel.

Ausführung: Beachten Sie auch den Lehrgang auf den Seite 43–45.
Schnittmuster aus der oben genannten Broschüre ausschneiden, platzsparend auf den Trikot legen, Fadenlauf beachten. Mit einem feinen wasserfesten Filzstift oder Kugelschreiber die Konturen auf den Stoff übertragen. Achten Sie bitte darauf: Verwenden Sie den Styroporeinsatz für den Kopf, müssen Sie beim Zuschnitt ca. 15 mm zugeben.
Mit dichtem schmalem Zickzackstich genau auf der gezeichneten Linie nähen (Stoff liegt doppelt). Eingezeichnete Öffnung zum Wenden und Stopfen offenlassen. Alle Teile erst dann 2-3 mm neben der Naht ausschneiden, Teile wenden. Die Handeinsätze machen möglich, daß die Puppen nicht nur Fäuste, sondern wirkliche Hände haben. Die Hände lassen sich dank eines Metalls schließen und öffnen (Blumenstrauß siehe Foto). Handeinsätze einschieben, Hände (Handteller nicht stopfen) und Arme fest ausstopfen. Dazu jeweils kleine Portionen Füllwatte einschieben. Die Oberarme nur mäßig stopfen, damit die Arme nicht vom Körper abstehen. Beineinlagen (sie lassen sich ebenfalls biegen) einschieben. Beine fest ausstopfen, dann an den Öffnungen je 5 mm Stoff nach innen umlegen und mit Überwendlingsstichen zunähen. Die Enden der Arme beim Schließen etwas spitz zulaufen lassen, damit sich die Arme in alle Richtungen bewegen lassen. Rumpf ausstopfen und zunähen, Arme und Beine an den Rumpf nähen. Die Beine 3 cm oberhalb der unteren Rumpfnaht annähen, damit die Puppe sitzen kann. Das können Sie ganz genau auf dem letzten Foto des Lehrgangs erkennen, ebenso die spitz zulaufenden Enden der Arme.
Die Maske kann man selbst beziehen und bemalen. In der oben genannten Broschüre befindet sich dazu ein lückenloser Lehrgang. Man kann sie aber auch bereits bezogen und bemalt bekommen. Abb. 7 zeigt die Bemalung des Gesichts der Reihenfolge nach.
Nun die Stoffenden am Hinterkopf, am Hals beginnend, bis zu ¾ mit kleinen Matratzenstichen zusammennähen. Der Styropor-Einsatz für den Kopf erspart das Stopfen des Hinterkopfes. Damit wird gleichzeitig die Kopf- und Halspartie perfekt. Einsatz einschieben und kleben, kräftig mit der Maske zusammendrücken. Eine Hälfte des Hinterkopfes mit Klebstoff bestreichen, Trikot darüberspannen, nach dem Trocknen mit einem Bastelmesser (Cutter) den Rest in Kopfmitte abschneiden. Zweite Stoffhälfte ebenso aufkleben, dann mit stumpfer Scherenseite in die Rille des Styroporkopfes drücken. Nach dem Trocknen Rest abschneiden. Wenn Sie den Kopf nur mit Füllwatte stopfen, müssen Sie sehr gleichmäßig und fest von oben stopfen. Die Halspartie besonders fest, damit der Kopf nicht wackelt.
Hintere und obere Kopfnaht mit Matratzenstichen schließen.
Perfekt wird die Quernaht auf dem Kopf, wenn die Nahtzugaben unter den Rand der Maske geschoben werden.
Den fertiggestellten Kopf auf den fest ausgestopften Körper heften, dann mit kleinen Stichen annähen.
Die Anleitung für das Nähen der Kleidungsstücke finden Sie unter 106 + 107 im Anschluß. Weitere Modelle von Glorex-Puppen siehe S. 178.

106 Puppenkleid

Schnitteile 107 bis 110 auf Bg. D in Rot.
Kontur

Puppengröße: 50 cm.

Material: Batist in Hellblau 0,70 m, 90 cm breit. Rest Stickereibatist in Weiß 50 x 65 cm groß. Durchzugspitzenborte in Weiß 2,40 m, 2,5 cm breit. Satinband in Hellblau 2,40 m, 3 mm breit. 3 kleine Druckknöpfe.

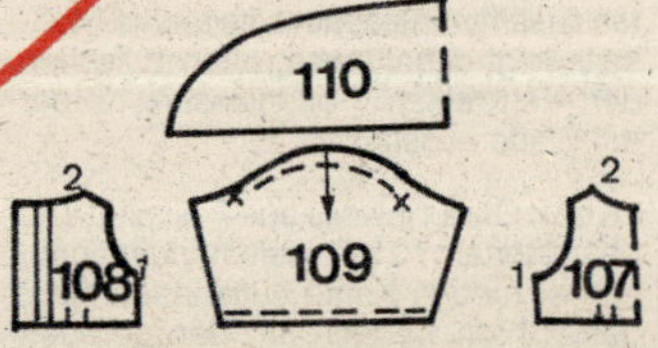

Zuschneiden:

Aus hellblauem Batist:
107 Vorderteil 1mal im Stoffbruch
108 Rückenteil 2mal
109 Ärmel 2mal
Kragen 17 cm lang, 3 cm breit, fertige Breite 1,5 cm; Halsausschnittrüsche 60 cm lang, 4 cm breit; 2 Ärmelbündchen 11 cm lang, 6 cm breit, fertige Breite 3 cm; Rockbahn 80 cm weit, 20 cm lang; Saumrüsche 110 cm weit, 10 cm lang.

Aus weißem Stickereibatist:
110 Trägerrüsche 2mal im Stoffbruch
Schürzenteil 60 cm weit, 20 cm lang.
Teile plus Naht- und Saumzugabe zuschneiden.

Nähen:
Satinband in die Spitzenborte einziehen. ● Ärmelbündchen längs falten und bügeln. Obere und untere Ärmelkanten wie eingezeichnet einreihen. Bündchenkanten zusammengefaßt an die unteren Ärmelkanten steppen. Spitzenborte auf die Ärmelbündchen steppen. ● Schulternähte steppen. Ärmel an die Armausschnitte steppen. Seiten-, Ärmel- und Bündchennähte in einem Arbeitsgang steppen. ● Halsausschnittrüsche an den Schmalseiten und an einer Längsseite schmal säumen. Rüsche einreihen und ab der Linie „angeschnittener Besatz" an den Halsausschnitt heften. Kragen längs falten und an den Schmalseiten verstürzen. Kragenkanten zusammengefaßt über der Rüsche an den Angeschnittene Besätze nach außen wenden und auf den Halsausschnitt steppen, fortlaufend den Kragen aufsteppen. Dabei wird die Rüsche zwischengefaßt. Besätze nach innen wenden. ● Von der Spitzenborte für die Träger 2mal 21 cm, für den Trägersteg 1mal 5 cm, für das Schürzenteil 1mal 60 cm jeweils plus Nahtzugabe abschneiden. Den Rest für zwei Bindebänder verwenden. ● Trägerrüschen an den gebogenen Längskanten schmal säumen. Gerade Längskanten wie angegeben einreihen. Die Trägerrüschen Mitte auf Mitte an den Trägeraußenkanten untersteppen. Träger auf das Oberteil legen. Den Trägersteg 2 cm oberhalb der vorderen Trägerenden an den Trägerinnenkanten untersteppen. Anschließend an die Rüschen die Bindebänder an den vorderen Trägerenden untersteppen. Die Trägerenden an der unteren Oberteilkante festheften. ● Saumrüsche an einer Längsseite schmal säumen. Rüsche einreihen und an die untere Kante der Rockbahn steppen. Rückwärtige Rockmittelnaht steppen, oben einen 5 cm langen Schlitz offenlassen. Schlitzkanten säumen. ● Spitzenborte an die untere Kante des Schürzenteils steppen. Die seitlichen Kanten des Schürzenteils säumen. Schürzenteil Mitte auf Mitte auf den Rock legen. Obere Kanten zusammengefaßt einreihen. Rock an das Oberteil steppen. ● Kleid mit den Druckknöpfen schließen.

107 Puppenanzug

Schnitteile 111 bis 114 auf Bg. D in Rot. Kontur ⟶⟶⟶⟶⟶⟶⟶

Puppengröße: 50 cm.

Material: Reste von Sweatshirtstoffen: in Pink 50 x 85 cm, in Gelb 15 x 30 cm und in Grün 10 x 25 cm groß. Schrägband 1,60 m, 2,5 cm breit. Rest Strickbundware. Gummiband, ¾ cm breit. 2 Nähfrei-Druckknöpfe.

Vor dem Zuschneiden:
Den Papierschnitt des Vorder- und Rückenteils entlang der eingezeichneten Nahtlinie auseinanderschneiden = Vorderteil und vordere Passe, Rückenteil und rückwärtige Passe.

Zuschneiden:

Hose:
111 Hosenteil 2mal (Pink)
Aus Strickbundware: 2 Bündchen 8 cm lang, 2,5 cm breit.

Oberteil:
112 Vorderteil 1mal im Stoffbruch (Pink)
Tasche 1mal im Stoffbruch (Grün)
112 Vordere Passe 1mal im Stoffbruch (Gelb)
Besatz 1mal im Stoffbruch (Gelb)
113 Rückenteil 1mal im Stoffbruch (Pink)
113 Rückwärtige Passe 1mal im Stoffbruch (Gelb)
Besatz 1mal im Stoffbruch (Gelb)
114 Ärmel 2mal (Pink)
Aus Strickbundware: 2 Bundteile 15 cm lang, 2 cm breit; 2 Ärmelbündchen 8 cm lang, 2 cm breit.
Teile plus Nahtzugabe zuschneiden.

Nähen, Hose:
Vom Schrägband für die seitlichen Blenden 2mal 34 cm abschneiden. Blenden längs falten und bügeln. Blenden entlang den Ansatzlinien so auf die Hosenteile steppen, daß die Bruchkante ¾ cm neben der Ansatzlinie im vorderen Hosenteil liegt. Blende über die Ansatznaht ins rückwärtige Hosenteil bügeln und schmalkantig feststeppen. ● Untere Ho-

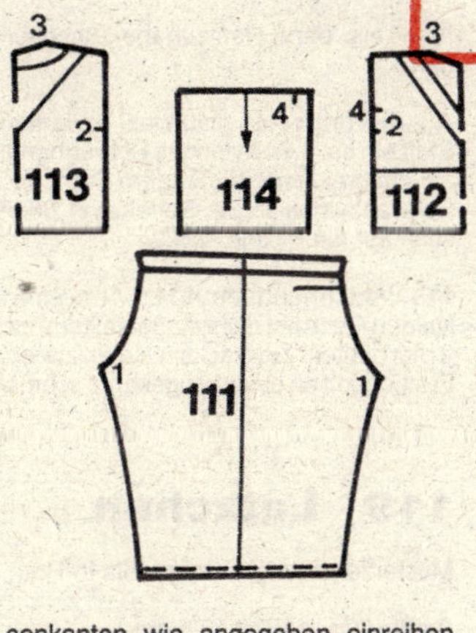

senkanten wie angegeben einreihen. Bündchen gedehnt an die unteren Hosenkanten steppen. ● Innere Beinnähte und fortlaufend die Bündchennähte steppen. ● Die beiden Hosenteile rechts auf rechts ineinanderschieben und die vordere und rückwärtige Mittelnaht in einem Arbeitsgang steppen. ● Obere Hosenkante entlang der Umbruchlinie nach innen wenden und eingeschlagen wie eingezeichnet für Gummizug feststeppen. Gummiband auf 20 cm Weite einziehen.

Nähen, Oberteil:
Vorderer Besatz rechts auf rechts auf die vordere Passe legen. Von links schmal um den markierten Einschnitt herumsteppen, fortlaufend entlang den Halsausschnittkanten steppen. Schlitz einschneiden, Besatz nach innen wenden. Schlitz- und Halsausschnittkanten schmal absteppen. Rückwärtigen Halsausschnitt mit dem rückwärtigen Besatz verstürzen und absteppen. ● Vordere Passe an das Vorderteil, rückwärtige Passe an das Rückenteil steppen. Dabei in der vorderen und rückwärtigen Mitte die Nahtzugaben der Vorder- und Rückenteile einschneiden. Vom Schrägband für die Blenden 2mal 28 cm abschneiden. Die Längskanten der Bänder so umbügeln, daß die fertige Blendenbreite 1 cm beträgt. Blenden über den Passenansatznähten auf die Vorder- und Rückenteile steppen, dabei in der Mitte jeweils eine Falte einlegen. ● An der oberen Taschenkante die Zugabe nach innen wenden und feststeppen. Tasche auf das Vorderteil heften. Obere Taschenkante in der vorderen Mitte mit ein paar Stichen auf dem Vorderteil festnähen. ● Das restliche Schrägband für die Träger verwenden. Längskanten umbügeln, fertige Trägerbreite 1,5 cm. Träger schmalkantig absteppen. Je ein Bandende (vorderes Trägerende) 1,5 cm breit einschlagen. Träger auf das Vorderteil heften und mit je einem Druckknopf auf die Tasche knöpfen. In Höhe der vorderen Blende die Träger auf dem Vorderteil feststeppen. ● Bündchen gedehnt an die unteren Vorder- und Rückenteilkanten, die Ärmelbündchen gedehnt an die unteren Ärmelkanten steppen. ● Schulternähte steppen. Ärmel an die Armausschnitte steppen. Vorder- und Rückenteile entlang den Ansatznähten schmal absteppen. Bund-, Seiten-, Ärmel- und Bündchennähte in einem Arbeitsgang steppen.

108–114 Puppengarnitur

Puppengröße: Ca. 42 cm.

Material: Je ca. 150 g weißes, gelbes und hellblaues mittelstarkes Handstrickgarn; Schnell- und Spielstricknadeln Nr. 2 ½; eine Wollhäkelnadel Nr. 2½; fürs Jäckchen 3 Jersey-Druckknöpfe von Prym mit je 12 mm Ø (Art. 390117); 4 kleine weiße Knöpfe von je 9 mm Ø für die weiße Hose und 3 hellblaue Knöpfe von je 13 mm Ø für die hellblaue Hose.

Gerippt: In Hin- und Rück-R. rechte M. stricken; in Rd. je 1 Rd. rechte und linke M. im Wechsel stricken.

Glatt rechts: Hin-R. rechte M., Rück-R. linke M.; in Rd. nur rechte Maschen stricken.

Maschenproben: 16 M. und 24 R. = 5 x 5 cm, glatt rechts; 16 M. und 32 R. = 5 x 5 cm, gerippt.

108 Weiße Latzhose mit Streifen

Material s. 108–114 oben.

Ausführung: Für ein Hosenbein in Weiß auf den Spielstricknadeln 26 M. anschlagen, auf 4 Nadeln verteilt zur Rd. schließen, gerippt stricken. Nach 10 weißen Rd. wieder je 10 Rd. in Gelb und Hellblau stricken, dabei in der 1. gelben Rd. gleichmäßig verteilt 26 M. verschränkt aus dem Querfaden zunehmen = 52 M. Dann in Weiß glatt rechts weiterarbeiten. Nach 8,5 cm = 40 Rd. ab hellblauem Streifen die M. vorerst ruhen lassen. Das zweite Hosenbein genauso stricken. Nun das Vorder- und Rückenteil über beide Hosenbeine im Zusammenhang glatt rechts in Rd. weiterarbeiten, dabei in der 1. Rd. zwischen die Beine bei Vorder- und Rückenteil je einen Steg aus 5 M. für den Zwickel einfügen = 114 M. Darüber in jeder 2. Rd. 2mal wie folgt abnehmen: die letzte M. des einen Hosenbeins mit der 1. Zwickel-M. rechts verschränkt und die letzte Zwickel-M. mit der 1. M. des anderen Hosenbeins rechts zusammenstricken. In der 6. Rd. nochmals je 1 M. über dem vorderen und rückwärtigen Zwickel abnehmen = 104 M. Nach weiteren 2 cm = 10 Rd. über dem Rückenteil beiderseits des Zwikkels in jeder 2. Rd. 3mal je 1 M. abnehmen = 98 M. Dann für den rückwärtigen Schlitz die Arbeit in R. fortsetzen. Für die Schlitzblende über je 2 M. vor und nach der rückwärtigen Mitte gerippt stricken, alle übrigen M. glatt rechts stricken. Für den Untertritt am R.-Ende noch 4 M. aufstricken = 102 M. Darüber ebenfalls gerippt stricken. In 1 cm = 4 R. Schlitzhöhe in jeder folgenden R. beidseitig des Schlitzes noch 3mal je 1 M. abnehmen = 96 M. In 1,5 cm = 8 R. Schlitzhöhe fürs 1. Knopfloch die 2. und 3. Blenden- M. zusammenstricken, 1 U. aufnehmen. In 2 cm = 10 R. Schlitzhöhe noch je 10 R. in Gelb, Hellblau und Weiß gerippt anfügen. Die übrigen drei Knopflöcher im Abstand von je 8 R. wie das 1. Knopfloch einstricken. Nach der letzten weißen R. die M. abketten. Für die Träger in Weiß je 6 M. anschlagen, gerippt stricken. In je 11 cm Trägerlänge die M. abketten. Träger lt. Modellbild annähen. Untere Schmalseite des Untertritts innen gegennähen. Knöpfe annähen. Schrittnaht schließen.

109 Pulli

Material s. 108–114 oben.

Ausführung: Mit 80 M. Anschlag in Weiß auf den Spielstricknadeln für den Bund 1,5 cm = 7 Rd. Rippen stricken, dabei in der letzten Rd. gleichmäßig verteilt 6 M. verschränkt aus dem Querfaden zunehmen = 86 M. Dann glatt rechts weiterarbeiten. Nach 5 cm = 24 Rd. ab Bund je 43 M. für **Vorder- und Rückenteil** nehmen. Dann an beiden Teilen für die Raglanschrägungen beidseitig in jeder 2. R. 3mal je 1 M. abketten = 37 M. Nun die M. vorerst ruhen lassen.
Für die **Ärmel** je 22 M. in Weiß mit den Spielstricknadeln anschlagen, auf 3 Nadeln verteilt zur Rd. schließen. Dann gerippt stricken. Für die Ärmelweite in jeder 4. Rd. gleichmäßig verteilt 4mal je 4 M. aus dem Querfaden zunehmen = 38 M.
Dazwischen nach der 10. weißen Rd. je 10 Rd. in Gelb und Hellblau gerippt stricken. Danach glatt rechts in Weiß weiterarbeiten, dabei für die Schrägung am Rd.-Übergang in jeder 4. Rd. noch 2mal je 1 M. zunehmen = 40 M. Nach 4,5 cm = 22 Rd. ab hellblauem Streifen in R. weiterstricken, dabei an R.-Anfang und -Ende jeweils in 2. R. für die Raglanschrägungen 3mal je 1 M. abketten = 34 M. Nun die M. der Ärmel jeweils zwischen Vorder- und Rückenteil einfügen und über alle 142 M. die Rundpasse im Zusammenhang in Gelb gerippt stricken, dabei in 1. Rd. gleichmäßig verteilt 16 M. abnehmen = 126 M. Nach 10 gelben Rd. noch je 10 Rd. in Hellblau und Weiß anfügen.

Dazwischen für die weitere Passenverengung in jeder 4. Rd. gleichmäßig verteilt noch 5mal je 8 M. abnehmen = 86 M. Nach der 10. weißen Rd. alle M. abketten.

Ausarbeitung: Raglannähte schließen. Für das Bindeband eine ca. 30 cm lange Luftmaschenkette in Weiß häkeln, in die Passe einziehen, siehe Foto.

110 Hellblaue Latzhose

Material s. 108–114 auf der S. zuvor.
Ausführung: Alle Teile in Hellblau arbeiten. Für ein Hosenbein auf den Spielstricknadeln 52 M. anschlagen, auf 4 Nadeln verteilt zur Rd. schließen, gerippt stricken. Nach 12,5 cm = 80 Rd. ab Anschlag die M. vorerst ruhen lassen. Das andere Hosenbein genauso stricken. Dann das Vorder- und Rückenteil über beide Hosenbeine im Zusammenhang in Rd. weiterarbeiten, dabei in 1. Rd. zwischen beide Beine bei Vorder- und Rückenteil je einen Steg aus 5 M. für den Zwickel einfügen = 114 M. Darüber in jeder 2. Rd. 2mal wie folgt abnehmen: die letzte Hosenbein-M. mit der 1. Zwikkel-M. rechts verschränkt, die letzte Zwickel-M. mit der folgenden Hosenbein-M. rechts zusammenstricken. In der 6. Rd. nochmals je 1 M. über dem vorderen und rückwärtigen Zwickel abnehmen = 104 M. Nach 4,5 cm = 30 Rd. ab Zwickelbeginn für den Schlitz die Arbeit ab rückwärtiger Mitte in R. fortsetzen. In 4 cm = 26 R. Schlitzhöhe die M. abketten. Für die Passe über 14 M. gerippt stricken. Nach 27 cm ab Anschlag beidseitig für die Knopflöcher die 3. und 4. M. ab Rand zusammenstricken, jeweils 1 U. aufnehmen. Nach weiteren 4 R. die M. abketten. Passe mit einer Längsseite leicht gedehnt an den Abkettrand des Hosenteils nähen, dabei liegen die Knopflöcher über dem rechten Schlitzrand.

Ausarbeitung: Am Schlitz die 2 oberen Knöpfe annähen, die unteren Schlitzränder etwas übereinanderlegen, mit dem Knopf festnähen. Schrittnaht schließen. Für die Träger je 6 M. anschlagen, gerippt stricken. In je 11 cm Trägerlänge die M. abketten. Träger an den oberen Passenrand nähen. Für die unteren Hosenbeinblenden über je 5 M. gerippt stricken. Nach je 10 cm die M. abketten. Blenden zu einem Ring zusammennähen, jeweils einen Rand an die Hosenbeine nähen, dabei die Ränder der Hosenbeine einhalten.

111 Kapuzenjacke

Material s. 108–114 auf der S. zuvor.

Ausführung: Mit 122 M. Anschlag in Gelb für **Rückenteil und Vorderteile** im Zusammenhang gerippt stricken. Je 32 R. Gelb und Weiß, dann noch 28 R. Hellblau stricken.

Dazwischen nach 8 cm ab Anschlag, also in der 52. R. beidseitig 31 M. für die Vorderteile und die mittleren 52 M. für das Rückenteil stehenlassen, die je 4 M. dazwischen für die Armausschnitte abketten.

Zunächst die **Ärmel** stricken. Mit je 39 M. Anschlag in Gelb auf den Spielstricknadeln, auf 4 Nadeln verteilt zur Rd. schließen, gerippt stricken. 44 Rd. Gelb, 32 Rd. Weiß und 28 Rd. Hellblau arbeiten. Der Rd.- Übergang gilt jeweils für die untere Ärmelnaht.

Dazwischen für die Ärmelschrägungen in der 18. Rd., dann noch in jeder 4. Rd. 5mal je 1 M. über der Ärmelnaht zunehmen = 45 M. Nach 10 cm = 64 Rd. ab Anschlag je 2 M. vor und nach der Naht für die Armausschnitte abketten = 41 M. Nun die Ärmel zwischen Vorderteile und Rückenteil einfügen, für die **Passe** über alle M. im Zusammenhang stricken = 196 M. Für die 4 Raglanschrägungen in 2. R. wie folgt abnehmen: jeweils die 3.- und 2. letzte M. eines Teils sowie die 2. und 3. M. des anderen Teils rechts zusammenstricken (in 1. R. also 8 M. abnehmen). Diese Abnahmen in jeder 2. R. noch 15mal wiederholen. In 6 cm = 40 R. Passenhöhe die mittleren 38 M. abketten und beidseitig die je 15 M. der Vorderteile ruhen lassen.

Für die **Kapuze** in Blau 74 M. anschlagen, gerippt stricken. Nach 6 cm = 38 R. ab Anschlag beidseitig für die Seitenteile 25 M. abketten und über die mittleren 24 M. das rückwärtige Kapuzenteil fortsetzen. Für die Schrägungen beidseitig in der 21. R. die 4. und 5. M. sowie die 5.- und 4. letzte M. rechts zusammenstricken. Diese Abnahmen in jeder 4. R. noch 6mal wiederholen. Nach 8 cm = 52 R. ab rückwärtigem Kapuzenteil die restlichen 10 M. abketten.

Ausarbeitung: Rückwärtiges Kapuzenteil zwischen die Seitenteile nähen. Über die ruhenden M. der Vorderteile noch je 11,5 cm gerippt stricken. Dann die M. abketten. Kapuze an den oberen Jacken bzw. Ausschnittrand nähen. Die Verlängerungen der Vorderteile in der oberen Mitte zusammen- und dann als Blende an die Kapuze nähen, nach außen umlegen und gegennähen. Nähte unter den Ärmeln schließen. Die unteren Ärmelränder nach außen umschlagen. Druckknöpfe lt. Foto einstanzen.

112 Schuhe

Material s. 108–114 auf der S. zuvor.

Ausführung: 32 M. in Hellblau auf den Spielstricknadeln anschlagen, auf 4 Nadeln verteilt zur Rd. schließen. Gerippt stricken. Nach 12 Rd. über 10 M. das Fußblatt in R. weiterarbeiten, die übrigen 22 M. vorerst ruhen lassen. Nach 14 R. Fußblatthöhe aus einem seitlichen Rand des Fußblatts 7 M. auffassen, dann die 22 ruhenden M. aufnehmen, aus dem anderen Rand des Fußblatts ebenfalls 7 M. auffassen und die 10 M. des Fußblatts abstricken = 46 M. Für die Fußhöhe in Rd. gerippt weiterstricken. Nach 6 Rd. die Fußsohle über die 10 M. des Fußblatts fortsetzen, die übrigen 36 M. abketten. Nach weiteren 26 R. die M. abketten. Sohlenränder an den Fuß nähen. Für die Bindebänder in Weiß jeweils eine 20 cm lange Luftmaschenkette häkeln, lt. Foto einziehen.

114 Schal

Größe: 43 x 3,5 cm ohne Fransen.

Material s. 108–114 auf der S. zuvor.

Ausführung: Mit 12 M. Anschlag in Weiß gerippt stricken. Nach 10 weißen R. je 10 R. Hellblau und Gelb arbeiten, dann wieder weiß stricken. Nach 36 cm ab Anschlag die Streifenfolge gegengleich zum Anfang ausführen. Dann die M. abketten. Über jeder Schmalseite 10 Fransen aus je 2 ca. 6 cm langen weißen Fäden einknüpfen (fertige Fransenlänge 2,5 cm).

113 Decke

Schema siehe rechts.

Größe: Ca. 57 x 48 cm.
Material s. 108–114 auf der S. zuvor.

Ausführung: Je 10 gelbe, weiße und hellblaue Quadrate über je 30 M. und 56 R. gerippt stricken. Quadrate lt. Schema zur Decke zusammennähen, die Zahlen bezeichnen die Farben:
1 = Gelb
2 = Weiß
3 = Hellblau.
Den Rand in Weiß mit 4 Rd. f. M. und 1 Rd. Krebs-M. (das sind feste M. von links nach rechts) behäkeln, dabei über den Ecken je 3 M. in 1 Einstichstelle arbeiten.

1	2	3	1	2
3	1	2	3	1
2	3	1	2	3
1	2	3	1	2
3	1	2	3	1
2	3	1	2	3

115–118 Badezubehör für Puppe

2 Musterzeichnungen s. links oben in Rot.

Material: Frottierstoffreste in Weiß; blau-weiß karierte Baumwollstoffreste; Sticktwist in Blau; Maschinenstick- und -stopfgarn in Hellblau; Nähgarn in Weiß.

Zuschneiden:
- Waschhandschuh 1mal, 10,5 x 17 cm; kleiner Fisch 1mal
- Waschlappen 1mal, 16 x 16 cm; kleiner Fisch 1mal
- Handtuch 1mal, 24 x 36 cm; großer Fisch 2mal
- Badetuch 1mal, 58 x 58 cm; aufgesetzte Ecke 1mal, Seitenlänge = 27 cm, großer Fisch 2mal

Alle Teile ohne Nahtzugabe zuschneiden.

Ausführung: Aus blau-weiß kariertem Stoff ein ca. 4,90 m langes Schrägband, 2,5 cm breit, fertigen. Augen, Kopf- und Schwanzeinteilung lt. Schema in Stielstich auf die Fische sticken.

115 Waschhandschuh: Lt. Abb. einen kleinen Fisch mit dicht eingestelltem, ca. 2 mm breitem Zickzackstich applizieren. Frottierstoff an einer Längskante schmal mit Schrägband einfassen, kleine Schlaufe aus Schrägband anfertigen. Waschhandschuh verstürzen, dabei Schlaufe lt. Abb. mitfassen.

116 Waschlappen: Aus Schrägband eine ca. 6 cm lange Schlaufe für den Aufhänger anfertigen. Waschlappen rundum schmal mit Schrägband einfassen, dabei die Schlaufe auf der Rückseite, quer über eine Ecke gelegt, mitfassen. Einen kleinen Fisch auf die Vorderseite in die diagonal liegende Ecke des Aufhängers applizieren.

117 Handtuch: Aus Schrägband eine ca. 8 cm lange Schlaufe für den Aufhänger anfertigen. Handtuch rundum schmal mit Schrägband einfassen, dabei die Schlaufe auf der Rückseite in der Mitte einer Querseite mitsteppen. Zwei große bestickte Fische lt. Abb. applizieren.

118 Badetuch: Ecke fürs Badetuch an der Grundseite mit Schrägband einfassen. Zwei große bestickte Fische lt. Abb. darauf applizieren. Ecke schmalkantig auf das Handtuch steppen. Handtuch dann ebenfalls rundum einfassen.

119 Lätzchen

Musterzeichnung siehe rechts in Rot.

Größe: Ca. 13,5 x 12,5 cm.

Material: Rest Frottierstoff in Weiß; Rest blau-weiß karierter Baumwollstoff; Nähgarn in Weiß.

Zuschneiden:
- Lätzchen 1mal
- Lätzchentasche 1mal
- 42 cm und 52 cm Schrägband, 2,5 cm breit, je 1mal

An der oberen Längskante der Lätzchentasche 1 cm Saum, sonst keine Naht zugeben.

Ausführung: An der Lätzchentasche Saum steppen. Tasche schmalkantig auf Lätzchen steppen (linke Seite auf rechte Seite). Lätzchen an der Außenkante schmal mit Schrägband einfassen. Dann erst Halsausschnitt einfassen. Hier Schrägband an beiden Seiten gleichlang weiterlaufen lassen.

120 Langarm-Lätzchen

Musterzeichnung siehe unter dem Text in Rot.

Größe: Ca. 37 x 14,5 cm.

Material: Rest Frottierstoff in Weiß; Rest blau-weiß karierter Baumwollstoff; Nähgarn in Weiß.

Zuschneiden:
- Langarm-Lätzchen 1mal im Stoffbruch
- Lätzchentasche 1mal im Stoffbruch
- 51 cm und 58 cm Schrägband, 2,5 cm breit, je 1mal
- 14 cm Schrägband, 2,5 cm breit, 2mal

An der oberen Längskante der Lätzchentasche 1 cm Saum zugeben. Sonst keine Nahtzugabe.

Ausführung: An der Lätzchentasche Saum steppen. Tasche schmalkantig auf Lätzchen steppen (linke Seite auf rechte Seite). Ärmelkanten mit Schrägband schmal einfassen. Ärmelnähte schließen. Außenkante schmal einfassen, dann erst den Halsausschnitt. Hier Schrägband an beiden Seiten gleich lang weiterlaufen lassen.

121 Anzug für Puppenjungen

Schnitteile 115 bis 120 auf Bg. D in Rot. Kontur - - - - - - - -

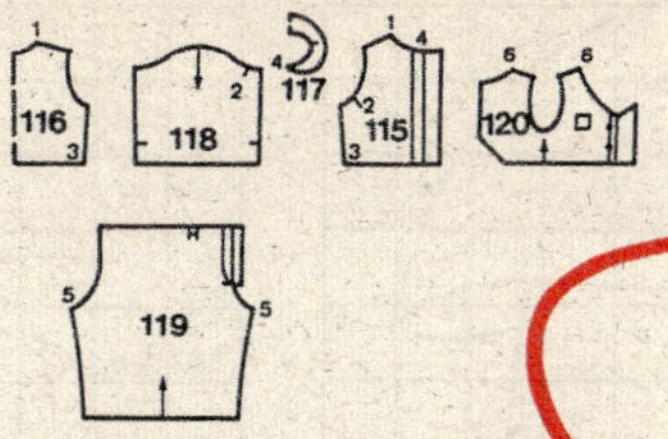

Puppengröße: 34 cm.

Material: Cordrest für Hose und Weste, 20 x 80 cm. Lederimitatrest für Tasche. Batistrest für Hemd, 20 x 70 cm. 5 Knöpfe und 5 Druckknöpfe.

Zuschneiden:

Hemd:
115 Vorderteil 2mal
116 Rückenteil 1mal im Stoffbruch
117 Kragen 2mal im Stoffbruch
118 Ärmel 2mal

Hose:
119 Hosenteil 2mal

Weste:
120 Vorder- und Rückenteil 2mal
Tasche 1mal

Hemd: 2 Ärmelbündchen, 7 cm lang, 2 cm breit, fertige Breite 1 cm.

Hose: Bund 23 cm lang, 2 cm breit, fertige Breite 1 cm.
Alle Teile plus 1 cm Naht- und Saumzugabe zuschneiden, Tasche ohne Zugabe zuschneiden.

Nähen: Hemd: Schulternähte steppen. Angeschnittene Besätze nach innen wenden und schmal feststeppen. Vordere Kanten schmal absteppen. Kragen an den Außenkanten verstürzen und absteppen. Kragen an den Halsausschnitt steppen. Nahtzugaben schmal schneiden, mit Zickzackstich versäubern, nach innen legen und schmal feststeppen. Untere Ärmelkanten in Falten legen. Ärmelbündchen längs falten und an die unteren Ärmelkanten steppen. Nahtzugaben versäubern, in den Ärmel legen und schmal feststeppen. Ärmel einsetzen. Seiten- und fortlaufend Ärmelnähte steppen, Ärmelschlitze offenlassen. Zugaben der Schlitz- und Bündchenkanten nach innen wenden und feststeppen. Hemd säumen, vorn mit einem Druckknopf schließen. Knopf zur Zierde aufnähen.

Hose: Beinnähte steppen. Die beiden Hosenhälften rechts auf rechts ineinanderschieben, Mittelnaht steppen, vorn den Schlitz offenlassen. An der linken Schlitzkante den Besatz nach innen wenden. Schlitzkante wie eingezeichnet absteppen. Rechts die Schlitzuntertrittkante mit Zickzackstich versäubern. Fältchen x auf o legen und heften. Bund an die obere Hosenkante steppen, an den Schmalseiten verstürzen und innen eingeschlagen auf die Ansatznaht heften. Bund schmal absteppen. Hose mit zwei Druckknöpfen schließen. Hose säumen.

Weste: Angeschnittene Besätze nach außen wenden und auf die Ausschnittkante steppen. Besätze und Zugaben der Ausschnittkanten, der Armausschnittkanten sowie den Saumkanten nach innen wenden und feststeppen. Rückwärtige Mittelnaht und Schulternähte steppen. Am linken Vorderteil die Tasche aufsteppen. Am rechten Vorderteil zwei Knöpfe aufnähen.

122 Kleid für Puppenmädchen

Schnitteile 121 bis 123 auf Bg. D in Rot. Kontur ⊂⊃⊂⊃⊂⊃⊂⊃

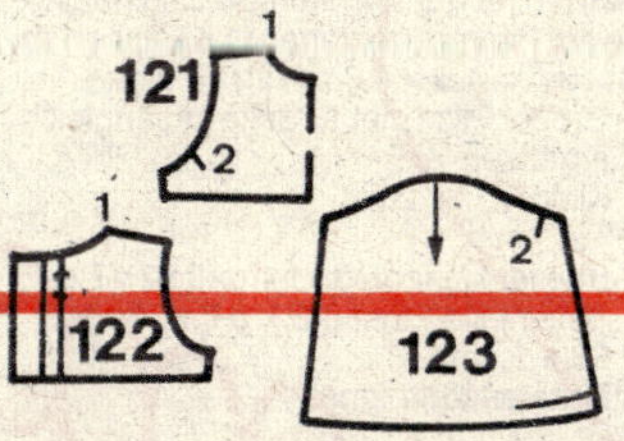

Puppengröße: 34 cm.

Material: Uni Stoffrest, 25 x 80 cm, für Rockbahn und Ärmel. Rest Streifenstoff, 20 x 90 cm, für Vorderteil, Rückenteil, Rüschen und Schürze. Spitzenborte 1,30 m, 1,5 cm breit. Gummiband, ½ cm breit.

Zuschneiden:
121 Vorderteil 1mal im Stoffbruch
122 Rückenteil 2mal
123 Ärmel 2mal
Rockbahn 74 cm weit, 14 cm lang;
Schürzenteil 50 cm weit, 11 cm lang;
2 Armausschnittrüschen 23 cm lang, 2 cm breit;
Einfaßstreifen für Halsausschnitt 15 cm lang, 2 cm breit.
Alle Teile plus 1 cm Nahtzugabe zuschneiden. An Rockbahn und Schürzenteil 3 cm Saumzugabe anschneiden.

Nähen: Schulternähte steppen. An den Armausschnittrüschen die Zugabe einer Längsseite schmal eingeschlagen feststeppen. Andere Längsseite einreihen, dabei an den Enden im Bogen steppen und den überstehenden Stoff abschneiden. Rüschen an die Armausschnittkanten heften. An den unteren Ärmelkanten Spitzenborte untersteppen. 9 cm langes Gummiband entlang der eingezeichneten Linie untersteppen, dabei das Gummiband dehnen. Ärmel einsetzen. Seiten- und fortlaufend Ärmelnähte steppen. Rocknaht steppen, oben einen 3 cm langen Schlitz offenlassen. Saumzugabe nach innen wenden und eingeschlagen 2 cm breit feststeppen. Spitzenborte schmalkantig untersteppen. Am Schürzenteil die Saumzugabe eingeschlagen 2 cm breit, die Zugaben der seitlichen Kanten schmal eingeschlagen feststeppen. Schürzenteil Mitte auf Mitte auf die obere Rockkante heften. Obere Rockkante einreihen und an das Oberteil steppen. Oberteil entlang der Naht absteppen. Angeschnittene Besätze und fortlaufend die Zugaben der Schlitzkanten nach innen wenden und feststeppen. Restliche Spitzenborte einreihen und an den Halsausschnitt heften. Halsausschnitt ½ cm breit mit dem Stoffstreifen einfassen. Knopfloch einarbeiten. Knopf annähen.

123 – 130

Die Anleitungen befinden sich auf den Seiten 50 – 53.

131 + 132 Handpuppen

Originalgroße Musterzeichnung in Rot unter dem Text.
Schemazeichnung für Mütze s. unten.

Größe: Ca. 35 cm.

Material: Baumwollstoffreste in Rot und in Rot gemustert, in Grün und in Grün gemustert; Wollreste für die Haare; Puppentrikotstoff (von Rayher, im Hobbyfachhandel erhältlich); Sticktwistreste in Rot, Braun und Weiß; Watte aus Polyester (Hartmann); Kartonrest.

Zuschneiden:
– Körperteil je 2mal im Bruch, aus uni Stoffen
– Schürzenteil je 2mal im Bruch, aus gemusterten Stoffen
– Rüschenkragen je 1mal, 40 cm lang, 9 cm breit (fertige Breite 4 cm) aus uni Stoffen
– Oberes Mützenteil je 1mal im Bruch aus gemusterten Stoffen
– Unteres Mützenteil je 2mal im Bruch aus uni Stoffen
– Kopfteile je 1mal, 14 cm hoch, 22 cm breit, fertige Breite 11 cm aus Trikot
– Nase je 1mal, ca. 2 cm Ø aus Trikot
Alle Teile mit Nahtzugabe zuschneiden.

Ausführung: Naht am Kopfteil mit Zickzackstich schließen. An beiden offenen Kanten Reihfaden einziehen. Ein Ende fest zusammenziehen und -nähen. Aus Karton eine Pappröhre formen, ca. 12 cm lang und ca. 7 cm Umfang. Kopfteil bis ungefähr zur Hälfte ausstopfen, dann Pappröhre einführen und ringsherum weiter fest ausstopfen. Unteres Kopfende auf Pappröhrenumfang einreihen und mit Klebstoff an der Röhre befestigen. Je ein Schürzenteil passend auf ein Körperteil legen und mit dicht eingestelltem Zickzackstich applizieren. Evtl. kleine Tasche applizieren. Beide Körperteile rechts auf rechts legen und Seitennähte schließen. Nahtzugaben an den Rundungen bis kurz vor die Naht im Abstand von ca. 0,5 cm einschneiden. Körperteil wenden, untere Kante säumen. Kragenteil der Länge nach rechts auf rechts zur Hälfte legen und an den Schmalseiten verstürzen. Kragenteil an der offenen Kante auf Halsausschnittweite einreihen und offenkantig an den Halsausschnitt des Körperteils nähen. Körperteil mit Kragen mit festem Garn am Kopf festnähen. Untere Mützenteile rechts auf rechts legen, an der unteren Rundung und an den Schmalseiten verstürzen. Unteres Mützenteil an das obere Mützenteil steppen. Naht am oberen Mützenteil schließen, Mütze wenden, unteres Mützenteil wird später nach oben umgeschlagen. Für die Haare Wolle um einen ca. 3 cm breiten Karton wickeln. Aufgewickelte Wollfäden an einer Seite aufschneiden, genau in der Mitte der Fäden ein Baumwollschrägband auflegen, Schrägband im Zickzackstich mit der Nähmaschine auf die Wollfäden steppen. Schrägband der Länge nach falten, so daß die Wollfäden wieder doppelt liegen. Den so entstandenen „Haarkranz" um den Kopf legen und feststecken, Mütze aufprobieren und Haarteil dann passend entlang des Schrägbandes auf den Kopf nähen. Mütze aufsetzen und mit Handstichen festnähen, unteres Mützenteil nach oben klappen. Kleinen Stoffkreis für die Nase entlang der Kante einreihen und mit Watte ausstopfen. Nase lt. Foto plazieren und mit kleinen Handstichen festnähen. Mund in Stielstich aufsticken, Augen in Braun in Plattstich aufsticken. Kleine weiße Punkte als „Lichter" in die Augen sticken. Für die Wangen etwas Rouge auftupfen.

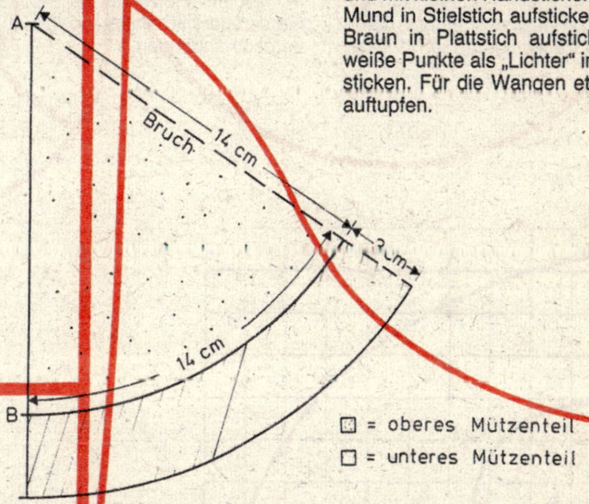

133 Pilztafel

Rasterzeichnung Seite 142 rechts oben.

Größe: Ca. 55 x 54 cm.

Material: 55 x 55 cm Sperrholz, ca. 1 cm dick; d-c-fix-Rest in Weiß; 1 Rolle d-c-fix-Tafelfolie, 100 x 45 cm (K. Hornschuch AG), in Papierwarengeschäften erhältlich; Wacofin-Mattfarbe in Rot, Weiß und Grün, Klarlack (von H. Wagner); ca. 70 cm rote Kordel; Kreide; burda Kopierpapier; 2 Bilderösen.

Werkzeug: Elektrische Laubsäge mit entsprechendem Sägeblatt oder Stichsäge; Handbohrer; Schleifpapier.

Ausführung: Rasterzeichnung in Originalgröße auf Papier übertragen (1 Kästchen im Raster = 4,6 x 4,6 cm im Original). Originalzeichnung mit Hilfe von Kopierpapier auf das Holz übertragen. Pilz entlang den Kanten aussägen. Alle Kanten mit Schleifpapier glätten. Gras und Pilzhut bemalen. Für das Hutinnere Rot mit Weiß mischen und in Hellrosa bemalen. Für das Gras Pinsel mit grüner Farbe in Weiß tauchen und Pinsel mit Schwung von oben nach unten führen, so entsteht eine Schattierung. Die weißen Punkte werden aus d-c-fix ausgeschnitten (ca. 2 cm Ø) und aufgeklebt. Alle bemalten Teile mit Klarlack lackieren. Tafelfolie lt. originalgroßer Zeichnung ausschneiden. Trägerpapier schrittweise abziehen und aufkleben. Beim Aufkleben ein weiches Tuch zum Anreiben der Folie benutzen. Evtl. entstandene kleine Luftblasen mit der Nadel aufstechen und glattstreichen. Seitlich am Pilzhut ein Loch bohren, Kordel durchziehen und verknoten. Kreide anbinden. Bilderösen zum Aufhängen auf der Rückseite festnageln.

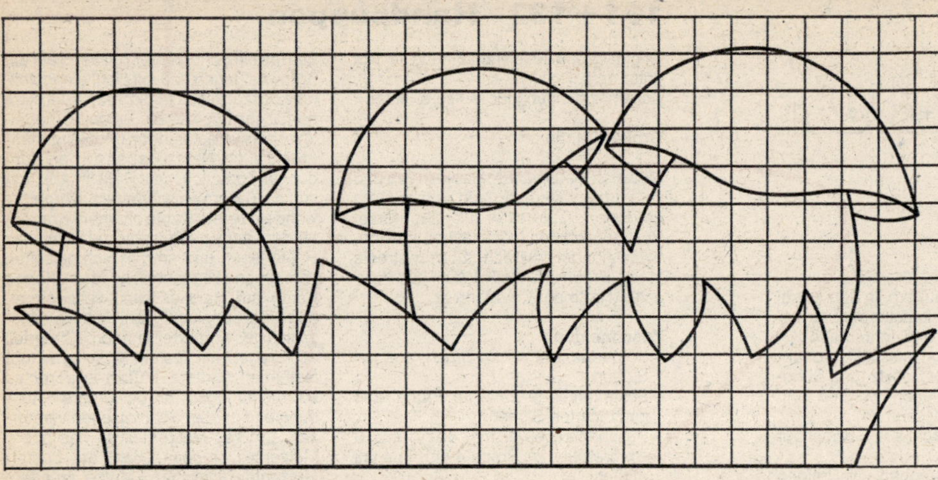

135 Rasterzeichnung Kindergarderobe

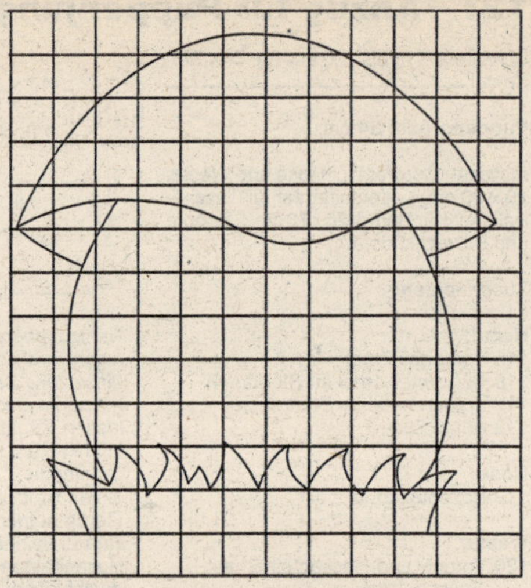

133 Rasterzeichnung Pilztafel

135 Kindergarderobe

Rasterzeichnung siehe oben.

Größe: Ca. 40 x 17 cm.

Material: Ca. 40 x 18 cm Sperrholzrest, ca. 1 cm dick; d-c-fix-Rest in Weiß; Wacofin-Mattfarbe in Weiß, Rot und Grün, Klarlack (v.H. Wagner); 3 runde Holzgriffe zum Schrauben, ca. 2 cm Ø; 2 Bilderösen; burda Kopierpapier.

Werkzeug: Elektrische Laubsäge mit entsprechendem Sägeblatt; Handbohrer; Schleifpapier.

Ausführung: Rasterzeichnung in Originalgröße auf Papier übertragen (1 Kästchen im Raster = 1,5 x 1,5 cm im Original). Originalzeichnung mit Hilfe von Kopierpapier auf das Holz übertragen. Teil entlang den Konturen aussägen, alle Kanten mit Schleifpapier glätten. Für die drei Holzgriffe in gleichem Abstand zueinander Punkte markieren, unterer Kantenabstand ca. 2 cm. Holzgriffe rot bemalen. Garderobenleiste s. Foto bemalen. Aus weißem d-c-fix mit dem Locher Punkte ausstanzen, auf die Pilzhüte kleben. Holzgriffe festschrauben, Garderobe mit Klarlack bemalen. Bilderösen anbringen.

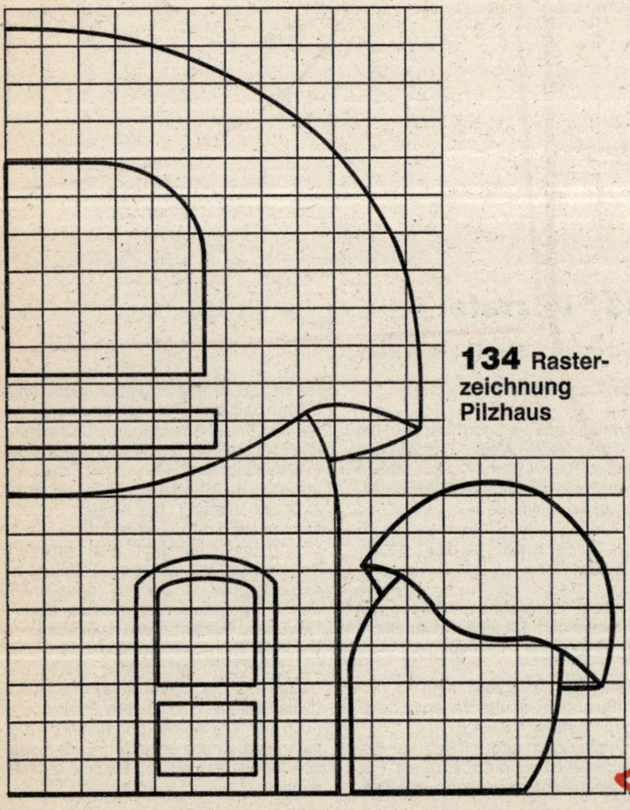

134 Rasterzeichnung Pilzhaus

134 Pilzhaus

Rasterzeichnung links unten.

Größe: Mit aufgeklappten Seitenteilen 1 m hoch, 1,55 m breit.

Material: Ca. 100 x 155 cm Sperrholz, 1,2 cm dick; 48 cm Klavierband; 4 Metallscharniere, 3 cm lang; Nägel zum Befestigen der Scharniere und des Klavierbandes; 2 Schraubhaken; Rundholzstab ca. 0,8 cm Ø, 60 cm lang; 48 x 65 cm Filz in Beige; 1 Metallglöckchen, Steckschaum (beides von Knorr im Hobbyfachhandel erhältlich); Dispersionsfarbe in Weiß und Rot; Wacofin- Mattfarbe in Gelb, Grün, Blau und Braun (H. Wagner); d-c-fix in Weiß; Uhu coll express-Holzleim; kleine Stoffblüten in verschiedenen Farben; Schleifpapier.

Werkzeuge: Stichsäge mit Sägeblatt für Holz; eine kleine Malerwalze; Handbohrer; Pinsel, z.B. von da Vinci.

Sägen: Rasterzeichnung in Originalgröße auf Papier übertragen (1 Kästchen im Raster = 4,6 x 4,6 cm im Original).

- Großer Pilz 1mal, 2. Seite gegengleich ergänzen
- Kleiner Pilz 2mal
- Tür 1mal
- Blumenkasten: Vorderfront 53 x 5 cm; Seitenteile 2mal à 3 x 5 cm; Boden 53 x 3 cm
- Fensterläden 2mal.

Ausführung: Originalzeichnungen ausschneiden und mit Bleistift auf das Holz übertragen. Teile entlang den Konturen aussägen. Für die Fensterläden in oberer Fensterausschnittmitte ein Loch bohren. Mittellinie einzeichnen, Säge einführen und vorsichtig Läden aussägen. Alle Teile an den Kanten mit Schleifpapier glätten. Klavierband in der Mitte teilen und damit die Seitenteile am großen Pilz so befestigen, daß sie sich nach vorn aufklappen lassen. Blumenkasten zusammenkleben, nach dem Austrocknen des Leims ca. 4 cm unterhalb des Fensters festleimen. Tür siehe Foto aufkleben. Fensterläden mit jeweils 2 Scharnieren im Fenster befestigen. Zwei kleine Holzabschnitte als Griffe aufkleben. Pilzhaus mit Hilfe der Malerwalze beidseitig weiß grundieren. Nach dem Trocknen Pilzhüte mit Bleistift vorzeichnen und mit der Walze rot anstreichen. Aus d-c-fix ca. 24 Kreise mit 4-6 cm Ø für den großen Pilzhut und ca. 12 Kreise mit 2,5-4 cm Ø für die kleinen Pilzhüte ausschneiden. Kreise aufkleben. Lamellen am Pilzhut, Blüten, Gräser, Schmetterlinge, Tür usw. lt. Foto oder nach eigenen Wünschen aufmalen. Nach dem Trocknen Haus von beiden Seiten lackieren. Oberhalb und seitlich des Fensters Schraubhaken für die Aufhängung des Vorhangs befestigen. Dafür noch 2 Holzklötzchen unterkleben, damit die Schraubhaken nicht bis auf die rechte Seite durchbrechen. An einer Längskante des Filzteils einen für das Rundholz entsprechend großen Tunnel absteppen, Rundholz durchschieben und in die Schraubhaken einhängen. Steckschaum in den Blumenkasten legen und Stoffblütchen zur Zierde einstecken.

136–138 Holztiere mit Fahrgestell

Musterzeichnungen Ente und Rad auf S. 142, Pferd auf S. 143 sowie Hund, Boden und Rad auf S. 118/119.

Material: Kiefer- oder Tannenmassivholz bzw. verleimtes Massivholz - am besten lt. Musterzeichnungen beim Einkauf aussuchen (in Heimwerkermärkten erhältlich):

∗ = 3 cm, o = 2 cm, + = 1 cm stark
4mal 3 cm Rundstab, 35 mm Ø (Pferd); 4 Holzrädchen, 50 mm Ø (Hund); pro Fahrgestell ca. 20 cm Metallrohr oder -stab für die Achsen, 5 mm Ø; einige Holzschrauben; Ringschrauben; Ringscheiben; Abschnitte von leeren Faserstiften. Schmirgelpapier verschiedener Körnung, Transparentpapier; Holzleim Uhu coll express; Alleskleber; Tesafilm. Holzeinlaßgrund; Plaka- oder Lackfarben lt. Foto; Klarlack.

Werkzeug: Stich- und Laubsäge, Feinsäge, Metallsäge(-blatt), Drillbohrer oder Bohrmaschine, wenn vorhanden Bandschleifgerät; kleine Schraubzwingen, diverse Pinsel.

Allgemeines: Musterzeichnung vom Bogen auf Transparentpapier durchzeichnen, auf der Rückseite mit dickem Bleistiftstrich nachziehen und durch erneutes Nachfahren auf der Oberseite aufs Holz übertragen (siehe ∗ o +); Beine und Ohren separat je paarweise (also gegengleich). Teile exakt aussägen, die dünnen mit der Laub-, dickere mit der Stichsäge. Kanten rund abschmirgeln, Beinansätze abschleifen,

spätere Klebeflächen plan lassen. Je 1 Paar Beine mit Tesafilm gegengleich zusammenkleben und mit 6- bis 7-mm Bohrer (je nach Stärke der Achse) lt. Markierung durchbohren, Tesafilm abziehen.
Bevor die Beine angeklebt werden, Metallrohr halbieren und einseitig mit 1 Rad bzw. 1 Kugel verbinden, Achse durch die Bohrlöcher schieben, zuvor Ringscheiben und evtl. Abschnitte von Faserstiften als Abstandhalter aufziehen. Endgültige Achsenlänge ausmessen, evtl. kürzen, Gegenrad festleimen. Dann die Beine mit Schraubzwingen am Rumpf befestigen und die Stellung mit Bleistift markieren. Zwingen abnehmen und Beine an markierter Stelle festkleben, erneut fixieren, trocknen lassen. Ohren ebenso befestigen, auch den Pferdeschwanz.
Tiere vor dem Bemalen noch einmal mit feinstem Schmirgelpapier glätten. Dann entweder nur mit Klarlack überziehen oder mit Einlaßgrund vorbehandeln und farbig bemalen. Zeichnung im Fell bzw. Federkleid zuletzt mit dem Pinsel auftupfen. Ringschraube für die Kordel eindrehen.

136 Pferd

Größe: 22 x 18 cm.
Rumpf/o, Beine/+, Schwanz/+
Siehe auch 136–138 vor ds. Anleitung.
Ausführung: Kopf leicht konisch schleifen. Metallrohr in die Rundstababschnitte einsetzen, ca. 1 cm lange Abstandhalter zur besseren Stabilität zwischenstekken, siehe Detailbild. Pferd lt. Foto bemalen.

137 Bernhardinerwelpe

Größe: 26,5 x 21 cm.
Rumpf/o, Grundbrett/o, Ohren, Beine und evtl. Räder/+
Siehe auch 136–138 links unten.
Ausführung: Hund zusammensetzen und auf das Grundbrett leimen, bemalen. Räder mit Holzschrauben befestigen (Ringscheiben einlegen) - Schrauben zunächst fest anziehen, dann mit einer kleinen Drehung des Schraubenziehers wieder leicht lockern.

138 Ente

Größe: 18 x 16 cm.
Rumpf/* und Räder/o
Siehe auch 136–138 links unten.

Ausführung: Rumpf und Räder an markierter Stelle durch- bzw. anbohren (in Rädern nur 2/3 des Holzes), dann bemalen und lackieren. Räder befestigen (lt. Abb. Hülsenstücke und Ringscheiben aufziehen, festkleben). Nun watschelt die Ente beim Ziehen! Zum Schutz des Rumpfes an der Unterseite eine große Ringschraube eindrehen, siehe Detailbild.

139 Tiere und Figuren eines Bauernhofs

Allgemeines siehe Holztiere 136-138 s. S. 142/143. Größe siehe Musterzeichnungen auf S. 178 und 179.

Material: Holz (jedoch nur 2 und 1 cm stark); Farben; Leim und Werkzeug siehe Holztiere; Schaschlikstäbe.

Ausführung: Große Tiere, Figuren und Bäume aus 2 cm, kleine Tiere aus 1 cm starkem Holz aussägen und die Längsseiten abschleifen, Kanten „brechen" (vom Rückgrat der Tiere jeweils leicht konisch nach unten verlaufend (siehe Foto); auf ausreichend große Standfläche achten. Köpfe der Figuren leicht abrunden. Für die Zäune Leistenstücke lt. Markierung durchbohren und Schaschlikstäbe einsetzen.

140 Spielzeugbeutel

gleichzeitig „Spielwiese".

Größe: 49 x 74 cm.

Material: Ca. 0,76 m Baumwollstoff mit Blümchendruck, 120 cm breit; 0,76 m Vlieseline, H 250 (Freudenberg); 3,00 m Kordel; 24 Kunststoffringe, ⌀ 2 cm.

Ausführung: Aus Blümchendruckstoff 2 Teile à 51 x 76 cm zuschneiden, 1 Teil mit Vlieseline verstärken, alle Ecken mit einem Glas abrunden, rechts auf rechts 1 cm ab Rand zusammensteppen, Schlitz zum Wenden offenlassen, wenden, Kante heften, absteppen. Mit je ca. 10 cm Abstand die Kunststoffringe aufnähen, Kordel einziehen.

141 Schäfer-Puzzle

Musterzeichnung auf Bogen A in Schwarz.

Größe: 33,5 x 29,5 cm.

Material: Ca. 10 mm starkes leichtes Holz in Modellgröße, z.B. Pappel- oder Balsaholz - letzteres gibt es in manchen Läden nur in 10 cm Breite, in diesem Fall die Bretter teilen und auf 30 cm Mindestbreite mit Uhu coll zusammenleimen. Zum Bemalen Plaka-Weiß (Grundierung) und Plaka-Buntfarben (Pelikan); Klarlack matt oder glänzend.

Werkzeug: Bleistift; Lineal; Laubsäge mit feineren Sägeblättern (oder Motordekupiersäge, ebenfalls mit feingezähnten Blättern); Schmirgelpapier; Grundier- und Malpinsel.

Ausführung: Holz glattschmirgeln, grundieren und nochmals mit feinem Schmirgelpapier glätten. Musterzeichnung - vom Bogen auf Transparentpapier durchgezeichnet - auf die Grundierung übertragen (mittels Kopierpapier oder die Rückseite der Vorlage mit Grafit aus dem Bleistiftspitzer schwärzen, Linien durchdrücken). Zeichnung mit Klarlack fixieren. Jetzt das Brett in die Einzelteile zerlegen. Sehr präzise sägen, davon hängt das Funktionieren des Puzzles ab; die Säge vor allem nicht verkanten, also absolut senkrecht durchziehen (mit der Dekupiersäge kein Problem!). Alle Seitenflächen sauber und gleichmäßig schmirgeln - die Ränder sollten schon ca. 1 mm reduziert werden, denn mit Grundierung, Farbauftrag und Lack dürfen die Teile nichts an Umfang gewinnen, sie würden nicht mehr ineinanderpassen. Nach einem Probe-Puzzle alles nach Vorlage und Foto bemalen und dann farblos lackieren - fertig.

***Tip:** Für die Aufbewahrung sollten Sie aus Karton eine flache Schachtel bauen, in die das Bild genau paßt. Auf dem Karton, der für den Rand an allen Seiten 15 mm größer als das Bild ist, ritzen Sie die Kanten ein, stellen den Rand hoch und befestigen die Ecken mit Heftpflaster. Genauso arbeiten Sie den Deckel, die Grundfläche ist jedoch in Länge und Breite um doppelte Kartonstärke größer. Den Deckel evtl. mit Geschenkpapier oder d-c-fix verkleiden.

142 Puzzle „Schloßgarten"

Musterzeichnung auf Bogen A in Schwarz.

Größe: 33 x 45 cm.

Material: Je 33 x 45 cm Kiefer- oder Tannenmassivholz, 2 cm stark, und Sperrholz, 3 mm stark. Plaka-Farben lt. Foto; Klarlack oder Lackfarben; Holzeinlaßgrund; Transparentpapier; Schleifpapier, mittel bis fein.

Werkzeug: Starke Laub- oder Stichsäge, feiner und breiter Pinsel, Lineal und Bleistift.

Ausführung: Musterzeichnung vom Bogen auf Transparentpapier durchzeichnen, Konturen auf der Rückseite mit dickem Bleistiftstrich nachziehen, Vorlage mit Tesafilm auf dem Massivholz befestigen, Linien mit Kugelschreiber oder Häkelnadel nachziehen, für gerade Linien Lineal anlegen. Exakt aussägen, Rundungen langsam und vorsichtig. Darauf achten, daß das Sägeblatt nicht verkantet. Der Materialschwund, der durchs Sägen entsteht, wird später durch den Farbauftrag wieder ausgeglichen. Unebenheiten abschleifen, Teile mit Einlaßgrund streichen und nach dem Trocknen erneut glätten. Beim Bemalen richten Sie sich nach dem Modellbild, Bäume und Büsche zunächst grün, dann Blätter und Blüten malen und auftupfen. Musterzeichnung für Fenster und Türen auf die rosa Fassade übertragen, mit feinem Pinsel ausmalen. In die Mitte des Wasserbeckens ein Loch bohren, Fontäne einkleben (8 x 8 cm weißes Papier bis auf 1 cm in 1 mm breite Streifen schneiden, zusammenrollen).
Auf das Sperrholz die Blumenrabatte übertragen und ausmalen, zuletzt alle Teile mit Klarlack überziehen. Praktisch, wenn man zur Aufbewahrung eine flache Schachtel, 33,5 x 45,5 cm, aus Karton faltet, zusammenklebt und mit Buntpapier verkleidet. (siehe auch Tip Modell 141).

193 Musterzeichnung für Muttertagskarte

143 Spielzelt für Kinder

Schnitt I (für ½ Zeltteil) und Zuschneideschema II siehe rechts oben. Rasterzeichnungen für Applikationen siehe oben.

Größe: Ca. 150 cm hoch.

Material: Ca. 4,00 m Segeltuch, Kretonne oder Nessel, 150 cm breit; 0,90 m gemusterter Stoff, 120 cm breit; Stoffreste für die Applikationen; Haftvlies Vliesofix T (von Freudenberg); 5 Bambusstäbe, ca. 180 cm lang; ca. 45 cm Haushaltsgummi, 1 cm breit.

Zuschneiden: Uni Stoff: Schnitt I 5mal im Bruch, Anordnung siehe Schema II; 5 Streifen für die Stabführung, je 5 cm breit und 1,50 cm lang.

Aus gemustertem Stoff: Schnittteil A (in Schnitt I) = obere Blende, 5mal im Bruch; Schnittteil B (in Schnitt I) = Blende für den Eingangsschlitz, 12 x 114 cm, 2mal; untere Saumblende, 6 x 95 cm, 4mal; 6 x 47,5 cm, 2mal. Alle Schnittteile mit 1 cm Nahtzugabe zuschneiden.

Applizieren: Zuerst die Rasterzeichnungen folgendermaßen auf Originalgröße übertragen: Ein Karogitter mit 5 cm Karogröße zeichnen und darin alle Punkte markieren, an denen sich die Konturlinien der Zeichnung mit den Rasterlinien kreuzen. Diese Punkte anhand der Vorlage miteinander verbinden und auf diese Weise den Konturverlauf übertragen. Die einzelnen Motivteile aus den Stoffresten grob ausschneiden, dazu jeweils ein Stück Haftvlies, etwas kleiner als der Stoffrest. Haftvlies auf die Rückseite der Stoffreste bügeln, Motive mit Hilfe von Kopierpapier auf das Haftvlies übertragen und ohne Nahtzugabe ausschneiden. Papier abziehen, auf 4 Zeltteile je ein Motiv in Seitenmitte (Höhe wunschgemäß) aufbügeln, mit kleinen Zickzackstichen applizieren.

Nähen: In das 5. Zeltteil wird der Schlitz für den Eingang gearbeitet. Zunächst den Einschnitt nur markieren. Die gemusterten Stoffblenden B rechts auf links auf das Zeltteil legen und schmal um den markierten Einschnitt steppen. Schlitz einschneiden, Blenden nach rechts wenden, Kanten heften und bügeln. Außenkanten der Blenden umbügeln (fertige Blendenbreite ca. 6 cm), am oberen Schlitzende eine Spitze legen (siehe Schnitt I), schmalkantig feststeppen. Saumblenden ebenso steppen, die beiden kürzeren Blenden für das Eingangsteil verwenden. Unten am Schlitz eine Ecke legen und feststeppen. Zeltteile rechts auf rechts legen, Seitennähte schließen und die Nahtzugaben auseinanderbügeln. Seitennähte der Teile A schließen und auseinanderbügeln. Rechts auf links gelegt an den oberen Zeltrand nähen. Nach rechts umlegen, Kante heften und 1,5 cm breit durchsteppen. Eine kleine Öffnung für das Gummiband lassen. Die untere Kante von Teil A umbügeln und schmalkantig aufsteppen. Auf der linken Stoffseite der Zeltteile, 1,5 cm ab oberem Rand, die Besatzstreifen mit eingeschlagenen Längskanten über den ausgebügelten Seitennähten schmalkantig als Tunnel aufsteppen. Die Schmalkanten zuvor versäubern und offenlassen fürs Durchschieben der Bambusstäbe. Am oberen Ende des Zeltes Gummiband einziehen. Bambusstäbe einschieben, abbildungsgemäß miteinander verkreuzen und festbinden, Zelt aufstellen.

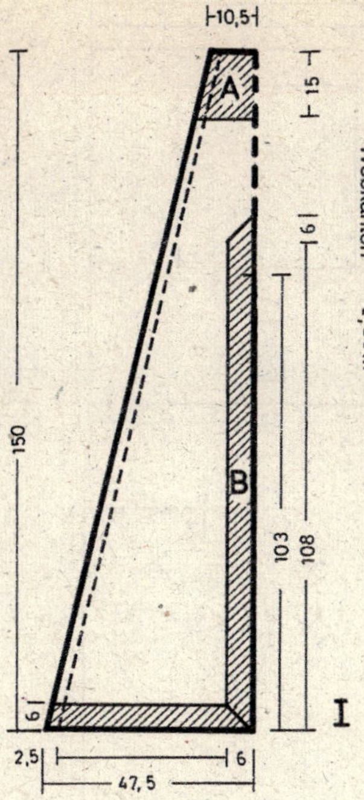

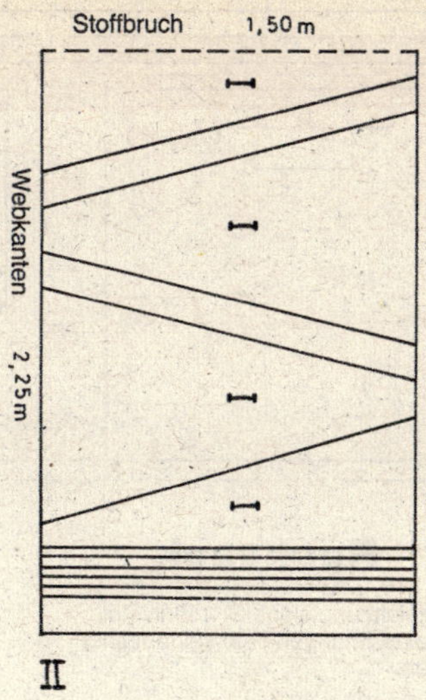

Schemazeichnungen zu 143 Spielzelt

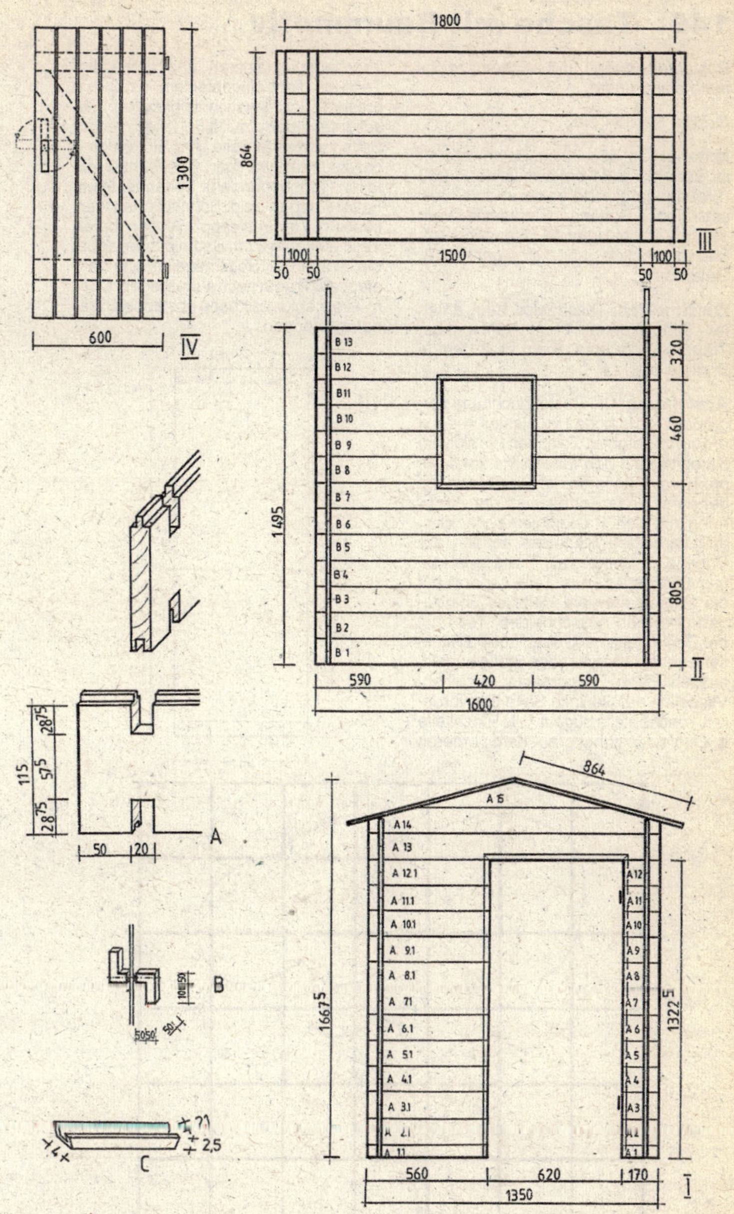

144 Kinderspielhaus

Schemazeichnungen I – IV sowie A – C siehe rechts.

Größe: 160 x 135 cm, 175 cm hoch.

Material: Bausatz für das Kinderspielhaus, bestehend aus vorgefertigten Teilen, erhältlich bei Holz Lill (Adresse siehe Herstellernachweis). Eine detaillierte Aufbauanleitung liegt bei. Die Teile sind numeriert und werden nur noch ineinandergesteckt. Es sind, außer für die Tür und die Dachschalung, keinerlei Verbindungsmittel erforderlich. Die Fensterrahmen werden bereits während des Aufbaus der Wände eingesetzt. Die beiliegende Dachpappe wird aufgenagelt.

Nach dem Zusammenbau kann das Haus gestrichen werden: mit biologischer Naturharzöl-Lasur (131), dazu Abtönfarbe (150) oder Naturholzöl-Buntlack (240) in verschiedenen Farben, beides von Auro (umweltfreundlich). Geübte Hobbyhandwerker können das Haus von Grund auf selber anfertigen. Die folgende Anleitung gibt Anhaltspunkte dazu. Ggfl. im Handel erhältliche Bretter verwenden, dafür Maße neu berechnen.

Holzliste

1. Dielenbretter, 24 mm stark, 115 mm breit (oder gehobelte Nut- und Federbretter):

Giebelseite mit Tür			
Nr.	Abmessung in mm	Anzahl	Überplattung
A 1	170 (nur halbe Breite)	1	rechts
A 1.1	560 (nur halbe Breite)	1	links
A 2 – 12	170	11	rechts
A 2.1 – 12.1	560	11	links
A 13 – 14	1350	2	rechts und links
A 15	ca. 900	1	
(bei A 14 und A 15 lt. Zeichnung 1 Dachneigung zusägen)			
2 Seitenwände mit Fenstern			
B 1 – 7	1600	14	rechts und links
B 8 – 11	590	8	rechts
B 8 – 11	590	8	links
B 12+13	1600	4	rechts und links
Giebelseite ohne Tür			
C 1	1350 (nur halbe Breite)	1	rechts und links
C 2 – 14	1350	13	rechts und links
C 15	ca. 900		
(bei C 14 und C 15 – wie bei A 14 und A 15 – lt. Zeichnung Dachneigung zusägen)			

2. Gehobelte Nut- und Federbretter, 12 mm stark, 96 mm breit

Dach	1800	18

3. Gehobelte Bretter, 12 mm stark, 96 mm breit (oder Nut- und Federbretter, 20 mm stark)

Tür	1300	6
Türverstrebung	600	2
Türverstrebung	1100	1

4. Gehobelte Leisten, 50 mm x 20 mm stark

Dachverstärkung	864	8
Dachverblendung	864	4

5. Nutleisten für Fenster und Türverkleidung (siehe Zeichnung C), 40 mm breit, 25 mm hoch (Nut 21 mm), a. 3500 mm lang

6. 2 gehobelte Bretter für Türriegel, 100 mm breit, 50 mm stark und 150 mm lang.

Weiteres Material: 2 Stück Dachpappe, 1000 x 1840 mm; ca. 40 Dachpappennägel; 2 Scharniere für die Tür, 60 mm; 1 Holzschraube für den Türriegel, 24 mm lang; 2 Unterlegscheiben für den Türriegel, 40 mm ∅; 50 Nägel, 60 mm; Uhu coll express-Holzleim.

Werkzeug:
Feinsäge; Gehrungslade; Stechbeitel; Hammer; Schraubendreher; Bohrer; Schleifpapier; Schraubzwingen.

Ausführung: Dielenbretter (oder Nut- und Federbretter) lt. Holzliste richten. Überplattungen nach Detail A zusägen, mit Stechbeitel ausstemmen. Es empfiehlt sich, die gerichteten Bretter lt. Holzliste zu kennzeichnen. Dann wie folgt zusammensetzen: Bretter A 1, A 1.1 und C 1 auf den Boden stellen und links und rechts die Seitenteilbretter B 1 aufstekken. Nun abwechselnd die Bretter der Giebelseiten und die Seitenwände aufstecken. Darauf achten, daß die Bretter fest zusammengefügt sind. Für die Fenster- und Türrahmungen die Nutleisten (siehe Zeichnung C) auf Gehrung zusägen und verleimen, während des schichtweisen Aufbaus einsetzen. Für jede Dachhälfte jeweils 9 Bretter zusammenstecken und oben etwas abschrägen.

Lt. Zeichnung III die Leisten links und rechts auf der Unterseite annageln. Dachflächen auf die Giebelwände legen und evtl. an den Wänden festnageln. An den Giebelseiten noch die Leisten als Abschluß befestigen. Die Dachpappe mit den Dachpappennägeln auf die Dachflächen nageln. Für die Tür die Bretter lt. Zeichnung IV zusammenbauen und Scharniere an Tür und Haus befestigen. Türriegel nach Zeichnung B herstellen und einsetzen. Haus mit einer biologischen Holzschutzlasur oder Buntlack anstreichen und bemalen.

145 Tasche mit Baummotiv

Rasterzeichnung und Schemazeichnung siehe unten.

Größe: 31 x 34 cm.

Material: Ca. 55 x 90 cm Baumwollstoff in Gelb; 31 x 34 cm Vlieseline H 250 (Freudenberg); Stoffreste in zwei verschiedenen Rottönen; Stoffrest in Grün; ca. 40 x 50 cm Haftvlies (Freudenberg); Maschinenstick- und -stopfgarn (z.B. Gütermann).

Zuschneiden: Taschenteil 1mal, an allen Schnittkanten 1 cm Nahtzugabe; Träger 48 cm lang, 8 cm breit (fertige Breite 3 cm).

Ausführung: Die Rasterzeichnung vergrößern. 1 Kästchen im Raster = 4,4 x 4,4 cm im Original. Zeichnen Sie sich ein Karogitter mit den Maßen 4,4 x 4,4 cm pro Karo. Markieren Sie alle Punkte, an denen sich die Konturlinien der Zeichnung mit den Rasterlinien schneiden, und verbinden Sie diese anhand der Vorlage. Zeichnung auf Transparentpapier übertragen. Alle Teile separat auf die Papierseite vom Haftvlies übertragen und grob ausschneiden. Teile mit der Papierseite nach oben auf die Rückseite der entsprechenden Stoffe bügeln, ausschneiden. Trägerpapier abziehen. Vlieseline auf die linke Seite des vorderen Taschenteils bügeln. Alle Einzelteile lt. Originalzeichnung auf dem vorderen Taschenteil plazieren und aufbügeln. Teile mit dicht eingestelltem, ca. 3 mm breitem Zickzackstich applizieren. Taschenteil quer zur Hälfte falten, rechte Seite auf rechte Seite. Am Stoffbruch 4 cm zum rückwärtigen Taschenteil hin falten (Taschenboden). Seitennähte mit Falte steppen und Schnittkanten versäubern. Träger steppen. An der oberen Taschenkante 3 cm Saum nähen, dabei die Träger lt. Schemazeichnung mitsteppen. Träger nach außen legen. Obere Taschenkante knapp absteppen, Träger mitsteppen.

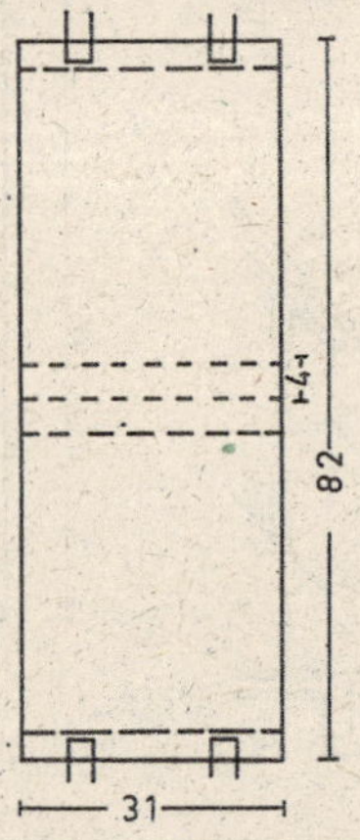

146 Turnbeutel

Musterzeichnung in Rot unter dem Text.

Größe: 35 x 29 cm.

Material: 40 x 60 cm Baumwollstoff in Gelb, Stoffrest in Blau; 2 m rote Kordel, 0,5 cm Ø (z.B. Pliester Art. 336101, Farbe 53); Rest Haftvlies Vliesofix (von Freudenberg); gelbes und rotes Nähgarn, blaues Maschinenstick- und -stopfgarn (z.B. Gütermann).

Ausführung: Vor dem Zusammennähen des Turnbeutels das Springseil aufnähen. Gelben Baumwollstoff quer zur Hälfte falten. Unten und seitlich fallen je 1 cm in die Nahtzugabe, oben 5 cm in den Umschlag. Haftvlies auf die Rückseite des blauen Stoffes bügeln. Daraus zwei Griffe für das Springseil lt. Musterzeichnung schneiden und diese auf die rechte Hälfte des Stoffes lt. Abb. oder nach Belieben legen. Ca. 1,15 m für das Seil und 2mal ca. 0,10 m für die Knoten von der Kordel abschneiden. Die Knoten jedoch erst nach dem Applizieren machen. Das Seil lt. Abb. oder nach Belieben legen und feststecken. Seilenden unter die Griffenden legen. Griffe aufbügeln und mit dicht eingestelltem Zickzackstich applizieren, dabei unterlegte Kordelenden mitfassen. Das Springseil von der linken Seite mit kleinen Heftstichen aufnähen. Knoten machen und Enden so abschneiden, daß noch jeweils ca. 1 cm von der Kordel übersteht. Stoff links auf links zum Beutel unten und seitlich zusammennähen. Alle Schnittkanten versäubern. Beutel wenden. Am oberen Rand des Beutels 5 cm nach innen umschlagen. 2,5 und 3,5 cm unterhalb der Bruchkante den Tunnel steppen. Die rechte Naht des Tunnels öffnen. Kordel durchziehen. Kordelenden verknoten.

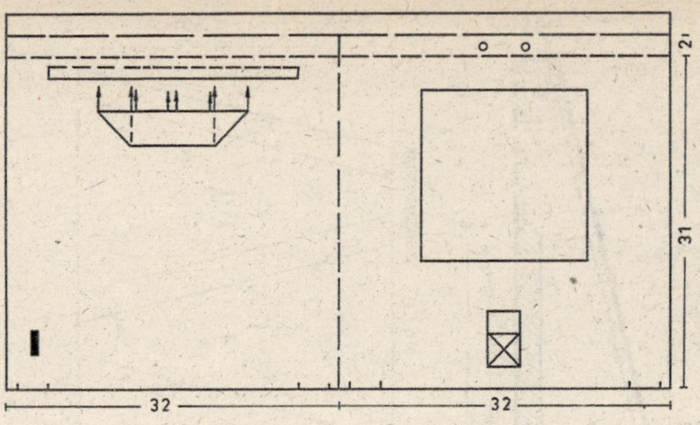

147 Rucksack

Musterzeichnung siehe S. 159 in Rot. Schemazeichnungen I–III siehe rechts und oben.

Größe: Ca. 35 x 32 cm.

Material: 0,65 m Baumwollstoff in Gelb, 140 cm breit (z.B. von KBC); Stoffreste in Blau, Gelb, Rot und Weiß zum Applizieren; 1,10 m Nahtband, 3 cm breit; 2 m Kofferband, 2,5 cm breit, beide in Rot (z.B. von Güth & Wolf); 1,40 m rote Kordel (z.B. Pliester Art. 406300, Farbe 53); 1 Reißverschluß, 20 cm lang, in Rot; 3 Gürtelschließen mit Dorn, Stegbreite 3 cm (z.B. von Union); 9 Ösen, 4 mm Ø; 2 Ösen, 5,5 mm Ø (von Prym); 20 x 20 cm Haftvlies Vliesofix; 20 x 20 cm Volumenvlies H 630 (beides von Freudenberg); rotes und gelbes Nähgarn.

Zuschneiden: I Rucksackteil 2mal; II Rucksackklappe 2mal; III Reißverschlußtaschenteil 1mal. An allen Teilen 1 cm Naht zugaben.

Kofferband: 124 cm für die Träger 1mal; 26 cm für den Griff 1mal; 10 cm für die Riegel mit Gürtelschließe 3mal; 19 cm für die Verschlußlasche 1mal.

Nahtband: 9 cm für die Schlaufen unter den Gürtelschließen 3mal; 82 cm zum Versäubern der Rucksackklappe 1mal.

Ausführung: An den Reißverschlußteilen (III) die Schnittkanten der Ecken rechts auf rechts legen, Ecken steppen. Am unteren Taschenteil die obere Schnittkante, am oberen Taschenteil die untere Schnittkante versäubern und jeweils die Nahtzugabe umbügeln. Reißverschluß schmalkantig und füßchenbreit unter die untere und obere Längskante steppen. An den offenen Kanten ringsum die Nahtzugaben versäubern, umbügeln und lt. Schema und Abb. auf ein Rucksackteil (I) schmalkantig steppen.

Schlaufen: Das Nahtband längs zur Hälfte falten, schmalkantig absteppen. Beide Enden je 2 cm rechts auf links übereinanderlegen, so daß eine Schlaufe von 3 cm Breite entsteht. Mit einigen Stichen fixieren.

Unterer Riegel mit Gürtelschließe: Kofferband in der Mitte der Länge nach falten und um den unteren Steg einer Gürtelschließe legen. Eine Schlaufe über ein Ende des Kofferbandes bis zur Gürtelschließe ziehen (Naht der Schlaufe verdeckt!). Die untere und seitliche Naht des Rucksackteils schließen, dabei die beiden Riegel mit Gürtelschließe lt. Schema mitsteppen. Am zweiten Rucksackteil untere und seitliche Naht schließen. Beide Rucksackteile links auf links legen. An der vorderen Seite zwei Ösen, 5,5 mm Ø, lt. Musterzeichnung einstanzen. Kordelenden durch die Ösen ziehen. Tunnel um die Kordel legen. Tunnel schmalkantig absteppen. Kordelenden verknoten.

Mittlerer Riegel mit Gürtelschließe: Beide Enden vom Kofferband 2,5 cm umlegen, so daß die Schnittkanten zusammentreffen. Ein umgelegtes Ende

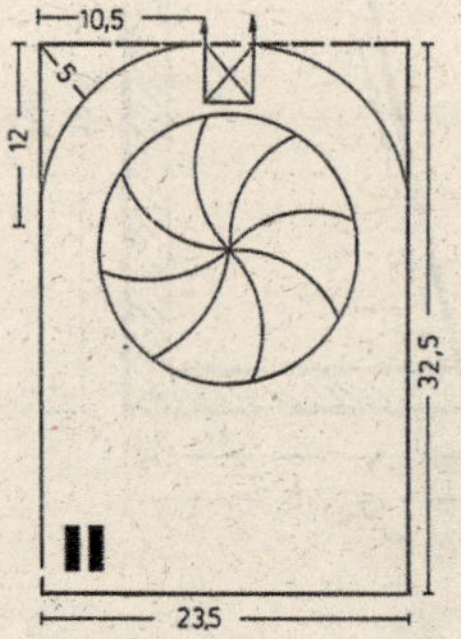

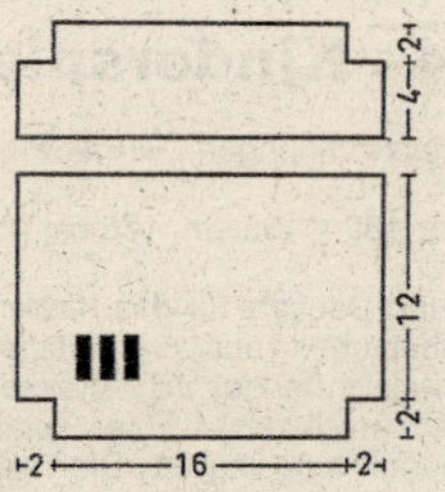

um den unteren Steg einer Gürtelschließe legen. Den Riegel durch eine Schlaufe ziehen, bis die Schlaufe direkt unter der Gürtelschließe sitzt. Die Naht der Schlaufe wird vom umgelegten Teil des Riegels verdeckt. Riegel lt. Schema auf vorderes Rucksackteil steppen. Für die Träger das Kofferband lt. Schema falten. Kofferband so falten, daß die Enden gleich lang sind. Die Enden des Griffs ca. 2 cm unter die Träger legen. Träger und Griff lt. Schema aufsteppen. Schnittkanten an den Trägerenden versäubern und 1,5 cm breit säumen. Jeweils drei Ösen, 4 mm Ø, im Abstand von 2 cm einstanzen. Zwischen Trägerende und erster Öse sind 5 cm Abstand.

Rucksackklappe: Volumenvlies auf blaue, gelbe, rote und weiße Stoffreste bügeln. Dann jeweils Haftvlies auf Volumenvlies bügeln. Aus jedem Stoffrest je zwei Ballteile lt. Musterzeichnung ohne Nahtzugabe zuschneiden. Auf ein Rucksackklappenteil die Ballteile lt. Schema bügeln und mit dicht eingestelltem Zickzackstich applizieren. Beide Klappenteile links auf links legen, seitliche und abgerundete Kanten mit Nahtband versäubern. Dafür Nahtband längs zur Hälfte falten, um die Schnittkanten legen, an den Rundungen etwas einhalten, aufsteppen. Obere Schnittkante der Verschlußlasche 1,5 cm breit umschlagen und lt. Schema auf die Rucksackklappe steppen; loses Ende versäubern und säumen. Drei Ösen, 4 mm Ø, im Abstand von 2 cm einstanzen. Zwischen Laschenende und erster Öse sind 4 cm Abstand. Rucksackklappe auf Rückseite des Rucksacks rechts auf rechts legen und lt. Schema die Klappe füßchenbreit aufsteppen. Nun die Klappe um 180 Grad umlegen und ca. 1 cm breit absteppen (Kappnaht).

148 + 149 Stundenplan und Turnbeutel

Zählmuster A + B siehe oben.

Größe: Stundenplan: Ca. 35 x 29 cm; Beutel: Ca. 27 x 38 cm.

Material: 0,60 m Schülertuch, 85 cm breit; 10,7 Gewebefäden/ca. 1 cm (z.B. Zweigart Art. 1235 Linda); 2 m Baumwolltresse, 0,5 cm breit (z.B. Fritz Moll Art. 391 182); 2 Metallringe, 2 cm Ø (z.B. Knorr); je 1 Strang DMC-Mouliné (Sticktwist) in folgenden oder ähnlichen Farben:

1 • = Weiß
2 ⁄ = Maisgelb 741
3 × = Zitronengelb 307
4 ∘ = Rosé 605
5 + = Lindgrün, hell 704
6 ▫ = Orange 608
7 = Goldbraun, dunkel 783
8 ⁄ = Marineblau, hell 797
9 ◢ = Schwarz 310
10 ⁄ = Rindenbraun 839

Auch über den Fachhandel als Fixpakkung erhältlich: Swifit Art. 136098 und Art. 136097.

Ausführung: Aus dem Stoff 2 Teile von 30 x 85 cm zuschneiden. Schnittkanten versäubern. Längsmitten markieren.

Stundenplan: Auf der linken Stoffhälfte das Motiv ca. 3 cm vom linken und 5 cm vom unteren Stoffrand anordnen. Lt. Zählmuster A arbeiten, 1 Kreuzstich greift über 3 x 3; 1 Steppstich über 3 Gewebefäden. Mouliné 4fädig verwenden. Fertige Stickerei von links unter feuchtem Tuch bügeln. Stoff 1 cm vom rechten Motivrand entfernt rechts auf rechts legen und an 3 Seiten einen 2 cm breiten Saum steppen, auf 0,5 cm beschneiden. Stickerei auf rechts wenden. Eine entsprechend große Pappe einschieben, letzte Seite mit der Hand zunähen. An den beiden oberen Ecken auf der Rückseite die 2 Ringe zum Aufhängen annähen. Zum Schluß Stundenplan lt. Abb. befestigen.

Turnbeutel: In Längsmitte, ca. 4 cm vom Stoffbruch entfernt, das Motiv anordnen. Lt. Zählmuster B arbeiten. Stikkereiausführung siehe Stundenplan. Zuletzt die Wimpern des Clowns mit schwarzen Spannstichen einsticken. An den Schmalseiten jeweils einen 2,5 cm breiten Schlauch nähen. Stoff rechts auf rechts legen, Seitennähte bis 7 cm vom oberen Rand entfernt schließen. Zum Schluß Tresse doppelt in den Schlauch einziehen.

150–152 Schultüten

Originalgroße Musterzeichnung auf Bogen C in Rot.
Die Kreislinie innerhalb der Zeichnung gilt für die kleine Tüte.
Die gestrichelte Fläche ist der Untertritt.
Ziffern und Abc auf S. 147, 148 und 139 in Rot.

Größe: 70 und 40 cm.

Material: 1 Bogen Tonpapier (50 x 70 cm) in Weiß; 1 Rolle Regenbogenfarben- Buntpapier, 48 x 67 cm (Pelikan); farblich passendes Kreppapier; Geschenkbänder; Tapetenkleister; Flachpinsel; Uhu Kraft; Transparent- und Kopierpapier; Papierschere; weicher Lappen.

Ausführung: Kleister nach Vorschrift (nicht zu dünn) anrühren. Musterzeichnung auf Tonpapier übertragen und ausschneiden. Eine Tonpapierseite mit Kleister einstreichen, das Regenbogenpapier daraufkleben. Mit der flachen Hand glattstreichen, damit sich keine Falten bilden. Für diese Arbeit ist eine Gummiwalze (wie sie zum Tapezieren verwendet wird) hilfreich. Teil trocknen lassen. Regenbogenpapier an drei Seiten abschneiden, an der vierten Seite, wie in der Musterzeichnung angegeben, ca. 1 cm überstehen lassen. Tütenteil über ein Lineal oder die Tischkante ziehen, damit es sich etwas rund legt, und dann zur Tüte drehen. Die Tüte mit Uhu Kraft im Kontaktklebeverfahren (Angaben auf der Tube beachten) zusammenkleben, überstehendes Regenbogenpapier ebenfalls festkleben. So ergibt sich an der Klebenaht ein schöner Übergang.
Punkte für die kleine Tüte mit dem Zirkel vorzeichnen. Buchstaben oder Zahlen mittels Transparentpapier vom Bogen abnehmen und seitenverkehrt auf die Rückseite des Regenbogenpapiers kopieren.
Teile akkurat ausschneiden. Die Rückseiten sparsam mit Kleister einstreichen und auf der Tüte plazieren. Mit dem Lappen festdrücken und mit leichten kreisenden Bewegungen glattstreichen, dabei den übrigen Kleister aufnehmen. Vom Kreppapier ein ca. 60 x 20 bis 25 cm großes Stück abschneiden und ca. 1 cm weit überstehend um den oberen Tütenrand kleben. Tüte mit Geschenkband zubinden.

153 Hasenvater

Größe: 54 cm.

Teile 147 bis 160 auf Bg. D in Rot. Kontur ~~~~~~~~

Material: Pelzimitat 0,35 m, 140 cm breit; Rest helles Kaninchenfell; Rest roter Filz; 1 Paar Tieraugen, 18 mm Ø (Knorr Art. 3720187); Watte aus Polyester zum Füllen. Stoffreste für Hose und Hemd je 30 x 80 cm. 5 Nähfrei- Druckknöpfe.

Zuschneiden: Hase:
147 Vord. Körperteil 2mal
148 Vord. Fußteil 2mal
149 Vord. Armteil 2mal
150 Rückw. Körperteil 2mal
151 Rückw. Fußteil 2mal
152 Rückw. Armteil 2mal
153 Seitl. Kopfteil 2mal
154 Mittl. Kopfteil 1mal
Herzchen 1mal aus rotem Filz
155 Ohrteil 4mal

Hemd:
156 Vorderteil 2mal
157 Rückenteil 1mal im Stoffbruch
158 Kragen 1mal im Stoffbruch
159 Ärmel 2mal

Hose:
160 Hosenteil 2mal

Hase: Für den Schwanz aus dem Kaninchenfell einen Kreis mit 10 cm Ø.

Hose: 2 Träger 25 cm lang, 4 cm breit, fertige Breite 2 cm.
Pelzteile mit einer spitzen Schere von der linken Stoffseite aus ohne Zugabe zuschneiden, dabei den Flor nicht beschädigen. Hose und Hemd mit 1 cm Naht- und 2 cm Saumzugabe zuschneiden. An den Hemdvorderteilen die angeschnittenen Besätze mit Einlage verstärken.

Nähen:

Hasenvater arbeiten wie beim Hasenbaby, Modell 157, beschrieben.

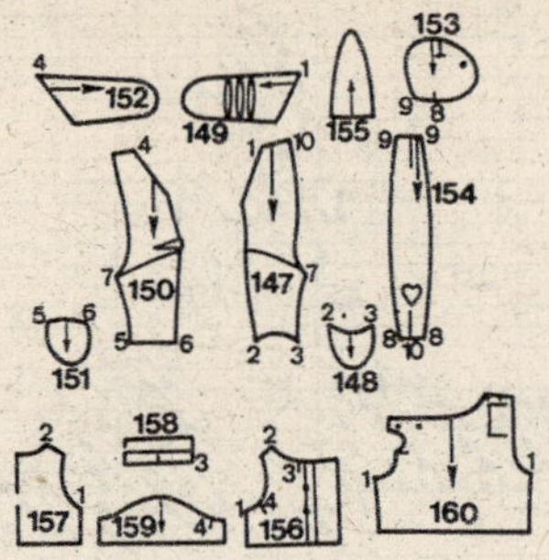

Hemd: Schulternähte steppen. An den unteren Ärmelkanten die Zugaben als Aufschlag nach außen wenden und eingeschlagen feststeppen. Ärmel an die Armausschnitte steppen. Seiten- und fortlaufend Ärmelnähte steppen. Saumzugabe eingeschlagen feststeppen. Angeschnittene Besätze nach außen legen und den Halsausschnitt bis Nahtzahl 3 damit verstürzen. Besätze über dem Saum annähen. Kragen entlang der Umbruchlinie falten und die Schmalseiten verstürzen. Kragen an den Halsausschnitt steppen und innen eingeschlagen auf die Ansatznaht nähen. Druckknöpfe einstanzen.

Hose: An den Hosenteilen die Saumzugaben nach innen wenden und feststeppen. Mittelnähte steppen, an der rückwärtigen Mittelnaht den Schlitz offenlassen. Innere Beinnähte in einem Arbeitsgang steppen. Zugaben der rückwärtigen Schlitzkanten und der oberen Hosenkanten nach innen wenden und feststeppen. An der Tasche die Zugaben ringsum nach innen wenden. Obere Taschenkante absteppen, Tasche aufsteppen. Träger längs falten, verstürzen und absteppen. An den vorderen Hosenteilen die Träger unternähen, hinten die Träger mit den Druckknöpfen unterknöpfen. Schlitz mit dem restlichen Druckknopf schließen.

154 Hasenmutter

Größe: 54 cm.

Teile 161 bis 163 auf Bg. D in Rot. Kontur →→→→→→→→

Material: Pelzimitat 0,35 m, 140 cm breit; Rest helles Kaninchenfell; Rest roter Filz; 1 Paar Tieraugen, 18 mm Ø (Knorr Art. 3720187); Watte aus Polyester zum Füllen; Stoffrest für Oberteil und Rock 40 x 90 cm; Stoffrest für Ärmel und Schürze 20 x 90 cm; Stickereiborte 1,70 m, 3 cm breit; Gummiband, ¾ cm breit.

Zuschneiden:

Hase:
Siehe Hasenvater, Modell 153.

Kleid:
161 Vorderteil 1mal im Stoffbruch
162 Rückenteil 2mal
163 Ärmel 2mal
Rockbahn 80 cm weit, 21 cm lang; Schrägstreifen für Halsausschnitt 25 cm lang, 3 cm breit; Schürze 27 cm weit, 13 cm lang; Schürzenbund mit Bindebändern 85 cm lang, 2 cm breit.

Hase: Für den Schwanz aus dem Kaninchenfell einen Kreis mit 10 cm Ø.
Pelzteile mit einer spitzen Schere von der linken Stoffseite aus ohne Zugabe zuschneiden, dabei den Flor nicht beschädigen. Kleid und Schürze mit 1 cm Naht- und 2 cm Saumzugabe zuschneiden.

Nähen:

Hasenmutter arbeiten wie beim Hasenbaby, Modell 157, beschrieben.

Kleid: Am Oberteil die Schulternähte steppen. Ärmel einreihen und an die Armausschnittkanten steppen. Stickereiborte rechts auf rechts an die unteren Ärmelkanten steppen. Zugaben der unteren Ärmelkanten nach innen wenden und eingeschlagen 1 cm breit für Gummizug feststeppen. Gummiband auf ca. 16 cm Weite einziehen, Gummibandenden feststeppen. Seitennähte und fortlaufend Ärmelnähte steppen. ● Stickereiborte an die untere Rockkante steppen. Zugaben der rückwärtigen Rockkanten eingeschlagen feststeppen. An der Rockbahn in 2 cm, 4 cm und 8 cm Abstand zur Bortenansatznaht von rechts Faltenbrüche einbügeln. Falten 1 cm breit absteppen und nach unten bügeln. ● Obere Rockkante einreihen. Rock ab der rückwärtigen Mitte an das Oberteil steppen. ● Spitzenborte ab der rückwärtigen Mitte an den Halsausschnitt heften, zuvor die Bortenenden eingeschlagen annähen. Schrägstreifen längs falten und bügeln. Angeschnittene Besätze nach außen wenden, auf die unteren Rückenteilkanten und den Halsausschnitt steppen. Am Halsausschnitt fortlaufend den doppelten Schrägstreifen ansteppen. Besätze und Schrägstreifen nach innen wenden. Am linken Rückenteil Knopflöcher einarbeiten. ● Am Schürzenteil die Zugaben der unteren und seitlichen Kanten nach innen wenden und eingeschlagen feststeppen. Obere Schürzenkante auf 13 cm Weite einreihen. Bund an die obere Schürzenkante steppen, an den Enden gleich lange Bindebänder überstehen lassen. An den Bindebändern die Zugaben eingeschlagen feststeppen. Obere Bundkante nach innen wenden und eingeschlagen auf die Ansatznaht nähen.

155 Hasenjunge

Größe: 34 cm.

Teile 164 bis 176 auf Bg. D in Rot. Kontur ~~~~~~~~

Material: Pelzimitat 0,25 m, 140 cm breit; Rest helles Kaninchenfell; Rest roter Filz; 1 Paar Tieraugen, 14 mm Ø (Knorr Art. 3720144); Watte aus Polyester zum Füllen; Stoffreste für Hemd und Hose, jeweils 15 x 80 cm; 6 kleine Nähfrei-Druckknöpfe.

Zuschneiden:

Hase:
164 Vord. Körperteil 2mal
165 Vord. Fußteil 2mal
166 Vord. Armteil 2mal
167 Rückw. Körperteil 2mal
168 Rückw. Fußteil 2mal
169 Rückw. Armteil 2mal
170 Seitl. Kopfteil 2mal
171 Mittl. Kopfteil 1mal
Herzchen 1mal aus rotem Filz
172 Ohrteil 4mal

Hemd:
173 Vorderteil 1mal im Stoffbruch
174 Rückenteil 2mal
175 Ärmel 2mal

Hose:
176 Hosenteil 2mal

Hase: Für den Schwanz aus dem Kaninchenfell einen Kreis mit 8 cm Ø.

Hemd: Streifen für Halsausschnitt 20 cm lang, 2 cm breit.

Hose: 2 Träger 24 cm lang, 3 cm breit, fertige Breite 1,5 cm. Trägersteg 6 cm lang, 3 cm breit, fertige Breite 1,5 cm.
Pelzteile mit einer spitzen Schere von der linken Stoffseite aus ohne Zugabe zuschneiden, dabei den Flor nicht beschädigen. Hemd und Hose mit 1 cm Naht- und Saumzugabe zuschneiden. Am Rückenteil entlang den Besatzlängskanten keine Zugabe anschneiden. Angeschnittene Besätze mit Einlage verstärken.

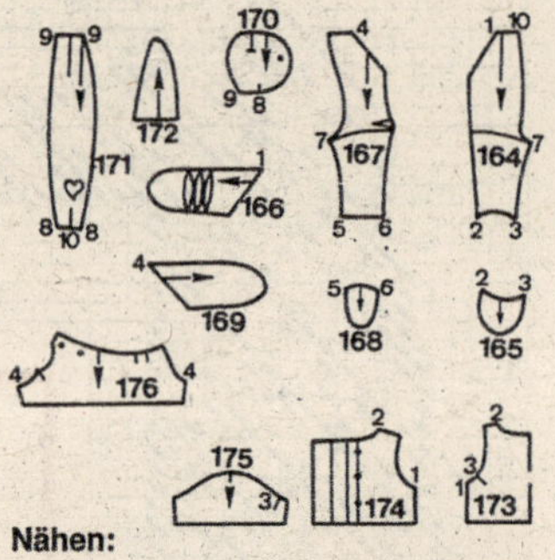

Nähen:

Hasenjunge arbeiten wie beim Hasenbaby, Modell 157, beschrieben.

Hemd: Schulternähte steppen, Ärmel an die Armausschnitte steppen. Seiten- und fortlaufend Ärmelnähte steppen. Saumzugabe und Zugabe an den Ärmelkanten nach innen wenden und schmal feststeppen. ● Am Rückenteil die angeschnittenen Besätze nach innen wenden, entlang den Umbruchlinien einschlagen und festheften. Besätze über dem Saum annähen. Halsausschnitt ½ cm breit mit dem Streifen einfassen, zuvor die Zugabe abschneiden. ● Druckknöpfe wie eingezeichnet einstanzen.

Hose: An den Hosenteilen die vordere und rückwärtige Mittelnaht steppen, an der rückwärtigen Mittelnaht den Schlitz offenlassen. Zugabe der Schlitzkanten nach innen wenden und schmal feststeppen. ● Saumzugaben und die Zugabe der oberen Hosenkante nach innen wenden und feststeppen. Innere Beinnähte in einem Arbeitsgang steppen. ● Träger und Steg jeweils längs falten, Längsseiten verstürzen und absteppen. Am vorderen Hosenteil die Träger wie eingezeichnet unter die obere Hosenkante nähen. Trägersteg ca. 2,5 cm von den Trägeransatznähten entfernt unter die Träger nähen. Rückwärtige Trägerenden mit je einem Druckknopf an der oberen Hosenkante befestigen. Rückwärtige Schlitzkante mit einem Druckknopf schließen.

156 Hasenmädchen

Größe: 34 cm.

Teile 177 bis 180 auf Bg. D in Rot Kontur ◇◇◇◇◇◇◇◇

Material: Pelzimitat 0,25 m, 140 cm breit; Rest helles Kaninchenfell; Rest roter Filz; 1 Paar Tieraugen, Ø 14 mm (Knorr Art. 3720144); Watte aus Polyester zum Füllen; Stoffrest für Rock und Oberteil 20 x 80 cm; Stoffrest für Ärmel, Schürze und Einsatz 15 x 80 cm; 1 kleiner Nähfrei-Druckknopf.

Zuschneiden:

Hase:
Siehe Hasenjunge, Modell 155

Kleid:
177 Vorderteil 1mal im Stoffbruch
178 Vorderer Einsatz 1mal im Stoffbruch
179 Rückenteil 2mal
180 Ärmel 2mal

Rockbahn 55 cm weit, 8 cm lang; Einfaßschrägstreifen für Halsausschnitt 18 cm lang, 3 cm breit; Schürzenteil 18 cm weit, 8,5 cm lang; Schürzenbund mit Bindebändern 55 cm lang, 1,5 cm breit; fertige Breite ¾ cm.

Hase: Für den Schwanz aus dem Kaninchenfell einen Kreis mit 8 cm Ø.
Pelzteile mit einer spitzen Schere von der linken Stoffseite aus ohne Zugabe zuschneiden, dabei den Flor nicht beschädigen. Kleid und Schürze mit 1 cm Naht- und 2 cm Saumzugabe zuschneiden.

Nähen:

Hasenmädchen arbeiten wie beim Hasenbaby, Modell 157, beschrieben.

Kleid: Am Vorderteil die Zugabe der runden Ausschnittkante nach innen wenden. Ausschnittkante auf den Einsatz legen und schmalkantig aufsteppen. Schulternähte steppen. Ärmel schmal säumen. Ärmel einreihen und an die Armausschnitte steppen. Seiten- und fortlaufend Ärmelnähte steppen. An der Rockbahn die Saumzugabe sowie die Zugaben der rückwärtigen Kanten eingeschlagen feststeppen. Obere Rockkante einreihen. Rock ab der Linie "angeschnittener Besatz" an die untere Oberteilkante steppen. Angeschnittene Besätze nach innen wenden und über der Rockansatznaht annähen. Oberteil entlang der Ansatznaht absteppen. Halsausschnitt ¾ cm breit mit dem Streifen einfassen. Am Rückenteil oben den Druckknopf einstanzen. ● An der Schürze die Zugaben der seitlichen Kanten schmal eingeschlagen feststeppen. Saumzugabe offenkantig feststeppen. In 2,5 cm und 5,5 cm Abstand zur unteren Schürzenkante von rechts Faltenbrüche einbügeln. Falten ½ cm breit absteppen. Falten nach unten bügeln. Obere Schürzenkante auf 8 cm Weite einreihen. Bund an die obere Schürzenkante steppen, die Bindebänder gleichlang überstehen lassen. Zugaben der Bindebänder einschlagen und die Kanten aufeinanderheften, Bundinnenkante festheften. Bund und Bänder schmal absteppen.

157 Hasenbaby

Größe: 24 cm.

Teile 181 bis 190 auf Bg. D in Rot Kontur

Material: Pelzimitat 0,20 m, 140 cm breit; Rest helles Kaninchenfell; Rest roter Filz; 1 Paar Tieraugen, 12 mm Ø (Knorr Art. 3720128); Watte aus Polyester zum Füllen; Stoffrest und Borte für den Latz.

Zuschneiden:

Hase:

181 Vorderes Körperteil 2mal
182 Vorderes Fußteil 2mal
183 Vorderes Armteil 2mal
184 Rückwärtiges Armteil 2mal
185 Rückwärtiges Fußteil 2mal
186 Rückwärtiges Körperteil 2mal
187 Seitliches Kopfteil 2mal
188 Mittlerees Kopfteil 1mal
Dreieck 1mal aus rotem Filz
189 Ohrteil 4mal

Latz:

190 Latzteil 1mal
Für den Schwanz aus dem Kaninchenfell einen Kreis mit 5 cm Ø.
Pelzteile mit einer spitzen Schere von der linken Stoffseite aus ohne Zugabe zuschneiden, dabei den Flor nicht beschädigen. Latz mit ½ cm Zugabe zuschneiden.

Nähen:

Hase: Alle Pelzteile werden rechts auf rechts liegend von Hand mit Überwendlingsstichen zusammengenäht. Dabei

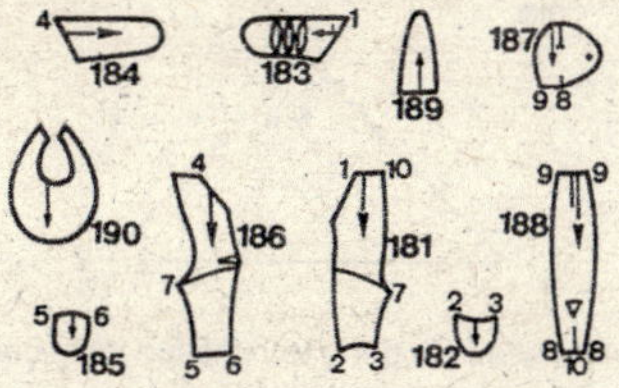

ist darauf zu achten, daß der Flor nicht mitgefaßt wird. Festes Garn verwenden. ● An den vorderen und rückwärtigen Körperteilen die Mittelnähte nähen. An den vorderen Armteilen und den rückwärtigen Körperteilen die Abnäher nähen. Vordere Arm- und Fußteile an die vorderen Körperteile, rückwärtige Arm- und Fußteile an die rückwärtigen Körperteile nähen. Vordere und rückwärtige Teile zusammennähen, oben zum Annähen des Kopfes offenlassen. Am mittleren Kopfteil das Filzdreieck aufnähen. Mittleres Kopfteil zwischen die seitlichen Kopfteile nähen. Körper und Kopf ausstopfen. Kopf aufnähen. Für die Ohren je zwei Teile - Webseite auf Florseite - aufeinanderlegen und zusammennähen. Ohren in Falten gelegt an den Kopf nähen. Augen aufnähen. Für die Beine entlang den eingezeichneten Stepplinien durchnähen. Arme in den Nähten durchnähen. Für den Schwanz mit doppeltem Faden und Vorstichen am Hand des Fellkreises entlangnähen. Faden anziehen, den Schwanz mit Watte aus Polyester ausstopfen und annähen.

Latz: Am Latzteil die Zugabe ringsum nach innen wenden, Borte schmalkantig untersteppen. Latz hinten mit den Druckknöpfen schließen.

158 Tischdecke mit Borte

Größe: 100 x 100 cm.

Material: 1,05 m Baumwollsatin, 140 cm breit (z.B. Frowein); 4,10 m Baumwollborte, 4,5 cm breit, Art. 120065; 4,10 m Paspelborte, 1 cm breit, Art. 391336 (beides Fritz Moll).

Zuschneiden:
100 x 100 cm 1mal plus jeweils 1 cm Nahtzugabe.

Ausführung: Decke ringsum versäubern und 1 cm nach der linken Seite umbügeln. Paspelborte schmalkantig untersteppen, so daß die Paspelkante hervorschaut. Danach die Borte auf der rechten Stoffseite, ½ cm von der Außenkante entfernt, ebenfalls schmalkantig aufsteppen. Dabei an den Ecken Briefecken legen. Decke bügeln.

159 + 160 Ostertischdekoration

Material: 1 Weidenkranz, 24 cm Ø, Art. 65062; 4 Weidenkränzchen, 9 cm Ø, Art. 65060; Watteeier, Art. 33400; 11 grüne (Fb. 11), 5 gelbe (Fb. 20), 8 weiße (Fb. 52); 1 Bündel Seidenbuchs, Art. 5113029; 2 Bündel (à 12 Stück) hellgelbe Gänseblümchen, Art. 54046/20; 6 Osterglocken, Art. 5405700; 4 gelbe Apfelblütenstiele, Art. 54048/20; 4 gelbe Wattevögelchen, Art. 8511700; 4 hellgrüne Holzhäschen, Art. 8825049; 2,40 m gelbes Streifenband, 1,5 cm breit, Art. 51582; 1,40 m weißes Tupfenband, 1 cm breit, Art. 51568; 2 m gelbe Baumwollborte, 4 mm breit, Art. 51565 (alles von Rayher Hobby); 3 m Satinbändchen (0,3 cm breit) in Hellgelb, 1,50 m in Orange, 1 m in Hellgrün (z. B. von Offray); Uhu Alleskleber.

Ausführung, Eierkranz: Die gelbe Baumwollborte in 4 Stück à 50 cm schneiden, jeweils an 4 Stellen durch den Kranz ziehen, doppelt nehmen und oben in der Mitte zusammenknoten. Kranz zum Dekorieren aufhängen. Den Aufhängedraht an den Eiern in der Mitte umbiegen. Vom Seidenbuchs jeweils die oberen Rosetten abschneiden. Satinbändchen in Stücke schneiden: 5 x 20 cm in Hellgrün; 11 x 27 cm in Hellgelb und 8 x 18 cm in Orange. Die Satinbändchen und die Blattrosetten zwischen den Aufhängedraht schieben, wobei die hellgrünen Bänder für die gelben, die hellgelben für die grünen und die orangefarbenen für die weißen Eier verwendet werden. Um jeden Eistiel ein gelbes Gänseblümchen wickeln. Die Eier gleichmäßig verteilt an den Kranz binden, innen alle weißen und außen die gelben und grünen Eier. Als Abschluß jeweils eine kleine Schleife binden. Vom gelben Schleifenband 4 Stück à 60 cm schneiden und als Schleife seitlich am Kranz anknoten. Die Osterglocken und den Seidenbuchs von oben in den Kranz stecken und etwas zurechtbiegen.

Tellerkränzchen und Holzhäschen: Weißes Tupfenband in 4 Stücke à 35 cm schneiden, als Schleife an die Kränzchen binden. Einen Apfelblüten- und einen Seidenbuchsstiel zusammen hinter die Schleife in den Kranz stecken und ein gelbes Wattevögelchen vor die Schleife setzen. Den Holzhäschen ein gelbes Gänseblümchen an die Pfote kleben.

161 – 165 Anleitungen auf der folgenden Seite

166 Gestickte Osterkarte

Zählmuster siehe unten.

Größe: Ca. 11,5 x 16,5 cm.

Material: 0,15 m Perl-Aida, 85 cm breit, 4 Stiche/ca. 1 cm (z. B. Zweigart Art. 1007 Ida); ca. 40 x 20 cm Tonpapier in Rot; Uhu Alleskleber; je 1 Strang oder Reste MEZ Anker Sticktwist in folgenden oder ähnlichen Farben:

1 = Maisgelb, allerhellstes 300
2 · = Ginstergelb, hell 295
3 △ = Orange, dunkelstes 925
4 s = Rot 47
5 ◆ = Kirschrot, dunkelstes 22
6 / = Mohnrot, hell 332
7 ⁄ = Perlrosa, hell 74
8 v = Lila, dunkel 112
9 + = Gletscherblau 146
10 ▲ = Eisblau, hellstes 159
11 = Eisblau, allerhellstes 158
12 ■ = Grau, hell 398
13 o = Grau, mittel 399
14 " = Silbergrau 397
15 --- Schwarz (Steppstich) 402
16 e = Grasgrau, dunkel 246
17 ⁄ = Birkengrün, dunkel 257
18 × = Zimtbraun 369
19 = Zimtbraun, allerhellstes 371
20 ⸝ = Torfbraun, allerhellstes 382

Ausführung: Stoffzuschnitt ca. 11 x 15 cm. Lt. Zählmuster das Motiv mit 4fädigem Twist in Stoffmitte sticken. Ein Kreuzstich greift über ein Fadenkaro. Alle Grundstiche von links unten nach rechts oben, die Deckstiche entgegengesetzt sticken. Den Fensterrahmen im Steppstich arbeiten. Farbverteilung siehe Zählmuster. Weiße Flächen bleiben unbestickt. Stickerei von links unter feuchtem Tuch bügeln. - Für die Karte aus Tonpapier eine 23 x 16,5 cm große Klappkarte herstellen. Dabei an der Vorderseite oben, seitlich und unten je 1 cm zugeben. Die Ecken dieser Zugaben schräg abschneiden. Auf der Vorderseite oben und seitlich je 2 cm und unten 3 cm Passepartout markieren. Innenfeld herausschneiden. Stickmotiv auf die Innenseite des Passepartouts kleben, Zugaben nach innen falten und festkleben. Darauf Tonpapier ca. 11,5 x 16,5 cm kleben.

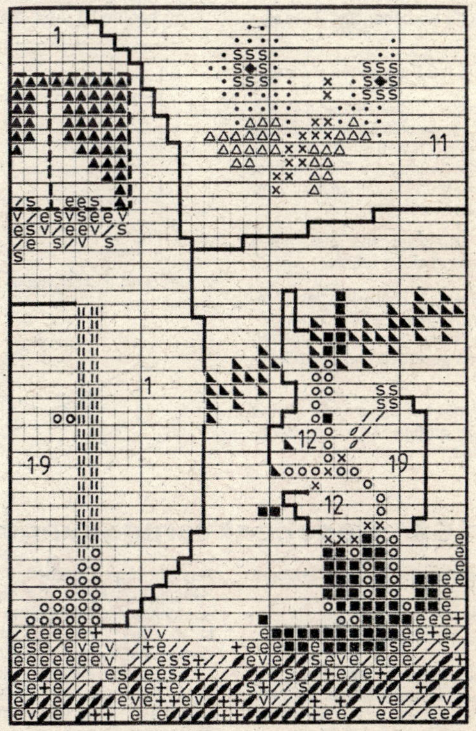

161 Osterkranz mit Efeu

Größe: Ca. 35 cm Ø.

Material: Einige Efeuzweige; 1 Styroporkranz, 34 cm äußerer, 19 cm innerer Ø; 10 m Satinband in Elfenbein, 38 mm breit, Art. 51500/32; 1 blaue und 1 rote Feldmeise, ca. 7 cm groß, Art. 8512249; 2 Federschmetterlinge Kohlweißling, Art. 8514449; 1 Marienkäfer, Art. 8821900; 1 Deko-Nest, ca. 8 cm Ø, Art. 6605000; 1 Bündel Gänseblümchen (12 Blüten) in Weiß, Art. 54046/02; 3 weiße Orchisblüten, Art. 54055; 1 m Tupfenband in Weiß, Art. 51568; einige Strohblumennadeln, Art. 2106500 (alles von Rayher Hobby, im Hobbyfachhandel erhältlich); Stecknadeln; ca. 30 cm Blumendraht; Speiseöl.

Ausführung: Den Kranz mit dem Satinband umwickeln, dabei Anfang und Ende mit Stecknadeln feststecken. Den Draht als Aufhänger um den Kranz legen und an den Enden zusammendrehen, anschließend den Kranz mit den Efeuzweigen umlegen und mit Strohblumennadeln fixieren. Die Efeublätter zuvor mit Speiseöl bestreichen, um sie glänzender und haltbarer zu machen. Die Lücken mit einzelnen Blättern füllen. Mit Stecknadeln durch den Stiel in den Kranz stecken. Die Gänseblümchen und die Orchisblüte unter die Zweige schieben und evtl. noch mit Stecknadeln befestigen. Aus dem weißen Band eine Mehrfachschleife binden, die blaue Meise in dem Nest befestigen und anschließend beides mit den Strohblumennadeln lt. Abb. befestigen. Rote Meise, Schmetterlinge und Marienkäfer anstekken.

Allgemeines zu Origami

Immer auf festem glattem Untergrund arbeiten. Papier lt. Beschreibung oder in Farbe und Beschaffenheit ähnlich. Es empfiehlt sich spezielles Origamipapier (z.B. von Hobbidee im Hobbyfachhandel erhältlich). Für die erste Figur ist es ratsam, sämtliche Punkte (A,B,C ..) auf den jeweiligen Ecken zu vermerken, so daß eine genaue Kontrolle zur Arbeitsskizze möglich ist. Alle Falten genau und gerade ausführen und mit dem Daumennagel glattstreichen. Arbeit nach jedem Faltgang in die vorgezeigte Lage lt. Abb. bringen und immer den nächsten Faltgang schon ins Auge fassen. Die Bezeichnungen Berg- und Talfalten beziehen sich immer auf die Farbseite bzw. auf die Seite, die nach außen kommt.

Talfalte: Bei geöffneter Falte liegt der Bruch tief, bildet ein Tal.

....
Bergfalte: Bei geöffneter Falte liegt der Bruch hoch, bildet einen Berg.

-.-.-.-.Knicken, falten und wieder öffnen, um einen Bruch zu erhalten.

Gegenbruch: eine vorhandene Falte wird in ihrem Bruch genau zur anderen Seite gefaltet.

Ziehen: angegebenen Punkt auf bezeichneten Punkt legen.

Öffnen: den letzten Faltgang rückgängig machen.

Diagonale: von Ecke zu Ecke schräg laufende Linie.

Bruch: wieder geöffnete Falte (in der Arbeitsskizze Tulpenblüte ein angedeuteter Strich).

Mittelbruch: Mitte der Arbeit bzw. des ganzen Teils.

162 Osterkörbchen

Allgemeines zu Origami siehe oben.

Falttechnik für Körbchen und Blüte siehe rechts.

Größe: 5 x 5 x 2,5 cm (ohne Henkel).

Material: Festes buntes Papier, z.B. von Zettel- oder Schreibblocks in der Größe 10 x 10 cm und 0,8 x 10 cm (Henkel) für das Körbchen, 12mal 2 x 2 cm in zwei beliebigen Farben für die Blüten; Uhu flinke Flasche; Ostergras.

Ausgang: Quadratisches einfarbiges Papier. Vorgang siehe rechts.

Ausschmückung: Henkel an das Körbchen kleben. An jeder Seite 3 Tulpenblüten lt. Abb. befestigen. Osterkörbchen mit Ostergras auslegen und nach Belieben füllen.

Tip: Aus stärkerem Papier oder Karton können auch größere Körbchen angefertigt werden.

1. Talfalten lt. den gestrichelten Linien öffnen. Strichpunktierte Linien knicken und lt. Abb. einschneiden.

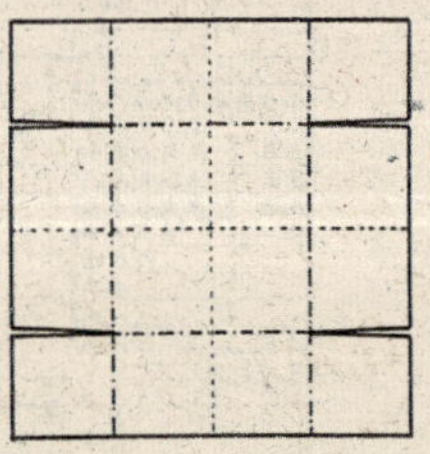

2. Körbchen lt. Abb. falten und zusammenkleben.

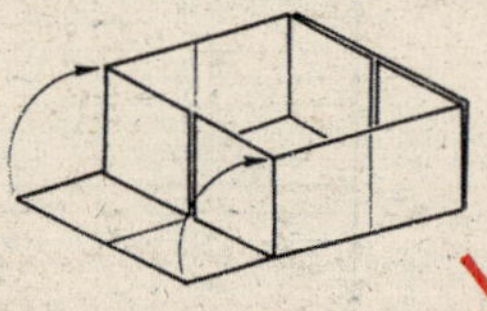

163+164 Geschenkverpackungen

Allgemeines zu Origami siehe oben.

Falttechnik für die Blüte und für den Vogel siehe oben rechts.

Material: Geschenkpapier in Grün, Uhu flinke Flasche; Origami-Papier (z.B. von Hobbidee, im Hobbyfachhandel erhältlich) oder farbiges anderes Papier.

Ausführung: Geschenke einwickeln. Stengel und Blätter für die Tulpe frei ausschneiden. Tulpenblüte sowie Vogel falten, alles lt. Abb. aufkleben. Besonderheit: Das kleinere Päckchen wurde in Origamipapier eingewickelt, das zweifarbig grün ist. Wenn man die Kante umschlägt, wird das dunklere Grün gleich zum Stengel.

163 Tulpenblüte

Ausgang: Quadratisches einfarbiges Faltblatt oder anderes Papier, Farbseite hinten.

1. Talfalte in der Diagonale B-D (Dreieck). Mitte markieren. Talfalten in den gestrichelten Linien, beliebig breit, aber symmetrisch, arbeiten.
2. Fertige Blüte.

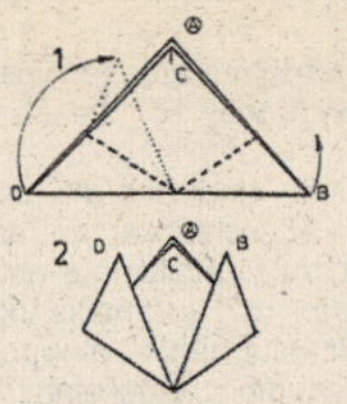

164 Fliegender Vogel

Allgemeines zu Origami siehe links.

Ausgang: Quadratisches einfarbiges Blatt, Farbseite hinten.

1. Bergfalte in der Diagonale B-D (Dreieck), Bergfalte in der punktierten Linie.

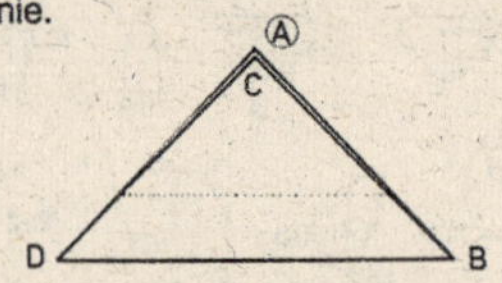

2. Talfalte in der gestrichelten Linie bei A.

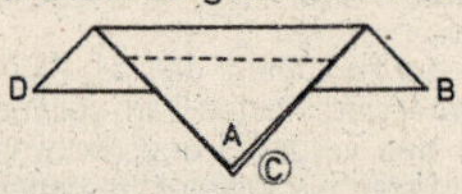

3. Bergfalte im Mittelbruch. Arbeit ein Viertel nach rechts drehen.

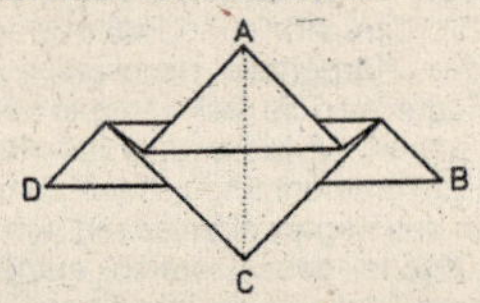

4. Talfalten vorne und hinten in der gestrichelten Linie.

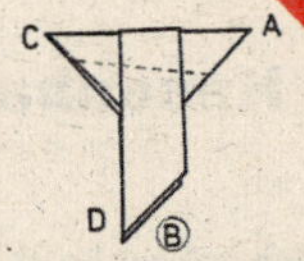

5. Bei A Gegenbruch nach innen für den Schnabel falten. Flügel nach Belieben falten bzw. formen.

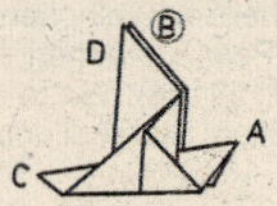

6. Fertige Figur.

165 Bortenbesetzte Karte

Musterzeichnung in Rot unter dem Text.

Größe: Ca. 13 x 19 cm.

Material: Ca. 30 x 20 cm Karton, 2 mm dick; 17 Bänder, Borten, Litzen in verschiedenen Farben, Mustern, Breiten, je ca. 15 cm lang; 55 cm schmale Spitze; 0,20 m gelber Stoff, 90 cm breit; Volumenvlies (Vlieseline 248), Freudenberg; Geschenkband; Uhu coll; 13 x 18 cm Zeichenkarton.

Zuschneiden:
Eiform: 2mal aus Karton
3mal aus gelbem Stoff
plus 1,5 cm Nahtzugabe
3mal aus Volumenvlies
plus 1,5 cm Nahtzugabe
1mal aus Zeichenkarton

Ausführung: Karton mit Passepartoutmesser ausschneiden. Je eine Eiform aus gelbem Stoff und Volumenvlies aufeinanderheften (Eigröße markieren). Bänder, Borten und Litzen harmonisch zu einem Rechteck, ca. 15 x 20 cm, anordnen. Kanten knapp übereinanderliegend steppen. Aus diesem „Bortenbild" 1mal die Eiform schneiden, plus 1,5 cm Nahtzugabe. Eigröße mit Heftstichen markieren.

Vordere Eihälfte: Karton auf der einen Seite mit dem „Bortenbild" und auf der anderen Seite mit dem Stoff und Volumenvlies (liegt innen) beziehen. Die äußere Kartonkante dünn mit Klebstoff bestreichen. Die äußeren Stoffränder jeweils einreihen, so läßt sich die Nahtzugabe besser einschlagen. Beide Stoffteile mit kleinen Überwendlingstichen von Hand zusammennähen. Spitze auf die Naht nähen.

Rückwärtige Eihälfte: Wie vordere Eihälfte arbeiten, jedoch von beiden Seiten mit Stoff und Volumenvlies verkleiden. Beide Eiteile in linker Mitte durch einen Knopflochsteg verbinden. Daran aus Geschenkband eine doppelte Schleife binden. Zeichenkarton auf die rückwärtige Eihälfte kleben.

167 Bemalte Osterdecke

Musterzeichnung siehe links in Rot. Oder vorzuzeichnen nach burda Bügelmuster 775/003 (solange der Vorrat reicht), Bezugsbedingungen siehe S. 180.

Größe: 83 x 83 cm.

Material: 1 m Leinen in Hellgelb, 160 cm breit (z.B. SM 2000 von Strunkmann und Meister); Stoffmalfarben Textil Design von Pelikan in den Farben Sonnenblumengelb 12, Zitronengelb 11, Kirschrot 25, Weinrot 27, Kornblumenblau 34, Himmelblau 32 und Maigrün 41; 1 Bogen Papier, DIN A 4; ca. 6,40 m Paspel in Rot; 1 feiner Pinsel. Wenn Sie das Bügelmuster nicht benutzen: Mit dem burda Bügelmusterstift in Blau und Transparentpapier die Motive übertragen.

Ausführung: Für das innere Stoffquadrat Leinen auf 76 x 76 cm zuschneiden. Stoff in Viertel falten, anschließend diagonal, so daß Achtel entstehen. Die Stoffbrüche leicht einbügeln. Rankenmotiv aus dem Bügelmuster ausschneiden. Achtung: Am Schnabel der Küken befindet sich ein kleiner überflüssiger

Strich. Schneiden Sie diesen vor dem Aufbügeln heraus, dann ist der Schnabel geschlossen. - Rankenmotiv jeweils zur Hälfte falten, die Mitte auf die Stoffbrüche legen, und zwar 34 cm vom Mittelpunkt entfernt die untere Kante des Motivs plazieren. Mit Stecknadeln befestigen, abbügeln, siehe auch Bügelanleitung auf der Packung. - Wenn Sie die Musterzeichnung verwenden, Motive mit dem Bügelmusterstift auf Transparentpapier übertragen. Papier wenden und wie ein Multi-Bügelmuster (mehrfach abbügelbar) aufbügeln. Die Küken in der Mitte so plazieren: Papier auf 20 cm Ø schneiden, in der Mitte der Decke aufstecken. Nun rundherum, rechts und links von den Stoffbrüchen, je 1 Küken, die Köpfe zueinander, anordnen und aufbügeln. Mit Stoffmalfarben lt. Abb. oder nach Belieben bemalen. Farbe nach dem Trocknen von links einbügeln. Die Farben sind bei 60 Grad waschbar.

Decke nähen: Nahtzugabe (1 cm) nach links umbügeln. Paspel unterheften. Jetzt Stoffstreifen (4mal 83 cm lang und 4,5 cm breit) zu einem Rahmen aneinandernähen, die Ecken im 45 Grad-Winkel. Innenmaß 76 x 76 cm, Außenmaß 83 x 83 cm. Decke auf die inneren Nahtzugaben des Stoffrahmens legen, heften und an der inneren Stoffkante schmalkantig aufeinandersteppen. Danach an den Außenkanten die Nahtzugabe nach innen bügeln, Paspel entlang der Außenkanten unterlegen und durchsteppen. Nähte versäubern und bügeln.

168 Osterkarte

Musterzeichnung wie 167, unten links.

Größe: 15,5 x 22 cm.

Material: Rest Leinen in Hellgelb; die anderen Zutaten siehe Modell 167; Uhu stic Bürokleber; Passepartout-Karte in Ciel (Himmelblau), Art. 01-103-04 von Hobbidee (im Hobbyfachhandel erhältlich).

Ausführung: Motiv Ranke von der Musterzeichnung übertragen oder burda Bügelmuster 775/003 verwenden, siehe Modell 167. Stoff beschneiden, in die Passepartout-Karte kleben, Gegenblatt aufkleben.

169 Gehänge mit Weidenringen

Größe: Ca. 19 cm Ø.

Material: 2 Weidenringe, natur, 11 und 17 cm Ø, Art. 6506731 und 6506831; 2 Deko-Vögel, Art. 8511949; 5 mm breites Satinband, Art. 51506 in den Farben Hellgrün, Gelb, Weiß und Rot; 3 Orchisblüten in Gelb; Blüten in Gelb und Weiß; Schleifenband zum Aufhängen; Spezialklebeband (Blumensteckknet), Art. 5105300; Blumenbindedraht. Alle Zutaten von Rayher Hobby (im Hobbyfachhandel erhältlich).

Ausführung: Den kleineren Ring mittels Draht im größeren befestigen. Blütenranken am großen Ring anbringen, Anfang und Ende jeweils in die Lücken stecken. Die Vögel lt. Abb. mit den langen Drähten plazieren. Nun das schmale Band, alle Farben gemeinsam, üppig zur Schleife legen, in der Mitte mit Draht bündeln und am Ring befestigen. Die Schleifenbänder für das untere Teil lang lassen, für das obere kürzen. Blumensteckknet in Kügelchen auf den Ring drücken. Stengel der Blüten kürzen, Blütenköpfe eindrücken. Darauf achten, daß alle Drahtwicklungen überdeckt werden.

170 Fenstercollage

Größe: 24 x 18 cm.

Material: 1 Collagenrahmen, Art. 6312131; 1 Deko-Nest, 5 cm Ø, Art. 6605100; 1 Rebhuhn, Art. 8511949; 1 Häschen in Weiß, Art. 8825049; 1 Federvogel, 4 cm, Art. 85110-02 (24); 1 Federvogel, 2,5 cm, Art. 85111-02 (48); 3 Satinröschen, Art. 54040-02; Gänseblümchen, Art. 54046-20; 1 Kohlweißling, Art. 8514449; 1 Marienkäfer, Art. 8821900; Statice in Grün; Seidenbuchs, Art. 5113029; Büschelgras, Art. 8505113; 70 cm Spitzenband Valencia, 3 cm breit, Art. 5157202; 20 cm Tupfenband, 1,5 cm breit, Art. 51568; Spezialklebeband (Blumensteckknet), Art. 5105200; alles von Rayher Hobby. 0,5 m Satin-Bändchen, 3 mm breit (z.B. Offray); Uhu Alleskleber.

Ausführung: Die schmale Spitzenborte auf den Querbalken des Fensterkreuzes kleben. Danach die breite Spitzenborte auf der Sichtkante des Rahmens befestigen, s. Abb. Mit dem Satinbändchen seitlich raffen und kleine Schleifen binden. Rechts unten das Deko-Nest mit Spezialklebeband befestigen. In das Nest etwas Klebeband drücken. Das Rebhuhn und etwas Statice hineinstekken. Links unten Klebeband anbringen, einen „Strauch" und Röschen einstekken. Das Häschen befestigen. Auf das Fensterkreuz rechts oben 2 Federvögel setzen. Links oben nach Belieben Gänseblümchen, Trockengras oder Buchsblättchen plazieren. Kohlweißling und Marienkäfer lt. Abb. plazieren. Um das obere Fensterkreuz Geschenkband zur Aufhängung binden.

173 Bemalte Holzeier

Größe: Ca. 3,5 x 5 cm.

Material: 27 Holzeier zum Bemalen (Prandell Art. 301250); feine Rotmarderhaarpinsel (z.B. von Lukas); Temperafarben (z.B. von Schmincke); Klarlack; Velourssamtfaden in Gelb, Rot, Blau und Beige (z.B. von Rayher); Streichhölzer; Uhu coll express.

Ausführung: Die Eier uni in beliebiger Farbe bemalen, trocknen lassen und anschließend die Motive lt. Abb. bzw. nach Belieben mit spitzem Bleistift vorzeichnen. Mit dem Pinsel Konturen und kleinere Flächen fein ausmalen. Nach dem Trocknen in das Loch etwas Klebstoff tropfen, den Samtfaden einschieben und mit einem Streichholz nachdrücken. Evtl. noch ein zweites Streichholz hineindrücken. Streichhölzer abbrechen, anschließend bündig mit der Eikante mit scharfem Messer abschneiden.

171 Gravierte Ostereier

Die Muster entnehmen Sie den abgebildeten Eiern auf Seite 71.

Material: Rohe Eier, Acrylstift zum Gravieren im Hobbyfachhandel erhältlich); Ostereierfarben (z.B. von Brauns-Heitmann) oder Naturmaterial zum Färben; burda Schneiderkopierpapier in Weiß oder Gelb; Pauspapier; Klebestreifen; Spritze mit Nadel (Apotheke); Eierstecher und Nadel; Staubtuch; 3 mm breites Bändchen zum Aufhängen (z.B. Offray, Art. 2203); Streichhölzer; evtl. Motivvorlage für Glasgravur, in großer Vielfalt im Hobbyfachhandel von hobby time, Hobbidee u.a. erhältlich.

Ausführung: Man kann die Eier nach dem üblichen Verfahren ausblasen, indem man sie oben und unten locht. Für diese nach der Gravur wertvollen Eier können Sie sich einer ausgeklügelten Methode bedienen: Ei an nur einer Seite mit dem Eierstecher lochen, Loch mit der Nadel vorsichtig erweitern. Luft in die Spritze saugen und innerhalb des Eies langsam herausdrücken. Dabei wird der Eiinhalt herausgepreßt. Ei innen und außen säubern.

Färben: Der Farbsud kann aus Chemiefarben lt. Gebrauchsanweisung zubereitet werden, aber auch aus Naturfarben. Grundsätzlich gilt: Färben mit Naturmaterial bedeutet experimentieren. Kräuter, Schalen und Blätter werden wie bei der Teezubereitung mit kochendem Wasser übergossen oder gekocht. Rinden, Holz und andere harte Pflanzenteile zunächst einweichen, dann erst kochen. Hier einige Angaben darüber, welche Farben sich durch natürliche Materialien erzielen lassen.

Gelbtöne: Kamille, Schachtelhalm, Mate-Tee, Tagetesblüten

Gelb- bis Brauntöne: gelbe Zwiebelschalen

Rosttöne: Walnußblätter und -rinde

Orange: rote Zwiebelschalen

Hell- bis Dunkelbraun: Kaffee, schwarzer Tee

Grün: Efeu, Brennessel, Mate-Tee (erkaltet)

Rot/Rosa/ Rotbraun: Krappwurzel (Apotheke)

Blau/Grau: Blauholz (Apotheke), Malve

Übrigens eignen sich auch Beeren- und Gemüsesäfte aus dem Reformhaus. Wenn Sie sich noch intensiver damit befassen wollen: Das Topp-Heft 940 "Ostereier mit Pflanzen färben und verzieren" ist im Hobbyfachhandel erhältlich. Nach dem Färben kann man interessante Effekte mit einem in Zitronensaft getauchten Wattestäbchen erzielen.

Ausgeblasene Eier schwimmen auf dem Farbsud. Daher öfter mit einem mit Stoff umwickelten Löffel (um Kratzer zu vermeiden) wenden. Gleichmäßiger und intensiver wird das Ergebnis, wenn das Ei in der Farbe liegt. Dazu das Ei mittels Spritze mit Wasser oder Farbsud füllen. Nach der gewünschten Färbung Ei säubern und abtrocknen.

Gravieren: Die Zeichnung mit Bleistift oder mittels Pauspapier (das helle für dunkle Untergründe, das dunkle für helle benutzen) auf das Ei übertragen. Die im Hobbyfachhandel erhältlichen Motive für die Glasgravur ausschneiden, Kopierpapier unterlegen und beides so knapp wie möglich beschneiden. Am Rand oft und tief einschneiden, damit es sich der Rundung anpaßt. Mit Klebestreifen befestigen. Umrisse mit einem harten Bleistift nachzeichnen.

Nun mit dem Acrylstift zunächst die Umrisse fein einkratzen. Dann Strich für Strich nebeneinander, dem Verlauf der Einteilungslinien folgend, die Farben auskratzen, den Griffel dabei flach halten. Man kann drei Farbabstufungen erreichen. 1. Flächen nur anschaben, so daß die Farbe heller wird. Staub mit dem Tuch abwischen. 2. Zarte Linien parallel gravieren. 3. Flächen ausschaben, so daß die Grundfarbe des Eis zum Vorschein kommt. Evtl. mit Mattlack die Gravur schützen.

Aufhängen: Bändchen in der Mitte eines gekürzten Streichholzes anbinden, durch das Loch in das Ei führen. Das Steichholz stellt sich quer. Nahe dem Loch aus dem Bändchen eine Schleife binden.

Idee und Ausführung: Ethel Grabosch.

Allgemeine Hinweise ab Seite 117.

172 Gläserne Anhänger

Musterzeichnungen auf S. 174.

Material: Mundgeblasene Glasteile wie Herzen in verschiedenen Größen, Kugeln, Tropfen, Spindeln und Taler; Wacofin-Acryl-Mattfarben (für den Anfänger sind 8 verschiedene 12-ml-Portionen ideal, im Handel als "Robinson-Color"); Rotmarderhaarpinsel Nr. 1 und 3; Wacolux-Sprühlack, klar, alles von H. Wagner, im Hobbyfachhandel erhältlich. Transparentpapier, burda Kopierpapier in Gelb und Weiß; Holzstäbchen zum Aufrühren der Farben; Farbpalette oder Teller; zum Ablegen bemalter Teile Eierbecher oder Serviettenringe; weiche Unterlage, z.B. Schaumstoff; Küchenkrepp; Schleifenband zum Aufhängen, Klebestreifen.

Ausführung: Die ausgesuchte Musterzeichnung auf das entsprechende Glasteil übertragen. Dazu die Zeichnung auf Transparentpapier übertragen, Kopierpapier unterlegen, beide Papiere rund um das Motiv knapp beschneiden und von außen nach innen strahlenförmig einschneiden. Mit Klebestreifen auf dem mit Spülmittel gereinigten Glas befestigen. Das Motiv mit spitzem, hartem Bleistift vorsichtig auf das Glas durchpausen. Geübte Maler legen die Musterzeichnung neben das zu bemalende Teil, markieren das Motiv mit wenigen Punkten und malen dann die Einzelteile frei ab. Farben auf der Palette mischen. Zuerst die dunkleren Farben auftragen, dann eine naheliegende hellere Farbe oder Weiß in die noch nasse Farbe malen. Pinsel in Wasser reinigen. Hübsch sieht es aus, wenn die Rückseite des Glasteils noch ein kleines Detail (z.B. einen Marienkäfer) erhält. Die trockenen Farben mit Klarlack übersprühen. Glasteile mit Bändchen aufhängen. Schleifen binden.

Entwurf und Ausführung: Gerti Lang.

174 + 175 Lämmchen

Schnitteile 191 – 193 für das große Lamm
Kontur 〰〰〰〰〰
Schnitteile 194 – 196 für das kleine Lamm
Kontur ▬▬▬▬▬
Angaben für das kleine Lamm stehen in Klammern.
Schnitteile auf Bogen D in Rot.

Größe: Ca. 34 x 36 cm (ca. 30 x 35 cm).

Material: 0,40 m (0,32 m) Lammfellimitat, 140 cm breit; Nesselrest; je 2 schwarze Knöpfe für die Augen; Sticktwist in Schwarz fürs Gesicht; Nähgarn; Watte aus Polyester zum Füllen (Hartmann); Glöckchen; rotes Band, 2 cm breit.

Zuschneiden:
191 (194) Seitenteil 2mal
192 (195) Zwischenteil 2mal
193 (196) Kopfteil 1mal
Ohr 2mal aus Fellimitat und 2mal aus Nesselrest
Schwanzteil 1mal 11 cm (6 cm) lang und 6 cm breit (3 cm fertige Breite)
Sämtliche Teile mit Nahtzugabe zuschneiden.

Ausführung: Das im Seitenteil eingezeichnete Ohr extra kopieren, Fellimitatohren jeweils mit Nessel rechts auf rechts legen, aufeinandersteppen und wenden. Schwanzteil der Länge nach rechts auf rechts aufeinanderlegen, Längsseite und eine Schmalseite steppen, wenden und zwischen die Seitenteile legen, und zwar so, daß das Schwänzchen schräg nach unten zeigt. Seitenteile aufeinandersteppen, Kopfteil und Ohren nahtzahlengemäß zwischenfassen, obere Naht von Nahtzahl 3-4 steppen. Am Zwischenteil Mittelnaht steppen. Schlitz (ist eingezeichnet) zum Wenden offenlassen. Zwischenteil mit den Seitenteilen zusammensteppen. Lamm wenden und ausstopfen, erst die Beine, dann Kopf und Rumpfteil. Schlitz von Hand mit kleinen Stichen zunähen. Knöpfe als Augen sehr fest annähen, mit Sticktwist das Maul sticken. Das Band mit Glöckchen um den Hals binden.

176 Kissen mit Krokussen

Musterzeichnungen s. Bg. A in Grau.

Größe: 40 x 40 cm.

Material: Je Kissen 0,50 m Baumwollstoff, in Weiß 90 cm breit; 1 Reißverschluß in Weiß, 30 cm lang; 1 Kissenfüllung 40 x 40 cm groß; je 1 Dose Wacolux Graffiti Textilspray in Royal, Violett, Smaragd und Grün (von H. Wagner, im Hobbyfachhandel erhältlich); 40 x 40 cm dünner Karton für Schablonen; 1 Passepartoutmesser, burda Kopierpapier; alte Zeitungen.

Allgemeines: Stoff waschen, er muß vor dem Besprühen frei von Appretur sein.

Zuschneiden:

Kissen:
- Vord. Kissenplatte 42 x 42 cm.
- Rückw. Kissenplatte (mit Mittelnaht) 2mal 42 x 22 cm

Schablonen:
Karton für Schablonen in 4 gleich große Teile à 20 x 20 cm teilen. Musterzeichnungen Krokusse (jeweils Blüten und Blätter getrennt) mit Hilfe von Kopierpapier genau auf Kartonmitte übertragen. Die hellen Flächen in der Musterzeichnung mit dem Passepartoutmesser (auf fester Arbeitsunterlage) ausschneiden.

Ausführung: Arbeitstisch mit Zeitungspapier auslegen und gebügelte vordere Kissenplatte flach auflegen. Schablonen Blätter im Abstand von 3 cm zu einer Schnittkante (s. Foto) auflegen (überstehenden Stoff ringsum mit Papier abdekken) und in Smaragd und Grün besprühen. Insgesamt 4 Motive aufsprühen. Entlang der gegenüberliegenden Stoffkante Blätter gegengleich aufsprühen. Nun Schablonen für Blüten paßgenau auflegen (Stoff abdecken) und in Blau und Violett besprühen. Beim Sprühen die Spraydose jeweils schräg halten, damit Schatteneffekte entstehen. Für das zweite Kissen die Motive wie folgt verteilen: Je 1 Motiv in die Ecken im Abstand von jeweils 3 cm zu den Schnittkanten und 3 Motive in Kissenplattenmitte (s. Foto). Kissenplatten ca. 1 – 2 Stunden trocknen lassen.

Fertigstellung: An den rückwärtigen Kissenplatten die Mittelnaht beidseitig 5 cm breit schließen. Nahtzugaben auseinanderbügeln. Reißverschluß unter die offenen Schlitzkanten steppen. Kissenplatten rechts auf rechts zusammensteppen. Reißverschluß zum Wenden offenlassen. Nahtzugaben an den Ekken bis kurz vor die Naht schräg abschneiden. Kissenhülle wenden, Kissenfüllung einziehen.

177 Küchenhandtuch

Musterzeichnung siehe Bogen A in Schwarz.
2 Schemazeichnungen siehe Bogen B in Schwarz.

Größe: Ca. 60 x 40 cm.

Material: 60 x 40 cm Waffelpiqué in Weiß (z. B. Art. Metro von Zweigart); ca. 62 x 64 cm Baumwollstoff in Weiß; Rest Schrägband in Weiß; Baumwollstoffreste in Flieder, Lila und Mint; ca. 40 x 15 cm Vliesofix (von Freudenberg in Stoffgeschäften erhältlich); Transparentpapier.

Zuschneiden:
– Vord. Handtuchteil 60 x 40 cm aus Waffelpiqué
– Rückw. Handtuchteil 60 x 40 cm aus Baumwollstoff
– Umrandungsstreifen je 2mal lt. Schemaschnitt

Ausführung: Musterzeichnung für beide Krokusse auf Transparentpapier übertragen. Alle Einzelteile beider Blüten je 2mal separat und seitenverkehrt auf die Papierseite vom Vliesofix übertragen und grob ausschneiden. Teile mit der Papierseite nach oben auf die Rückseite der entsprechenden Stoffe bügeln und entlang der Konturen ausschneiden. Trägerpapier abziehen. Teile im Abstand von ca. 3 cm parallel zu einer Schmalseite des vorderen Handtuchteils aufbügeln (s. auch Foto). Einzelteile mit dicht eingestelltem, ca. 3 mm breiten Zickzackstich mit passendem Nähgarn applizieren. Rückwärtiges Handtuchteil links auf links unter das vordere Handtuchteil legen. Längskanten der Umrandungsstreifen 1 cm breit nach links umbügeln. Umrandungsstreifen an den Schmalseiten zusammensteppen und zur Hälfte bügeln. Umrandung um das Handtuch heften und schmalkantig feststeppen. Aus dem Baumwollschrägband einen Aufhänger steppen und diesen, doppelt gelegt mit eingeschlagenen Schmalseiten, feststeppen.

178 Topflappen „Krokus“

2 Musterzeichnungen siehe Bogen A in Rot.

Größe: Ca. 24 x 24 cm.

Material: Ca. 60 x 30 cm Baumwollstoff in Flieder (Topflappenrückseite); ca. 40 x 24 cm Baumwollstoff in Flieder, ca. 25 x 24 cm in Violett, ca. 20 x 24 cm in Mint. Ca. 60 cm aufbügelbares Volumenvlies, 90 cm breit (= Vlieseline H 630, von Freudenberg in Stoffgeschäften erhältlich); Transparentpapier.

Zuschneiden: Musterzeichnung mit Hilfe von Transparentpapier vom Bogen abnehmen.
– Rückw. Topflappenteil (= gesamtes Motiv) je 1mal in Flieder und aus Volumenvlies
– Vord. Topflappenteile je 1mal im passenden Farbton (Farbverteilung s. Foto) und aus Volumenvlies
– Aufhänger 2mal in Mint, 8 cm lang, 3 cm breit.

Ausführung: Auf die linke Seite aller Stoffteile Volumenvlies aufbügeln. Aufhänger der Länge nach verstürzen und von rechts schmalkantig absteppen. Alle vord. Topflappenteile paßgenau auf das entsprechende rückw. Topflappenteil heften und Aufhänger, oben doppelt gelegt, zwischenfassen. Teile mit passendem Nähgarn mit dicht eingestelltem, ca. 4 mm breiten Zickzackstich zusammensteppen. Ebenso Außenkonturen absteppen.

179 + 181 Porzellandose und Übertopf, bemalt Motiv „Krokus“

Musterzeichnungen siehe Bogen A in Schwarz.

Größe, Dose: Ca. 12 x 8 cm, 3 cm hoch;

Übertopf: Ca. 15 cm hoch, 16 cm Ø.

Material: 1 ovale Porzellandose, ca. 12 x 8 cm; 1 Porzellanübertopf, ca. 15 cm hoch, 16 cm Ø; je 1 Gläschen Deka-Lack in Lila, Hellblau, Weiß, Saftgrün und Hellgrün; burda Kopierpapier in Gelb; Transparentpapier; Pinsel Nr. 2.

Ausführung: Musterzeichnung mit Transparentpapier vom Bogen abnehmen und Motiv mit Hilfe von Kopierpapier auf die Porzellangegenstände übertragen: Für die Dose Krokus im Abstand von ca. 2,5 cm zu einer Deckelschmalseite, für den Übertopf beide Motive im Wechsel jeweils im Abstand von ca. 1 cm zur unteren Kante. Motiv lt. Foto oder nach eigenen Wünschen bemalen. Für die beiden unterschiedlichen Farbtöne der Blüten Farben untereinander mischen: viel Weiß, wenig Hellblau und Lila = zartes Flieder; viel Lila, wenig Weiß und Hellblau = Flieder. Farben gut trocknen lassen.

180 Fenstertransparent „Krokus“

Musterzeichnungen siehe Bogen A in Grau.

Größe: 9 bis 13 cm hoch.

Material: Plakatkarton in Weiß; Transparentpapier; burda Kopierpapier; Passepartoutmesser; feste Arbeitsunterlage; Uhu Klebestift.

Ausführung: Musterzeichnungen in gewünschter Anzahl mit Hilfe von Kopierpapier auf Plakatkarton übertragen. Blüten und Blätter mit Hilfe des Passepartoutmessers auf einer festen Arbeitsunterlage ausschneiden. Transparentpapier hinter die ausgeschnittenen Flächen kleben und überstehendes Papier außen vorsichtig abschneiden. Transparent nach Wunsch am Fenster festkleben.

182 Set mit Applikation „Krokus“

Musterzeichnung siehe Bogen A in Grau.

Größe: Ca. 50 x 35 cm.

Material: 40 cm Baumwollstoff in Weiß, 120 cm breit; Baumwollstoffreste in Flieder, Lila und Mint; ca. 52 x 36 cm aufbügelbares Volumenvlies (= Vlieseline H 630), Rest Vliesofix (beides von Freudenberg in Stoffgeschäften erhältlich); Transparentpapier.

Zuschneiden: Set 52 x 37 cm 2mal aus Baumwollstoff, 1mal aus Volumenvlies.

Ausführung: Auf die Rückseite eines Stoffteils Volumenvlies aufbügeln. Stoffteile rechts auf rechts legen und verstürzen, Stück Naht zum Wenden offenlassen. Teil wenden, Schlitz mit Handstichen schließen. Set ringsherum schmalkantig und 2 cm breit absteppen. Musterzeichnung für Krokus auf Transparentpapier übertragen und alle Teile separat und seitenverkehrt auf die Papierseite vom Vliesofix zeichnen. Teile grob ausschneiden und mit der Papierseite nach oben auf die Rückseite der entsprechenden Stoffe bügeln. Teile entlang den Konturen ausschneiden, Trägerpapier abziehen. Krokus auf der rechten Seite des Sets (s. Foto) plazieren und aufbügeln. Alle Teile mit dicht eingestelltem, ca. 3 mm breitem Zickzackstich mit passendem Nähgarn applizieren. Ausführung „Applikation“ siehe auch Arbeitsfotos auf den Seiten 76 und 77.

183 Passepartoutkarte

Zählmuster siehe unten.

Größe: Ca. 15 x 10,5 cm.

Material: 1 Passepartoutkarte in Mint, 15 x 10,5 cm, Ausschnittgröße ca. 9 x 6,5 cm (von Hobbidee im Hobbyfachhandel erhältlich); ca. 15 x 15 cm Zählstoff, z.B. Linda Art. 1235, 11 Gewebefäden/ca. 1 cm (von Zweigart & Sawitzki); je 1 Strang MEZ Anker Sticktwist in Flieder 1208 und Grün 1213, das Garn ist ombriert, d. h. im Farbverlauf von ganz hell bis dunkel eingefärbt.

Ausführung: Gestickt wird mit 3fädigem Sticktwist in Kreuzstich über 2 x 2 Gewebefäden. Lt. Zählmuster arbeiten. 1 = Flieder, x = Grün. Beim Sticken auf den Farbverlauf des Stickgarns achten (s. auch Foto). Fertige Stickerei von links unter feuchtem Tuch bügeln. Stickerei passend für das Passepartout zuschneiden und hinter den Ausschnitt kleben. Von links Kartonblatt (liegt jeder Passepartoutkarte bei) zur Versäuberung gegenkleben.

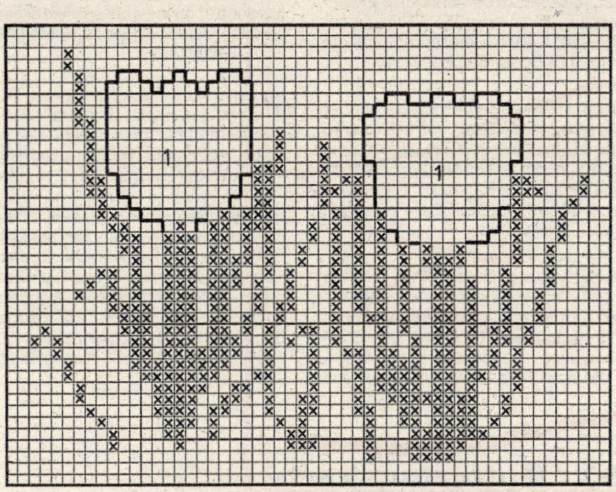

Kennen sie die burda-Zählhilfe?
Information auf Seite 163.

184 Muttertagsstrauß

Musterzeichnung für 2 Herzen in Rot unter dem Text.

Größe: Ca. 30 cm Ø.

Material: Federn in Gelb, Türkis, Pink und Grün; Blumenstieldraht, 0,8 mm stark, 30 cm lang, Art. 737130; Blumenbindedraht, Art. 7366108, alles von Hobby Knorr, im Hobbyfachhandel erhältlich. Isolepsis-Gräser in Grün (Blumenladen); runde Seidenservietten mit gebogter Kante in Rosa und Violett; Kreppapier in Weiß; Spitzenreste in Weiß; 0,80 m Satinband, 2,3 cm breit, in Türkis; 0,80 m Satinband, 1,5 cm breit, in Rosa; 0,60 m Satinband, 0,7 cm breit, in Pink; Rest Tonpapier in Pink.

Ausführung: Der Strauß besteht aus ca. 14 Papierblüten (7 in Rosa und 7 in Violett), 3 Spitzenblüten und 16 Federblüten, gefaßt in eine Manschette aus wiederum 4 Serviettenblüten, Spitze und Kreppapier.

- Papierblüten: Für eine Blüte einen ca. 50 x 15 cm großen Kreppapierstreifen zuschneiden, außerdem eine Seidenserviette halbieren. Das Ende eines Blumenstieldrahtes zur Öse biegen und ein 25 cm langes Stück Bindedraht mehrmals fest um Stiel und Öse wickeln. Halbierte Seidenserviette in der Mitte der Schnittlinie fassen und fächerförmig falten. Die untere Hälfte der Serviette abschneiden und die entstandene Blüte mit Bindedraht umwickeln (= innere Blüte). Kreppapier in der Mitte der Länge nach falten und um die Serviettenblüte drapieren. Ebenfalls mit Bindedraht umwickeln. Nun das Ganze an der Öse des Blumenstieldrahtes mit dem Bindedraht befestigen. Blüten zurechtzupfen.

- Spitzenblüten: Blumenstieldraht wie bei den Papierblüten biegen. Satinband in 20 cm Länge und Spitzenrest auf 15 x 15 cm zuschneiden. Satinband quer über die Spitze legen, alles in der Mitte fassen und nach unten hängen lassen. Alles 2 cm unterhalb der Mitte mit Bindedraht umwickeln. Blumenstieldraht anlegen und mit Bindedraht befestigen.

- Federblüten: Blumenstieldraht wie bei Papierblüten biegen, mit Bindedraht umwickeln. Mehrere Isolepsis-Gräser und 3 Federn in verschiedenen Farben zusammennehmen und mit Bindedraht am Blumenstieldraht befestigen.

- Serviettenblüten: Blumenstieldraht wie bei Papierblüten biegen. Je eine violett- und rosafarbene Serviette öffnen und in der Mitte fassen. Diese nach unten hängen lassen und beide 3 cm unterhalb der Mitte mit Bindedraht umwickeln. Am Blumenstieldraht befestigen. - Blumen zum Strauß arrangieren und mit den Satinbändchen in Rosa und Türkis zusammenbinden. Die Manschette des Straußes besteht aus 3 Schichten: Die erste Schicht ist ein Kreppstreifen von 15 x 50 cm. Diesen um den Strauß drapieren. Die 4 Serviettenblüten rundherum verteilen, mit Bindedraht befestigen. Ein 90 x 40 cm großer Kreppstreifen bildet die 3. Schicht, die dem ganzen Stand und Halt gibt. Dazu Kreppstreifen in der Mitte der Länge nach falten, in Falten um den Strauß legen und die untere Hälfte mit Bindedraht fest umwickeln. Die obere Hälfte ein wenig nach außen biegen, damit die 2 inneren Schichten locker abstehen. Mit einem Kreppapierrest den Stiel verkleiden. Herzen lt. Musterzeichnung ausschneiden, Schlitze mit Cutter (Bastelmesser) einschneiden. Bänder des Straußes durch die Schlitze ziehen.

185 Bild mit Blumen

Zählmuster siehe Seite 175.

Größe: Ca. 24 x 31 cm (gerahmt).

Motivgröße: Ca. 13 x 25 cm.

Material: Das Modell ist über den Fachhandel auch als Fixpackung erhältlich: Lanarte Art. 33620. Oder: 0,35 m weißer Zählstoff, 85 cm breit, 107 Gewebefäden/ca. 10 cm (z.B. Zweigart Art. 1235 Linda); 1 Rahmen mit 22 x 29 cm Innenmaß; je 1 Strang DMC Mouliné (Sticktwist) in folgenden oder ähnlichen Farben:

1	•	= Gelb 744
2	⁄	= Goldgelb, hell 729
3	∅	= Rosa, hell 776
4	e	= Rosa 962
5	×	= Lila 211
6	·	= Blau, hell 809
7	⁄	= Grüngelb, dunkel 831
8	+	= Grün, hell 3348
9	v	= Moosgrün 3346
10	s	= Graugrün 502
11		= Grau, hell 415 Steppstiche
12	---	= Grau, dunkel 317 Steppstiche

Ausführung: Stoffzuschnitt 32 x 39 cm. Schnittkanten ringsum mit Zickzackstichen versäubern. Den Stoff der Länge und Breite nach falten, Mitte festlegen und hier (Pfeile im Zählmuster) mit dem Sticken beginnen. Gestickt wird in Kreuzstich über 2 x 2 Gewebefäden mit 2fädigem Sticktwist. Die Konturen innerhalb der Vase werden in Steppstich ebenfalls über 2 Gewebefäden in Grau, dunkel 317, mit jedoch 1fädigem Twist gestickt. In Grau, hell 415, einen Rahmen von 20 x 25,7 cm Seitenlänge aus Steppstichen um das Motiv arbeiten. Die Punkte (∗ im Zählmuster) werden als Knötchenstiche mit 2fädigem Twist ausgeführt. Fertige Stickerei von links unter feuchtem Tuch bügeln und in den Rahmen einpassen.

Interessieren Sie sich für weitere Blumenbilder in der Art wie 185? Für diese beiden (Art. 33618 und 33619 von Lanarte) gibt es im Fachhandel Fixpackungen.

186 Mitteldecke

Originalgroße Musterzeichnungen A–C auf Bogen A in Schwarz.

Deckengröße: Ca. 80 x 80 cm.

Stickereigröße: Ca. 59 x 59 cm.

Material: 0,85 m weißer Damast, 140 cm breit (z.B. Zweigart Art. 2227 Kimono; der angegebene Damast ist eine Ersatzqualität, da der abgebildete Stoff nicht mehr lieferbar ist); burda Bügelmusterstift in Gelb; Heinze Sticktwist in folgenden oder ähnlichen Farben:

1 = 1 Str. Weiß 593
2 = 1 Str. Gelb 553
3 = 4 Str. Rosé 6607
4 = 2 Str. Rosé, dunkel 608
5 = 2 Str. Lindgrün 5581

Ausführung: Stoffzuschnitt 82 x 82 cm, Schnittkanten mit Zickzackstichen versäubern. In Stoffmitte mit Heftstichen ein Quadrat von 59 x 59 cm Seitenlänge markieren. Stoff in Achtel falten und Stoffbrüche leicht einbügeln. Musterzeichnungen mittels burda Bügelmusterstift in Gelb auf Transparentpapier übertragen. Die originalgroße Musterzeichnung A zeigt das kleine Sträußchen für die Seitenmitten, Musterzeichnung B das große Sträußchen für die Ecken und Musterzeichnung C die Schleife. Musterzeichnung A in Seitenmitte, Musterzeichnung B in den Ecken jeweils innerhalb des Markierungsfadens anordnen. Die Pfeile treffen jeweils auf den Stoffbruch. Zwischen die Motive A und B jeweils die Schleife – Musterzeichnung C – innerhalb des Markierungsfadens anordnen. Musterzeichnungen auf den Stoff bügeln. Sticktwist 3fädig verwenden, Farbverteilung s. Abb. Stiele, Konturen der Blätter und Schleife in Stielstich; Blütenblätter, Blätter, Schleife, Schleifenband und Maiglöckchen in Plattstich; Blattadern und Blütenblätter in Spannstich; Blütenmitten in Knötchenstich ausführen. Fertige Stickerei von links unter feuchtem Tuch bügeln. Decke zum Schluß 0,5 cm breit doppelt säumen.

187 Strauß mit Schleifen

Material: Satinbändchen, 0,7 cm breit, in Mintgrün; Blumendrahtabschnitte, grün ummantelt; Uhu greenit; Wäscheklammern.

Ausführung: Für die Ausschmückung des Straußes die Bändchen zu Schleifen legen (ca. 5 cm breit), in der Mitte aufeinanderkleben. Zur Versäuberung ein Bändchenstück um die Klebestelle legen, ankleben. Klebestellen mit Wäscheklammern bis zum Trocknen fixieren. Dann an ein Ende der Drähte kleben. Andere Enden entsprechend dem Strauß kürzen, in den Strauß stecken.

188+189 Muttertagskarten

Originalgroße Musterzeichnungen sowie A in Rot unter dem Text; originalgroße Musterzeichnung B sowie Faltschemazeichnungen C und D unten.

Material: Weiße Doppelkarten, ca. 12 x 17 cm groß; Origami-Faltblätter, z.B. Hobbidee Art. 06-220-19 (oder anderes farbiges Papier), je 1 Bogen in Lila, Pink, Bordeaux und Grün; Filzstift in Grün; Rest Pappe; feine Schere; Lineal; Uhu flinke Flasche.

Ausführung: Lt. Musterzeichnung Pappschablonen vom Seerosenblatt A und der Blütenform B anfertigen. Mit Hilfe der Blattschablone auf den grünen Bogen Blätter lt. Abb. übertragen, ausschneiden. Blüten auf die farbigen Origamiblätter übertragen, ausschneiden.

Seerosen falten: Entlang der in Zeichnung B eingezeichneten gestrichelten Linien falten, nach jedem Falten wieder aufklappen (= Knicke jeweils in der Mitte der Blütenblätter). Anschließend lt. Zeichnung C jeweils 2 Blütenblätter zusammen nach innen falten und wieder aufklappen, so ergibt sich in der Mitte ein Sechseck. Über diesem Sechseck wird im folgenden Faltgang lt. Zeichnung D die Blüte zusammengefaltet. Mit Daumen und Zeigefinger jedes Blütenblatt senkrecht aufstellen, dabei die Blütenblattmitte nach außen knicken und fassen. Anschließend alle Blütenblätter mit ihren Bogen in eine Richtung übereinanderlegen.
Die Stiele mit dem grünen Filzstift lt. Abb. frei Hand oder lt. Musterzeichnungen jeweils auf die Karte übertragen. Blätter und Seerosen aufkleben, nach Belieben mit dem grünen Stift eine Kontur um das fertige Motiv zeichnen.

191+192 Bänderkissen

Kissen 191: mit schräg aufgespannten Kettbändern.

Kissen 192: mit Köperbindung.

Größe: 30 x 33 cm.

Material, Kissen 191: Offray-Polyesterbänder (Spitzen & Modewaren), 3,5 m in Altrosa, 22 mm breit (A); 3,5 m in Rosa, 22 mm breit (B); 7 m in Hellrosa, 16 mm breit (C); 38 x 35 cm Satin (Kissenrückseite), passend zu den Bändern; 1 Reißverschluß, 30 cm lang; 35 x 32 cm Vlieseline H 250; 1,40 m Satinschrägband, 35 mm breit in Rosa; Stecknadeln.

Kissen 192: Offray-Polyesterbänder (Spitzen & Modewaren), 7 m in Rosa, 15 mm breit (A); 7,6 m in Beige, 15 mm breit (B); 38 x 35 cm Satin (Kissenrückseite), passend zu den Bändern; 1 Reißverschluß, 30 cm lang; 35 x 32 cm Vlieseline H 250; Stecknadeln.

Flechtanleitung, allgemein: Vlieseline mit der Klebeseite nach oben auf eine weiche Unterlage legen. Kettbänder in Höhe der fertigen Webarbeit zzgl. 5 cm zuschneiden. Kettbänder nebeneinander auf das Vlies legen und oben und unten mit je einer Stecknadel feststecken. Schußbänder mit Hilfe einer großen Sicherheitsnadel nach Muster einweben. Mit einer Gabel o.ä. das Band nach oben schieben und links und rechts feststecken. Ist das Webstück fertig, die Bänder auf die Vlieseline bügeln, dann erst die Stecknadeln entfernen.

Ausführung, Kissen 191: Kette: Bänder A und C im Wechsel diagonal aufstecken, Schuß B und C diagonal einweben. Dafür Schußbänder abwechselnd über und unter je zwei Kettbänder einweben. Dabei jede folgende Reihe um ein Band versetzen.

Kissen 192: Kette A aufstecken. Schuß B einweben. Dafür Schußbänder abwechselnd über zwei Kettbänder unter einem Kettband einweben. Dabei jede folgende Reihe um ein Band versetzen.

Fertigstellen: Rückw. Kissenplatten mit Naht zuschneiden. Naht beidseitig 1 cm breit schließen. Reißverschluß unter die Schlitzränder nähen. Kissen verstürzen, dabei Reißverschluß zum Wenden offenlassen. Bei Kissen 192 doppeltes Schrägband als Paspel mitfassen, so daß ca. 1 cm übersteht. Kissenfüllungen einziehen.

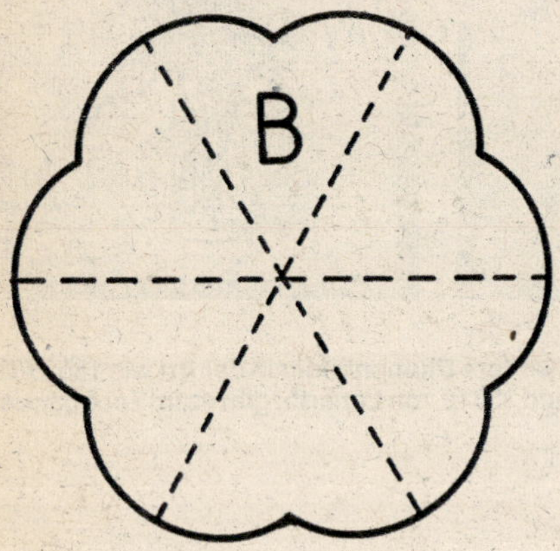

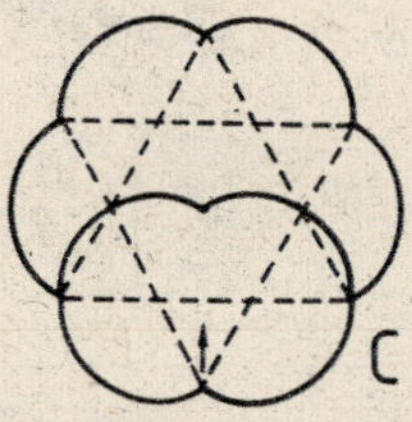

C

D

190 Bild aus „Soft points“

Musterzeichnung auf Seite 172.

Größe: 21 cm Ø.

Material: Soft points in Weiß, kleinste Größe, ca. 8 Kärtchen; Pink, 2. Größe, ca. 2 Kärtchen; Rosa, 2. Größe, ca. 2 Kärtchen; Hellblau, 2. Größe, 1 Kärtchen; Violett, 2. Größe, 2 Kärtchen; Zartgrün, 2. Größe, 4 Kärtchen; Dunkelblau, 2. Größe, 1 Kärtchen; Gelb, kleinste Größe, 2 Kärtchen. 25 x 25 cm selbstklebende Folie; 1 Picker; alles von Soft points Kirchner im Hobbyfachhandel erhältlich. 1 Bilderrahmen rund, innerer Durchmesser 15 cm, 3 cm breit. Wacolux Deko-Spray Matt in Flieder; Sprühlack, klar, beides von H. Wagner im Hobbyfachhandel erhältlich.

Ausführung: Musterzeichnung auf kariertes Papier übertragen. Dabei entspricht ein kleines Karo der Musterzeichnung einem Karo auf dem normalen Karopapier. Um das so gezeichnete Motiv einen Kreis mit 15 cm Ø zeichnen (innerer Rahmendurchmesser). Wenn Sie einen größeren Bilderrahmen haben, Kreis entsprechend einzeichnen. Deckblatt von der selbstklebenden Folie abziehen, Zeichnung unterlegen, Folie ist durchsichtig. Zuerst wird das Blütenmotiv mit Soft points ausgefüllt, dann der Hintergrund. Dazu mit Pickerspitze seitlich in eine Soft-point-Kugel einstechen und abziehen. Die Soft-point-Kugel mit leichtem Druck aufsetzen. In jedes Karo eine Kugel setzen, Farbaufteilung s. Foto. Den Hintergrund und die Blütenmitten mit den kleinen weißen bzw. gelben Kugeln dicht ausfüllen. Aus festem Karton einen Kreis, genau in den Bilderrahmen passend, ausschneiden, ebenso Soft-point-Bild zuschneiden und auf den Karton kleben. Bilderrahmen in Flieder sprühen, nach dem Trocknen mit Klarlack übersprühen. Bild in den Rahmen kleben.

193 Muttertagskarte

Musterzeichnung auf Seite 143.

Größe: 15 x 10,5 cm.

Material: Passepartout-Karten (je 6 Karten, 2 mit ovalem, 2 mit rechteckigen und 2 mit quadratischen Ausschnitt) von Hobbidee; Plusterfarbe „Puff paint“ in Rot, Blau und Grün, von I. Heigl; alles im Hobbyfachhandel erhältlich; Buntstift in Rosa; Rest Baumwollstoff in Weiß; Rest selbstklebende Folie in Weiß; dünner Pinsel, z.B. da Vinci.

Ausführung: Musterzeichnung auf Papier übertragen. Zeichnung unter den Stoff legen, Konturen scheinen durch. Konturen mit dünnen Bleistiftstrichen auf den Stoff übertragen. Blütenkränzchen mit „Puff paint“ aufmalen. Für das Violett Rot mit Blau mischen. Nach dem Trocknen der Farben Teil von links bügeln. Dabei quillt die Farbe auf und wird erhaben, die Farben werden dabei heller. Bemaltes Stoffteil ca. 0,5 cm größer zuschneiden als der Kartenausschnitt. Selbstklebende Folie ca. 1 cm größer als das Stoffteil zuschneiden. Stoffoval passend auf die Folie kleben und dann hinter den Ausschnitt kleben. Rund um den Kartenausschnitt einen 0,5 cm breiten Rand mit rosafarbenem Buntstift aufmalen.

194 Kränzchen

Größe: Ca. 13 cm.

Material: Ca. 20 – 25 Seidenblumen in Rosa; ca. 15 Stoffblätter; Spezialbindeband in Grün (Hobby Knorr); alles im Hobbyfachhandel erhältlich.

Ausführung: Blüten und Blätter schuppenförmig zusammennehmen, Stiele mit Spezialbindeband umwickeln. Wenn Sie so eine ca. 30 cm lange Ranke gebunden haben, das Ganze zu einem Kranz biegen und dann erst mit Spezialbindeband zusammenbinden. Evtl. mit einer kleinen Satin- oder Samtschleife verzieren.

196 Dekorationen

Material: 1 Biedermeier-Papiermanschette in Weiß, 20 cm Ø; quadratische Tortenspitze (für Kerzenarrangement); Kerze; herzförmige Tortenspitze (unter dem Nadelkissen, s. Foto); Papierhütchen für Pralinen; alles Dekorativ-Produkte, im Hobby- und Schreibwarenhandel erhältlich; Satin-Schleifenband; schillernde Klarsichtfolie (Schreibwarenladen); Draht; Blumenbindeband; Tüll.

Ausführung: Für das Biedermeiersträußchen kleine Tüll-Tuffs und Satin-Band-Büschelchen anfertigen, andrahten und in die Manschette stecken. Enden mit Blumenbindeband umwickeln. Man kann die Manschetten auch mit frischen Blumen oder Seidenblumen füllen. Für das Kerzenarrangement die Mitte der Papier-Tortenspitze auf die Öffnung des Kerzenhalters legen. Mit der Kerze Papier und Kerze vorsichtig in die Öffnung drücken. – Hübsch verpackt wird ein Geschenk daraus: Pralinen, Kekse (evtl. sogar selbstgemacht) oder andere kleine Geschenke dekorativ und duftig in schillernde Folie einpacken, mit einem Bändchen verschnüren und in ein Papierhütchen setzen.

195 Gehäkeltes Nadelkissen

Häkelschrift siehe unten und ½ Schnittkontur in Rot unter dem Text.
Erklärung der Häkelschriftzeichen siehe unten.

Größe: Ca. 15 x 13 cm.

Material: 1 Knäuel mercerisiertes Baumwollgarn (z.B. MEZ Liana 10, Farbe 758); 1 Garnhäkelnadel Nr. 1,25; 1 m hellblaues und 0,50 m rosa Offray-Satinbändchen, 3 mm breit (von Spitzen und Modewaren, Art. 2205); Rest hellrosa Satin; Watte zum Ausstopfen.

Ausführung: Bei * in der Häkelschrift beginnen und das Vorderteil in 22 Reihen häkeln, das Rückenteil ebenso arbeiten. Beide Teile formgemäß spannen, anfeuchten und trocknen lassen. Aus dem Satin 2mal die ganze Herzform lt. Schnitt mit Nahtzugabe zuschneiden. Teile rechts auf rechts legen und miteinander verstürzen, ein ca. 5 cm langes Stück der Naht offenlassen. Verstürztes Teil wenden und prall ausstopfen, offene Naht von Hand schließen. Beide Häkelteile lt. grau unterlegter Fläche in der Häkelschrift zusammenhäkeln, dafür die Bogen jeweils um die Lm. von Vorder- und Rückenteil arbeiten. Die letzten 10 Lm. offenlassen. Satinherz einschieben, erst dann die Umhäkelung beenden. Die Satinbändchen mit einer Stopfnadel abbildungsgemäß einstopfen. Anfangs- und Endfaden jeweils auf der Unterseite verwahren, die Aufhängung erst zum Schluß arbeiten. Das Nadelkissen kann auch, mit Lavendelblüten (aus der Apotheke) gefüllt, als Duftbeutel dienen.

Häkelschrift-Zeichenerklärung

∩ = 1 Kettmasche (1 Km.)
· = 1 Luftmasche (1 Lm.)
ı = 1 feste Masche (1 f.M.)
▲ = 1 Pikot (3 Lm., 1 f.M. in die 1. der 3 Lm.)
† = 1 Stäbchen (1 Stb.)
V = 2 Stb. in eine Einstichstelle
←+ = 1 Stb. in Pfeilrichtung häkeln
‡ = 1 Doppelstäbchen (1 Dstb.)
‡ = 1 Dstb. mit Fußschlinge
Λ = 2 Dstb. zus. abgemascht
↶ = Häkelrichtung

197 Mitteldecke

Musterzeichnung siehe rechts.

Größe: Ca. 82 x 82 cm.

Stickereigröße: Ca. 55 x 55 cm.

Material: 1,00 m weiß-blauer Stoff, 160 cm breit (Leibfried Ar. 6016); 3,40 m weite Spitze, ca. 2 cm breit; 2 Strang MEZ Anker Sticktwist in Gletscherblau, hell 145.

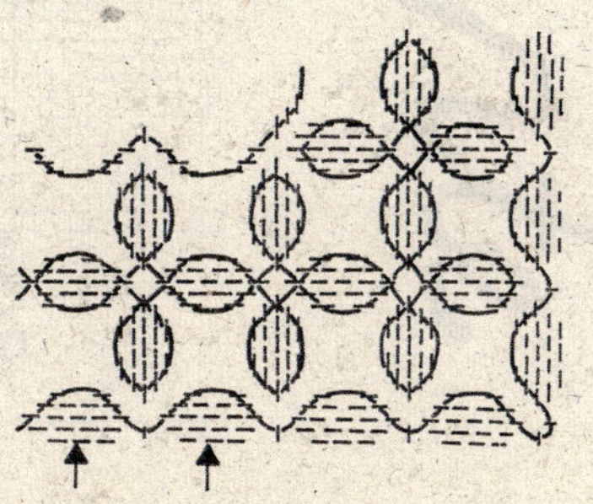

Ausführung: Ca. 15 cm von den Stoffkanten entfernt in einer Ecke mit der Durchzugarbeit lt. Musterzeichnung beginnen, dabei jeweils die äußeren Fäden der vorgewebten Motive erfassen. Es wird mit 3fädigem Sticktwist gearbeitet. Die Musterzeichnung zeigt die Ecke sowie einen Mustersatz zwischen den Pfeilen. Zwischen den Ecken den Mustersatz jeweils insgesamt 19mal arbeiten. Die innere Blütenbordüre wird in zwei Arbeitsgängen ausgeführt. Beim ersten Arbeitsgang die oberen Blättchen sowie die untere Linie der waagrecht liegenden Blättchen arbeiten, beim zweiten Arbeitsgang die andere Hälfte. Die einzelnen Blütenmotive mit einem Blättchen Abstand zur Bordüre wie folgt anordnen: 1 Motiv in Deckenmitte, beidseitig je 2 weitere mit einem ganzen Motiv Abstand, siehe auch Foto. Stoff außerhalb der Stickerei auf 12 cm Breite beschneiden, mit Zickzackstichen versäubern. Spitze aufnähen. Ecken abschrägen.

198 Kreuzstichdecke

Schemazeichnung und Zählmuster I-IV siehe unten.

Größe: Ca. 82 x 140 cm.

Stickereigröße ohne Bordüre: 257 x 705 Stiche/ca. 43 x 117 cm; 6 Stiche/ca. 1 cm.

Motivgröße: 25 x 21 Stiche/ca. 4 x 3,5 cm.

Material: 0,95 m hellblauer Zählstoff, 140 cm breit, 12 Gewebefäden/ca. 1 cm (z.B. Zweigart Art. 3984 Murano, Fb. 501); MEZ Anker Sticktwist in folgenden oder ähnlichen Farben:
1 · = 1 Str. Weiß 1
2 × = 1 Str. Himmelblau, dunkel 131
3 • = 1 Str. Kobaltblau 133

Ausführung: Die Schmalseitenmitte markieren. Mit 12 cm Abstand zur Webkante mit dem Sticken lt. Zählmuster bzw. Schemazeichnung beginnen, siehe Pfeil. Das Schema zeigt die Anordnung der Motive für 1/4 der Decke. Die anderen Viertel jeweils gegengleich ergänzen. Die Zahlen geben die Anzahl der zwischen den Motiven liegenden Fäden an. Ein Kreuzstich wird mit 2fädigem Sticktwist über 2 x 2 Gewebefäden gestickt. Mit 16 cm Abstand zu den Blütenmotiven die Bordüre nach Zählmuster IV arbeiten. Dafür die Längsseitenmitte markieren und die Bordüre, beim Doppelpfeil beginnend, zu beiden Seiten hin arbeiten. Den Rapport zwischen den Pfeilen fortlaufend sticken. An den Längsseiten den Stoff mit 5 cm Abstand zur Bordüre fadengerade beschneiden und einen 1 cm breiten doppelten Saum arbeiten.

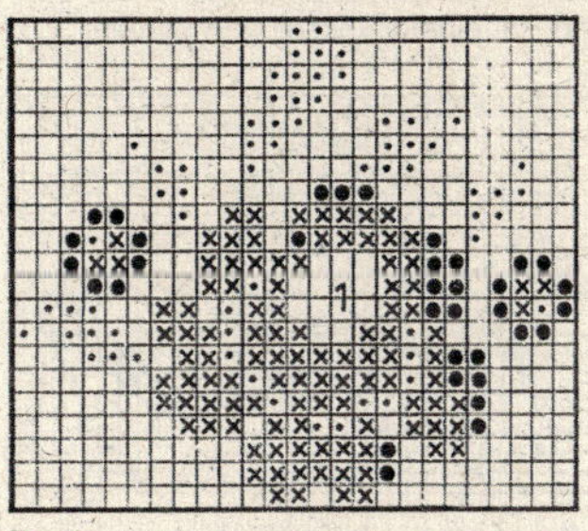
I

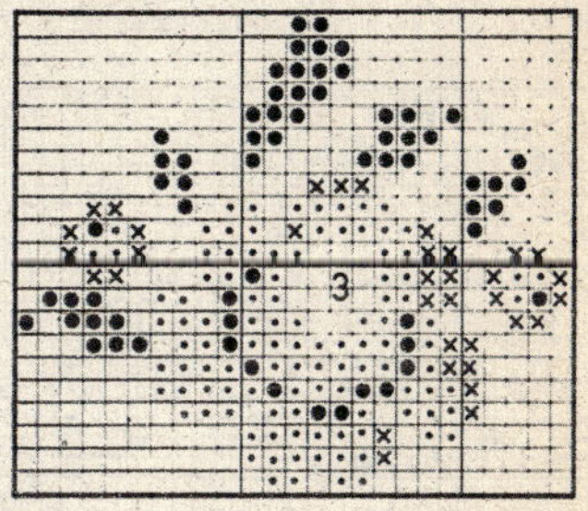
II

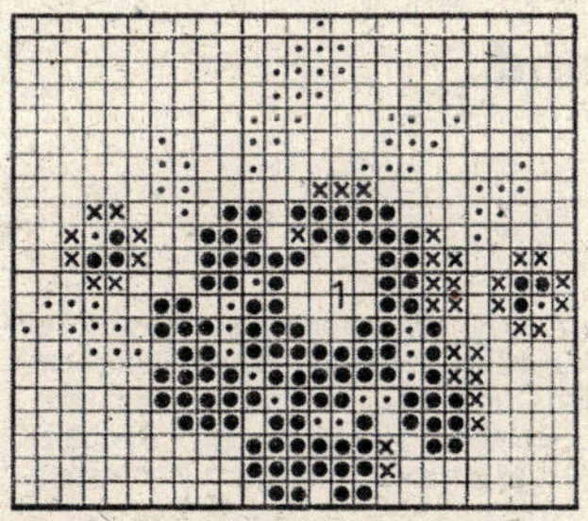
III

IV

Zählmuster I–IV für Kreuzstichdecke 198.

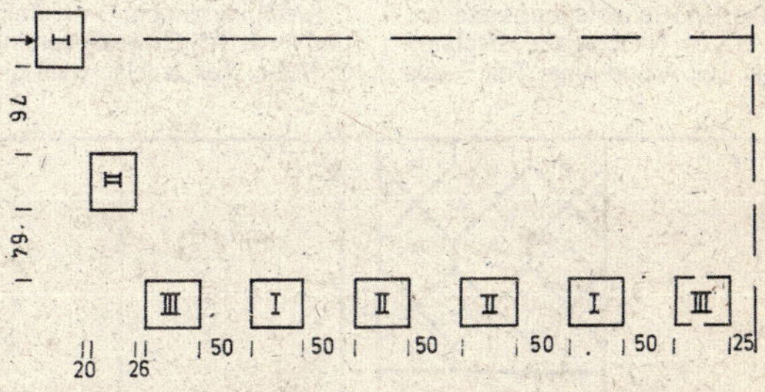

Schemazeichnung für Kreuzstichdecke 198.

199 Kleines Deckchen

Originalgröße, seitenverkehrte Musterzeichnung auf Seite 157 in Rot.

Größe: Ca. 37 x 37 cm.

Motivgröße: 15 x 13,5 cm.

Material: 0,35 m feines weißes Halbleinen, 180 cm breit (z.B. Zweigart Art. 3202 Carrick) oder ein 35 x 35 cm großer Rest in ähnlicher Qualität; 1,30 m weiße Spitze, 1,5 cm breit; je 1 Strang MEZ Anker Perlgarn 5 in Himmelblau, hell 129, und Himmelblau, dunkel 131.

Ausführung: Den Stoff fadengerade auf 35 x 35 cm Größe zuschneiden. Schnittkanten mit Zickzackstichen versäubern. Das Eichhörnchen mittels burda Bügelmusterstift in Gelb in Stoffmitte übertragen. Mit Himmelblau, dunkel, die Konturen in Stielstich nachsticken, die Haselnuß in Plattstich aussticken. An allen 4 Seiten die Durchzuglinien arbeiten. Für jede Linie einen Gewebefaden ausziehen, den ersten Faden mit 1,5 cm Abstand zu den Schnittkanten, den zweiten Faden mit 2,5 cm Abstand, den dritten Faden mit 4,5 cm Abstand, den vierten Faden mit 5,5 cm Abstand. Innerhalb dieser Fadenrinnen einen Vorstich arbeiten. Dafür abwechselnd einen Gewebefaden auffassen, 5 Gewebefäden übergehen und den Stickgarnfaden durchziehen. Die Linien unter- und oberhalb des Eichhörnchens in Himmelblau, hell, die anderen Linien in Himmelblau, dunkel, sticken.

200 Geschirrtuch

Zählmuster siehe unten.

Größe: Ca. 50 x 70 cm.

Mustersatzgröße: 19 x 43 Stiche = ca. 4,5 x 10,5 cm.

Material: Ein hellblaues Geschirrtuch mit Aidaborte (z.B. Leibfried Art. 7517); je 1 Strang DMC Mouliné (Sticktwist) oder Sticktwistreste in folgenden oder ähnlichen Farben:

1 = Himmelblau, dunkel 798
2 (+) = Kobaltblau 796
3 • = Indigo, dunkelstes 823
4 ∘ = Eisblau 518
5 × (⌀) = Kirschrot 817
6 v (/) = Gelb 743
7 (×) = Smaragdgrün, mittel 701

Ausführung: Beim Pfeil im Zählmuster mit dem Sticken in Handtuchmitte beginnen. Ein Kreuzstich wird mit 3fädigem Sticktwist über 1 Aidafeld gestickt. Die Zeichen in den Klammern stehen für Spannstiche. Den Mustersatz zwischen den Pfeilen zu beiden Seiten hin arbeiten, mit einem Kesselmotiv enden.

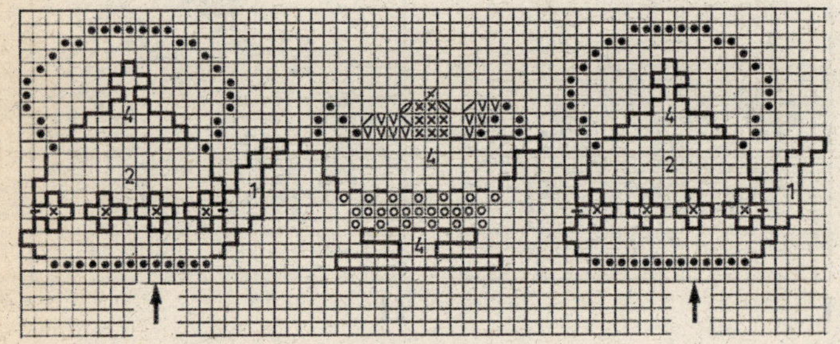

201 Patchworkeinband

1 Schema siehe unten. 4 Musterzeichnungen A–D oben in Rot und 1 Schriftzug (seitenverkehrt) rechts.

Größe: Ca. 20 x 23 cm.

Material: 0,40 m blauer Baumwollstoff, 90 cm breit; Stoffreste, weiß und blau-weiß gemustert. Rest Perlgarn 5 in Weiß; 0,25 m Vlieseline H 630 (Freudenberg); Nähgarn; Karton; 1 Ringbuch, ca. 19,5 x 22,5 cm.

Zuschneiden: Je 1 Rechteck 39 x 23 cm, 18 x 23 cm, 18 x 5 cm und 3 x 23 cm aus blauem Stoff. An allen Teilen je 1 cm Naht zugeben. Lt. Musterzeichnungen für die Teile A–D Schablonen herstellen. Teile mit je 1 cm Nahtzugabe zuschneiden: 1mal Teil A und 4mal Teil B aus blau-weiß gemustertem Stoff; 2mal Teil A und 2mal Teil B aus blauem Stoff; 4mal Teil C und 4mal Teil D aus weißem Stoff. 2 Rechtecke 18 x 23 cm und 1 Rechteck 39 x 23 cm aus Vlieseline zuschneiden.

Ausführung: Patchworkmotiv: Teile lt. Schemazeichnung zuerst zu Diagonalreihen aneinandernähen. Bei der unteren Ecke links beginnen. 1. Reihe: Teil B (blau-weiß gemustert) mit Teil D (weiß) verbinden. 2. Reihe: Teil B (blau) mit Teil C (weiß) verbinden, C mit Teil A (blau) und A mit Teil D (weiß) verbinden.
3. Reihe: Teil B (blau-weiß gemustert) mit Teil C (weiß) verbinden, C mit Teil A (blau-weiß gemustert) verbinden. A mit Teil C (weiß) verbinden und C mit Teil B (blau-weiß gemustert).
4. Reihe: wie 2. Reihe und 5. Reihe wie 1. Reihe arbeiten.
Nahtzugaben auseinanderbügeln. Lt. Schemazeichnung 1.–5. Reihe miteinander verbinden. Die 4. und 5. Reihe wie 2. und 1. Reihe, jedoch um 180 Grad gedreht arbeiten. (Da die Reihen keine geraden Stepplinien haben, können Sie diese auch von Hand zusammennähen, falls es Ihnen mit der Maschine zu schwierig erscheint). Nahtzugaben auseinanderbügeln. Auf das Rechteck 18 x 5 cm den Schriftzug lt. Musterzeichnung oder nach eigener Handschrift mit Stielstichen sticken. An dieses Rechteck das gesamte Patchworkmotiv steppen. Passende Vlieselineteile auf die linken Stoffflächen bügeln. Lt. Schema die Rechtecke 39 x 23 cm und 18 x 23 cm an das Patchworkmotiv steppen. An den beiden kürzeren Schnittkanten aus 1 cm Nahtzugabe Saum steppen. Teile lt. Schemazeichnung rechts auf rechts so legen, daß eine Hülle entsteht. Obere und untere Kanten zusteppen. Ecken abschrägen, Nähte auseinanderbügeln. Buchhülle wenden. Nahtzugaben am Buchhüllenrücken umbügeln. Alle Nahtzugaben des Teils 3 x 23 cm umbügeln und auf den Buchhüllenrücken (linke Seite auf linke Seite) schmalkantig steppen. Ringbuch einschieben.

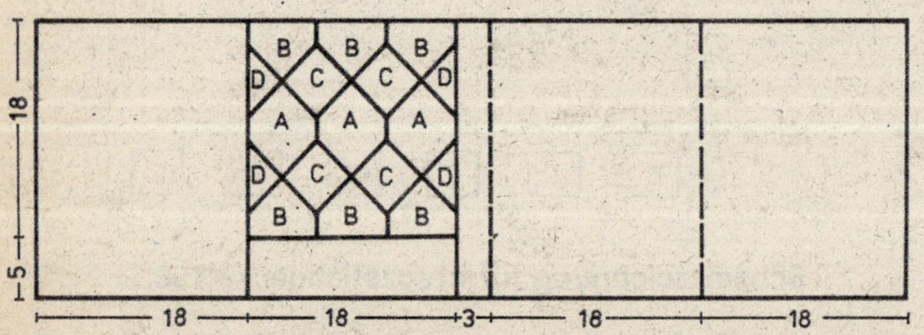

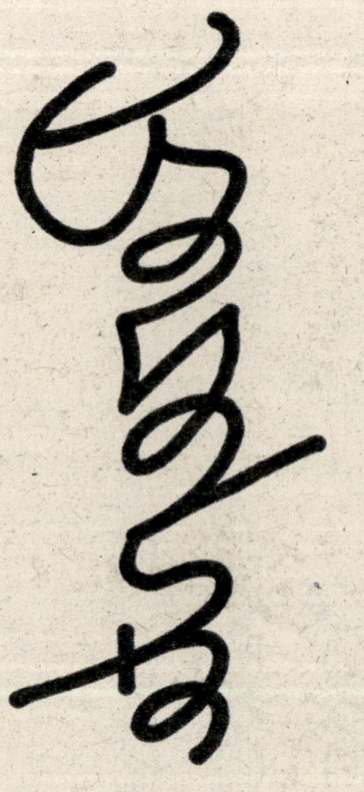

202 Bild „Windmühle“

Zählmuster siehe rechts.

Größe: Ca. 25,5 x 25,5 cm mit Rahmen.

Größe der Stickerei: 73 x 75 Stiche/ca. 20,5 x 21 cm.

Material: 0,35 m Leinen, 170 cm breit, 106 Gewebefäden/ca. 10 cm (z.B. Zweigart Art. 3918 Shannon). Oder: ein 35 x 35 cm großer Stoffrest in ähnlicher Qualität; 2 Strang MEZ Anker Perlgarn 5 und 1 Knäuel Perlgarn 8 in Kobaltblau, hell 132; ein Bilderrahmen, Innenmaß ca. 23 x 23 cm.

Ausführung: Stoffzuschnitt 35 x 35 cm, Schnittkanten versäubern. In der linken unteren Ecke, 7 cm von den Schnittkanten entfernt, mit dem Sticken der Umrandung lt. Zählmuster beginnen. Für das Zählmuster gilt: 1 Karo = 2 x 2 Gewebefäden, 1 Begrenzungslinie = 1 Gewebefaden, d.h. zwischen 2 nebeneinanderliegenden Kreuzstichen jeweils einen Gewebefaden stehenlassen. Ein Kreuzstich wird über 2 x 2 Gewebefäden gestickt; die Umrandung mit Perlgarn 8, das Motiv mit Perlgarn 5 arbeiten. Fertige Stickerei von links unter feuchtem Tuch bügeln und in den Rahmen einpassen.

203 Bild „Hollandjunge“

Zählmuster siehe unten.
Zählmuster für die Umrandung siehe Modell 202.

Größe: Ca. 24 x 28 cm mit Rahmen.

Größe der Stickerei: 61 x 83 Stiche/ca. 17 x 23,5 cm.

Material: Wie Modell 202.

Ausführung: Stoffzuschnitt 35 x 42 cm. Schnittkanten versäubern. Zunächst die Umrandung wie bei Modell 202 arbeiten, **jedoch** an der unteren und oberen Umrandungslinie je 12 Kreuzstiche weniger, an den seitlichen Begrenzungslinien je 8 Kreuzstiche mehr arbeiten. Dann das Motiv mit 37 Gewebefäden Abstand zur unteren Umrandungslinie in Stoffmitte (siehe Pfeil) arbeiten. Weiteres zur Stickerei siehe Modell 202.

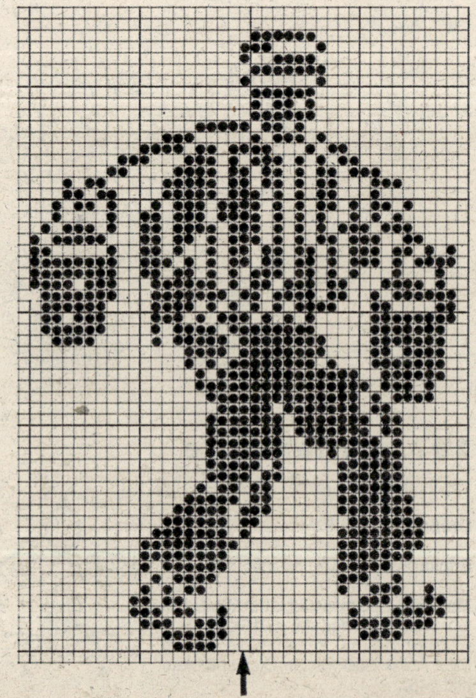

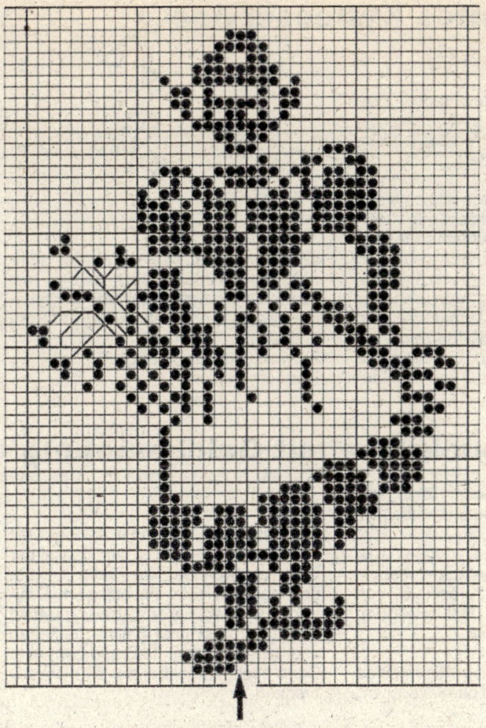

Kennen sie die burda-Zählhilfe?
Information auf Seite 175.

204 Bild „Hollandmädchen"

Zählmuster siehe oben.
Zählmuster für die Umrandung siehe Modell 202.

Größe und Material: Wie Modell 202.

Ausführung: Zunächst die Umrandung wie bei Modell 202 arbeiten. Dann das Motiv mit 25 Gewebefäden Abstand zur unteren Umrandungslinie in Stoffmitte (siehe Pfeil) arbeiten. Weiteres siehe Modell 202.

205 Bildchen mit Seifenblasenclown

Originalgroße Musterzeichnung siehe unten.

Größe: Ca. 10,3 cm x 8,3 cm.

Material: 1 weiße ovale Porzellanscheibe (z.B. von Limoges France); Porzellanmalfarbe (z.B. von Uhlig) in den Farben Zitronengelb, Tabak, Rot, Hellgrün, Hellbraun, Hellblau und Weiß.

Ausführung: S. auch Allgemeines zur Porzellanmalerei vor dieser Anleitung.

Das Motiv lt. Musterzeichnung mit dem Stabilo-All-Stift auf die Scheibe vorzeichnen. Farben lt. Abb. oder nach Belieben mischen und alle Konturen in Hellbraun mit der Tuschefeder nachzeichnen. Größere Flächen und Hintergrund mit dem Pinsel ausmalen. Scheibe brennen.

Allgemeines zur Porzellanmalerei

Sie brauchen weißes, farbikneues Porzellan zum Bemalen. Bei gebrauchtem Porzellan ist die Glasur evtl. unmerklich beschädigt. Die Größe richtet sich nach dem zur Verfügung stehenden Brennofen. Wir haben in einem größeren Emailofen gebrannt, der bis auf 1100 Grad C erhitzt werden konnte. Diese Temperatur war ausreichend. Der Hersteller der Farben (Fa. Uhlig) schreibt eine Brenntemperatur von 1150 Grad C bis 1200 Grad C für Porzellan vor, bei Keramik genügen 1000 Grad C. Porzellan-Brennöfen stehen schon in einigen Hobbyfachgeschäften für die Kunden zur Verfügung; es werden laufend mehr. Fast alle Schulen besitzen Brennöfen. Fragen Sie die Werklehrer danach. Bei Leitern der Volkshochschulkurse in Porzellanmalerei kann man sich ebenfalls über die Brennmöglichkeiten informieren. Inglasur-Porzellanmalfarben, fix und fertig zum Malen aus der Tube, sinken beim Brand in die Glasur ein. Es gibt sie im praktischen Sortimentskasten mit 12 Farbtönen (Art. 6615); aber auch jede Tube ist einzeln zu bekommen. Außerdem braucht man zum Verdünnen der Farbe Terpentinöl, rein (Art. 6741) und einen Stabilo-All-Stift zum Vorzeichnen. Beim Brennen verschwindet der Strich ohne Rückstände. Mit Glanzgold (Art. 6716) kann man edle Effekte erzielen. Alle Materialien von Uhlig. Ein Teller oder eine Glasplatte siehe Arbeitsfoto, für die Farben aus der Tube, Pinsel, auch ein feiner Marderhaarpinsel in Größe 0 und eine Tuschefeder sind ebenfalls erforderlich, ein Stück Schwamm oder Schaumstoffrest. Und nun geht's los: Porzellanteil mit Spülmittelwasser reinigen, Muster mit Stabilo-All-Stift aufzeichnen und lt. Abb. bzw. Musterzeichnung bemalen. Die Farben sind untereinander mischbar. Große Flächen werden mit dem Pinsel aufgetragen und mit dem Schaumstoffschwamm gleichmäßig verteilt. Wenn diese Flächen zuerst gebrannt werden, kann anschließend besser darauf weitergearbeitet werden. Dann noch mal brennen. Gold kann nur im 2. Brenngang gebrannt werden, da es nur 800 Grad C verträgt. Alle feinen Linien lassen sich am besten mit der Tuschefeder zeichnen. Pinsel und Feder mit Terpentinöl reinigen, für jede flächig aufgetragene Farbe ein neues Stück Schaumstoff benutzen. Immer nur wenig Farbe aus der Tube drücken. Beim runden Schälchen in Blau und den Blattellern die Farbe verdünnt auftragen. Der Serviettenring auf dem Arbeitsfoto: Art. 6950 von Uhlig.

Vergrößerung der Rasterzeichnung
Zeichnen Sie sich selbst ein Raster = Karogitter mit den in der Anleitung angegebenen Maßen, und übertragen Sie darin den Konturenverlauf.

206 + 207 Porzellanschälchen mit blauem Muster

Originalgroße Musterzeichnungen siehe unten.
Größe: Ca. 8 cm Ø, 2 cm hoch.

Material: Weißes Porzellanschälchen (z. B. von Kaiser, im Porzellanfachhandel erhältlich), Porzellanmalfarbe (z. B. von Uhlig) in Dunkelblau, Hellblau und Weiß.

Ausführung: Siehe auch Allgemeines zur Porzellanmalerei auf der Seite zuvor. Die Motive lt. Musterzeichnung mit dem All-Stift vorzeichnen. Farben lt. Abb. oder nach Belieben verwenden, die größeren Flächen mit dem Pinsel ausarbeiten, die dünnen Linien mit der Tuschefeder nachziehen. Die Oberkante des Schälchens mit einem zarten Strich betonen, Schälchen brennen.

209 Bemalte Tischdecke

Musterzeichnung siehe oben.

Größe: Ca. 110 x 110 cm.

Material: 1,10 m Baumwollbatist, 170 cm breit (z.B. Benker Art. 801/0), für die Umrandung ca. 4,50 m Baumwollspitze (z.B. Art 13/07278 von Spitzen und Modewaren); Stoffmalfarben von Marabu in Mittelblau 052 und Weiß 070 sowie Schwarz 073 (oder ein ganz feiner Stoffmalstift, z.B. Signierstift für Stoff); burda-Bügelmusterstift in Blau.

Ausführung: Zunächst die Musterzeichnung vom Bogen auf Transparentpapier zeichnen. Transparentpapier wenden und die Konturen mit dem burda-Bügelmusterstift nachzeichnen. Dabei empfiehlt es sich, nur die Blättchen und Blüten nachzuzeichnen, da sie später durch die Farbe überdeckt werden können. Die Stengel und andere feine Linien zeichnen Sie am besten frei ein. Die Konturen des burda-Bügelmusterstiftes lassen sich vom Transparentpapier mehrfach abbügeln. Ist das Motiv abgebügelt, zeichnen Sie die Konturen neu nach. Der Abstand vom Rand beträgt 1 cm, die einzelnen Blütenzweige sind voneinander ca. 11 cm entfernt. Auf einer Deckenseite befinden sich 8 Blütenzweige. Beginnen Sie am besten jeweils in der Mitte der Seite, und teilen Sie Ihren Stoff so auf, daß an den Ecken die oberen Teile der Blütenzweige nahe beieinanderstehen. Blüten in Blau, gemischt mit Weiß, ausmalen, alles andere ganz zart in Schwarz. Zum Schluß noch zwischen die Motive genau in die Mitte – vom Rand aus nach 1 cm – Pünktchenlinien ca. 4 cm lang malen. Decke zur Fixierung der Farben von links bügeln, siehe auch Angaben des Farbenherstellers. Deckenrand knappkantig säumen, Spitze aufnähen.
Entwurf und Ausführung:
Ingeborg Winzek.

208 Bemaltes Kaffeeservice

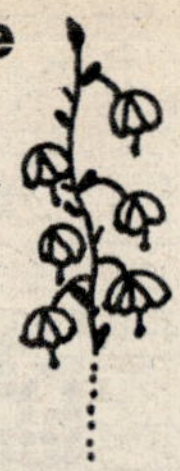

Musterzeichnung siehe rechts.

Material: Weißes Kaffeeservice; Porzellanmalfarbe (z.B. von Uhlig) in Schwarz und Hellblau; 1 Marderhaarpinsel Nr. 00; 1 Tuschefeder.

Ausführung: Siehe auch Allgemeines zur Porzellanmalerei auf der Seite zuvor. Das Motiv lt. Musterzeichnung mit dem Stabilo-All-Stift auf die Serviceteile lt. Abb. oder nach Belieben vorzeichnen. Stiele, Blätter und die Konturen der Glöckchen mit der Tuschefeder und schwarzer Porzellanmalfarbe zeichnen. Brennen bei 800 Grad C. Dann die Glöckchen mit dem Pinsel und hellblauer Farbe zart ausmalen. Wieder brennen. Anschließend noch einmal mit schwarzer Porzellanmalfarbe konturieren. Alle Teile noch einmal bei 800 Grad C brennen.
Entwurf und Ausführung:
Ingeborg Winzek.

210 Schmuckdose mit Goldbemalung

Musterzeichnung auf Seite 155 in Rot.
Größe: Ca. 8 cm Ø und 5 cm hoch.

Material: Weiße Porzellandose (z.B. von Kaiser, im Porzellanfachhandel erhältlich); Porzellanmalfarbe (z.B. von Uhlig) in Dunkelblau, Rot, Hellgrün, Schwarz, Weiß und Gold.

Ausführung: Siehe auch Allgemeines zur Porzellanmalerei auf der Seite zuvor. Die grafische Einteilung lt. Abb. frei mit dem Stabilo-All-Stift auf den Deckel der Dose vorzeichnen. Die Farbe lt. Abb. oder nach Belieben einsetzen und Dreiecke ausmalen. Für das Gold erst einmal die dafür bestimmte Fläche freihalten und erst nach dem 1. Brand bemalen. Dann noch einmal bei nur 800 Grad C brennen.

211 – 213 Drei weiß-blaue Porzellanschälchen

Originalgroße Musterzeichnung siehe unten.
Größe: 211 + 212: Ca. 10 cm Ø, 2,5 cm hoch.
213: Ca. 8 cm Ø, 2 cm hoch.
Material: 3 weiße Porzellanschälchen (z. B. von Kaiser, im Porzellanfachhandel erhältlich); Porzellanmalfarbe (z. B. von Uhlig) in Dunkelblau und Weiß.

Ausführung: Siehe auch Allgemeines zur Porzellanmalerei auf der Seite zuvor. Die Motive lt. Musterzeichnung mit dem Stabilo-All-Stift vorzeichnen. Den Blauton lt. Abb. oder nach Belieben mischen, die größeren Flächen, Punkte oder Striche mit dem Pinsel ausarbeiten, die dünnen Linien mit der Tuschefeder feucht nachziehen. Die Oberkante des kleinen Schälchens mit einem dünnen Pinsel betonen und anschließend brennen.
Entwurf und Ausführung der Modelle 205 – 207 sowie 210 – 213:
Helga Maus.

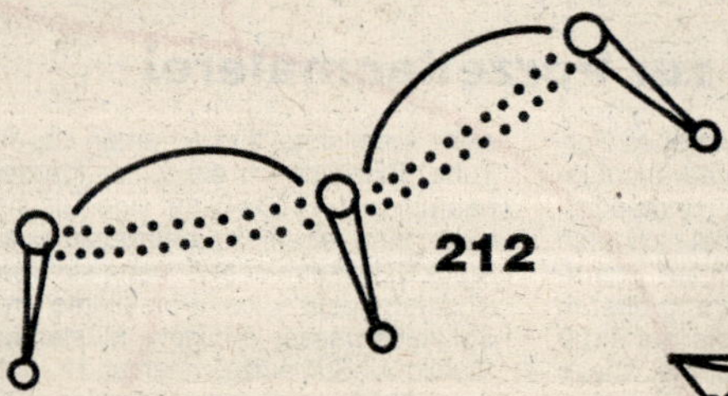

212

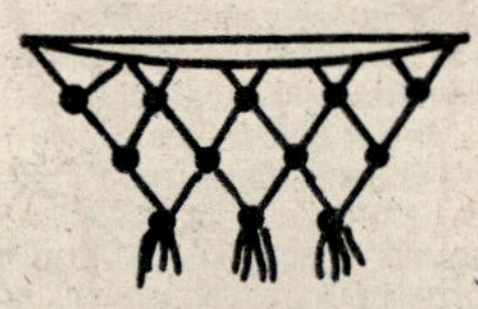

211

213

214 Blütenmotive

Originalgroße Musterzeichnungen A–K auf Seite 160/161.

Material: Papier oder leichter Karton in Weiß (diverse andere Untergründe wie Holz oder Stoff sind auch möglich, dafür entsprechende Farben verwenden); Transparentpapier, Pauspapier; Filzstifte (z. B. von Edding); Buntstifte.

Ausführung: Transparentpapier auf die Zeichnung legen, die Konturen mit Bleistift zeichnen. Mittels Pauspapier auf die gewünschte Unterlage übertragen, teils mit Filzstiften (kräftig in den Farben), teils mit Buntstiften (zart) ausmalen, siehe Abb. oder nach Belieben.

Persönlich geschmücktes Briefpapier erhalten Sie so: Zeichnen Sie das Motiv, das Ihnen am besten gefällt, mit Tusche oder Filzstift in Schwarz auf Transparentpapier. In einem Bürobedarfsgeschäft (mit Kopiermöglichkeit) lassen Sie das Motiv auf normales Schreibmaschinenpapier in DIN-A-4-Größe kopieren (auf Plazierung des Motives achten). Sie können die Bogen unbemalt lassen oder die Motive zusätzlich ausmalen.

Tip: Alle Blütenmotive sind vielseitig verwendbar. Man kann sie malen (wie gezeigt), aber auch sticken. Wir haben für jedes Motiv einen Farbvorschlag für Sie ausgearbeitet. In der nachfolgenden Tabelle finden Sie die mit Buchstaben (A, B, C, D, E, F) bezeichneten Motive in den Farben von MEZ Anker Sticktwist, die mit den Buchstaben (G,H,J,K) in den Farben von DMC Mouliné Sticktwist angegeben.

MEZ Anker Sticktwist	A	B	C	D	E	F
1 = Altgold 310			x	x		
2 = Ginstergelb, dunkel 298	x	x		x		
3 = Eisblau, hellstes 159			x			x
4 = Zartviolett 96	x	x				x (x)
5 = Ginstergelb, hellstes 293	x	x	x	x		x
6 = Ginstergelb 297		x				
7 = Violett, hell 98		x		x		
8 = Moosgrün, hell 266	x			x	x	
9 = Lila, hellstes 108					x	(x)
10 = Türkis, hellstes 167			x		x	
11 = Rosenrot, hellstes 27	x				x	
12 = Maisgelb 302			x			x
13 = Birkengrün, hell 255	x	x	x			x
14 = Birkengrün, dunkelstes 258	x	x	x			
15 = Grasgrün, dunkel 246	x		x			
16 = Antikgelb, dunkel 901		x				
17 = Rosenrosa, hell 24	x					
18 = Lavendel, hell 117		x				(x)
19 = Lavendel, mittel 118		x				
20 = Lavendel, dunkel 119		x				
21 = Indigo, dunkel 127		x				
22 = Nelke, dunkel 54	x					
23 = Tannengrün, hell 215		x				
24 = Olivgrün, mittel 843						(x)
25 = Schneeweiß 1						(x)

DMC Mouliné	G	H	J	K
1 = Gelb, hell 727	x	x	x	
2 = Sonnengelb 743	x	x	x	x
3 = Flieder, hell 211			x	
4 = Flieder 209			x	
5 = Rosa 893			x	
6 = Rosa, hell 894			x	
7 = Blaßrosa 818			x	x
8 = Pink 603			x	x
9 = Pink, hell 604			x	x
10 = Rosenrot 326			x	
11 = Weinrot 815			x	
12 = Himmelblau 3325			x	
13 = Stahlblau 826		x	x	x
14 = Lindgrün 954			x	x
15 = Lindgrün, hell 955			x	
16 = Grasgrün 909	x	x	x	x
17 = Grasgrün, hell 912			x	
18 = Braun 840	x		x	
19 = Beige 842			x	
20 = Grau, hellstes 760				x
21 = Wasserblau, hell 794				x
22 = Lindgrün, mittel 702	x	x		x
23 = Violett, hell 554		x		
24 = Rotviolett 718		x		
25 = Antikgrün 3052	x			
26 = Erdbraun, hell 612	x			
27 = Türkisblau 806		x		
28 = Tannengrün, mittel 367		x		

Kennen sie die burda-Zählhilfe?
Information auf Seite 175.

215 Dose mit Kränzchenmotiv

Originalgroße Musterzeichnung K (Modell 214).

Größe: 19,5 cm Ø, 6 cm hoch.

Material: Spandose (Knorr Art. 7808/046, Maße siehe oben); Rest Leinen in Weiß; Deka-Stoffmalfarben in Hellgrün 412, Dunkelgrün 414, Karmin 406, Goldgelb 402, Hellblau 409 und Perlweiß metallic 420; Wattevlies aus Polyester oder Watte zum Polstern des Deckels; Uhu greenit; Satinband in Blau, 23 mm breit (z.B. von Spitzen- und Modewaren Cremer); Bügelmusterstift; Transparentpapier; Farbspray in Hellblau (z.B. Ultracolor Lackspray in Calypso matt); Marderhaarpinsel Nr. 1.

Ausführung: Muster mit Bleistift auf Transparentpapier übertragen. Papier wenden, und mit dem burda-Bügelmusterstift die Konturen nachziehen. Auf den Stoff bügeln. Ausmalen: die Blätter rund um die Rosen in Hellgrün, Stengel und kleine Blättchen in Dunkelgrün. Für die Rosen Karmin mit Perlweiß metallic mischen, von außen nach innen mehr Karmin hinzunehmen. Für die Blütenmitten der Vergißmeinnicht Punkte in Gelb setzen, für die Blütenblätter Hellblau mit Perlweiß metallic mischen. Nach dem Trocknen der Farben Stoff von links bügeln. Eine Lage Wattevlies auf den Deckel legen, rundherum passend schneiden und den Stoff (Kränzchen genau in die Mitte) darüberlegen. Den Rand der Schachtel und einen Streifen vom überstehenden Stoff mit Klebstoff bestreichen, zusammenfügen, dabei auf glatte Oberfläche achten. Entstehende Falten am Deckelrand einfach wegschneiden. Satinband darüberlegen und ein wenig ankleben. Dosenunterteil mit Farbspray einfärben.

216 Glückwunschkarte

Musterzeichnung B (Modell 214).

Material: Karton in Weiß (Stärke wie Briefkarten) 14,3 x 20,5 cm groß; Transparent- und Pauspapier; Filz- und Buntstifte nach Belieben; Abreibebuchstaben, im Bürohandel erhältlich.

Ausführung: Karton zur Doppelkarte falten, so daß die Breite 10,2 cm beträgt. Motiv übertragen, siehe Modell 214. Ausmalen. Mit Abreibebuchstaben die gewünschte Schrift einsetzen. Man kann auch eines der anderen Motive wählen und die Kartengröße entsprechend ändern.

217 Kästchen mit Bemalung auf der folgenden Seite.

218 + 219 Bestickte Sets

Originalgroße Musterzeichnungen D und E (Modell 214).

Größe: Ca. 40 x 45 cm.

Material: 1,00 m Läuferware, 40 cm breit (Benker Art. 631/0); MEZ Anker Sticktwist lt. Tabelle Modell 214 auf Seite 159.

Ausführung: Stoffzuschnitt 50 x 40 cm. Schnittkanten versäubern. 3,5 cm von der linken Schmalkante und 6,5 cm vom unteren Rand bzw. lt. Abb. die Borten D und E mittels burda Kopierpapier auf die Sets übertragen. Sticktwist 4fädig verwenden. Farbaufteilung s. Abb. Kleine Blättchen und Margeritenblüten in Margeritenstich, Blätter, Margeritenblütenmitten und Blüten in Plattstich, Stiele in Stielstich, Blütenmitten der großen Blüten in Knötchenstich ausführen. Fertige Sets an den Schnittkanten schmalkantig von Hand säumen. Sets von links unter feuchtem Tuch bügeln.

220 + 221 Kinderkragen und Kissen

Originalgroße Musterzeichnung F (Modell 214).
Musterzeichnung Kragen auf S. 160/161 in Rot. Teile an den gestrichelten Linien zusammensetzen.

Kissengröße: 30 x 40 cm (ohne Spitze).

Material: 0,35 m weißer Stickbatist, 140 cm breit (z.B. I.C. Leibfried); 2,50 m weiße Wäschespitze, 7 cm breit (in Kurzwarengeschäften erhältlich); burda Kopierpapier; 1 Knäuel MEZ Anker Perlgarn 8 in Schneeweiß 1; je 1 Strang MEZ Anker Sticktwist lt. Tabelle Modell 214. Rubrik F (x) auf Seite 159.

Ausführung Kissen: Stoffzuschnitt 2mal 35 x 45 cm. Schnittkanten versäubern. Auf ein Stoffteil in der rechten unteren Ecke, ca. 5 cm vom Stoffrand entfernt, das Motiv F mittels burda-Kopierpapier übertragen. Schmetterlingsflügel und -körper, Blüten sowie Blätter in Plattstich, Schmetterlingsfühler und Stiele in Stielstich, Blütenpollen in Knötchenstich sticken. Sticktwist 2fädig verwenden. Farbverteilung s. Abb. Fertige Stickerei von links unter feuchtem Tuch bügeln. Kissen nähen: Kissenplatten rechts auf rechts legen, Spitze einkräuseln und zwischenfassen, an den Ecken ein wenig einhalten. Kissen verstürzt nähen, ein Stück Naht zum Einschieben der Füllung offenlassen; Kissenfüllung einschieben, restliche Naht von Hand schließen.

Kinderkragen: Schema (ab Mitte gegengleich) mit burda-Kopierpapier auf den Stoff übertragen. Motiv F, ca. 2 cm vom Schemarand entfernt, genauso übertragen. Ausführung der Stickerei siehe Kissen. Den Langettenrand 2mal mit Vorstichen unterlegen und dicht mit Langettenstichen übersticken. Überstehenden Stoff dicht am Langettenrand abschneiden. Halsausschnitt mit Schrägband versäubern.

Tips zum Übertragen der Motive
Für feine Arbeiten wie diese eignen sich die Bügelmusterstifte von burda, in Gelb und Blau erhältlich, bestens. Man zeichnet damit die Konturen der Muster auf Transparentpapier und kann dieses Papier direkt als Bügelmuster verwenden.

217 Kästchen mit Bemalung

Musterzeichnung A (Modell 214).

Größe: 11 x 11 x 3,8 cm.

Material: Holzkästchen (Prandell Art. 30 20 108); Deka-Lack in Hellblau 309, Zitron 301, Gelb 302, Weiß 319, Grün 313, Oliv 314 und Hellgrün 312; Marderhaarpinsel in Größe 1 und 3, alles im Hobbyfachhandel erhältlich; Kopierpapier; feines Schleifpapier.

Ausführung: Evtl. Unebenheiten mit Schleifpapier abschleifen. Motiv auf Transparentpapier und mittels Kopierpapier auf das Kästchen übertragen. Blütenblätter in Blau und Weiß, Blütenmitten in Gelb und Zitron, Blätter und Stiele in den verschiedenen Grüntönen malen. Wie bei der Bauernmalerei naß in naß malen, damit es Schattierungen gibt. Den Rand der Schachtel in Hellblau streichen. Deka-Lack ist auf Wasserbasis aufgebaut (umweltfreundlich), daher Pinsel mit Wasser reinigen. Zuletzt alles evtl. mit Deka-Glanzlack 300 oder Mattlack 320 überstreichen.

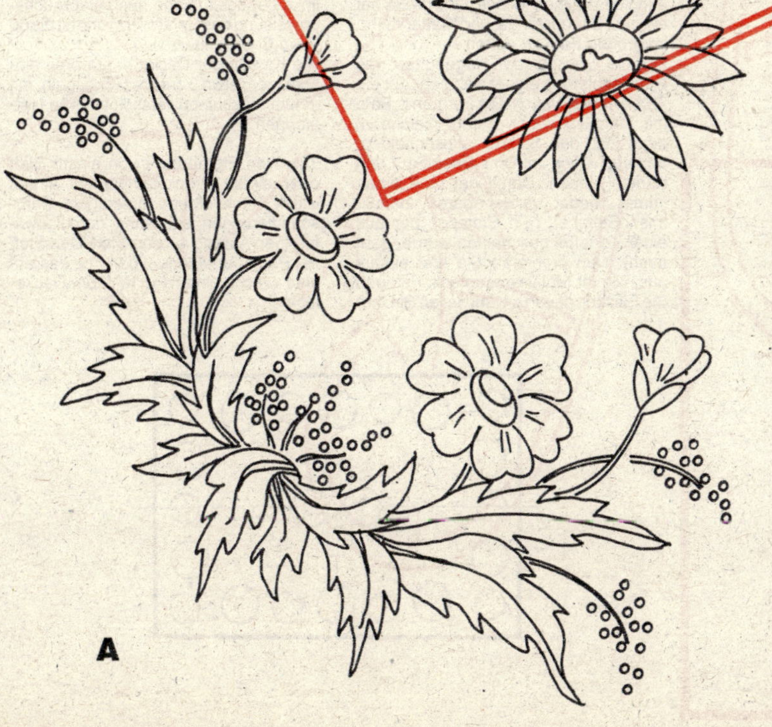

222 Bemalte Gardine

Größe: 152 x 228 cm.

Material: 1 fertige Baumwollgardine von Laura Ashley, Art. 773; 1 Pinsel Nr. 6; Stoffmalfarbe (z.B. von H. Wagner Wacolux Textil-Decor) in folgenden Farben: Pink 26, Rot 24, Hellblau 29, Blau 38, Violett 27, Goldgelb 22, Tabac 34, Reseda 32, Grün 31 (je 1 Glas à 12 ml) und Weiß 20 (3 Gläser à 50 ml).

Ausführung: Die Appretur aus der Gardine waschen. Gardine glattbügeln. Die Gebrauchsanleitung des Farbenherstellers beachten. Die Grundfarben sind wie folgt zu mischen:

Rosé =
Viel Weiß 20, wenig Pink 26, ganz wenig Rot 24.

Lavendel =
Viel Weiß 20, etwas Hellblau 29, wenig Blau 28 und Violett 27.

Flieder =
Viel Weiß 20, wenig Violett 27 und Pink 26 (Violett und Pink etwa zu gleichen Anteilen)

Violett =
Viel Weiß 20 und wenig Violett 27.

Gelb =
Viel Weiß 20 und wenig Goldgelb 22.

Grün =
Viel Weiß 20, etwas Reseda 32, wenig Grün 31, ganz wenig Tabac 34.

Vor dem Ausmalen die Farben auf einem Stück weißen Baumwollstoff auf Farbe und Konsistenz testen. Die Farben werden mit Wasser verdünnt. Achtung, bei zu starker Verdünnung verläuft die Farbe auf dem Stoff! Für die großen Blüten in Rosé, Lavendel, Flieder und Violett und die kleinen Blüten in Gelb wird die jeweilige Grundfarbe in 3 Farbnuancen (dunkel, mittel und hell) durch mehr bzw. weniger Farbanteil in Weiß abschattiert. Einen Teil der grünen Grundfarbe mit Weiß mischen, so daß man eine helle und eine dunkle Farbe hat. Dann mit dem Ausmalen beginnen. Dabei den zu bemalenden Teil mit saugfähigem Papier (Küchenkrepp) unterlegen. Wenn man die Flächen gut mit Farbe tränkt, sind gleich beide Seiten der Gardine bemalt. Ob beide Seiten bemalt werden müssen, richtet sich nach dem Verwendungszweck. Farbaufteilung siehe Foto. Fertig bemalte Gardine zur Fixierung der Farben bügeln. Die Bügeleiseneinstellung nach dem Stoff richten.

Allgemeines zum Pressen von Pflanzen

Vom Frühling bis Herbst bietet die Natur zahllose Gräser und Blumen, die sich durch Pressen haltbar machen lassen. Sammelt man sie bei trockener Witterung, behalten sie ihre Farbe beim Pressen am ehesten. - Zum Pressen eignen sich dicke Telefonbücher und Kataloge, die mit einem Stoß Bücher beschwert werden. Legt man jeweils Löschpapier oder Küchenkrepp über und unter die Pflanze, kann die Feuchtigkeit besser aufgenommen werden. Es gibt spezielle Blumenpressen, z.B. von Käfer & Partner, im Hobbyfachhandel in 3 Größen erhältlich; die kleinste ist auf dem Foto auf Seite 90 zu sehen. - Die Pflanzen werden mindestens 10-14 Tage lang gepreßt. Nach den ersten Ergebnissen merkt man schnell, worauf es ankommt und welche Pflanzen sich am besten eignen: Pflanzen bzw. -teile sollten einfach (und nicht doppelt!) liegen, daher muß man sie vorher beschneiden. Dicke Blüten kann man in Einzelteile zerlegen und beim Arrangieren wieder zusammenkleben.
Tapetenkleister, z.B. Glutolin, dick angerührt, eignet sich zum Aufkleben. Das geschieht so: Pflanzenteile mit der Vorderseite auf Papier legen, mit einem weichen Pinsel und Kleister vorsichtig bestreichen oder betupfen. Teil wenden, evtl. mit Küchenmesser abheben oder einer Pinzette fassen und an die gewünschte Stelle kleben. Mit einem Stofftaschentuch andrücken, den restlichen Kleister dabei abtupfen. Ist das Arrangement fertig, Papier oder Karton mit den aufgeklebten Pflanzen noch einmal pressen.

Tip: Wenn die Farben ihre Leuchtkraft verloren haben, kann man mit Wasser- oder Filzfarben ganz sparsam Farbe einsetzen.
Begeisterte Blumensammler werden sich nicht auf das Sammeln, Pressen und Verarbeiten beschränken, sie werden die Pflanzen auch bestimmen. Nützlich dabei ist z.B. das Buch „Was blüht denn da?" von D. Aichele, Kosmos/Franckh'sche Verlagsbuchhandlung. Unter Naturschutz stehende oder vom Aussterben bedrohte Pflanzen bitte stehenlassen!

223 – 225 Briefkarten

Material: Gepreßte Blüten, Gräser und Blätter; Glutolin Tapetenkleister; einfache Briefkarten in Weiß, im Schreibwarenhandel erhältlich.

Ausführung: Siehe Allgemeines zum Pressen von Pflanzen oben.
Blüten und Blätter lt. Abb. anordnen und sorgfältig aufkleben.

226 Karte mit Fensterstanzung

Größe: Ca. DIN A 6.

Material: Gepreßte Blüten, Moose, Gräser und Blätter; Glutolin Tapetenkleister; Karten zum Selbstgestalten mit runden Fensterbogen (in 6 verschiedenen dunklen Farben) Art. 01-109-00 von Hobbidee, im Hobbyfachhandel erhältlich.

Ausführung: Siehe Allgemeines zum Pressen von Pflanzen oben. Die Karten haben ein weißes Innenblatt, auf dem die Pflanzen sorgfältig arrangiert und aufgeklebt werden. Kontrollieren Sie dabei, ob die Teile mit dem Fensterkreuz und -bogen harmonieren.

227 – 230 Karten für besondere Anlässe

Material: Gepreßte Blüten, Moose, Gräser und Blätter; Glutolin Tapetenkleister; doppelte Briefkarten in Weiß, im Schreibwarenhandel erhältlich.

Ausführung: Siehe Allgemeines zum Pressen von Pflanzen oben. Für die Gestaltung von Herz, Kranz und 2 Ringen die Form auf der Vorderseite der Briefkarten ganz leicht mit Bleistift skizzieren. Besonders viele gleiche kleine Blüten und Blätter verwenden und alle sorgfältig aufkleben. Bei der 4. Karte eine Ranke Klee aufkleben, Blüten üppig anordnen, siehe Foto.

232 + 233 Tischkarten

Musterzeichnung in Rot unter dem Text.

Größe: Ca. 11 x 7 cm (aufgestellt).

Material: Gepreßte Blüten, Moose, Gräser und Blätter siehe Foto; Glutolin Tapetenkleister; Briefkarten, Größe DIN A 6 oder weißer Karton; zum Beschriften: Buchstaben zum Abrubbeln in verschiedenen Formen und Größen, im Schreibwarenhandel erhältlich. Oder: Calligraphy Pen-Füllhalter, mit Bandzugfeder in verschiedenen Breiten erhältlich; Tinte in Schwarz oder anderen Farben, alles von Pelikan, im Schreibwarenhandel erhältlich. Sehr nützlich für den Anfänger: der Calligraphy Schriftübungsblock (Pelikan). Er beinhaltet 10 verschiedene Alphabete, 4 Speziallinienblätter und Schreibpapier. Informationen siehe oben.

Ausführung: Karton lt. Musterzeichnung zuschneiden. Die gepunktete Linie ist die Faltlinie. Verwendet man einfache Briefkarten, so bekommt man 2 Tischkarten heraus. - Für das Pflanzenpressen siehe auch Allgemeines oben. Blüten probeweise auf dem hochstehenden Teil der Tischkarte anordnen, dann sorgfältig aufkleben. Für den gewünschten Schriftzug Buchstaben zum Abrubbeln verwenden oder den Calligraphy Pen verwenden.

Tip: Wenn man die Pflanzen entsprechend schmal anordnet, kann man nach dem Fest das Teil mit dem Namen abschneiden und das blütenverzierte Teil als Buchzeichen verwenden (evtl. mit Klarsichtfolie beziehen).

Kalligraphie – Kunst des Schönschreibens

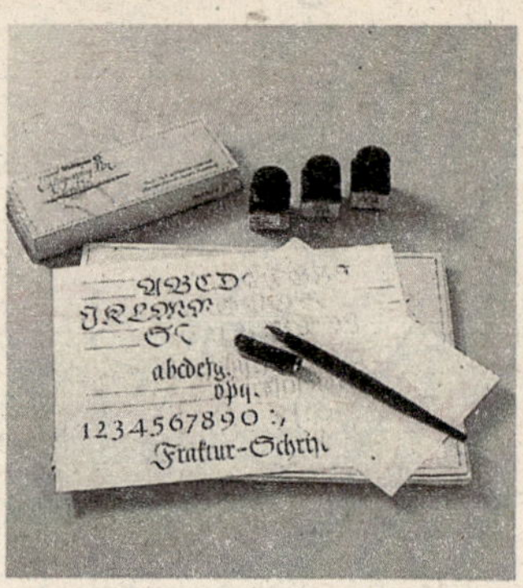

Sie erlebt derzeit im Hobbybereich eine Renaissance: Mit einem neuartigen Füllfederhalter mit Bandzugfeder wird das Schönschreiben leicht gemacht. Nicht nur für Tischkarten (Anleitung 232 + 233) ist eine schöne Schrift unerläßlich; zu den verschiedensten Anlässen lassen sich die passenden Karten selber schreiben.

Mit dem „Calligraphy-Pen". So wird's gemacht:
Die Feder in gleichmäßiger Haltung langsam von oben nach unten führen. Rundungen bei einem Schriftzug so weit anschließen, wie sie noch in der Abwärtsbewegung liegen. Verläuft der Bogen wieder nach oben, den Bogen von der Gegenrichtung aus vollenden. Auf diese Weise ergeben sich die breiten und schmalen Linien, die so typisch sind. Pen, Block und Tusche: Pelikan.

231 Leinendecke mit Pflanzendruck

Schemazeichnung siehe unten.

Größe: Ca. 133 x 193 cm.

Material: 2 m weißes Leinen, 140 cm breit (z.B. I.C. Leibfried Art. 3127/09); Marabu-Stoffmalfarben; einige Blätter, Farne und Gräser; altes Schlauchmaterial von Autoreifen, dazu Flaschenkorken, evtl. einige Kartoffeln; Flachpinsel mit weichen Borsten; Rotmarderpinsel Stärke 3–5; Uhu greenit; Linoldruckrolle (oder Nudelholz, Papprolle, z.B. vom Küchenkrepp); Küchenkrepp.

Ausführung: Blätter, Farne und Gräser 10 – 14 Tage lang pressen, siehe auch Allgemeines zum Pressen von Pflanzen oben links. Den Stoff mit Zickzackstichen versäubern, dann waschen, damit die Appretur entfernt wird. Die Decke zur Einteilung der Motive in Viertel falten und die Brüche einbügeln. Es wird abwechselnd ein größeres und ein kleineres Blätterarrangement gedruckt, siehe auch Schemazeichnung. Zum Drucken werden überwiegend echte Blätter verwendet. Das Detailfoto zeigt die Anordnung des kleinen Motivs. Das große hat ein paar Blütenstengel und Blätter mehr, im großen Foto zu sehen.
Für die Stempel der Hagebutten und Glockenblumen eignet sich sehr gut ein Stück Autoschlauch. Die Formen lt. Foto mit Kugelschreiber darauf zeichnen, dann mit der Schere ausschneiden. Schlauchstück mit Uhu greenit auf den Korken kleben. Damit hat man einen immer wieder verwendbaren, handlichen Stempel. (Ein Stempel, der aus einer Kartoffel geschnitten wurde, geht auch). Nun probieren Sie erst einmal aus, wie Ihr Motiv werden soll. Fertigen Sie Skizzen davon an, und teilen Sie Ihre Decke daraufhin ein. Unsere Decke ist insofern als Anregung gedacht. 10 cm von den Stoffkanten entfernt einige Begrenzungslinien für den Motivaufbau (siehe Abb.) mit Stecknadeln bzw. Heftstichen markieren. Die gewünschten Farbtöne mischen und die Blätter, auf Zeitungen liegend, mit dem Flachpinsel einstreichen. Immer in Richtung der Hauptader streichen, damit sich die Farbe nicht vor den dicken Adern staut.
Die eingefärbten Blätter jeweils wenden und vorsichtig auf den Stoff legen, anschließend jedes Blatt mit Küchenkrepp abdecken und einmal mit der Linoldruckrolle, mit leichtem Druck vom Stiel zur Spitze über das Blatt rollen. Küchenkrepp und Blatt vorsichtig abheben. Feine Stiele und Adern kann man anschließend mit dem feinen Pinsel malen oder vervollständigen. Die Blüten und Hagebutten mit dem Gummistempel auf die gewünschte Stelle drucken. Um die Farbe zu fixieren, wird die fertige Decke von links gebügelt (siehe auch Gebrauchsanweisung des Herstellers) und ist bis 60 Grad C waschbar.
Die Kanten der Decke ½ cm breit einschlagen, etwa 3 cm breit umbügeln, mit einem Maschinenzierstich in Grün feststeppen.

Tip: Den Erstabdruck von einem Blatt oder einem Druckstempel auf einem Stück Küchenkrepp anfertigen. Farbschattierungen entstehen durch zweifarbigen Auftrag auf das Blatt. Den Stoff mit Papier unterlegen, dann beides auf eine weiche Unterlage (Molton, Decke) legen.

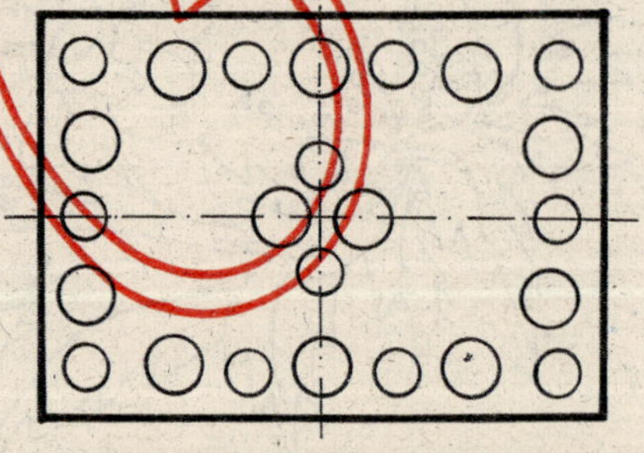

234 Schränkchen mit Traubenranken

Musterzeichnung Ranke mit Blättern auf Seite 162 in Rot.
Musterzeichnung Traube siehe Modell 236 auf Bogen B in Schwarz.

Größe: Ca. 80 cm hoch, 40 cm breit und 30 cm tief.
Motivgröße für Türchen: Ca. 13 x 20 cm.
Schublade: Je ca. 6 x 9 cm.
Platte: Ca. 46 x 34 cm.

Material: Altes Nachtschränkchen; Dispersionsfarbe in Weiß; Wacolux Decospray, matt, in Violett, Orchidee, Hellgrün und Grün (von H. Wagner, im Hobbyfachhandel erhältlich); 1 Dose Klarlack und Pinsel; ca. 1 m Plakatkarton in Weiß; burda-Kopierpapier; Hobbymesserchen (Passepartoutmesser).

Ausführung: Schränkchen auf Risse und Unebenheiten überprüfen. Risse evtl. mit Holzspachtel ausbessern. Schränkchenoberfläche mit Schleifpapier glätten und ca. 2–3mal deckend in Weiß streichen. Besser ist es, mehrere dünne Farbaufträge aufzutragen. Wird die Farbe zu dick aufgetragen, können häßliche Nasen entstehen.

Das Türmotiv entspricht der Größe des einzelnen Tischdeckenmotivs (siehe Modell 236), von der Ranke jedoch nur die letzten Spiralen aufzeichnen (siehe Foto). Rankenmotiv für Platte gegengleich ergänzen (siehe Foto). Schablonen siehe Modell 236 auf Karton übertragen und ausschneiden. Dafür Kartonteil für Türchen entsprechend der Türfüllung zuschneiden. Türchen um die Schablone herum mit Karton abdecken. Motive aufsprühen. Wichtig für das Besprühen des Türchens: Schränkchen hinlegen, damit die Farbe nicht herunterlaufen kann! Schablonen mit Kreppband vor dem Verrutschen sichern. Nach dem Trocknen der Farben Schränkchen mit Klarlack streichen.

236 Tischdecke mit Traubenranke

Musterzeichnung auf Bogen B in Schwarz.

Größe: 160 cm Ø.

Motivgröße: Ca. 32 x 25 cm.

Material: Fertig konfektionierte runde Tischdecke in Weiß 160 cm Ø (Saumkante ist mit Satinschrägband eingefaßt) von Gebr. Heinze, zu beziehen bei Junghans Wollversand. Ca. 100 x 50 cm Plakatkarton in Weiß; scharfes Hobbymesserchen (Passepartoutmesser); je eine Dose Wacolux Graffiti-Textilspray in Blau, Hellblau, Violett, Grün und Hellgrün (von H. Wagner, im Hobbyfachhandel erhältlich); burda Kopierpapier.

Ausführung: Kartonteil in der Mitte durchschneiden. Mit Hilfe von Kopierpapier einmal die Traube und einmal die Blattranke separat genau in die Mitte eines Kartonteils übertragen. Beim Übertragen der Blattranke die unteren drei Beeren der Traube (als spätere Orientierungshilfe beim Übereinanderlegen der Schablonen, siehe Arbeitsfoto Nr. 4) mitübertragen. Alle aufgezeichneten Flächen mit Hilfe des Hobbymesserchens exakt ausschneiden, dabei eine feste Arbeitsunterlage benutzen. Wird die Saumkante einer runden Tischdecke verziert, Saumrundung ebenfalls auf beide Schablonen übertragen (Motivabstand zu der Saumkante ca. 4 cm!) und Karton entlang der Kontur abschneiden. Die Schablone kann so direkt an die Saumkante angelegt werden. Bei der angegebenen Tischdeckengröße haben genau 13 Motive entlang der Saumkante Platz. Dafür Tischdeckenumfang abmessen und durch 13 dividieren. Das errechnete Maß 13mal entlang der Saumkante mit Stecknadeln markieren. Tischdecke auf dem Boden ausbreiten und mit Papier unterlegen. Schablone mit der ausgeschnittenen Traube (siehe Arbeitsfoto Nr. 3) entsprechend der eingeteilten Felder passend auflegen und mit einigen Stecknadeln sichern. Zur zusätzlichen Sicherheit Schablone ringsherum mit Papier abdecken. Traube in Blau, Hellblau und Violett besprühen (siehe Arbeitsfoto Nr. 3). Zuerst alle Trauben aufsprühen, evtl. Schablone zwischendurch trocknen lassen. Nach dem Trocknen der Farben paßgenau zweite Schablone auflegen, dabei sind, wie oben schon erwähnt, die drei ausgeschnittenen Beeren behilflich (siehe Arbeitsfoto Nr. 4). Traubenranke in Hellgrün und Grün aufsprühen (siehe oben und Arbeitsfoto Nr. 4). Die Farben sind nach ca. 1 Stunde trocken (genaue Angaben siehe Dosenaufschrift). 30 Grad C Handwäsche ist empfohlen.

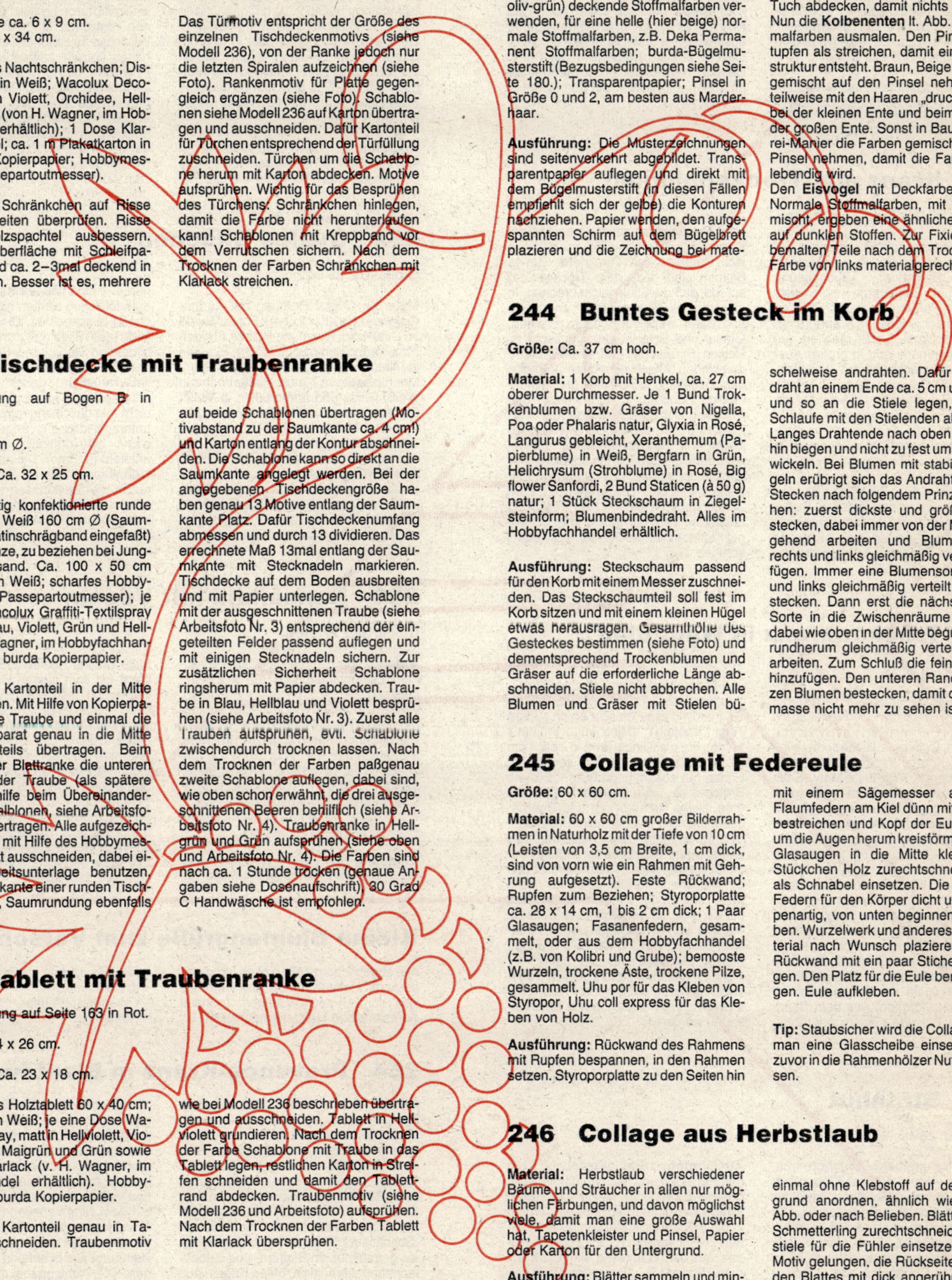

235 Tablett mit Traubenranke

Musterzeichnung auf Seite 163 in Rot.

Größe: Ca. 34 x 26 cm.

Motivgröße: Ca. 23 x 18 cm.

Material: Altes Holztablett 60 x 40 cm; Plakatkarton in Weiß; je eine Dose Wacolux Dekospray, matt in Hellviolett, Violett, Orchidee, Maigrün und Grün sowie eine Dose Klarlack (v. H. Wagner, im Hobbyfachhandel erhältlich). Hobbymesserchen; burda Kopierpapier.

Ausführung: Kartonteil genau in Tablettgröße zuschneiden. Traubenmotiv wie bei Modell 236 beschrieben übertragen und ausschneiden. Tablett in Hellviolett grundieren. Nach dem Trocknen der Farbe Schablone mit Traube in das Tablett legen, restlichen Karton in Streifen schneiden und damit den Tablettrand abdecken. Traubenmotiv (siehe Modell 236 und Arbeitsfoto) aufsprühen. Nach dem Trocknen der Farben Tablett mit Klarlack übersprühen.

237 – 241 Anleitungen auf Seite 94/95

242 + 243 Bemalte Regenschirme

Musterzeichnung Enten auf Seite 173; Eisvogel auf Seite 178.

Material: Regenschirme (abgebildeter Schirm mit Entenkopfknauf: Modell Traveller Topline von Zangenberg); für eine dunkle zu bemalende Stofffläche (hier oliv-grün) deckende Stoffmalfarben verwenden, für eine helle (hier beige) normale Stoffmalfarben, z.B. Deka Permanent Stoffmalfarben; burda-Bügelmusterstift (Bezugsbedingungen siehe Seite 180.); Transparentpapier; Pinsel in Größe 0 und 2, am besten aus Marderhaar.

Ausführung: Die Musterzeichnungen sind seitenverkehrt abgebildet. Transparentpapier auflegen und direkt mit dem Bügelmusterstift (in diesen Fällen empfiehlt sich der gelbe) die Konturen nachziehen. Papier wenden, den aufgespannten Schirm auf dem Bügelbrett plazieren und die Zeichnung bei materialgerechter Temperatur aufbügeln. Umliegende freie Stoffflächen mit einem Tuch abdecken, damit nichts versengt. Nun die **Kolbenenten** lt. Abb. mit Stoffmalfarben ausmalen. Den Pinsel mehr tupfen als streichen, damit eine Federstruktur entsteht. Braun, Beige und Weiß gemischt auf den Pinsel nehmen und teilweise mit den Haaren „drucken", z.B. bei der kleinen Ente und beim Brustteil der großen Ente. Sonst in Bauernmalerei-Manier die Farben gemischt auf den Pinsel nehmen, damit die Farbgebung lebendig wird.
Den **Eisvogel** mit Deckfarben malen. Normale Stoffmalfarben, mit Weiß gemischt, ergeben eine ähnliche Wirkung auf dunklen Stoffen. Zur Fixierung die bemalten Teile nach dem Trocknen der Farbe von links materialgerecht bügeln.

244 Buntes Gesteck im Korb

Größe: Ca. 37 cm hoch.

Material: 1 Korb mit Henkel, ca. 27 cm oberer Durchmesser. Je 1 Bund Trockenblumen bzw. Gräser von Nigella, Poa oder Phalaris natur, Glyxia in Rosé, Langurus gebleicht, Xeranthemum (Papierblume) in Weiß, Bergfarn in Grün, Helichrysum (Strohblume) in Rosé, Big flower Sanfordi, 2 Bund Staticen (à 50 g) natur; 1 Stück Steckschaum in Ziegelsteinform; Blumenbindedraht. Alles im Hobbyfachhandel erhältlich.

Ausführung: Steckschaum passend für den Korb mit einem Messer zuschneiden. Das Steckschaumteil soll fest im Korb sitzen und mit einem kleinen Hügel etwas herausragen. Gesamthöhe des Gesteckes bestimmen (siehe Foto) und dementsprechend Trockenblumen und Gräser auf die erforderliche Länge abschneiden. Stiele nicht abbrechen. Alle Blumen und Gräser mit Stielen büschelweise andrahten. Dafür Blumendraht an einem Ende ca. 5 cm umbiegen und so an die Stiele legen, daß die Schlaufe mit den Stielenden abschließt. Langes Drahtende nach oben zur Blüte hin biegen und nicht zu fest um die Stiele wickeln. Bei Blumen mit stabilen Stengeln erübrigt sich das Andrahten. Beim Stecken nach folgendem Prinzip vorgehen: zuerst dickste und größte Sorte stecken, dabei immer von der Mitte ausgehend arbeiten und Blumen nach rechts und links gleichmäßig verteilt einfügen. Immer eine Blumensorte rechts und links gleichmäßig verteilt zu Ende stecken. Dann erst die nächstkleinere Sorte in die Zwischenräume stecken, dabei wie oben in der Mitte beginnen und rundherum gleichmäßig verteilt weiterarbeiten. Zum Schluß die feinste Sorte hinzufügen. Den unteren Rand mit kurzen Blumen bestecken, damit die Steckmasse nicht mehr zu sehen ist.

245 Collage mit Federeule

Größe: 60 x 60 cm.

Material: 60 x 60 cm großer Bilderrahmen in Naturholz mit der Tiefe von 10 cm (Leisten von 3,5 cm Breite, 1 cm dick, sind von vorn wie ein Rahmen mit Gehrung aufgesetzt). Feste Rückwand; Rupfen zum Beziehen; Styroporplatte ca. 28 x 14 cm, 1 bis 2 cm dick; 1 Paar Glasaugen; Fasanenfedern, gesammelt, oder aus dem Hobbyfachhandel (z.B. von Kolibri und Grube); bemooste Wurzeln, trockene Äste, trockene Pilze, gesammelt. Uhu por für das Kleben von Styropor, Uhu coll express für das Kleben von Holz.

Ausführung: Rückwand des Rahmens mit Rupfen bespannen, in den Rahmen setzen. Styroporplatte zu den Seiten hin mit einem Sägemesser abflachen. Flaumfedern am Kiel dünn mit Klebstoff bestreichen und Kopf der Eule kleben, um die Augen herum kreisförmig, s. Abb. Glasaugen in die Mitte kleben. Ein Stückchen Holz zurechtschneiden und als Schnabel einsetzen. Die melierten Federn für den Körper dicht und schuppenartig, von unten beginnend, aufkleben. Wurzelwerk und anderes Naturmaterial nach Wunsch plazieren, an der Rückwand mit ein paar Stichen befestigen. Den Platz für die Eule berücksichtigen. Eule aufkleben.

Tip: Staubsicher wird die Collage, wenn man eine Glasscheibe einsetzt. Dafür zuvor in die Rahmenhölzer Nuten einfräsen.

246 Collage aus Herbstlaub

Material: Herbstlaub verschiedener Bäume und Sträucher in allen nur möglichen Färbungen, und davon möglichst viele, damit man eine große Auswahl hat. Tapetenkleister und Pinsel, Papier oder Karton für den Untergrund.

Ausführung: Blätter sammeln und mindestens 10 Tage lang pressen (ausgediente Telefonbücher eignen sich bestens dafür). Blätter ausbreiten und erst einmal ohne Klebstoff auf dem Untergrund anordnen, ähnlich wie auf der Abb. oder nach Belieben. Blätter für den Schmetterling zurechtschneiden, Blattstiele für die Fühler einsetzen. Ist das Motiv gelungen, die Rückseite eines jeden Blattes mit dick angerührtem Kleister bestreichen und aufkleben. Das ganze Motiv noch einmal pressen, evtl. in einen Rahmen einpassen.

247 Edelholz-Collage

Größe: 14,8 x 13,2 cm.

Material: Packung mit sämtlichen Einzelteilen (Art. 22320) oder Packung nur mit den Edelhölzern für zwei Eulen (Art. 22080), beides von Heintze & Blanckertz im Hobbyfachhandel); dazu 1,8 cm breite Leisten, 3 cm stark; 1 Bilderhaken; gesammeltes Naturmaterial (wie Äste, Borke, Moose); Uhu coll express.

Ausführung: Rahmen zusammenbauen. Eben auf den Tisch legen, die Eulenformen hineinlegen. Passende Ästchen (ausprobieren) aussuchen, z.T. in den Rahmen, z.T. aus dem Rahmen ragend, mit den Eulen und dem Rahmen zusammen gut verkleben. Ruhen lassen. Das exotische Holz für die Eulen fällt naturgemäß etwas unterschiedlich aus. Das Holz für die Augen- und Schnabelpartie ausbrechen, s. auch Angaben des Herstellers, auf die Körperteile der Eulen kleben. Naturmaterial wunschgemäß anordnen und in bzw. auf den Rahmen kleben.

248 Kranz aus Trockenblumen

Größe: 40 cm Ø außen, 15 cm Ø innen.

Material: Getrocknete Pflanzen wie Erika, Limonium, Goldregen, rote Astern, Nelken „Elegance", Buchsbaum, Schleierkraut, Schafgarbe und in verschiedenen Farben Rosen und Staticen sowie verschiedene Wiesengräser. Schon getrocknet, erhält man sie auf dem Wochenmarkt und in großer Auswahl im Hobbyfachhandel. 1 Drahtring, möglichst mit Riffelung, 20 cm Ø, oder 1 Halbring aus Styropor, Spezialbindeband in Grün und Blumendraht, am besten von der Rolle (von Rayher, im Hobbyfachhandel erhältlich), Klarlack zum Sprühen.

Verarbeitung: Falls Sie frische Blumen und Gräser verwenden, diese zu Sträußen binden und kopfüber zum Trocknen aufhängen (es eignen sich nicht alle Blumen zum Trocknen, bitte ausprobieren). Strohblumen müssen bereits als Knospen geschnitten werden; sie öffnen sich während des Trocknens. Einige Blumen sind nach dem Trocknen so spröde, daß die Stiele leicht brechen. In diesem Fall Blumenköpfe andrahten und dann weiterverarbeiten. Blumen, Gräser und Schleierkraut gemischt zu kleinen Sträußchen mit Draht zusammenbinden. Anschließend am Drahtring dachziegelartig festbinden, auf gleichmäßige Rundung achten. Anfang und Ende so geschickt stecken, daß ein nahtloser Kranz entsteht. Den Styroporring zuerst mit Spezialbindeband umwikkeln, dann die Sträußchen ebenfalls fortlaufend festbinden. In evtl. Lücken einzelne Blüten oder Gräser stecken. Zum Schutz gegen Staub und zur Festigung der zarten Teile den Kranz zum Schluß mit Klarlack oder auch Haarspray übersprühen.

249 Trockenkranz in Weiß-Blau

Größe: Ca. 40 cm Ø.

Material: Statice; Haferrispen in Natur; 5 Wattekugeln à 2,5 cm Ø, 4 Wattekugeln à 3,5 cm Ø; Dekonadeln; 1 m Satinband in Weiß, ca. 2 cm breit; Bindedraht (alles von Hobby Knorr). Wacolux Deko-Spray in Blau (von H. Wagner). Mehl, Salz, Wasser für kleine Brötchen und Kringel aus Salzteig oder Kunstsalzteig (von Franz Kolb im Hobbyfachhandel erhältlich, genaue Anleitung liegt jeder Pakkung bei).

Ausführung: Ca. ⅓ der Haferrispen sowie die großen Wattekugeln mit Deko-Spray blau sprühen. Aus Statice, Hafer in Natur und Blau kleine Sträußchen binden. Alle Sträußchen dachziegelartig dicht nebeneinanderliegend auf den Halbring binden, bis der Ring gefüllt ist. Die Wattekugeln mit Dekonadeln auf dem Kranz anordnen. Aus dem Satinband eine Schleife binden, andrahten und ebenfalls auf den Kranz stecken.

Salzteig: Aus 2 Tassen Mehl, 2 Tassen Salz und 1 Tasse Wasser einen glatten Teig kneten. (Mischungsverhältnis 1:1:½). Für die Kringel jeweils 2 ca. 1 cm dicke Wülste miteinander verdrehen; Enden gut zusammendrücken. Für die Brötchen ca. 3 cm Ø große Kugeln formen, etwas flachdrücken und Oberfläche mit einem Messerrücken einritzen, evtl. etwas Mohn oder Leinsamen darüberstreuen. In die Mitte der Brötchen für die Befestigung jeweils ein kleines Loch durchstechen. Fertig geformte Teile zwei Tage an der Luft trocknen lassen, bis der Teig an der Oberseite weiß ist. Modelle auf Alufolie legen und im Backofen bei 150 Grad C ca. 2–3 Stunden backen. Die Teile sind fertig gebacken, wenn die Unterseite leicht gebräunt aussieht. Die fertig gebackenen Teile noch einen Tag liegenlassen, bevor sie angesprüht werden.

250 Strohhut

Größe: Ca. 28 cm Ø.

Material: Naturfarbener Strohhut mit ca. 28 cm Ø; 2 Beutel Spezial-Klebeband; Wildhafer in Natur; Achillea (Schafgarbe) in Gelb; Congonha in Natur; ca. 150 cm Samtband in Grün, ca. 0,5 cm breit; Blumenbindedraht. Alles von Hobby Knorr im Hobbyfachhandel erhältlich. Getrocknete Hortensien und verschiedene getrocknete Wiesengräser. Helipterum in Weiß, in Blumengeschäften erhältlich.

Ausführung: Spezialklebeband um den Hut legen und fest andrücken. Vom gesamten Material kleine gemischte Sträußchen binden und rings um den Hut in die Klebemasse stecken. Einen kleinen Zwischenraum für die Schleife lassen. Aus dem Samtband einen Tuff formen. Enden ca. 30 cm lang hängen lassen. Tuff andrahten, Drahtenden durch den Hut stecken und innen miteinander verdrehen.

251 Bildchen „Im Röhrricht"

Größe: Ca. 13 x 18 cm.

Material: Holzrahmen in Natur, 13 x 18 cm; Deko-Steckmaterial; 2 Bilderösen; 30 g Knetfix; 1 Paar Wattevögel in Weiß/Grau; 15 g Isolepsis (Grasart); 20 g Islandmoos in Gelb; 10 g Congonha in Natur; 1 Dolde Achillea (Schafgarbe) in Gelb; etwas Dschungelgras in Nilgrün, Straußgras und Briza in Natur/Rosé, alles von Hobby Knorr im Hobbyfachhandel erhältlich. Das Bildchen ist auch als Fixpackung Art. 7107013 (Hobby Knorr) erhältlich; Uhu coll.

Ausführung: Deko-Steckmaterial in schmale Streifen schneiden und in eine Längsseite des Rahmens kleben. Mit Isolepsis den Bildhintergrund bestecken (siehe auch Foto). Knetfix zu einer länglichen Rolle formen und vor dem Steckmaterial in den Rahmen kleben. Islandmoos in die Knetmasse drücken oder evtl. mit Uhu coll festkleben. Rahmen mit den restlichen Materialien bestecken. Wird das Bildchen in ein Fenster gehängt, darauf achten, daß auch die Rückseite hübsch aussieht. Aus dem Dschungelgras ein kleines Nestchen formen und aufkleben. Ein Vögelchen auf das Nest stecken, dem zweiten Vögelchen etwas Dschungelgras in den Schnabel kleben. Fertiges Bildchen mit Nylonfaden aufhängen oder Bilderösen zum Aufhängen anbringen.

252 Ovales Bildchen

Größe: Ca. 30 x 22 cm.

Material: Ovaler Rahmen mit Kartonrückwand (ca. 30 x 22 cm); Fohla Moeda in Oval und Rund (= Blätter für den Hintergrund und das Gesteck); Phalaris in Natur; Straußgras in Natur; Mini-Mohnkapseln in Natur; Plattenmoos in Weiß; Glixia und Immortellen in Weiß; Steckschaummasse; alle Materialien von Cor Mulder im Hobbyfachhandel erhältlich. Uhu greenit.

Ausführung: Kartonrückwand aus dem Rahmen nehmen und schuppenförmig mit Fohla Moeda (Blätterart, getrocknet) bekleben. Aus der Steckschaummasse ein ca. 10 x 6 cm großes Teil ausschneiden. Die Oberfläche dieses Quaders zu den seitlichen Kanten hin schräg abflachend zuschneiden. Dieses Teil in die Mitte des Bildhintergrunds kleben, es bildet den Steckgrund. Beim Stecken in der Mitte beginnen und nach außen hin weiterarbeiten, dabei Pflanzenstiele entsprechend kürzen. Achtung, Teile nicht alle gleichlang kürzen, sondern in unterschiedlichen Längen verwenden, damit ein „duftiger" Gesamteindruck entsteht (s. Foto). Die abgeschnittenen Mohnkapselstiele als Blumenstiele unten in die Steckmasse stecken. Wenn nötig, alle Stielenden mit etwas Klebstoff bestreichen. Bild in den Rahmen einpassen.

253 Bonsaibild mit Vögeln

Größe: 36 x 27 cm.

Material: Holzrahmen mit dunkelbraunem Leinenhintergrund (36 x 27 cm, Leistenbreite ca. 2 cm, ca. 4,5 cm tief); Phalaris in Natur (Baumkrone); Islandmoos in Grün; Plattenmoos in Weiß; Barbaragras in Grün; Indiakorn in Braun; 1 Spatzenpaar (ca. 5 cm groß); Lianenabschnitt ca. 18 cm lang; 1 Kugel Steckmasse, ca. 8 cm Ø; Rest Steckmasse; Uhu greenit oder Klebepistole; alles von Cor Mulder im Hobbyfachhandel und Blumengeschäften erhältlich.

Ausführung: Kugel aus Steckmasse mit einem scharfen Messer genau in der Mitte durchschneiden. Eine Halbkugel ca. 6 cm vom oberen Bildrand auf der Rückwand festkleben. Von der restlichen Steckmasse schmale Streifen abschneiden und im Rahmen am unteren Bildrand festkleben. Lianenabschnitt als Baumstamm aufkleben. Baumkrone dicht mit Phalaris bestecken (s. Foto), Stiele entsprechend kürzen. Island- und Plattenmoos nach Wunsch am unteren Bildrand plazieren und festkleben. Restliches Phalaris, Barbaragras und Indiakorn als kleine Stauden in das jetzt durch das Moos bedeckte Steckmaterial stekken, evtl. festkleben.

Kleine Blumengrüße zum Verschicken

Alle abgebildeten Teile gibt es fertig verpackt mit kleinem Karton zum Verschikken von Gundula Steinert (genaue Adresse siehe Herstellernachweis):

- Bild, Bäumchen im Rahmen
- Kränzchen
- Lavendelsäckchen
- Sträußchen

254 Provence-Kranz in Blautönen

Größe: 17 cm Ø innen, 38 cm Ø außen.

Material: 1 Styroporing, 15 cm innerer, 30 cm äußerer Ø (Hobby Knorr Art. 7470304); 2 Styroporkugeln à 6 cm Ø; 2 Styroporkugeln à 5 cm Ø; Statice natur, Art. 7832290; getrocknete Hortensien; Capblumen in Altrosa, Art. 3906337; Stoffblümchensträußchen in Flieder; „Schnittlauch"-Blumen, Rittersporn, alles getrocknet, im Blumen- und Hobbyfachhandel erhältlich; blaue Kugeln aus Kunststoff, 1 cm Ø; Blumenbindedraht; für die Schleife 1,90 m Stoffborte, 5,5 cm breit von La Provence; außerdem Stoffreste zum Beziehen der Styroporhalbkugeln.

Ausführung: Den Styroporring der Rundung folgend mit getrockneten Blumen bestecken. Die Kugeln mit scharfem Messer oder kleiner Säge halbieren und mit Stoff beziehen. Anschließend auf dem Ring verteilen (3 große und 3 kleine Halbkugeln) und feststecken. Auf der Rückseite des Styroporringes eine Halterung aus Draht und Kordel anbringen. Die Nahtzugabe der Borte nach links umbügeln, einschlagen und feststeppen. Band zur Schleife binden und am Kranz feststecken.

255 Duftbeutel à la Provence

Größe: Ca. 14 cm hoch.

Material: 1 Häkelring, 4 cm Ø (z.B. von Inox); Wollreste in Blau; 0,80 m Borte, 5,5 cm breit von La Provence; Lavendel (in Apotheken erhältlich).

Ausführung: Die Borte in zwei gleichlange Teile schneiden. Um die Breite des Säckchen zu erreichen, je eine Längskante der Borten rechts auf rechts aufeinanderlegen, steppen und die Naht auseinanderbügeln. Teil der Länge nach rechts auf rechts zur Hälfte legen und an den Außenkanten aufeinandersteppen. Obere Schnittkanten nach innen wenden, einschlagen und durchsteppen. Säckchen zur Hälfte mit Lavendel füllen. Den Häkelring mit festen Maschen umhäkeln, das obere Säckchenteil durchziehen und nach unten schlagen. Aus dem Garnrest eine Kordel drehen (ca. 20 cm lang) und damit den Ring (lt. Abb.) festbinden.

256 Teebeutel

Größe: Ca. 24 cm hoch.

Material: 0,25 m bedruckter Baumwollstoff, 128 cm breit; 0,80 m Borte, 5,5 cm breit (beides von La Provence); getrocknete Blüten und Blätter, die sich als Tee eignen.

Zuschneiden: Beutelteil, 1mal 38 cm breit, 24 cm hoch. Bodenteil 1mal, 12,5 cm Ø. Alle Teile plus Nahtzugabe.

Ausführung: Beutelteil an den Schmalseiten rechts auf rechts legen und aufeinandersteppen, Naht versäubern und zur Seite bügeln. Bodenteil einsetzen (stecken, heften und steppen), Naht ebenfalls versäubern. Die noch offene Schnittkante oben schmal nach innen einschlagen und durchsteppen. Die Borte (zum Schließen des Beutels) an den Längskanten schmal einschlagen und durchsteppen. Um den Beutel eine Schleife binden.

Vor Beginn der Arbeit die ganze Anleitung durchlesen!

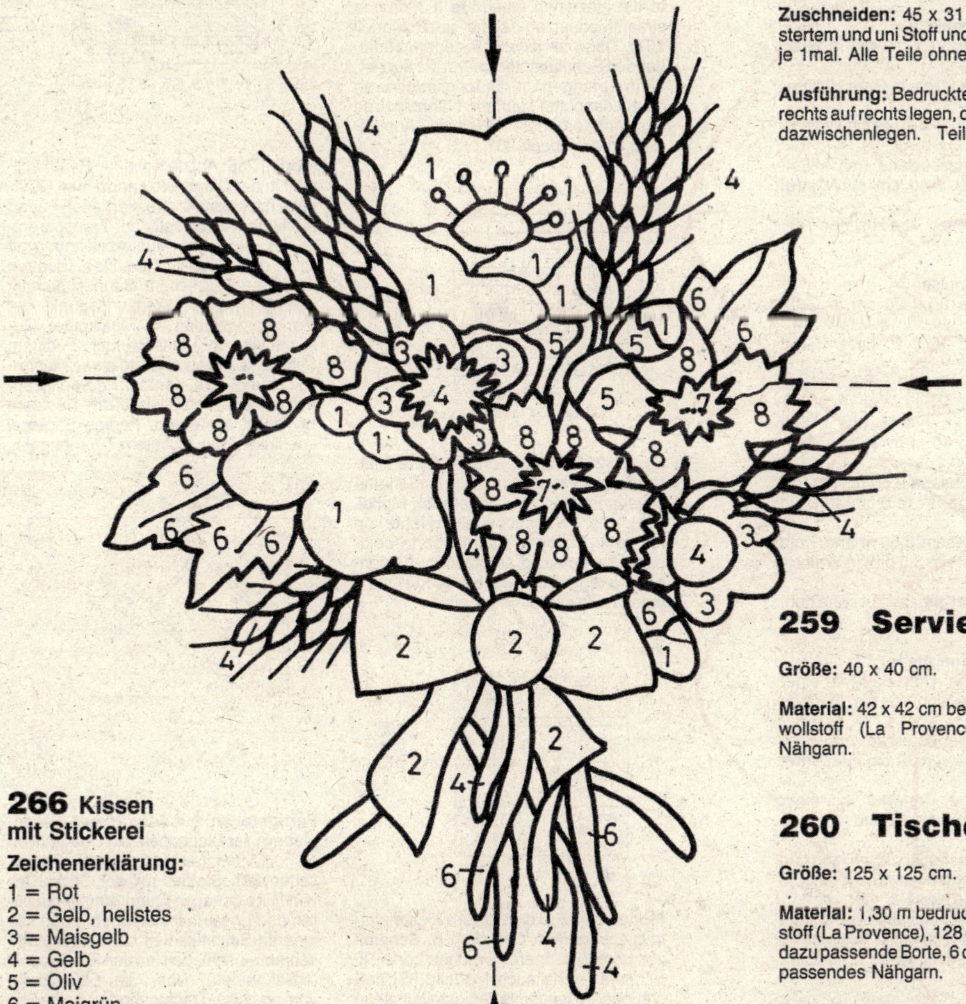

266 Kissen mit Stickerei

Zeichenerklärung:

1 = Rot
2 = Gelb, hellstes
3 = Maisgelb
4 = Gelb
5 = Oliv
6 = Maigrün
7 = Blau, hell
8 = Blau, mittel
– = Schwarz

257 Provence-Kranz in Rottönen

Größe: 23 cm innerer, 48 cm äußerer Ø.

Material: 1 Styroporring, 20 cm innerer, 40 cm äußerer Ø (im Hobbyfachhandel erhältlich); 2 Styroporkugeln à 6 cm Ø, 1 Styroporkugel mit 5 cm Ø; getrocknete Hortensien, Statice natur, Art. 7833 059; Immortellen in Rot, Art. 7832 290, in Natur, Art. 39120501; Achillea in Naturgelb, Art. 7834 063; Erikamoos in Dunkelgrün, Art. 7836 619, in Oliv Art. 7836 635; Mohnköpfe, Art. 7831 013; Protea in Natur, Art. 7835 078, in Rosé Art. 7835 086; Capblumen in Altrosa, Art. 3906 337; Phleum in Oliv, Art. 3904 639, in Braun Art. 3904 300, alles von Hobby Knorr; 2 Schwalben, 1 kleine Kohlmeise; Dekovögel in großer Auswahl im Blumen- und Hobbyfachhandel erhältlich; Strohblumennadeln Art. 7480 016; künstliche rote Beeren; für die Schleife 1,60 m Stoffborte, 6 cm breit, bei La Provence erhältlich; außerdem Stoffreste zum Beziehen der Styropor-Halbkugeln; Blumenbindedraht.

Ausführung: Den Styroporring der Rundung folgend abwechselnd mit Gräsern und Blumen bestecken. Die Styroporkugeln mit scharfem Messer oder kleiner Säge halbieren. Mit Stoff beziehen und auf den mit Trockenblumen besteckten Ring lt. Abb. verteilen und feststecken. Die Kohlmeise, Schwalben und Beeren ebenfalls verteilen und befestigen. Auf der Rückseite des Styroporringes eine Halterung aus Draht oder Kordel anbringen. Nahtzugabe der Borte nach links umbügeln, einschlagen und feststeppen. Band zur Schleife binden und am Kranz feststecken.

258 Tischset

Größe: 45 x 31 cm.

Material: 0,35 m bedruckter Baumwollstoff (La Provence), 128 cm breit; 0,35 m uni Baumwollstoff, 120 cm breit (aus dieser Stoffmenge können Sie zwei Sets anfertigen); 1,40 m Borte, 6 cm breit; 1,55 m Schrägband (farblich passend), 2,5 cm breit; 0,35 m Wattevlies aus Polyester, 90 cm breit (Hartmann); farblich passende Nähseide.

Zuschneiden: 45 x 31 cm aus gemustertem und uni Stoff und aus Wattevlies je 1mal. Alle Teile ohne Nahtzugabe.

Ausführung: Bedruckten und uni Stoff rechts auf rechts legen, dabei Wattevlies dazwischenlegen. Teile mit großen Heftstichen miteinander verbinden. Auf der oberen Setseite mit Kreide (diagonal) im Abstand von 3,5 cm Linien einzeichnen und steppen, so daß kleine Rauten entstehen. Sie können die Linien auch mit einem halben Steppfuß und Kantenführer, auf 3,5 cm eingestellt, direkt steppen. Dafür brauchen Sie jeweils nur die erste Linie als Hilfslinie einzeichnen. Dann das Set mit Schrägstreifen einfassen: Schrägstreifen rechts auf rechts entlang den Schnittkanten legen, füßchenbreit aufsteppen. Schrägstreifen eingeschlagen zur Unterseite hin umlegen, so daß der Bruch bis zur Stepplinie reicht. Schrägstreifen im Bruch von der rechten Seite feststeppen.

Allgemeine Hinweise finden Sie auf Seite 117.

259 Serviette „La Provence“

Größe: 40 x 40 cm.

Material: 42 x 42 cm bedruckter Baumwollstoff (La Provence); passendes Nähgarn.

Ausführung: An der Serviette rundum einen 0,5 cm breiten doppelten Saum arbeiten.

260 Tischdecke „La Provence“

Größe: 125 x 125 cm.

Material: 1,30 m bedruckter Baumwollstoff (La Provence), 128 cm breit; 3,25 m dazu passende Borte, 6 cm breit; farblich passendes Nähgarn.

Zuschneiden: 128 x 128 cm 1mal.

Ausführung: An der Tischdecke rundum einen 0,75 cm breiten doppelten Saum arbeiten. Rundum im Abstand von jeweils 22,5 cm zu den Saumkanten ein Quadrat markieren (= ein Quadrat mit den Innenmaßen 80 x 80 cm). Nun die Borte entlang der Markierungslinie (= Außenlinien der Borte) aufheften. Borte an den Ecken zu Briefecken legen. Obere Schnittkante der Borte umschlagen. Borte und Bruchkanten der Briefecken schmalkantig aufsteppen.

261 – 266 Folklore-Kissen in Grün/Weinrot

Schemazeichnungen im Verlauf des Textes; Musterzeichnung auf Seite 165.

Größe: 40 x 40 cm (ohne Rüschen).

Material Modell 261: 0,50 m Baumwollstoff in Grün großgeblümt, 90 cm breit; 60 x 60 cm Baumwollstoff in Grün kleingeblümt; 0,55 m Baumwollstoff in Weinrot geblümt, 90 cm breit; 20 x 20 cm fester Karton für Schablonen; 1 farblich passender Reißverschluß, 30 cm lang; 1 Kissenfüllung.

Modell 262: 60 x 60 cm Baumwollstoff in Weinrot; 0,65 m Baumwollstoff in Grün kleingeblümt, 90 cm breit; 60 x 60 cm Baumwollstoff in Grün großgeblümt; 0,50 m Baumwollstoff in Weinrot geblümt, 90 cm breit; 4 x 4 cm fester Karton als Schablone; 1 farblich passender Reißverschluß, 30 cm lang; 1 Kissenfüllung.

Modell 263: 0,60 m Baumwollstoff in Weinrot geblümt, 90 cm breit; je 30 x 30 cm Baumwollstoff in Grün groß- und kleingeblümt; 0,85 m Trachtenborte in Schwarz, grün/rot geblümt, 0,85 m Trachtenborte in Grün, schwarz/rot geblümt, je 1,5 cm breit; 1 farblich passender Reißverschluß, 30 cm lang; 1 Kissenfüllung.

Modell 264: 0,50 m Baumwollstoff in Grün großgeblümt, 0,55 m in Grün kleingeblümt, 0,55 m Weinrot geblümt, je 90 cm breit; 1,60 m Trachtenborte in Schwarz, rot/blau/weiß geblümt, 1,5 cm breit; 1 farblich passender Reißverschluß, 30 cm lang; 1 Kissenfüllung.

Modell 265: 25 x 25 cm Baumwollstoff in Grün großgeblümt; 15 x 15 cm in Grün kleingeblümt; 20 x 70 cm Weinrot geblümt; 0,50 m Baumwollstoff Weinrot, 90 cm breit; 2 m Trachtenborte in Schwarz, rot/rosé/grün geblümt, 1,5 cm breit; 1 farblich passender Reißverschluß, 30 cm lang; 1 Kissenfüllung.

Modell 266: 50 cm Baumwollstoff in Grün geblümt, 90 cm breit (für vordere und rückwärtige Kissenplatte); 25 x 15 cm Baumwollstoff in Weiß (für Stickmotiv); 85 cm Trachtenborte in Schwarz, weiß/blau/rot/grün geblümt, ca. 1,5 cm breit; 1 farblich passender Reißverschluß, 30 cm lang; 1 Kissenfüllung; Transparentpapier; burda-Bügelmusterstift; 1 Sticknadel mit Spitze; je 1 Strang Sticktwist (von Gebr. Heinze) in folgenden oder ähnlichen Farben:
Gelb, hellstes 577
Gelb 53
Maisgelb 590
Rot 510
Schwarz 518
Maigrün 539
Oliv 642
Blau, hell 5536
Blau, mittel 507

Zuschneiden:

Modell 261: Schablonen aus dem festen Karton anfertigen: 1 Quadrat 10 x 10 cm; 1 rechtwinkliges Dreieck, Schenkellänge = 10 cm.
- Vordere Kissenplatte mit Hilfe der Schablonen zuschneiden =
- 4 Quadrate in Weinrot geblümt
- 8 Dreiecke in Grün großgeblümt
- 8 Dreiecke in Grün kleingeblümt
- 8 Dreiecke in Weinrot geblümt
- rückwärtige Kissenplatte (mit Mittelnaht) 2mal 20 x 40 cm in Weinrot geblümt
- Rüsche insgesamt 2,50 m lang, 10 cm breit (fertige Breite 5 cm) in Grün großgeblümt

Alle Teile mit Nahtzugabe zuschneiden.

Modell 262: Aus dem festen Karton eine Schablone = Quadrat von 4 x 4 cm anfertigen.
- Vordere Kissenplatte mit Hilfe der Schablone zuschneiden =
- 16 Quadrate in Weinrot
- 16 Quadrate in Grün kleingeblümt
- 16 Quadrate in Grün großgeblümt
- 16 Quadrate in Weinrot geblümt
- 2 Umrandungsstreifen 32 cm lang und 2 Umrandungsstreifen 40 cm lang, je 4 cm breit in Grün kleingeblümt
- rückwärtige Kissenplatte (mit Mittelnaht) 2mal 20 x 40 cm in Grün kleingeblümt
- Rüsche insgesamt 2,50 m lang, 9 cm breit (fertige Breite 4,5 cm) in Weinrot geblümt

Alle Teile mit Nahtzugabe zuschneiden.

Modell 263:
- Vordere Kissenplatte =
- 4 Quadrate je 10 x 10 cm in Grün großgeblümt
- 1 Quadrat 20 x 20 cm in Grün kleingeblümt
- 4 Rechtecke je 10 x 20 cm in Weinrot geblümt
- rückwärtige Kissenplatte (mit Mittelnaht) 2mal 20 x 40 cm in Weinrot geblümt

Alle Teile mit Nahtzugabe zuschneiden.

Modell 264:
- vordere Kissenplatte =
- 2 Quadrate je 20 x 20 cm in Grün großgeblümt
- 4 Quadrate je 10 x 10 cm in Grün kleingeblümt
- 4 Quadrate je 10 x 10 cm in Weinrot geblümt
- rückwärtige Kissenplatte (mit Mittelnaht) 2mal 20 x 40 cm in Grün großgeblümt
- 1 Rüsche insgesamt 2,50 m lang, 12 cm breit (fertige Breite 6 cm) in Grün kleingeblümt
- 1 Rüsche insgesamt 2,50 m lang, 7 cm breit (fertige Breite 3,5 cm) in Weinrot geblümt

Alle Teile mit Nahtzugabe zuschneiden.

Modell 265:
- Vordere Kissenplatte =
- 4 rechtwinklige Dreiecke mit einer Schenkellänge von 10 cm in Grün großgeblümt
- 2 rechtwinklige Dreiecke mit einer Schenkellänge von 30 cm in Weinrot geblümt
- 2 rechtwinklige Dreiecke mit einer Schenkellänge von 12 cm in Grün kleingeblümt
- 2 Umrandungsstreifen 32 cm lang und 2 Umrandungsstreifen 40 cm lang, je 5 cm breit in Weinrot
- rückwärtige Kissenplatte (mit Mittelnaht) 2mal 20 x 40 cm in Weinrot

Alle Teile mit Nahtzugabe zuschneiden.

Modell 266:
- Vordere Kissenplatte 1mal 40 x 40 cm
- rückwärtige Kissenplatte (mit Mittelnaht) 2mal 20 x 40 cm

Teile mit Nahtzugabe zuschneiden.

Ausführung Modell 261: Vordere Kissenplatte lt. Schema zusammensetzen. Dafür zuerst die einzelnen Quadrate und Dreiecke in entsprechende Reihen rechts auf rechts aneinandersteppen. Nahtzugaben auseinanderbügeln. Dann die Reihen zusammensteppen. Nähte auseinanderbügeln. Rüschenteile zusammensteppen, zur Rundung schließen und längs zur Hälfte bügeln. Entlang den Schnittkanten auf Kissenumfang einreihen. Rückwärtige Kissenplatten aufeinanderlegen und Mittelnaht beidseitig 5 cm breit schließen. Nahtzugaben auseinanderbügeln. Reißverschluß unter die Schlitzkanten steppen. Vordere und rückwärtige Kissenplatte rechts auf rechts legen und zusammensteppen, dabei die Rüsche zwischenfassen (Reißverschluß zum Wenden offenlassen). Nahtzugaben an den Ecken bis kurz vor die Naht schräg abschneiden. Nahtränder versäubern. Kissenfüllung einziehen.

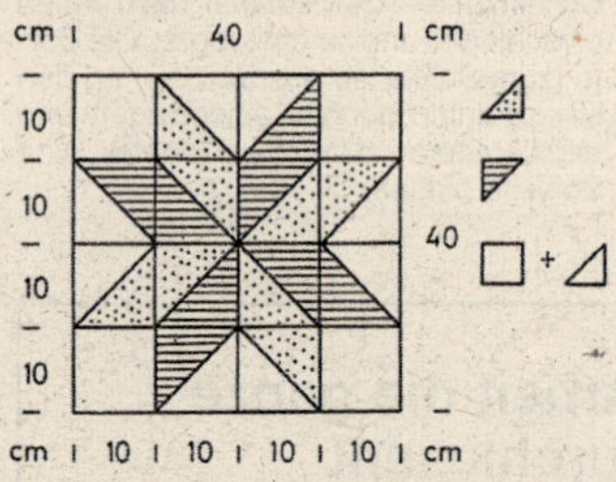

Modell 262: Für die vordere Kissenplatte die einzelnen Quadrate lt. Schema zusammensetzen (siehe auch Modell 261). Dann an jeweils 2 gegenüberliegenden Schnittkanten zuerst die kurzen, dann die langen Umrandungsstreifen an die Kissenplatte steppen. Nahtzugaben auseinanderbügeln. Weitere Ausführung siehe Modell 261.

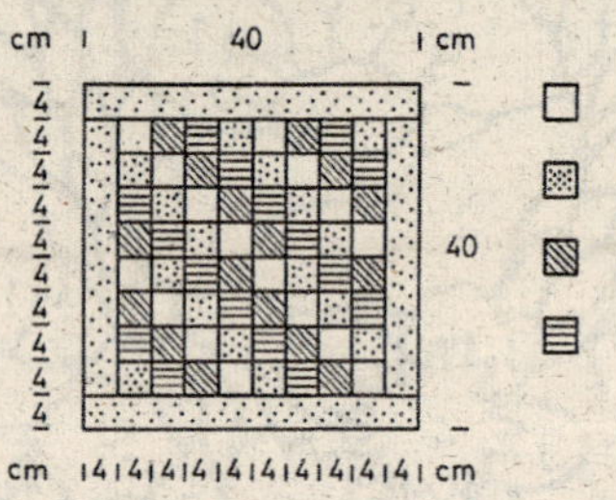

Modell 263: Für die vordere Kissenplatte die einzelnen Quadrate lt. Schema zusammensteppen (siehe auch Modell 261). Über die ausgebügelten Nähte von rechts lt. Schema Trachtenborte beidseitig knappkantig aufsteppen. Kissenhülle fertigstellen wie bei Modell 261, jedoch ohne Rüsche arbeiten.

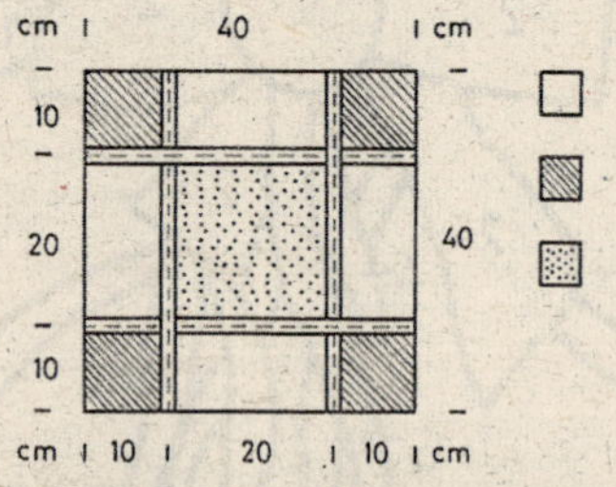

Modell 264: Für die vordere Kissenplatte die einzelnen Quadrate lt. Schema zusammensteppen. Trachtenborte lt. Schema (siehe auch Modell 263) aufsteppen. Kissenhülle fertigstellen siehe Modell 261, dabei die beiden Rüschen nach dem Einreihen zusammengefaßt zwischen vorderer und rückwärtiger Kissenplatte mitfassen.

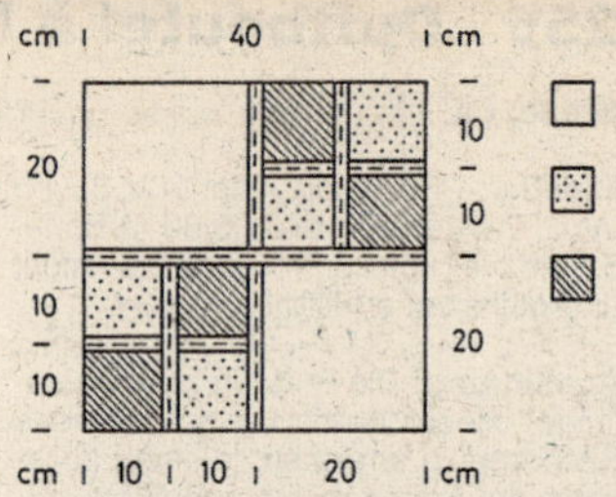

Modell 265: An den beiden rechtwinkligen Dreiecken (Schenkellänge = 30 cm) jeweils 1 rechtwinkliges Dreieck mit einer Schenkellänge von 12 cm (= Rest) abschneiden, siehe Schema. Dann für die vordere Kissenplatte die einzelnen Teile lt. Schema zusammensteppen. Umrandungsstreifen ansteppen, siehe Modell 262. Dann über jeweils 1 Ecke die 4 Dreiecke (in Grün großgeblümt) paßgenau, eingeschlagen auf die vordere Kissenplatte, aufsteppen. Trachtenborte lt. Schema (siehe auch Modell 263) aufsteppen. Kissenhülle siehe Modell 261, jedoch ohne Rüsche arbeiten.

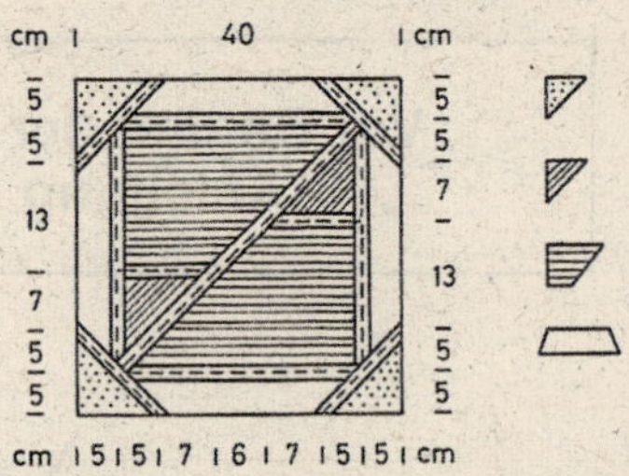

Modell 266: Auf dem weißen Baumwollstoff in der Diagonale Längs- und Quermitte mit einem kontrastfarbenen Faden markieren. Stickmotiv auf Transparentpapier übertragen. Musterzeichnung mit Hilfe des Bügelmusterstiftes (genaue Anleitung liegt jedem Bügelmusterstift bei) übertragen. Kreuzungspunkt der Markierungsfäden = Motivmitte. Gestickt wird in Plattstich mit 3fädigem Sticktwist. Farbaufteilung siehe Musterzeichnung. Alle Konturen sowie Grannen in Stepp- und Stielstich mit 1fädigem Sticktwist ausführen. Fertige Stickerei von links unter feuchtem Tuch bügeln.

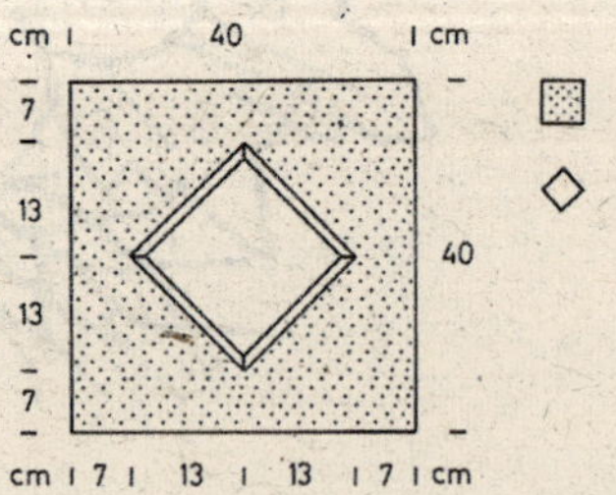

Fertigstellen: Aus der vorderen Kissenplatte in der Diagonale ein Quadrat von 17 x 17 cm (siehe Schema) herausschneiden. Stoffteil mit der Stickarbeit von links genau in Quadratmitte plazieren und ringsum feststeppen, dabei die inneren Schnittkanten der Kissenplatte schmal einschlagen (an den Ecken dafür einschneiden). Über die Einsatznaht von rechts Trachtenborte beidseitig knappkantig aufsteppen, in den Ecken Borte in kleine Falten legen. Weitere Ausführung siehe Modell 261, jedoch ohne Rüsche arbeiten.

267 Tagesdecke

Zuschneide- und Nähplan siehe unten. Musterzeichnungen A – D in Rot unter dem Text.

Größe: 1,50 x 2,10 m.

Material: 4,20 m Baumwollstoff in Beige, 140 cm breit; 2,10 m Baumwollstoff in Braun, 140 cm breit; 2,10 m Wattevlies aus Polyester, 150 cm breit (Freudenberg), Knopflochgarn zum Quilten.
Zum Drucken und Malen: 3 Plastikradiergummis; Pauspapier; 3 Holz- oder Korkstückchen; stabile Klarsicht- oder Schablonenfolie; Linolschnittwerkzeug (z. B. von Heintze & Blanckertz im Hobbyfachhandel erhältlich); Cuttermesser; Folienschreiber; 1 Marderhaarpinsel Nr. 3; 1 Kunsthaar-Flachpinsel Nr. 12 oder 14; 1 Schraubglasdeckel; Hobbytex-Stoffmalfarben (von Marabu); Uhu greenit; Textil-Klebeband.

Zuschneiden:
Aus beigem Stoff: 8mal 10 x 10 cm,
12mal 40 x 25 cm
1mal 60 x 90 cm
1mal 210 x 140 cm für das Unterteil
1mal 210 x 14 cm zur Verbreiterung des Unterteils
Aus braunem Stoff:
2mal 190 x 10 cm
2mal 130 x 10 cm
6mal 40 x 10 cm
6mal 25 x 10 cm
2mal 60 x 10 cm
2mal 90 x 10 cm
Baumwollstoffe vor dem Zuschneiden waschen und bügeln. Nahtzugabe von 1 cm zugeben.

Ausführung: Vor dem Nähen die Bemalung vornehmen. Millefleur-Muster bekommen alle 40 x 25 cm großen Stoffstücke. Musterzeichnungen A für die 3 Stempel auf Radiergummi übertragen. Die Konturen mit der V-förmigen Klinge des Linolmessers nachritzen. Radiergummi an den Außenkanten in der gespurten Furche senkrecht abschneiden. Auf ein Holzklötzchen geklebt, wird ein handliches Werkzeug daraus. Zwei Lagen saugfähigen Stoffes in einem Schraubglasdeckel mit Stoffmalfarbe durchtränken. Als Stempelkissen benutzen. Nachzufüllende Farbe 1 mm dick auf den Deckel unter die Stofflagen streichen. Lt. Abb. oder nach Belieben stempeln, den äußeren Rand freilassen. Das Mittelteil (90 x 60 cm) wird zusätzlich mit Schablonendruck verziert.
Schablonenfolie auf die Zeichnungen legen, mit Folienschreiber die Motive übertragen, mit dem Cutter auf einer Pappunterlage ausschneiden. Schablone B für die Blätter 1,3 und 5 der großen Blüte in einer Ecke des Mittelstoffes lt. Abb. plazieren, mit Klebeband befestigen und vom Rand zur Mitte hin mit dem Flachpinsel austupfen und malen. Farben nicht gleichmäßig auftragen. Ersten Farbauftrag mit dem Fön trocknen, die zweite Schablone (C) für die Blätter 2,4 und 6 einpassen und ausmalen. Staubgefäße extra mit dem Pinsel in die Blütenmitte stupfen. So alle Blüten und die Knospen ausmalen und dann das Motiv mit Stempeldrucken vervollständigen. Die Schattierungen der Schablonenblüten und der großen Stempelblüten mit dem Spitzpinsel in Kontrastfarbe von Hand nachzeichnen. Alle bemalten Flächen nach dem Trocknen von links bei Einstellung Baumwolle drei Minuten bügeln. So wird die Mal- und Druckfarbe waschmaschinen- und kochfest.
Nähen: Damit man nur gerade Nähte ohne Ecken zu nähen hat, näht man zuerst einzelne Teile zu größeren Flächen, rechts auf rechts liegend, zusammen (gestrichelte Kontur im Zuschneide- und Nähplan). So erhält man neun größere Flächen, die man, mit der mittleren beginnend, so aneinandernäht, daß die beiden äußeren Längsstreifen zuletzt angesetzt werden. Vor dem nächsten Arbeitsgang die Nähte sorgfältig ausbügeln. Die Längskanten des Unterstoffes (zur Verbreiterung) rechts auf rechts aufeinanderlegen und steppen. Wattevlies aus Polyester auf die linke Seite des Unterteils legen, den Oberstoff links auf links darüberlegen und von der Mitte aus alle drei Lagen neben den Nähten des Oberstoffes zusammenheften. Dabei auf Genauigkeit achten, die Lagen nicht verschieben oder verziehen. Die Nahtzugaben des Unterstoffes entlang den Kanten nach innen um das Wattevlies legen, die Nahtzugabe des Oberstoffes gegenschlagen, alles zusammenheften und mit der Maschine schmalkantig entlang den Kanten steppen. Nun von innen nach außen in den Teilungsnähten des Oberstoffes mit Steppstichen durch alle drei Lagen von Hand mit Knopflochgarn durchsteppen (quilten). Zuletzt auch die Konturen der großen Blüten quilten.
Entwurf und Ausführung: Ingrid Schmidt, Arolsen.

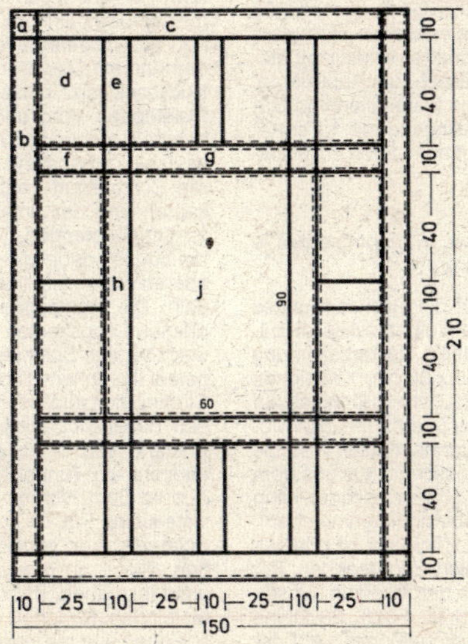

268 – 271 Bemalte Shirts

Musterzeichnungen für die Kindergrößen auf Seite 120/121 in Rot; die anderen auf Bogen B in Schwarz.

Größen: 116/122; 140/146; 42/44; 52/54.

Material: Sweatshirts in Weiß, Art. 906332, in den erforderlichen Größen von bon prix (Sie können einen Katalog anfordern), oder bereits vorhandene verwenden; Plusterfarben, auch puff paint genannt, in vielen Farbtönen (im Hobbyfachhandel oder von Heigl über Anke's Seidenkunst erhältlich); Pinsel; burda Bügelmusterstift in Gelb; Transparentpapier; Pappe.

Ausführung: Die Musterzeichnungen sind seitenverkehrt abgebildet. Transparentpapier auflegen und mit dem Bügelmusterstift direkt die Konturen nachzeichnen. Papier wenden und auf dem Vorderteil des Sweatshirts plazieren, feststecken und die Motive jeweils aufbügeln. Zwischen Vorder- und Rückenteil ein Stück Pappe legen, damit auf einer festen Fläche gemalt werden kann. Die einzelnen Motive mit Plusterfarben ausmalen. Farben lt. Abb. oder nach Belieben einsetzen. Pinsel mit Wasser reinigen. Nach vollständigem Trocknen der Farbe noch einmal übermalen. Wieder trocknen lassen. Auf das Bügelbrett ein weiches Tuch (Molton o.dgl.) legen, Sweatshirt mit der bemalten Vorderseite nach unten darauflegen. Vorderteil mit einem Bügeltuch bedecken und mit dem Bügeleisen (Einstellung Baumwolle) ca. 30 Sekunden daraufdrücken. Die Farben plustern sich auf und erhalten eine frottierähnliche Oberfläche. Sie sind bei 30 Grad waschbar.

272 Krippe

Musterzeichnungen auf Bogen C in Schwarz.

Größe: Die Krippe ist in einzelnen Figurengruppen unterteilt.
Heilige Familie: Ca. 27 cm breit, 24 cm hoch;
Hirten: Ca. 26 cm breit, 23,5 cm hoch;
Heilige Drei Könige: Ca. 23,5 cm breit, 25,5 cm hoch.

Material: 1 Sperrholzplatte, 85 x 30 cm groß, 4 mm dick; Wacofin Mattfarbe in Braun, Hellbraun, Beige, Schwarz, Blau, Türkis, Hellblau, Weiß, Gelb, Hellgelb, Haut, Cognac, Bordeaux, Lila, Grasgrün, Grün, Dunkelgrün; 1 Dose Klarlack, matt, zum Sprühen (von H. Wagner, im Hobbyfachhandel erhältlich); Kronengrund (= Grundiermittel); feines Schleifpapier; Laubsäge oder Decoupiersäge mit feinem Sägeblatt; ca. 30 x 30 cm fester Karton in Weiß; burda Seiden- und Kopierpapier.

Ausführung: Musterzeichnungen mit Hilfe von Seidenpapier vom Bogen abnehmen. Die äußeren Umrisse der drei Figurengruppen mit Hilfe von Kopierpapier auf das Sperrholz übertragen. Figurengruppen aussägen, Kanten gut mit Schleifpapier glätten und alle Teile mit Kronengrund streichen. Danach Oberflächen nochmals mit Schleifpapier glätten. Jetzt alle inneren Konturen ebenso mit Kopierpapier übertragen. Figurengruppen lt. Foto oder nach eigenen Wünschen bemalen. Die Farben sind untereinander mischbar; Grundfarbe plus Weiß = Pastellton, Grundfarbe plus Schwarz = dunkler Farbton. Nach dem Trocknen der Farben alle Figurengruppen mit Klarlack besprühen. Danach auf die Rückseite jeder Figurengruppe eine Stütze aus Karton kleben. Dafür je Gruppe zwei Kartonteile lt. Musterzeichnung zuschneiden und bis zur gestrichelten Linie zusammenkleben. Kartonlaschen an dieser Linie nach außen umbiegen und festkleben. Figuren lt. Foto dekorieren, besonderes schön sieht es aus, wenn die Heilige Familie auf ein kleines Podest gestellt wird, so daß sie gegenüber den anderen Gruppen etwas erhaben wirkt.

273 Gesticktes Krippentransparent

Musterzeichnung auf Bogen C in Schwarz.

Größe: Ca. 50 x 30 cm.

Material: Ca. 55 x 35 cm Plakatkarton in Weiß; Passepartoutmesser; ca. 60 x 40 cm feines Leinen in Weiß; Uhu coll; burda-Kopierpapier; burda- Bügelmusterstift. Je ein Strang MEZ Anker Sticktwist (oder Reste) in folgenden oder ähnlichen Farben: Maisgelb 302; Lachsrosa, hell 778; Lachsrosa, dunkel 868; Terracotta, hell 338; Terracotta, dunkel 340; Geranienrot, hell 10; Zimtbraun 369; Zimtbraun, dunkelstes 371; Moosgrün, mittel 267; Silbergrau 397; Grau, mittel 399; Gletscherblau 146; je ein Röllchen MEZ Zierlitze in Gold und Silber. Das Krippentransparent (von Rico) ist auch als Fixpackung zu beziehen über Ingeborg Järrsten (Art. 107 1056). Dabei sind die Kartonteile bereits fertig ausgestanzt.

Ausführung: Musterzeichnung für Kartonumrandung mit Hilfe von Kopierpapier auf den Karton übertragen. Umrandung mit Hilfe des Passepartoutmessers ausschneiden (feste Arbeitsunterlage verwenden). Stickmotiv mit Hilfe des Bügelmusterstifts auf den Stoff übertragen (genaue Anleitung liegt jedem Bügelmusterstift bei). Da an Stelle des vorgedruckten Stoffes (in der Fixpackung) weißer Stoff verwendet wird, werden alle Konturen wie Sterne, Landschaft usw. in Stiel- oder Steppstich je nach Wunsch gearbeitet. Dafür 3fädigen Sticktwist oder Zierlitze verwenden. Alle Gesichter in Nadelmalerei in hellen Haut- bzw. Rosatönen arbeiten. Hände, Haare und sonstige Flächen in Plattstich aussticken. Schäfchenfell mit Knötchenstichen andeuten. Farbverteilung s. Foto oder nach eigenen Wünschen. Mit Gold- und Silberlitze Heiligenschein und kleine Akzente beim König und Hirten aufstikken. Sterne evtl. in Silber oder Gold umranden. Fertige Stickerei von links unter feuchtem Tuch bügeln, passend zuschneiden und hinter das Passepartout kleben.

274 Triptychon aus Karton

Musterzeichnungen auf Bogen C in Schwarz.

Größe: Ca. 50 x 30 cm.

Material: Ca. 55 x 35 cm Fotokarton in Schwarz; Transparentpapier in Blau, Zitronengelb und Gelb; Uhu greenit; Silhouettenschere oder Passepartoutmesser (feste Arbeitsunterlage); burda-Kopierpapier; Leinenklebeband in Schwarz.

Ausführung: Musterzeichnungen mit Hilfe von Kopierpapier auf den Fotokarton übertragen und entlang den Außenkonturen ausschneiden. Innere Konturen (siehe auch Foto) mit Hilfe einer spitzen Schere oder Passepartoutmesser (Arbeitsunterlage verwenden) vorsichtig ausschneiden. Hinter die seitlichen Flügel und den oberen Ausschnitt des Mittelteils Transparentpapier in Blau kleben, Heiligenschein in Zitronengelb, restliche Fläche in Gelb (s. Foto) hinterkleben. Seitliche Flügel mit Leinenband von links an das Mittelteil kleben.

275 Kissen mit Landschaft

Originalgroße Musterzeichnung auf Bogen C in Rot.

Größe: Kissen: 40 x 40 cm, Applikation: 25 x 25 cm.

Material: 45 x 90 cm Baumwollstoff in Dunkelblau für Kissenhülle; Stoffreste in 5 verschiedenen Blautönen, davon ein Rest in Mittelblau mit kleinen weißen Pünktchen, 2 verschiedene Grüntöne sowie Reste in Rot, Beige, Gelb, Flieder und Weiß für die Applikation; Gütermann-Metalleffektgarn in Silber zum Applizieren; 45 x 45 cm aufbügelbares Volumenvlies, 30 x 50 cm Vliesofix (beide Materialien von Freudenberg, in Stoffgeschäften erhältlich); 9 Sternpailletten mit Bohrung und 9 kleine Perlen mit Silbereinzug (im Hobbyfachhandel erhältlich); 1 Reißverschluß in Dunkelblau, 30 cm lang; Transparentpapier; 1 Kissenfüllung, 40 x 40 cm groß.

Zuschneiden:
- Vord. Kissenplatte 1mal 42 x 42 cm
- Rückw. Kissenplatte (mit Mittelnaht) 2mal 42 x 21 cm

Ausführung: Auf der Rückseite der vorderen Kissenplatte Volumenvlies aufbügeln. Auf der Vorderseite in gleichmäßigem Abstand zu den Stoffkanten mit Heftstichen ein Quadrat, 25 x 25 cm groß, markieren. Originalgroße Musterzeichnung vom Bogen auf Transparentpapier übertragen. Alle Einzelteile der Musterzeichnung separat und seitenverkehrt auf die Papierseite vom Haftvlies übertragen. Teile grob ausschneiden und mit der Papierseite nach oben auf die Rückseite der entsprechenden Stoffe bügeln, entlang den Konturen ausschneiden. Trägerpapier abziehen.

Alle Einzelteile (lt. Foto) auf das markierte Quadrat der vorderen Kissenplatte legen (evtl. Musterzeichnung als Hilfe darüberlegen), dabei vom Hintergrund ausgehend nach vorn arbeiten. Teile mit materialgerechter Temperatur aufbügeln. Motive entlang den Konturen mit dicht eingestelltem, ca. 3 mm breitem Zickzackstich applizieren. Jeweils eine Paillette mit einer Perle nach Wunsch aufnähen. Die Mittelnaht der rückwärtigen Kissenplatte beidseitig ca. 5 cm breit schließen. Nahtzugaben auseinanderbügeln. Reißverschluß unter die Schlitzkanten steppen. Kissenplatten rechts auf rechts legen und verstürzen. Reißverschluß dabei zum Wenden offenlassen. Kissenfüllung einziehen.

276 Fensterbild

Originalgroße Musterzeichnung auf Bogen D in Hellrot.

Größe: Ca. 20 x 39 cm.

Material: 25 x 45 cm Tonpapier in Schwarz; Transparentpapier in Weiß, Gelb, Grün, Hellblau, Mittelblau und Dunkelblau (alle Materialien in Schreibwarengeschäften erhältlich); 1 kleine spitze Schere; Transparentpapier zum Durchzeichnen; burda Kopierpapier in Weiß; Uhu Klebestift.

Ausführung: Musterzeichnung auf Transparentpapier übertragen. Motiv mit Hilfe von Kopierpapier seitenverkehrt auf die Rückseite vom Tonpapier übertragen. Alle in der Musterzeichnung eingezeichneten hellen Flächen mit der Schere exakt ausschneiden. Nach den ausgeschnittenen Tonpapierteilen das bunte Transparentpapier mit Zugabe für die Kleberänder ausschneiden und sorgfältig auf die Tonpapierrückseite kleben. Farbverteilung s. Foto. Fertiges Bild mit doppelseitigem Klebeband ans Fenster kleben.

277 Bemalte Spandose

Musterzeichnung auf Seite 138 in Rot.

Größe: Ca. 26 x 16 cm oval.

Material: 1 Spandose, oval 26 x 16 cm (Art. 7809042 von Hobby Knorr); Wacofin Mattfarbe in Weiß, Schwarz, Goldgelb, Dunkelgrün, Cognac, Rot und Nachtblau; Deko Spray matt in Blau und Farblos (alles von H. Wagner); Pinsel; Glimmersternchen; Transparentpapier; burda Kopierpapier in Weiß.

Ausführung: Spandose und Deckel mehrmals dünn in Blau besprühen. Musterzeichnung auf Transparentpapier übertragen. Motiv mit Hilfe von Kopierpapier auf den Dosendeckel übertragen. Motiv lt. Foto bemalen. Dann alle Konturen in Weiß nachziehen. Mischen der Farben: Rot und Weiß = Rosa, Dunkelgrün und Goldgelb = Hellgrün, Blau und Weiß = Hellblau, je nach Mischungsverhältnis können verschiedene Blautöne erzielt werden. Blau und Schwarz = dunkelstes Blau. Nach dem Trocknen der Farben Motiv mit Klarlack (farblos) besprühen, dabei in den noch feuchten Lack Glimmersternchen streuen.

278 Puzzle

Musterzeichnung auf Seite 152 in Rot.

Größe: 15 x 15 cm.

Material: Zwei 15 x 15 cm große Sperrholzplatten, 4 mm und 8 mm dick; Deka-Lack in Weiß, Zitron, Hellblau, Mittelblau, Dunkelblau, Rot, Hellgrün und Saftgrün; Klarlack; Kronengrund (Grundiermittel); Laubsäge; Schleifpapier; burda Kopierpapier; Transparentpapier; Uhu greenit.

Ausführung: Musterzeichnung auf Transparentpapier übertragen. Haus und Baumkonturen (s. dicke Linie) mit Hilfe von Kopierpapier auf die 4 mm dicke Sperrholzplatte übertragen und aussägen. Alle Kanten gut mit Schleifpapier glätten. Vorderseite der ausgesägten Teile sowie die beiden Holzplatten mit Kronengrund streichen (schließt die Poren im Holz). Nach dem Trocknen Oberflächen mit Schleifpapier glätten. Die Konturen von Berg und Hügel auf die 4 mm dicke Holzplatte übertragen. Beide Holzplatten paßgenau zu einer Grundplatte so übereinanderkleben, daß die Holzplatte mit den aufgezeichneten Konturen obenauf liegt. Ausgesägte Teile sowie die Flächen auf der Grundplatte (auch tiefer liegender Hintergrund) lt. Musterzeichnung ausmalen. Nach dem Trocknen der Farben alle Teile mit Klarlack streichen.

279 Gemalte Weihnachtskarte

Musterzeichnung auf Seite 166 in Rot.

Größe: 10 x 14,5 cm.

Material: 20 x 20 cm Karton in Weiß; Deka-Lack in Weiß, Gelb, Rot, Hellbraun, Grün und Dunkelblau; Pinsel; spitze Schere; Transparentpapier; burda Kopierpapier.

Ausführung: Musterzeichnung auf Transparentpapier übertragen. Die eingezeichnete gestrichelte Linie in der Musterzeichnung in Kartonmitte übertragen (= spätere Falzkante). Motiv mit Hilfe von Kopierpapier auf den Karton übertragen. Vordergrund = Häuser und Bäume ab gestrichelter Linie auf das obere Kartonteil übertragen. Für den Hintergrund das Kartonteil um 180 Grad drehen und ebenfalls oben, ab gestrichelter Linie, die Berge übertragen. Karte entlang den Konturen ausschneiden und lt. Foto bemalen. Farbmischungen: für alle helleren Blautöne wie Berg im Hintergrund, Hügel im Vordergrund sowie das hellblaue Häuschen = Dunkelblau mit mehr oder weniger Weiß aufhellen. Für das Häuschen in Rosé Rot mit Weiß aufhellen. Tanne = Grün mit Weiß aufhellen. Sind die Farben getrocknet, die Häuser- und Baumkonturen nochmals in Weiß nachziehen. Nach dem Trocknen aller Farben Karton entlang der gestrichelten Linie umknicken (falzen), so daß die Häuserfront vor den Bergen liegt.

280 Adventskalender

Rasterzeichnung auf Seite 169.
Originalgroße Musterzeichnung auf Seite 168 in Rot.

Größe: 65 cm breit, 83 cm hoch.

Material: 1,40 m Baumwollstoff in Dunkelblau, 90 cm breit (Grundstoff); für die Applikation 65 x 70 cm Baumwollstoff in Mittelblau, 60 x 60 cm in Hellblau, 15 x 35 cm in Mittelblau mit weißen Pünktchen, 15 x 45 cm in Königsblau, 50 x 50 cm in Dunkelgrün, 40 x 40 cm in Mittelgrün; je 20 x 25 cm Filz in Rot und Beige sowie verschiedenfarbige Filz- oder Stoffreste in Weiß, Flieder, Gelb, Orange, Rosé und Türkis; 70 cm aufbügelbares Volumenvlies, 90 cm breit; 1 m Vliesofix, 90 cm breit (beide Materialien von Freudenberg, in Stoffgeschäften erhältlich); Metalleffektgarn in Silber zum Applizieren, Textilkleber (beide Materialien von Gütermann); 24 Messingringe ca. 1,7 cm Ø; Rundholz 70 cm lang, 1,5 cm Ø; Transparentpapier.

Zuschneiden:
- Vord. und rückw. Wandbehangteil je 1mal 67 x 85 cm groß.

Ausführung: Auf die Rückseite eines Wandbehangteils Volumenvlies aufbügeln (= Vorderteil). Rasterzeichnung originalgroß (= 65 x 83 cm, 1 Kästchen im Raster = 2,7 x 2,7 cm im Original) auf Transparentpapier übertragen. (Bei Modell 275 „Appliziertes Kissen" ist die Applikation ein Ausschnitt aus unserem Motiv und originalgroß gezeichnet, kann deshalb direkt übernommen werden). Der Nikolaus mit Rucksack ist originalgroß als extra Zeichnung gegeben. Für die Päckchen, die der Nikolaus auf seinem Weg verliert (s. Foto), 23 kleine verschiedene Päckchenformen auf der Musterzeichnung einzeichnen. Alle Einzelteile separat und seitenverkehrt auf die Papierseite vom Vliesofix übertragen. Teile grob ausschneiden und mit der Papierseite nach oben auf die Rückseite der entsprechenden Stoffe bügeln. Teile entlang den Konturen ausschneiden. Trägerpapier abziehen und alle Einzelteile auf dem Grundstoff plazieren (evtl. originalgroße Musterzeichnung als Hilfe darüberlegen). Dabei vom Hintergrund ausgehend nach vorn arbeiten. Teile mit materialgerechter Temperatur aufbügeln. Motivteile sowie eingezeichnete Konturen mit dicht eingestelltem, ca. 3 mm breitem Zickzackstich applizieren. Für das Loch im Rucksack ein gleichgroßes Dreieck (wie eingezeichnet) aus beigefarbenem Filz zuschneiden und mit Steppstichen entlang dem Rucksackloch einseitig knappkantig feststeppen. Vord. und rückw. Wandbehangteil rechts auf rechts legen und beidseitig im Abstand von 5 cm zur oberen Schmalkante entlang den Längskanten und der unteren Schmalkante zusammensteppen. Teil wenden, Kanten bügeln, dabei die Nahtzugaben der oberen Schmalkante nach innen umbügeln. Die Nahtzugaben an den noch offenen Längskanten einzeln, dann die umgebügelte Schmalkante zusammengefaßt knappkantig absteppen. Nun das Stoffteil ringsum schmalkantig absteppen, dabei entlang der oberen Kante im Abstand von 5 cm durchsteppen, so entsteht ein Tunnel für das Rundholz. Aus weißem Filz mit einem Heftlocher viele kleine Punkte ausstanzen und als Schneeflocken verteilt (s. Foto) aufkleben. Ringe an den applizierten Päckchen festnähen, Päckchen packen und festbinden. Rundholz durch den Tunnel schieben und mit Haken an einer Wand befestigen.

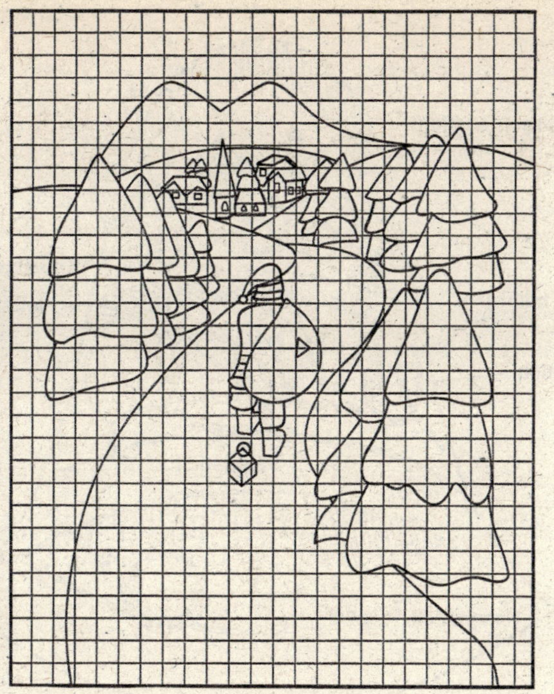

280 Rasterzeichnung Adventskalender

281 Zopf aus Tannengrün

Größe: Ca. 50 cm lang.

Material: Fertiger Zopf aus Tannengrün, ca. 50 cm lang. 6 Kugeln mit Ösen in Mittelrot mit Perlmutteffekt, ca. 4 cm Ø; 3,50 m Veloursamtband in Rot, 0,5 cm breit; 1 Büschel Islandmoos in Grün; je 1 Stengel Immortellen in Rot und Gelb; 1 Stengel Glixia in Aubergine; 1 Stengel Phalaris in Natur, alles von Oor Mulder. Spezialklebeband (von Rayher, im Hobbyfachhandel erhältlich). Ca. 5,00 m Taftband in Rot, 1,5 cm breit; Strohhalme; festes Garn in Beige; Blumenbindedraht; Uhu greenit.

Ausführung: Zopf aus Tannengrün im Blumengeschäft anfertigen lassen. Taftband spiralenförmig um den Kranz schlingen, Enden zusammen verknoten. Aus dem restlichen Taftband 2 Tuffs formen, mit Blumenbindedraht zusammenbinden und mit Hilfe der Drahtenden auf dem Zopf befestigen. Vom Samtband Abschnitte von 20 cm und 40 cm vorbereiten. Die kurzen Abschnitte zu Schleifen legen und jeweils mit Uhu greenit neben der Öse auf die Kugel kleben. Je ein Ende des langen Abschnittes in die Öse fädeln, Ende verknoten. Mit dem zweiten Ende die Kugel später am Tannenzopf befestigen. Vom Spezialklebeband einen schmalen Streifen um die Öse kleben. Kleine Büschel aus Moos sowie kleine Ästchen aus Gräsern und Blüten hübsch angeordnet in das Klebeband drücken.

Strohsterne: Strohhalme ca. 10 Minuten in heißem Wasser einweichen, dann flach bügeln. 8 Halme, je 10 cm lang zuschneiden. Halme in der Mitte übereinanderlegen und mit Knopflochgarn webartig (über Kreuz) zusammenbinden. Dabei ausreichend Garn verwenden. Überstehende Enden werden für die Befestigung am Tannenzopf benötigt. Mit einer Schere die Halmenden abschrägen. Sterne und Kugeln auf dem Tannenzopf dekorieren (s. Foto).

282 Tüten aus Tortenspitzen

Größe: Ca. 17 cm.

Material: Runde Tortenspitzen in Weiß, ca. 35 cm Ø; Karton in Weiß; Satinband in Weiß; Uhu Alleskleber.

Ausführung: Mitte der Tortenspitze kennzeichnen. Vom Rand genau bis zum Mittelpunkt einschneiden. Schnittkanten übereinanderschieben, bis eine Tüte entsteht. Enden innen und außen festkleben. Aus Karton einen schmalen Streifen, beliebig lang, schneiden und als Henkel oben an der Tüte festkleben. Satinband am Henkel zur Schleife binden. Tüten nach eigenen Wünschen (s. auch Foto) füllen.

283 – 288 Weihnachtskarten und Anhänger

6 Musterzeichnungen auf Seite 169 in Rot und Seite 177. Musterzeichnungen mit Stickvorlagen auf Seite 169 und 170.

Größe: Karten: Ca. 10 x 13 cm. Anhänger: Ca. 9 x 9 cm.

Material, Karten: 40 x 50 cm Nessel oder Baumwoll-Linon; je 1 Strang MEZ Anker Sticktwist oder Reste in folgenden oder ähnlichen Farben:
Hellrot 46
Dunkelrot 47
Grün 267
Gelb 302
Hellorange 304
Orange 313
Hellbraun 369
Mittelbraun 375
Hellgelb 386

Anhänger: 35 x 35 cm Nessel oder Baumwoll-Linon; Zierlitze in Gold; Astrella Gold (von MEZ) je 1 Strang MEZ Anker Sticktwist oder Reste in folgenden oder ähnlichen Farben:
Weiß 2
Rosa 6
Hellrot 46
Dunkelrot 47
Grün 267
Hellgelb 305
Mittelgelb 306
Dunkelgelb 308
Braun 370
Schwarz 403

Karten und Anhänger: Kleiner Stickrahmen; Sticknadel mit Spitze; Plakat- oder Fotokarton in Gold (in Schreibwarengeschäften erhältlich); scharfes Hobbymesserchen; Transparentpapier; burda Bügelmusterstift (genaue Anleitung liegt jedem Bügelmusterstift bei).

Ausführung: Aus Nessel für die Karten 10 x 13 cm, für die Anhänger 9 x 9 cm große Stücke zuschneiden. Musterzeichnungen auf Transparentpapier übertragen. Entsprechende Musterzeichnung mit Stickvorlage mit Hilfe des Bügelmusterstiftes auf die Stoffteile übertragen und aussticken. Gestickt wird mit 3fädigem Sticktwist in Plattstich, Spannstich, Stielstich, Margeritenstich und Knötchenstich. Fertige Stickerei von links unter feuchtem Tuch bügeln.
Für die Karten aus Plakatkarton entsprechend große Stücke (ca. 20 x 13 cm groß) zuschneiden und das gewünschte Passepartout darauf übertragen. Mit dem Hobbymesserchen die inneren Flächen ausschneiden. Entsprechende Stickerei hinter das Passepartout kleben. Karten in der Mitte falzen.
Für die Anhänger die Konturen von Stern, Glocke und Kugel je 2mal auf Plakatkarton übertragen. Auf ein Kartonteil das Passepartout übertragen und die inneren Flächen mit dem Hobbymesserchen ausschneiden. Entsprechende Stickerei hinter das Passepartout kleben. Nun beide Kartonteile gegeneinander kleben, dabei Zierlitze oben als Aufhänger zwischenfassen.

289 Türkranz

Größe: Ca. 25 cm Ø.

Material: Kranz aus verschiedenem Grün (Tannenzweige, Stechpalmen usw.), nach Wunsch im Blumengeschäft anfertigen lassen; 10 kleine Weihnachtskugeln in Rot; ca. 1 m Schleifenband in Rot-Gold, ca. 2–3 cm breit; ca. 10 m Kräuselband in Rot (Eckart-Werke, im Fachhandel erhältlich); 1 Packung Strohblumennadeln (im Bastelgeschäft erhältlich).

Ausführung: Aus dem Schleifenband einen großen Tuff (s. Foto) binden, am Kranz andrahten. Die Weihnachtskugeln auf dem Kranz verteilen und mit Strohblumennadeln feststecken. Ca. 10–15 ca. 50 cm lange Kräuselbandstreifen abschneiden und mit der Schere kräuseln. Mit Strohblumennadeln auf dem Kranz befestigen und um die Weihnachtskugeln drapieren (s. auch Foto).

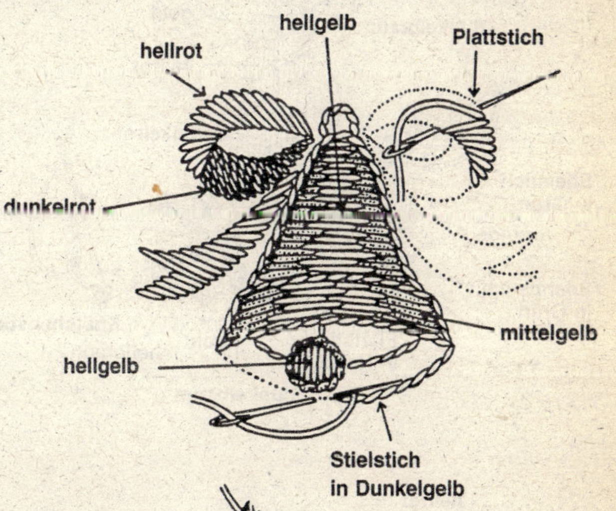

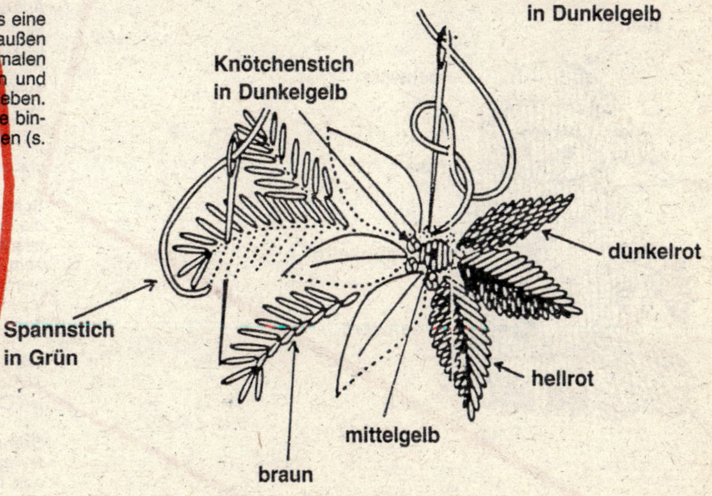

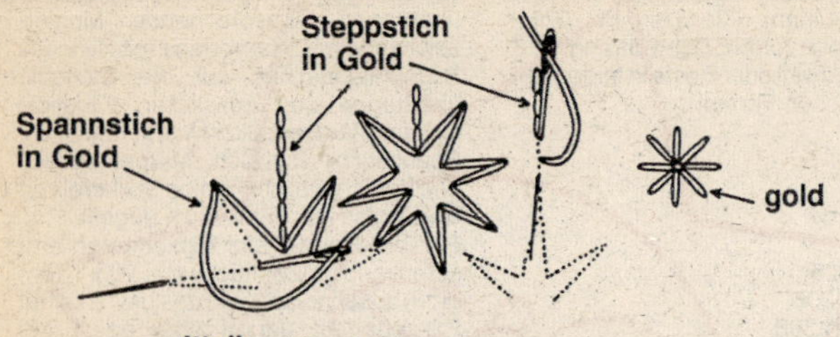

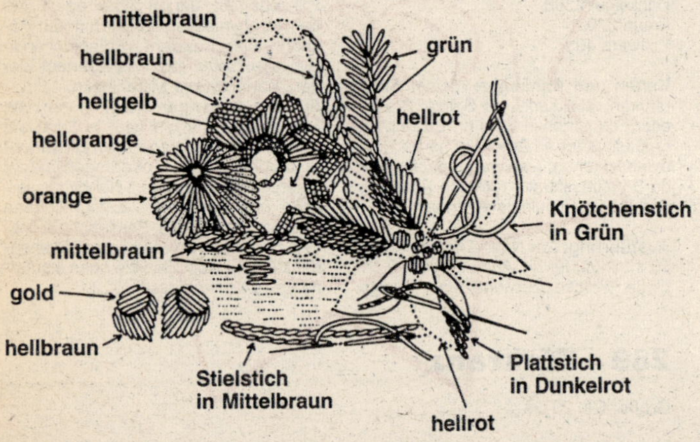

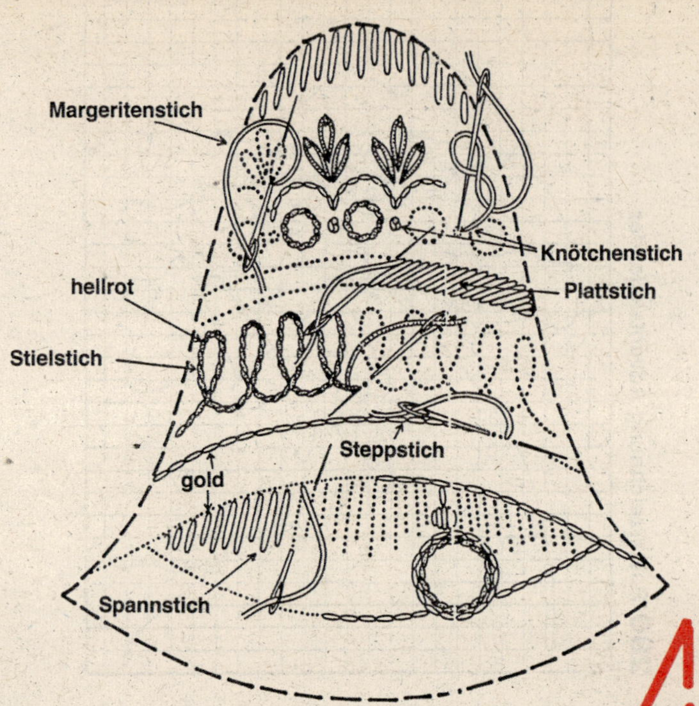

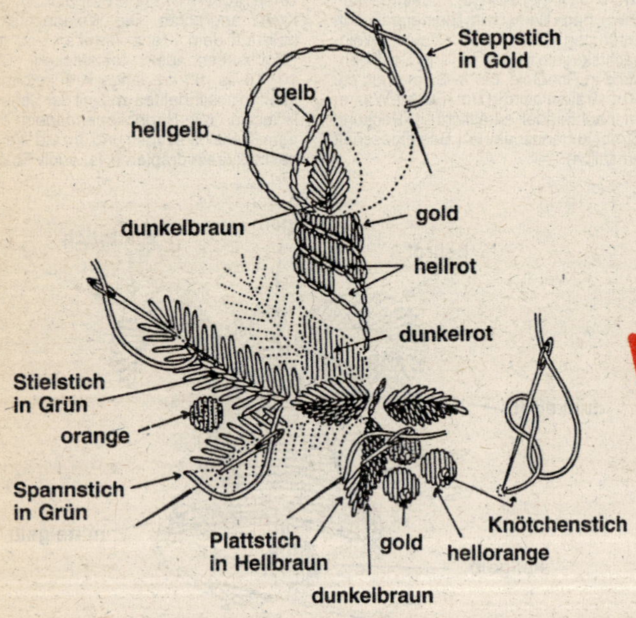

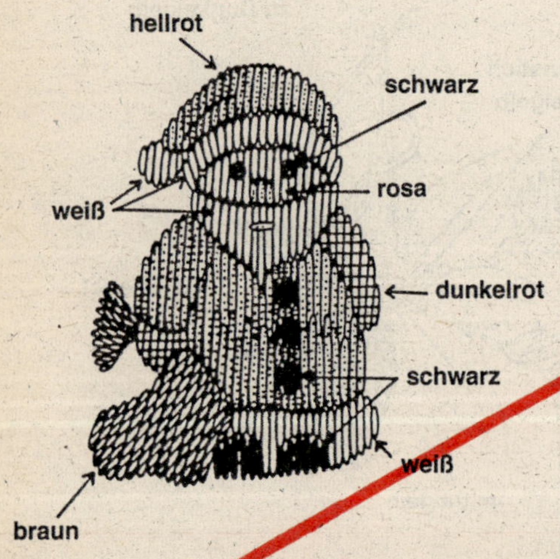

290 Keksdose

Allgemeines zum Töpfern:

Material: Der Hobbyfachhandel führt gebrauchsfertigen Ton in vier verschiedenen Farben. Für die Keksdose wird schwarzer Ton verwendet. Bei dem im Folienbeutel – 10 kg-weise – verpackten Ton ist bei sachgemäßer Lagerung eine lange Haltbarkeit garantiert, so daß auch weitere Werkstücke angefertigt werden können. Ist der Ton angebrochen, muß die Folie wieder fest und luftdicht um den Tonklumpen gewickelt werden, damit er nicht austrocknet und in gebrauchsfähigem Zustand gehalten werden kann.

Werkzeuge:
- Tonabschneider (Draht- oder Perlonschnur mit Holzgriffen an den Enden)
- Modellierholz (aus Holz oder Plastik) für Feinheiten
- Modellierschlingen zum Aushöhlen
- Holz- oder Preßspanbrett als Unterlage
- altes Nudelholz zum Auswellen
- Küchenmesser

Modelliermethoden: Aushöhltechnik: Aus einem massiven Tonblock wird mit einer Modellierschlinge (Holzgriff mit Drahtschlaufe) das Innere ausgehöhlt. Plattentechnik: Ton wird zu einer Platte ausgewellt, die Teile werden zugeschnitten und zusammengesetzt. Tonschlicker (mit Wasser verdünnter Tonbrei) und das Einritzen der Ansatzflächen hält die Platten zusammen.

Schlickern: Beim Ansetzen von Teilen, die Belastungen ausgesetzt werden, ist besondere Sorgfalt notwendig. Mit einem Modellierholz oder Küchenmesser werden die zusammenzusetzenden Teile eingeritzt, mit Schlicker bepinselt und dann zusammengedrückt.

A B

Trocknen: Vor dem 1. Brand muß die Töpferware 10–14 Tage an einem kühlen Ort trocknen.

Brennen: Die geformten Gefäße erhalten ihre Festigkeit erst durch das Brennen. Im Hobbyfachhandel oder in Töpfereien ist es möglich, Werkstücke brennen zu lassen. Gebrannt wird grundsätzlich zweimal. Glasiert wird nach dem ersten Brand, dem Schrühbrand. Für den Glasurbrand werden die Werkstücke mit der gewünschten Glasur übergossen, bestrichen, bespritzt oder getaucht. Die Standfläche muß ausgespart bleiben.

Keksdose
Größe: Ca. 15 cm hoch, ca. 13 cm Ø.

Material: Gebrauchsfertiger Ton in Schwarz, im Hobbyfachhandel erhältlich.

Ausführung: Die Keksdose ist in Plattentechnik gearbeitet. Für den Boden eine Tonplatte mit ca. 13 cm Ø auswellen. Ein weiteres Stück Ton gleichmäßig dick auswellen und einen Tonstreifen ca. 6 x 38 cm ausschneiden. Den Tonstreifen zum Aufsetzen an einer Längskante leicht mit dem Küchenmesser einritzen. Den Rand des Bodens ebenfalls einritzen, mit Schlicker bestreichen und Tonstreifen senkrecht aufsetzen. Streifenenden zur Rundung schließen (Einritzen und Schlickern!). Einen weiteren Tonstreifen in gleicher Größe auf den unteren Tonstreifen in gleicher Weise aufsetzen. Ansatzstellen innen und außen gut verstreichen, so daß eine ebenmäßige Fläche entsteht. Einen Wulst als Abschluß und Halt für den Deckel am Gefäßrand anbringen. Flächen gut glätten. Mit einem Tonwulst Dose, s. Foto, verzieren (Einritzen und Schlickern nicht vergessen!). Für den Deckel eine Tonplatte, 11 cm Ø, auswellen und Rand glätten. Einen ca. 6 cm langen Wulst für den Griff formen. Berührungspunkte an Griff und Deckel einritzen und schlickern, Griff aufdrücken und Enden gut verstreichen. Deckelrand mit einem Tonwulst (s. Foto) verzieren. Dose und Deckel trocknen lassen. Nach dem Schrühbrand Dose innen und außen mit gewünschter Glasur behandeln und Werkstücke erneut brennen lassen.

291–294 Holzhäuschen

Zählmuster siehe rechts.

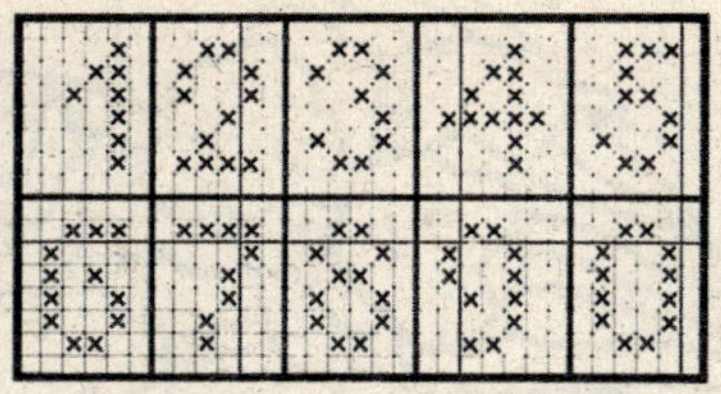

Größe: Stellfläche ca. 55 x 55 cm; Höhe ca. 37 cm.

Material Allgemeines: 1 Bausatz für Häuschen und bemalte Figuren, beides von Hobby Küstermann per Versand erhältlich; buntes Transparentpapier.

Adventshäuschen mit Päckchen: Abreibezahlen von bsb; Wacofin-Mattfarben; Verpackungsmaterial für Geschenkpäckchen; Reißzwecken.

Adventshäuschen mit Säckchen: Wacofin-Mattfarben; 120 cm Aida-Handarbeitsstoff (60 cm breit) in Rot, ca. 32,5 Stiche/10 cm von Zweigart; 1 Strang MEZ Anker Sticktwist in Grün; Geschenkband in Grün; doppelseitiges Klebeband.

Bauernhäuschen: Wacofin-Mattfarben; Spitzenreste.

Knusperhäuschen: Watte; Alufolie; Puderzucker; verschiedene Süßigkeiten und Weihnachtsgebäck.

Ausführung, Allgemeines: Vor dem Zusammenbauen Fenster und Türen nach Wunsch mit Transparentpapier oder Spitzenresten hinterkleben. Häuschen zusammenbauen und nach Belieben oder siehe Foto bemalen.
Adventshäuschen mit Päckchen: Zahlen aufrubbeln und mit Kontrastfarbe hervorheben (s. Foto). Päckchen mit Reißzwecken am Dach befestigen.

Adventshäuschen mit Säckchen: Für die Säckchen 24 Stoffstreifen à 28 x 10 cm zuschneiden. Stoffquermitte markieren. Zahlen jeweils lt. Zählmuster (siehe oben) in die Mitte der vorderen Säckchenteile sticken. Schmalkanten 2 cm umbügeln und absteppen. Streifen rechts auf rechts zur Hälfte legen und Seitennähte schließen. Säckchen wenden, nach Wunsch füllen und mit Geschenkband zubinden. Die Säckchen mit doppelseitigem Klebeband auf das Dach kleben.

Bauernhäuschen: Vor dem Zusammenbauen Fachwerk nach Wunsch oder s. Foto aufmalen. Für die Strohdachstruktur Pinsel in zwei verschiedene Farben tauchen und in einer Richtung aufstreichen.

Knusperhäuschen: Teile, die mit Süßigkeiten oder Gebäck beklebt werden, vorher mit Alufolie beziehen. Aus Puderzucker und Wasser einen dicken Zuckerguß herstellen. Zuckerguß zum Aufkleben von Süßigkeiten und Gebäck verwenden. Zwischenräume und evtl. Boden mit Watte auslegen (s. Foto).

295 Weihnachtskarte „Stern"

Musterzeichnungen A, B, C auf Seite 170 in Rot.

Größe: Ca. 32 cm Ø.

Material: 1 großer Bogen Tonpapier in Weiß; 60 cm d-c-fix Glimmerfolie in Gold (von Konrad Hornschuch); Schere; Transparentpapier; burda Kopierpapier; Uhu Alleskleber.

Ausführung: Musterzeichnungen(= ein Viertel der Sterne) auf Transparentpapier übertragen, dabei jeweils zum ganzen Stern ergänzen. Mit Hilfe von Kopierpapier Stern
A 3mal auf Tonpapier
B 4mal auf Glimmerfolie
C 1mal auf Tonpapier übertragen, Teile ausschneiden. Alle Sterne zur Hälfte falten, 2 Glimmersterne (Motiv B) in der Bruchkante auseinanderschneiden (= 4 halbe Sterne). Die 3 Sterne (Motiv A) aus Tonpapier paßgenau übereinanderlegen und genau in der Bruchkante zusammensteppen (kann jetzt wie ein Heft geblättert werden). Auf die einzelnen dazwischenliegenden Sternseiten, jeweils an der Bruchkante anliegend, einen halben Glimmerstern aufkleben. Sternkarte glatt auf den Tisch legen und über vordere und rückwärtige Sternfläche jeweils einen ganzen Stern aus Glimmerfolie genau in der Mitte aufkleben. Nun noch Stern C als Schreibfläche innen aufkleben (s. Foto).

296 Stern aus Folie

Musterzeichnung auf S. 164 in Rot.

Größe: Ca. 50 cm Ø.

Material: Ca. 55 x 55 cm Bastelfolie in Gold/Silber (im Hobbyfachhandel erhältlich); Transparentpapier; 1 spitze Schere; 1 Motivlocher „Stern", Art. 912 von Hartmut Räder.

Ausführung: Folie zur Hälfte falten, dann zum Viertel, dann in der Diagonale zum Achtel falten. Alle Konturen der Musterzeichnung auf Transparentpapier übertragen. Musterzeichnung entlang den äußeren Konturen ausschneiden und paßgenau auf die gefaltete Folie legen. Alle inneren Konturen mit einem stumpfen Gegenstand (z.B. Stricknadel) nachziehen, alle Flächen entlang den aufgedrückten Konturen ausschneiden. Folie vorsichtig auseinanderfalten. Die kleinen Sterne (s. Foto) mit dem Motivlocher ausstanzen.

297 Weihnachtsbaum

Musterzeichnungen 2 Sterne auf Seite 172 oben in Rot.

Material: 1 Rolle Tüllband in Weiß, ca. 10 cm breit (v. Rayher); 1 Stern in Silber (Baumspitze), offen, dekoriert; ca. 24 Sterne, offen, in Weiß-Flitter (angedrahtet); 2 Bund Staticen in Weiß-Flitter; ca. 12 Tauben in Weiß-Flitter; alles von Cor Mulder, im Fachhandel erhältlich. Baumkerzenhalter in Weiß; Baumkugeln in Weiß, irisierend; kleine Baumkugeln in Weiß; Schneespray; Ilexbeeren in Weiß, irisierend; Weihnachtsbaumständer; alles von Eckart-Werke. Baumkerzen in Weiß, irisierend, von Kerzen Kieser; Blumenbindedraht. Oder: Anstelle der Sterne fester Karton; Blumendraht; Silberspray; Glimmerspray: Dekospray in Weiß (von H. Wagner).

Ausführung: Baum nach Wunsch mit Schneespray besprühen. Dekorierten Stern oben an der Baumspitze mit Hilfe von Blumenbindedraht befestigen. Aus Tüllband eine große Schleife binden und ebenfalls an der Baumspitze befestigen. Alle Zutaten wie Kerzenhalter, Vögel usw. gleichmäßig verteilt auf dem Baum dekorieren. Aus Tüllband große Schleifen befestigen. Sterne mit Hilfe von Blumenbindedraht befestigen. Zum Schluß Kerzen anbringen.

Ausführung, Sterne: Sterne lt. Musterzeichnung jeweils 2mal aus Karton zuschneiden. Jeweils eine Sternseite mit Spray in Silber bzw. Weiß besprühen. Sternhälften links auf links zusammenkleben, 30 cm langen Blumendraht an einer Sternzacke mitfassen. Weiße Sterne mit Glimmerspray besprühen.

298 Fensterdekoration

Musterzeichnungen Sterne sowie Mond in Rot unter dem Text.

Größe, Sterne: 16 cm, 14 cm, 12 cm und 10 cm Ø.

Mond: Ca. 18 cm hoch.

Material: Reste von Satin in Weiß; Sternchendamast in Weiß-Silber (Zweigart) sowie Lamé in Silber; 20 cm aufbügelbares Volumenvlies (von Freudenberg, in Stoffgeschäften erhältlich); Metalleffektgarn in Silber (von Gütermann); 4 m dünne Kordel in Weiß; je nach Fensterbreite 1 Rundholz, ca. 0,5 mm Ø; Transparentpapier.

Ausführung: Musterzeichnung Mond auf Transparentpapier übertragen. Musterzeichnungen Sterne (= halbe Motive) ebenfalls auf Transparentpapier übertragen, dabei jeweils zum ganzen Stern gegengleich ergänzen. Motive ausschneiden. Die Sternmotive in jeder Größe je 4mal, Mond je 2mal aus den entsprechenden Stoffresten und aus Volumenvlies zuschneiden. Auf die Rückseite aller Stoffteile je 1 Volumenvliesteil aufbügeln. Je 2 passende Motivteile links auf links paßgenau übereinanderlegen und entlang den Konturen mit einem dichten, ca. 3 mm breiten Zickzackstich zusammensteppen. Dabei jeweils einen Kordelabschnitt (von ca. 40–60 cm) als Aufhänger zwischenfassen. Rundholz am Fenster befestigen, Sterne und Mond daran festbinden (s. Foto).

299 Kranz in Weiß

Größe: Ca. 20 cm Ø.

Material: 1 Ring aus Trockensteckmasse, ca. 20 cm Ø; 1 Packung Monetenblätter (ca. 20 Stück); ca. 20 Capblumen in Natur; 1 Bund Lagurus in Natur; 1 Bund Immortellen in Weiß; einige Ästchen Phalaris und Zittergras in Silber; ca. 80 cm Spitzenband in Weiß; Rest Satinlitze in Weiß; Rest Tüll in Weiß; Blumenbindedraht. Alles von Rayher im Hobbyfachhandel erhältlich.

Ausführung: Monetenblätter und Capblumen einzeln andrahten und gleichmäßig verteilt in den Kranz stecken. Aus Lagurus, Immortellen, Phalaris und Zittergras Sträußchen vorbereiten, andrahten und hübsch angeordnet in den Kranz stecken. Spitzenband und Satinlitze jeweils zur Schleife binden, zusammendrahten und in den Kranz stecken (= untere Mitte). Kleine Tüllstreifen vorbereiten, in der Mitte mit Draht umwickeln, auf dem Kranz dekorieren.

300 Set und Serviette

Musterzeichnung auf Seite 172 in Rot.

Größe, Set: 32 x 38 cm.

Serviette: 40 x 40 cm.

Material: 90 cm Pünktchendamast, 140 cm breit, Art. 2168/518, Fb. 1 (von Zweigart). Je 40 x 40 cm Satin in Weiß und Beige; 1 Packung Haftvlies (von Freudenberg, in Stoffgeschäften erhältlich); passendes Maschinenstopfgarn zum Applizieren; Transparentpapier; burda Kopierpapier.

Oder: 12 Satinsterne in Weiß zum Aufbügeln, Art. 15/05978.000.100, sowie 10 Satinsterne in Beige zum Aufbügeln, Art. 15/05978.000.300 (von Spitzen & Modewaren, Cremer).

Zuschneiden:
- Set 36 x 42 cm
- Serviette 46 x 46 cm

Ausführung, Set: Stoffteil entlang den Längskanten 2 cm breit säumen. Schmalkanten mit Zickzackstichen versäubern und 2 cm breit nach links umbügeln. Sternmotiv vom Bogen auf Transparentpapier übertragen. Motiv mit Hilfe von Kopierpapier 16mal auf die Papierseite vom Haftvlies übertragen, grob ausschneiden. Je 8 Haftvliesteile mit der Papierseite nach oben auf die Rückseite des weißen und beigefarbenen Satins bügeln. Sterne entlang den Konturen ausschneiden, Trägerpapier abziehen. Je 4 Sterne farblich im Wechsel entlang den Schmalkanten von rechts auf dem Stoffteil plazieren (s. Foto) und aufliegende Sternzacke auf das Stoffteil bügeln. Die restlichen Sterne von der Rückseite genau passend über die Sterne der Vorderseite bügeln. Sterne entlang den Konturen (auch überstehende Konturen) mit dichtem, ca. 3 mm breitem Zickzackstich applizieren.

Serviette: Ringsum einen 1,5 cm breiten, doppelten Saum arbeiten. Aus Satin 4 Sterne in Weiß, 2 Sterne in Beige (s. oben) vorbereiten. Einen Stern in Beige auf eine Stoffecke auflegen, so daß 3 Zacken auf dem Stoffteil liegen und 2 Zacken überstehen. 2 Sterne in Weiß rechts und links vom beigefarbenen Stern auflegen, so daß 4 Zacken auf dem Stoffteil liegen. Zacken auf das Stoffteil bügeln. Restliche Sterne ebenfalls von der Rückseite aufbügeln und danach applizieren (siehe oben).

Das geht schneller:
Die Fertigsterne wie beschrieben aufbügeln und entlang den Kanten zusammen- bzw. aufsteppen.

301 Serviettenhalter „Stern“

Musterzeichnung siehe unten in Rot.

Größe: Ca. 8,5 x 15 cm.

Material: Je 20 x 20 cm d-c-fix Glimmerfolie in Gold und Silber (von Konrad Hornschuch); 20 x 20 cm fester Karton; Transparentpapier; burda Kopierpapier; scharfes Messer (Passepartoutmesser).

Ausführung: Musterzeichnung (= halber Stern) auf Transparentpapier übertragen, dabei den Stern zu einem ganzen Motiv gegengleich ergänzen. Alle Konturen mit Hilfe von Kopierpapier auf den Karton übertragen. Stern entlang den Außenkonturen ausschneiden und entlang der eingezeichneten Bruchkante zur Hälfte knicken. Äußere Sternfläche mit der Folie in Gold bekleben, dabei das Trägerpapier schrittweise abziehen und d-c-fix mit einem weichen Tuch anreiben. Überstehende Folie entlang der äußeren Sternkontur sowie am jeweiligen inneren Halbkreis ab- bzw. ausschneiden. Nun Folie in Silber ebenso auf die Sterninnenseite kleben. Serviette durch den inneren halbkreisförmigen Ausschnitt ziehen (siehe Foto).

302 Tischdecken-Set

Musterzeichnungen siehe rechts.

Größen:
Tischdecke A: Ca. 160 cm Ø.
Mitteldecke B: Ca. 80 x 80 cm.
Set C: Ca. 40 cm Ø.

Material: 2,45 m Handarbeitsstoff in Weiß (z.B. von Gebr. Heinze), 160 cm breit (ausreichend für Tisch- und Mitteldecke sowie zwei Sets); je 1 Rolle Gütermann Metalleffektgarn in Gold und Silber; ca. 11 m Satinschrägband in Weiß (z.B. von Güth & Wolf); burda Bügelmusterstift in Blau; Transparentpapier.

Zuschneiden, Tischdecke:
Kreis mit 160 cm Ø.

Mitteldecke:
80 x 80 cm.

Set:
2mal je 40 cm Ø.

Ausführung: Schnittkanten der jeweiligen Teile mit dem Satinschrägband einfassen.

Tischdecke A: In Stoffmitte einen Kreis mit 135 cm Ø markieren. Innerhalb der Markierung den Mustersatz (A) von Pfeil bis Pfeil fortlaufend insgesamt 32mal mit Hilfe des Bügelmusterstifts (genaue Anleitung liegt jedem Bügelmusterstift bei) übertragen.

Mitteldecke B: In Stoffmitte ein Quadrat mit 61 cm Seitenlänge markieren und innerhalb der Markierung vier Mustersätze (B) von Pfeil c bis a anordnen und jeweils ein Eckmotiv von Pfeil a bis b einsetzen.

Set C: In Stoffmitte einen Kreis mit 35 cm Ø markieren. Stoff in Achtel falten und Stoffbrüche leicht anbügeln. Mustersatz (A) von Pfeil bis Pfeil jeweils in ein Feld (insgesamt 8mal) übertragen.

Sticken: Sterne mit doppeltem Faden in Spannstichen.

303 Kindertannenbaum

Material: 1 Lichterkette mit 35 Kerzen (z.B. Eckart Art. 58029); pinkfarbene Federn; Weingummikringel, z. B. von Haribo; irisierende Dekofolie (z.B. Eckart Art. 50690); Würfelpäckchen (siehe 304); Christbaumkugeln (siehe 305).

Ausführung: Die Lichterkette gleichmäßig um den Tannenbaum legen. Die Weingummikringel mit Bändchen versehen und zusammen mit o. g. Schmuck an den Tannenbaum hängen. Die Spitze mit Dekofolie schmücken. Übrigens: Der Tannenbaum auf dem Foto ist künstlich. Die Holzeisenbahn auf der Kommode, Art. 4047 von Max Liebich, kann auch noch bemalt werden.

304 Würfelpäckchen

Größe: Ca. 4 cm Seitenlänge.

Material: Würfelpäckchen in Blau, Pink und Gold; Klebepunkte in Gelb und Grün (im Schreibwarenhandel erhältlich).

Ausführung: Die Päckchen wie einen Spielwürfel mit den Punkten bekleben. An einer Ecke Bändchen zum Aufhängen befestigen.

305 Christbaumkugeln

Größe: Ca. 4 cm Ø.

Material: Tischtennisbälle; Silberdraht, 1,5 mm stark (z.B. Hobby Knorr Art. 7373155); d-c-fix in Silber und Farben nach Belieben (von Konrad Hornschuch).

Ausführung: Aus dem d-c-fix unregelmäßige Streifen und Dreiecke zuschneiden, die Bälle damit bekleben. Den Silberdraht in ca. 24 cm lange Stücke schneiden, einmal zur Hälfte biegen, die letzten 3 cm der Drahtenden nach innen zum geschlossenen Dreieck biegen. Die Bälle mit einem Nagel an zwei gegenüberliegenden Seiten einstechen, auf den Silberdraht schieben.

18 Türschild in Seidenmalerei

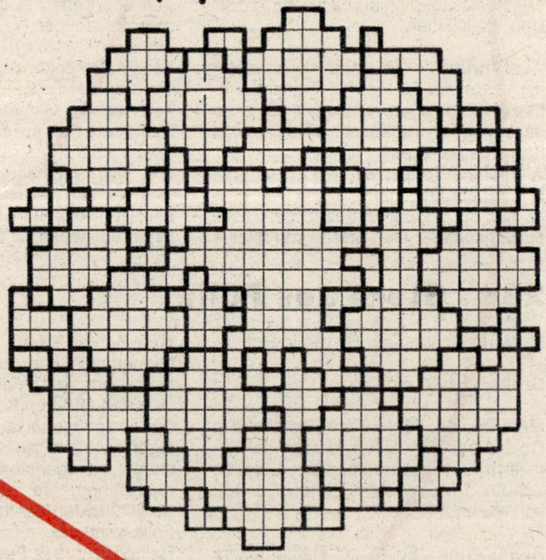

190 Bild aus „Soft points“

301

300

24A

24B

302 Musterzeichnungen A und B
für das Tischdeckenset

242 Musterzeichnung
Kolbenenten für
bemalten Schirm

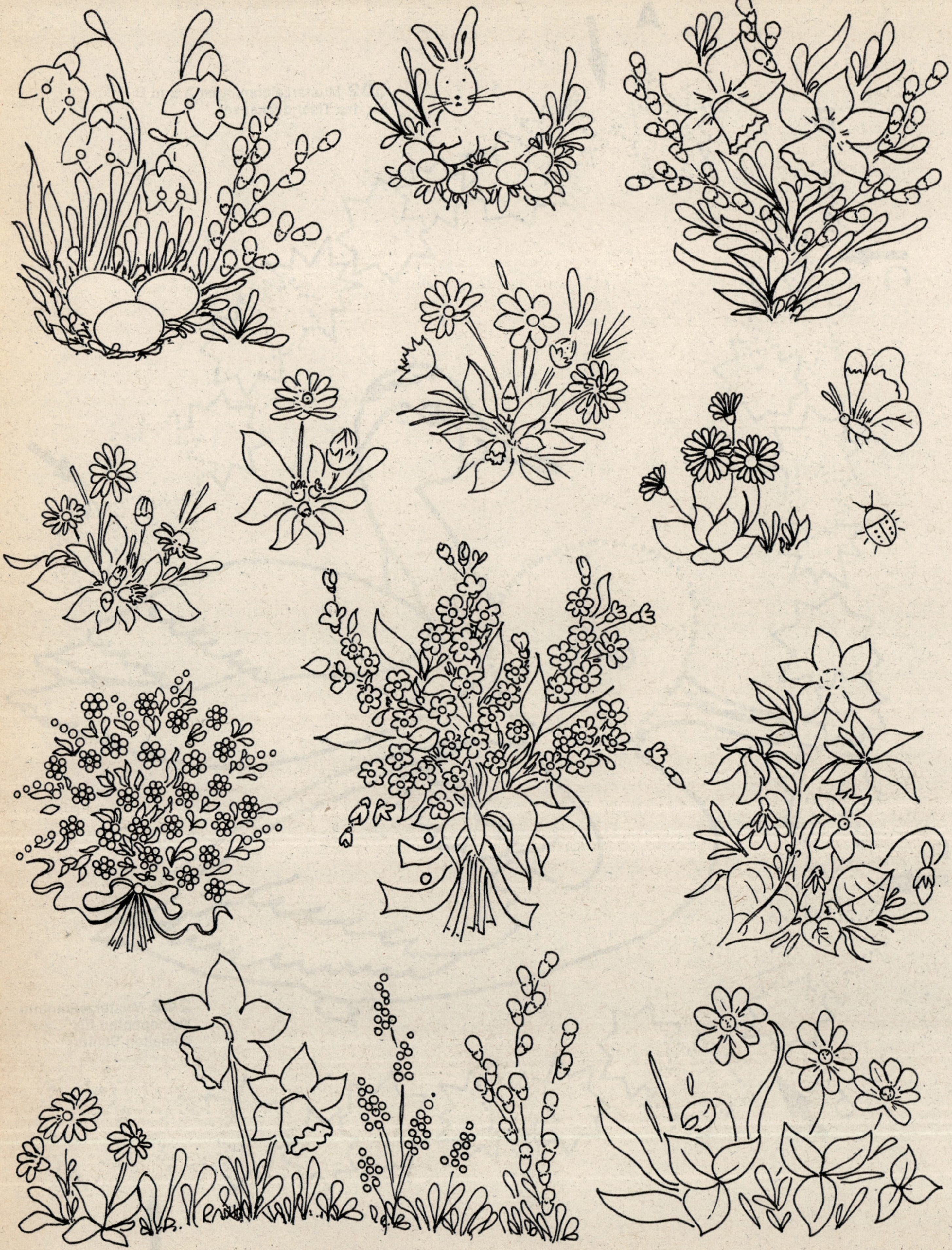

172 Musterzeichnungen für bemalte Glasteile

185 Zählmuster Blumenstrauß

burda-Zählhilfe

Ein nützliches Hilfsmittel zum Auszählen der Reihen beim Kunststricken, Filethäkeln und bei ein- und mehrfarbigen Zählstickereien ist die neue burda Zählhilfe. Sie besteht aus einer Metallplatte und zwei Magnetstreifen. **Gebrauchsanweisung:** Sie legen den Musterbogen mit dem betreffenden Zählmuster auf die Metallplatte. Die schmalen Magnetstreifen plazieren Sie „liniengenau" über dem Gitternetz unter der Reihe, die Sie als nächste sticken, stricken oder häkeln. Nach jeder fertigen Reihe den waagrecht liegenden Magnetstreifen nachschieben. Unterbrechen Sie die Reihe, markieren Sie die betreffende Stelle mit dem 2. Magnetstreifen. So ist ein „Verirren" unmöglich. Beim Stricken kann die in Arbeit befindliche Stelle im Zählmuster am unteren und rechten **oder** linken Rand durch die Magnetstreifen eingegrenzt werden. Sie überblicken dann den Zählmusterausschnitt besser. Bezugsbedingungen siehe Seite 180.

68 Alphabet für gravierte Gläser

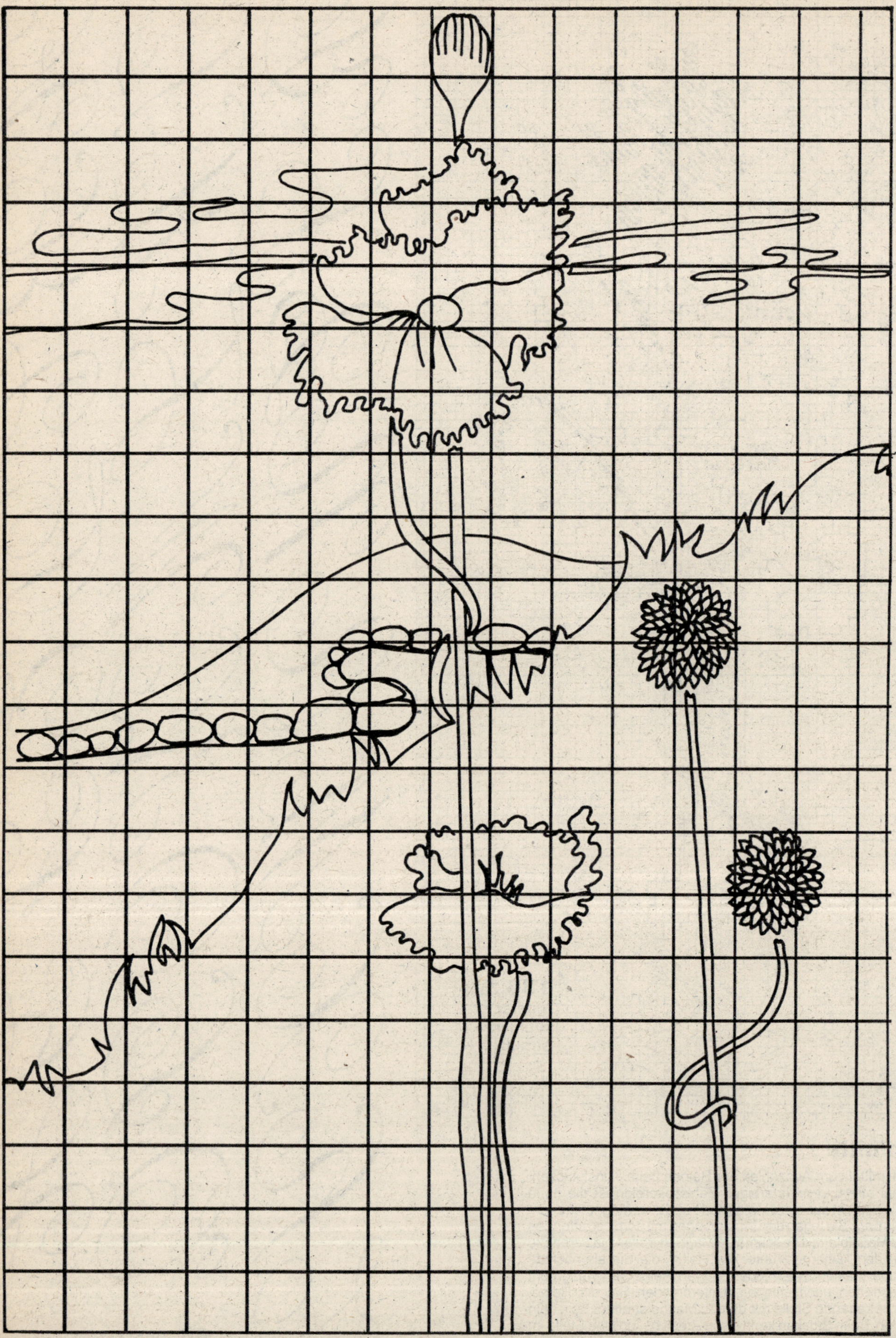

22 Rasterzeichnung Seidenmalerei

286–288
Musterzeichnungen
für Weihnachtskarten

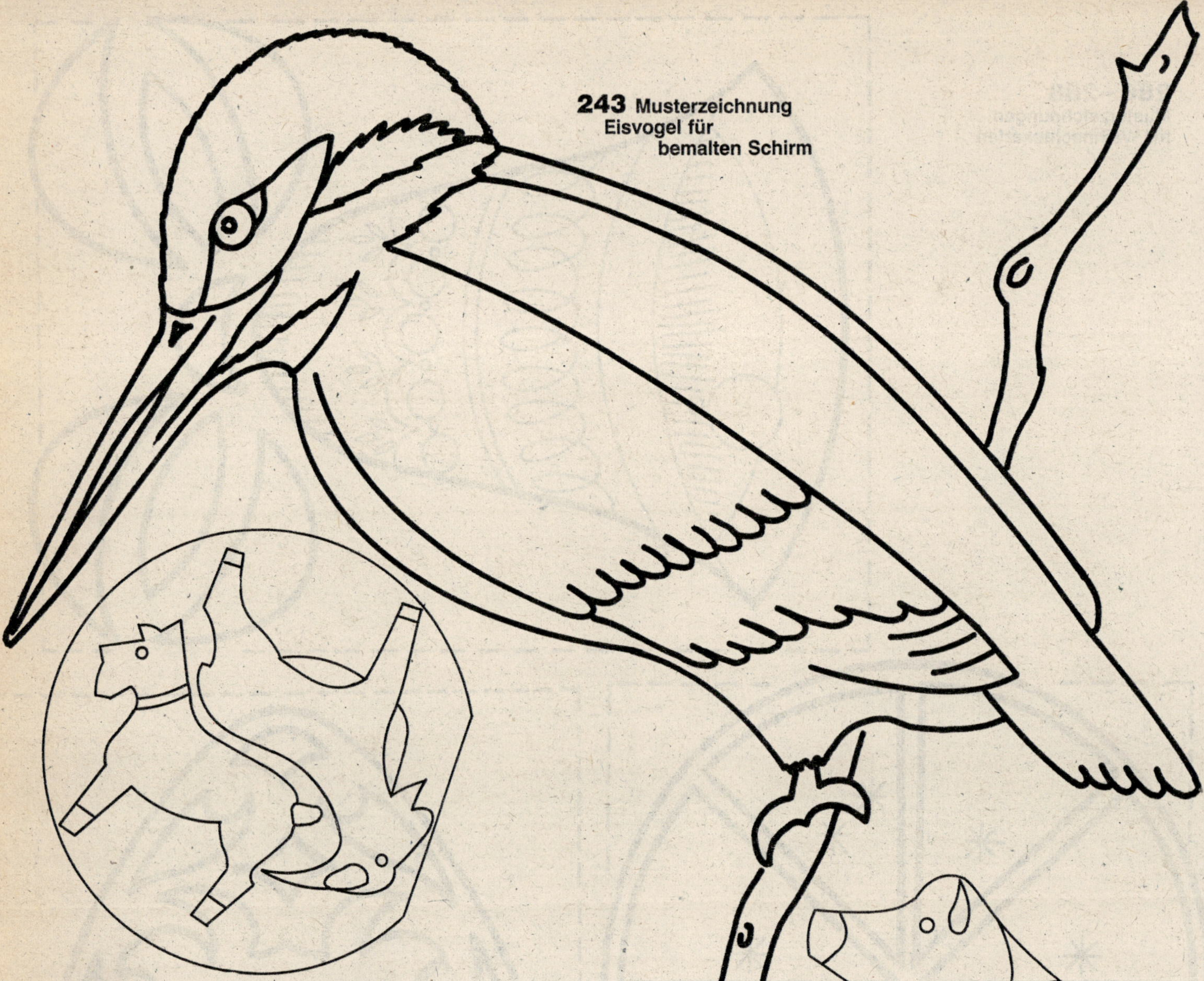

243 Musterzeichnung
Eisvogel für
bemalten Schirm

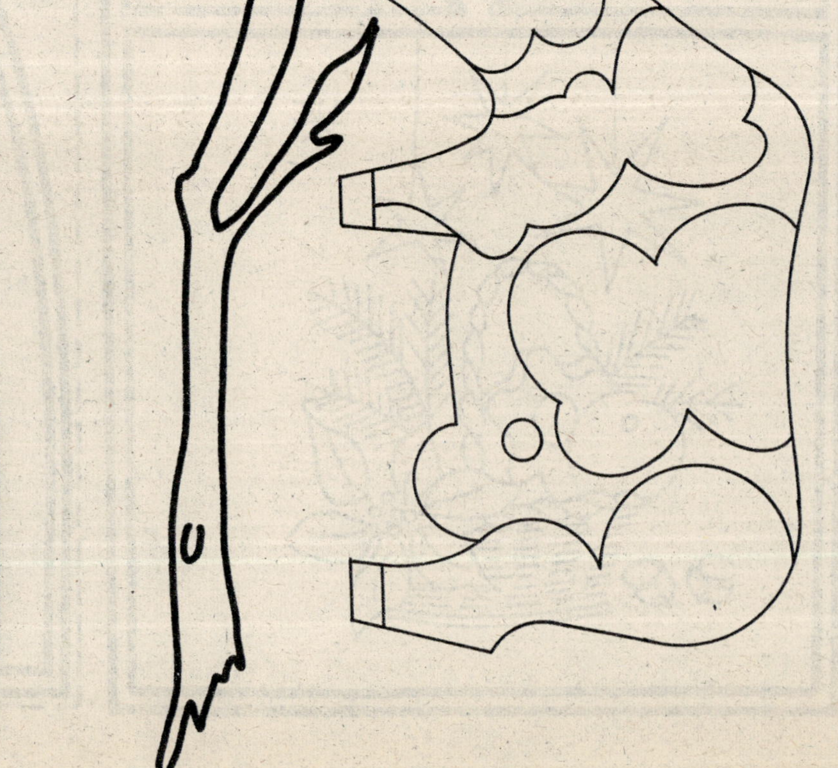

Zu 105 + 106: Auch diese wunderschönen Puppen sind zum Selbermachen (von Glorex).

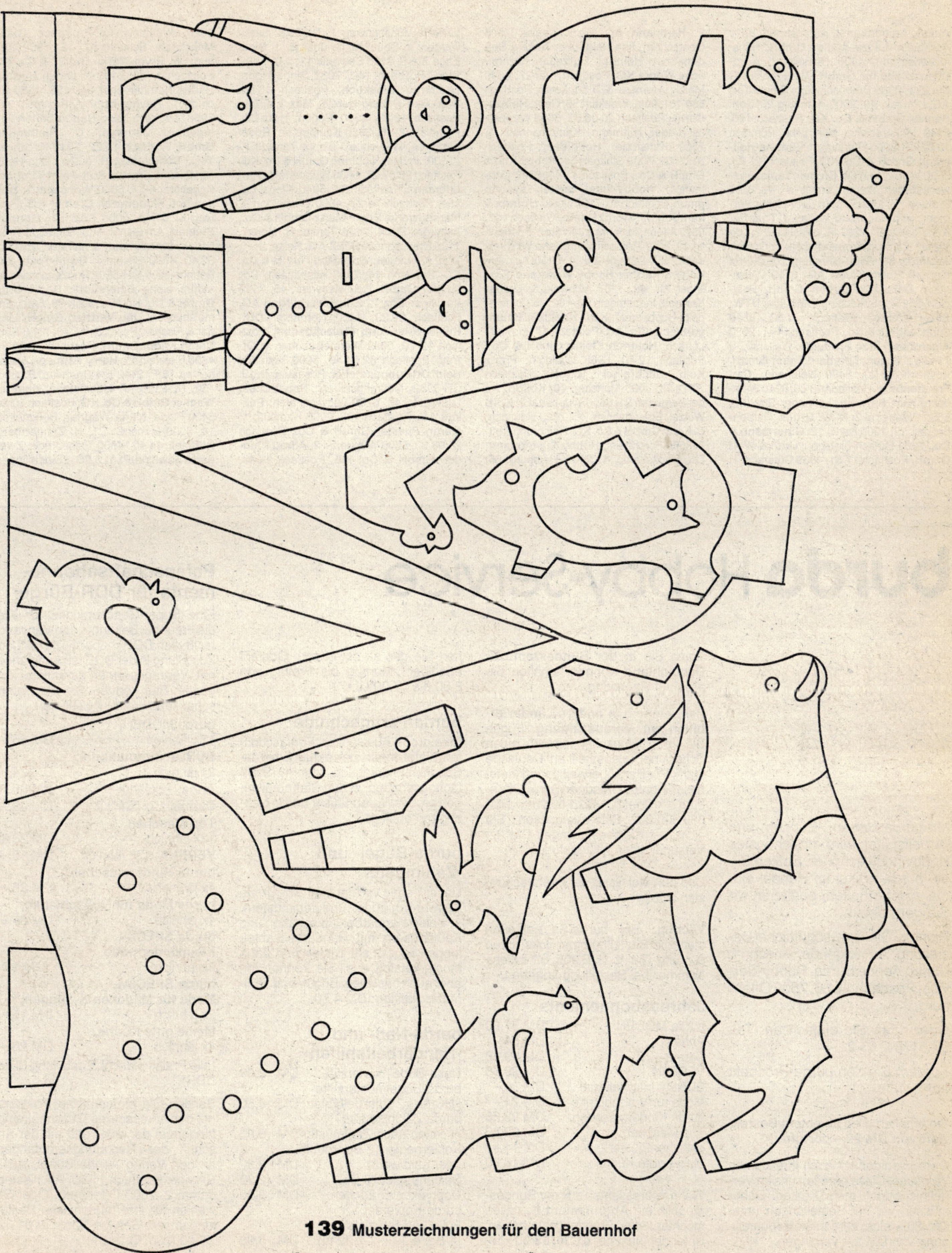

139 Musterzeichnungen für den Bauernhof

Herstellernachweis

Anke's Seidenkunst, Ahornstr. 30, 8011 Aschheim; **Laura Ashley GmbH,** Hunsrückenstr. 43, 4000 Düsseldorf; **Auro-Pflanzenchemie GmbH,** Alte Frankfurter Str. 211, 3300 Braunschweig; **Beiersdorf AG,** Unnastr. 48, 2000 Hamburg 20; **Joh. Benker GmbH & Co. KG,** Postfach 160, 8540 Marktredwitz; **bon prix,** Postfach 10 07 07, 2000 Hamburg 1; **Brauns-Heitmann GmbH & Co. KG,** Postfach 11 63, 3530 Warburg; **BTW Bremer Tapisseriewerkstätten,** Stader Landstr. 41-43, 2800 Bremen 77; **Lina Brown** über **Harry Vermeer; bsb-decorbild-Verlag J. Toepffer KG,** Postfach 16 29, 4800 Bielefeld 1; **„da Vinci" Künstlerpinselfabrik,** Gustaf-Adolf-Str. 33, 8500 Nürnberg 70; **d-c-fix Konrad Hornschuch AG,** 7119 Weissbach; **Deka-Textilfarben GmbH,** Postfach, 8025 Unterhaching; **DMC** über **BTW; Eckart-Werke,** Postfach 14 52, 8510 Fürth; **edding & Co.,** Postfach 14 47, 2070 Ahrensburg; **Efco Produkte,** Weilerstr. 4, 7143 Vaihingen; **Eberhard Faber GmbH,** Postfach 12 20, 8430 Neumarkt; **Carl Freudenberg,** Postfach 18 09, 6940 Weinheim; **Kurt Frowein,** Lenneper Str. 130, 5600 Wuppertal 2; **R. W. Grube,** Hardenbergstr. 19, 1000 Berlin 12; **Gütermann & Co.,** 7809 Gutach/Breisgau; **Güth & Wolf GmbH,** Postfach 17 51, 4830 Gütersloh 1; **P. Hartmann AG,** Werk Ziegler, 7596 Oberachern; **Ilse Heigl** über **Anke's Seidenkunst; Heinrich Porzellan Keramische Werke KG,** Postfach 1 00 27, 6640 Merzig; **Heintze & Blanckertz,** Postfach 560 161, 6000 Frankfurt 56; **Gebr. Heinze-Garne,** Postfach 20 05 32, 5600 Wuppertal; **Leder Hillmann,** Kampmannstr. 1, 7500 Karlsruhe; **Hobbidee,** Postfach 31 09 02, 7000 Stuttgart 31; **Hobby Knorr GmbH & Co.,** Postfach 12 40, 8620 Lichtenfels; **hobby-time bastel system gmbh,** Postfach 60, 7995 Neukirch; **Inox & Imra Johann Moritz Rump,** Postfach 117, 5990 Altena; **Ingeborg Järrsten,** Postfach 11 72, 2057 Reinbek; **Junghans Wollversand,** Gut Dämme Str. 4, 5100 Aachen; **Käfer & Partner Hobby Werkhaus,** Esslinger Str. 48, 7307 Aichwald 3; **Lothar Karmoll,** Industriestr. 80 – 82, 7530 Pforzheim-Huchenfeld; **KBC Koechlin Baumgartner & Cie. AG,** Postfach 17 20, 7850 Lörrach; **Heinrich Kieser GmbH & Co.,** Postfach 12 40, 6968 Walldürn; **Franz Kolb Nachfolger GmbH,** Postfach 70 11 28, 8000 München 70; **Kolibri,** An der Bergbahn 21, 5600 Wuppertal 2; **Korb Welzel,** Eisenbahnstr. 46, 7613 Hausach; **C. Kreul GmbH & Co. KG,** Hainbrunnerstr. 8, 8550 Forchheim; **Hobby Küstermann,** Ellerbrookskamp 4, 2000 Hamburg 65; **Lanarte,** Einsteinweg 1, NL-8912 Leeuwarden, in Deutschland über **E. J. Blok,** Enge Str. 6, 2105 Seevetal 11; **I. C. Leibfried,** Postfach 140, 7032 Sindelfingen; **Leonardo Glaskoch,** Postfach 13 09, 3490 Bad Driburg-Herste; **Max Liebich,** Postfach 12 29, 8370 Regen; **Holz-Lill,** Primelstr. 2 – 6, 8950 Kaufbeuren; **Royal Limoges,** 41 Avenue Adrienne Tarrade, F-87100 Limoges; **L. Linne GmbH & Co. KG,** Postfach 20 07 27, 5600 Wuppertal 2; **Karl Lohmann,** Postfach 200, 5940 Altena; **Lukas,** Postfach 74 27, 4000 Düsseldorf 1; **Marabuwerke Erwin Martz GmbH & Co.,** Asperger Str. 4, 7146 Tamm; **H. Meier,** 7129 Brackenheim; **MEZ AG,** Kaiserstr. 1, 7832 Kenzingen; **Fritz Moll GmbH & Co. KG,** Postfach 44, 7963 Altshausen; **Cor Mulder GmbH,** Reutwiesenstr. 45, 7143 Vaihingen/Enz 12 Gündelbach; **Nino AG,** Postfach 20 29, 4460 Nordhorn; **OBI-Heimwerker- und Freizeitbedarf,** Postfach 12 70, 5632 Wermelskirchen 1; **Offrey,** Postfach 52 04 49, 5000 Köln 51; **Heidi Ott Puppenatelier,** Rossauerstr. 12, CH-8932 Mettmenstetten; **Pabst-Casa,** Ludwigstr. 49, 6700 Ludwigshafen; **Pelikan AG,** Postfach 103, 2000 Hamburg 1; **Martin Pliester GmbH & Co.,** Postfach 25 03 30, 5600 Wuppertal 2; **Alfred Prandell GmbH & Co. KG,** Postfach 14 40, 8620 Lichtenfels; **La Provence, Gisela Mehrbach,** Schusterstr. 15, 7800 Freiburg; **W. Prym-Werke GmbH & Co. KG,** Postfach 17 40, 5190 Stolberg; **Hartmut Räder,** Kornharpener Str. 126, 4630 Bochum 1; **Rayher-Hobby,** Postfach 310, 7958 Laupheim; **Rico-Handarbeiten** über **Ingeborg Järrsten; C. Riethmüller GmbH,** Postfach 15 22, 7312 Kirchheim/Teck; **Schmincke, H. & Co.,** Otto-Hahn-Str. 2, 4006 Erkrath; **Soft-Point Kirchner,** Eggenbruch 17, 5600 Wuppertal 1; **Spitzen und Modewaren Cremer KG,** Postfach 52 04 49, 5000 Köln 51; **Gundula Steinert,** Am Eichelgarten 28, 6200 Wiesbaden; **Strunkmann & Meister,** Postfach 82 40, 4800 Bielefeld; **Swifit-Textil AG,** Bahnhofstr. 4, CH-5502 Hunzenschwil; **Tesafilm** siehe **Beiersdorf; Horst Uhlig GmbH & Co. KG,** Postfach 88, 5401 Emmelshausen; **Uhu-Vertrieb GmbH,** Lingner & Fischer, Postfach 14 40, 7580 Bühl; **Union Knopf GmbH,** Postfach 11 02 80, 4800 Bielefeld 11; **Harry Vermeer,** Spaarneweg 16 F, 2142 EN Cruquius, Postbus 162, NL-2100 AD Heemstede; **Heinrich Wagner GmbH & Co. KG,** Postfach 10 26, 6400 Fulda; **Maria Wagner,** Burkmairstr. 14, 8000 München 21; **H. Zangenberg,** Postfach 44 40, 4500 Osnabrück; **Zweigart & Sawitzki,** Pf. 120, 7032 Sindelfingen.

burda Hobby-Service

Unser Bestelldienst ist immer für Sie da!

Mit burda-Heften, -Büchern und -Arbeitshilfen wird Ihr schönstes Hobby noch schöner. Sollten Sie die burda-Artikel im Handel einmal nicht erhalten, bedienen wir Sie gern direkt.

Richten Sie Ihre schriftliche Bestellung an folgende Anschrift: Verlag Aenne Burda, Hobby-Service, Postfach 11 60, 7600 Offenburg.

Oder rufen Sie einfach an: Tel. 07 81/84-63 21.

Fordern Sie den burda-Prospekt an!

Sie erhalten alles **ab einem Bestellwert von DM 20,– portofrei!**

Gern erledigen wir auch Ihre kleinen Wünsche. Diese bereiten uns im Verhältnis jedoch mehr Kosten. Daher müssen wir bei Bestellungen unter DM 20,– eine Versandkostenbeteiligung von DM 2,– verlangen.

Wenn Sie **in der Bundesrepublik Deutschland** wohnen, erhalten Sie alles auf Rechnung.

Bei Lieferung **in andere Länder erbitten wir Vorauszahlung.** Fügen Sie Ihren Wünschen einfach einen Scheck bei, ausgestellt auf Deutsche Mark. Für Banküberweisungen lautet unser Konto: Dresdner Bank Offenburg, Kto.-Nr. 720 89 96, BLZ 680 800 30. Bitte vergessen Sie nicht, bei Kleinbestellungen DM 2,– Versandkosten hinzuzufügen.

Und nun viel Spaß bei Ihrem schönsten Hobby!

Wichtig: Bei burda-Spezialheften steht die Bestellnummer links unten auf dem Titel, z. B. E 905. Bitte diese Nummer bei Bestellung angeben.

Jahresabonnements

burda MODEN	DM 57,60
Anna	DM 54,–
Carina	DM 39,60
VERENA	DM 39,60
BURDA international	DM 36,–
Mode für Vollschlanke	DM 24,–
burda Kindermaschen	DM 23,60
Top Maschen	DM 22,80
Maschenmuster	DM 14,–
Meine gute Küche	DM 16,80

Wenn Interessenten aus der Bundesrepublik ein **Abonnement** bestellen möchten oder Fragen dazu haben: Unter der Nummer **01 30/53 00** können Sie das ab sofort zum Ortstarif erledigen! Montag bis Freitag von 8.00 bis 17.00 Uhr.

burda-Fertigschnitte

Eine große Auswahl an Fertigschnitten bietet Ihnen der aktuelle burda-Schnittmusterkatalog, der in Stoff-fachgeschäften, in den Stoffabteilungen großer Warenhäuser und in Nähzentren aufliegt.

burda-Bügel- und -Zählmuster

Unser Verlag verfügt über eine große Auswahl an Bügel- und Zählmustern. In vielen Handarbeitsgeschäften und Kaufhäusern mit Handarbeitsabteilungen liegt unser Bügel- und Zählmusterkatalog aus. Sie können ihn aber auch bestellen. Bügel- und Zählmusterkatalog: DM 4,50.

burda-Näh- und -Handarbeitshilfen

Deka-Bügelmusterstift	DM 2,50
burda-Bügelmusterstifte (1 Karte à 2 Stifte gelb/blau)	DM 4,50
burda-Zählhilfe fürs Arbeiten nach Zählmuster	DM 6,90
Kopierpapier (2 Bg. rot/blau oder gelb/weiß)	DM 3,50
Seidenpapier (5 Bg.)	DM 2,90
Doppelkopierrädchen	DM 9,00
burda-Kopierset: Folie und Spezialstift (4 Bg. à 1,00 x 1,22 m)	DM 5,90

Patenschaftsabonnements für DDR-Bürger

Eine Super-Geschenkidee für alle, die Freunde, Bekannte und Verwandte in der DDR haben! Die sichere Zustellung in der DDR ist durch unseren Vertragspartner garantiert. Folgende Titel können Sie als Patenschaftsabonnement bestellen:

burda MODEN, 12x jährlich	DM 66,–
BURDA international, 2x jährlich	DM 24,–
Anna, 12x jährlich	DM 60,–
Carina, 12x jährlich	DM 48,–
Top-Maschen, 12x jährlich	DM 26,40
VERENA, 12x jährlich	DM 48,–
burda Kindermaschen 4x jährlich	DM 26,–
burda Mode für Vollschlanke, 4x jährlich	DM 30,–
burda SPECIAL Kleinkindermode, 2x jährlich	DM 15,–
burda SPECIAL Mode für Mädchen & Jungen, 2x jährlich	DM 15,–
Meine gute Küche, 4x jährlich	DM 20,–

(alle Preise einschl. Zustellung in der DDR).

Senden Sie einfach eine Postkarte mit der Adresse des Geschenkempfängers in der DDR und mit der Anschrift des Rechnungsempfängers an den Verlag Aenne Burda, ABO-Service, Postfach 11 60, Am Kestendamm 2, 7600 Offenburg. Oder Sie wählen für Ihre telefonische Bestellung unsere Service-Nummer 01 30/53 00 (zum Ortstarif)!